高等职业教育房地产类专业精品教材❷

国家级职业教育房地产经营与管理专业教学资源库配套教材
房地产类X证书（职业技能等级证书）配套教材
全国应用技术型院校房地产大赛配套教材
全国房地产行业从业人员技能培训配套教材

房地产营销与策划实务

第2版 修订版

主编 陈林杰　参编 张家颖 王园园

机械工业出版社
China Machine Press

图书在版编目（CIP）数据

房地产营销与策划实务：第 2 版修订版 / 陈林杰主编 . --3 版 . -- 北京：机械工业出版社，2021.4（2023.1 重印）

（高等职业教育房地产类专业精品教材）

ISBN 978-7-111-67828-1

I. ①房…　II. ①陈…　III. ①房地产 – 市场营销学 – 高等职业教育 – 教材　IV. ① F293.352

中国版本图书馆 CIP 数据核字（2021）第 052441 号

　　本书是培养"房地产营销与策划"能力的专用教材。全书根据最新的房地产行业动态和房地产营销策划理论，紧扣房地产职业标准、房地产类 X 证书和企业实践，以房地产项目全程营销过程为主线，系统阐述了房地产项目营销环境分析与市场定位策划，营销组合策划，营销计划组织执行与销售管理策划实施，住宅与商业项目全程营销策划的基本理论、基本规律、操作程序和策划实务，同时配有大量的品牌房地产企业营销案例、经验、图表及资源库数字化资源链接等内容，注重学生工匠精神的养成。此外，本书在理论知识学习的基础上，还设计了房地产项目营销全程策划业务"做、赛"（业务实训和技能竞赛）训练，重点突出了房地产项目营销业务操作策略、操作流程以及操作技巧，注重工匠精神和双创精神的体现，趣味性、可学性和实用性强。

　　本书可作为房地产类专业、建筑工程管理及相关专业的实战教材，也可作为房地产企业、营销代理公司岗位培训以及房地产营销师职业能力证书考试用书，还是从业人员必备的工具型实践参考图书和职业提升的实用读本。

出版发行：机械工业出版社（北京市西城区百万庄大街 22 号　邮政编码：100037）

责任编辑：施琳琳　　　　　　　　　　　　　责任校对：殷　虹

印　　刷：固安县铭成印刷有限公司　　　　　版　　次：2023 年 1 月第 3 版第 4 次印刷

开　　本：185mm×260mm　1/16　　　　　　印　　张：21

书　　号：ISBN 978-7-111-67828-1　　　　　定　　价：45.00 元

客服电话：（010）88361066　68326294

前　　言

本书是房地产专业核心课程教材，也是培养"房地产营销与策划"能力的专用教材。《房地产营销与策划实务》于2017年出版第2版，得到了同行与读者的肯定和喜爱，如今第2版修订版又在大家的期待之下出版了。第2版修订版在前两版的基础上做了部分调整，并增加了新的内容，主要变化如下。

删减的内容：①删减与房地产职业标准关联度不大的知识。②删除过时的技术。③删除过时的业务流程。④删除过时的案例与习题等。

增加的内容：①增加与房地产职业标准关联度大的知识，符合1+X精神的课证融通。②增加行业企业发展的新知识、新技术、新工艺、新方法以及新文化，深度对接职业标准和岗位要求，推动产业文化和优秀企业文化进教材。③增加"互联网＋"背景下房地产营销相关变革与创新内容。④增加房地产营销综合实训，进一步丰富教学实践内容，可作为房地产营销综合实训软件的配套教材和数字化教学资源。⑤增加房地产大赛相关理论知识，进一步提高教学的趣味性，并注重学生工匠精神的养成，可作为全国房地产大赛的配套教材。

第2版修订版教材继续保留已经形成的特色和成效：①基于房地产项目全程营销的工作过程设计教学内容，系统设计了房地产项目营销环境分析与市场定位策划、营销组合策划、营销计划组织与销售管理策划等环节，每个环节由学习目标、技能要求、相关案例、经验及图表等组成。②理论与岗位实践相结合。本书既考虑基本理论知识和基本技能的学习，也强调学生可持续发展的技术素质需求，并结合房地产营销岗位技能证书要求，注重培养学生的实践能力。③吸收最新教研成果和房地产行业最新科技知识。本书适应多样化的教学需要，体现素质教育和对学生创新能力的培养。④注重实务，反映岗位核心能力，体现工学结合、学做合一。⑤资源丰富、方便教学。本书为教师提供的教学资源库包括课程标准、课程设计、项目、案例、习题库、模拟试卷、教学课件等。

限于编者的能力和水平，书中的不足在所难免，敬请各位同行、专家和广大读者批评指正，以使本书更加完善。要特别强调的是，国内各高校担任"房地产营销"课程教学的同行给了编者无数启迪和帮助，在此表示由衷的感谢。尤其让编者感动的是，许多房地产同行和企业专家在本书的编写过程中提出了很多宝贵的意见和建议。

本书引用了网上的一些相关资料，有可能会疏漏备注，在此表示歉意并致以由衷的谢意。此外，编者还要感谢中国建筑学会建筑经济分会领导、南京工业职业技术学院"房地产营销与策划"精品课程团队的大力支持，以及机械工业出版社的大力支持。

编者联系邮箱：1927526399@qq.com。

全国房地产经营与估价专业委员会 QQ 群：282379766。

编 者

2021 年 1 月于南京

教学建议

一、学时安排

学时安排如下表所示。

房地产营销与策划实务	章	内容	理论学时	实践学时	备注
第一篇　房地产营销与策划基本理论	1	房地产营销基本理论	2	2	掌握
	2	房地产营销策划基础知识	2	2	掌握
第二篇　房地产项目营销环境分析与市场定位策划	3	房地产项目营销环境分析	2	2	掌握
	4	房地产项目市场分析与定位策划	4	2～4	掌握
第三篇　房地产项目营销组合策划	5	房地产项目产品策划	4	2～4	掌握
	6	房地产项目价格策划	4	2～4	掌握
	7	房地产项目营销渠道策划	2	2	掌握
	8	房地产项目促销推广策划	4	2～4	掌握
第四篇　房地产项目营销计划组织执行与销售管理策划实施	9	房地产项目营销计划组织与执行控制策划	2	2～4	掌握
	10	房地产项目销售管理策划与实施	2	2	掌握
第五篇　房地产项目全程营销策划	11	住宅项目全程营销策划	2	2～8	掌握
	12	商业项目全程营销策划	2	2～6	熟悉
第六篇　房地产营销综合实训与技能竞赛	13	房地产营销综合实训	2	另计	掌握
	14	房地产营销业务技能竞赛	2	另计	掌握
小计			36	24～44	
合计			60～80		

注：各章节根据不同专业的要求在课时浮动范围内调整课时。

二、教学方式与考核方法

本课程在教学方式上，采用"项目引导、任务驱动"教学法，将所要学习的新知识隐含在一个房地产营销项目任务（复杂学习情境）或几个典型的工作子项目任务（学习情境）之中，学生通过对所给的项目（任务）进行分析、讨论，明确它大体涉及哪些相关知识，在老师的指导、帮助下，由易到难循序渐进地完成一系列"任务"，从而得到清晰的思路，掌握方法和知识脉络，最后完成项目营销策划主题。在完成项目（任务）的过程中，培养学生分析问题、解决问题的能力，从而激发他们的求知欲，培养其独立探索、勇于开拓进取的自学能力。

本课程不仅注重传授房地产营销知识和策划理论知识，还注重培养学生在房地产真实项目背景下的营销策划应用能力，帮助其掌握营销策划活动技巧。本课程在教学中主要采用真实项目教学法，包括模拟房地产公司实训教学法、任务教学法、案例教学法、情境教学法、小组研讨法等，这些方法充分体现了协作式、探究式的学习方式。教学方式以分组形式为主，在房地产项目营销实践过程中，学生要到企业、项目现场进行大量的实际调查和查阅大量的资料，这些能丰富教学内容，调动学生学习的兴趣，激发他们的学习热情和互动交流意识，使学生真正成为学习的主人。

本课程在考核方法上，注重全面考查，既关注学生对知识与技能的理解和掌握，又关注他们情感与态度的形成和发展；既关注学生学习的结果，又关注他们在学习过程中思维的变化和发展。评价的手段和形式应多样化，要将过程评价与结果评价相结合、定性与定量相结合，充分关注学生的个性差异，发挥评价的启发激励作用，增强学生的自信心，提高学生的实际应用技能。教师要善于利用评价所提供的大量信息，适时调整和改善教学过程。

1. 注重对学生学习过程的评价

对学生学习本课程过程的评价，包括参与讨论的积极态度、自信心、实际操作技能、合作交流意识，以及独立思考的能力、创新思维能力等方面，如：

（1）是否积极主动地参与讨论和分析；

（2）是否敢于表达自己的想法，对自己的观点有充分的自信；

（3）是否积极认真地参与模拟实践和应用实践；

（4）是否敢于尝试从不同的角度思考问题，并有独到的见解；

（5）能否理解他人的思路，并在与小组成员的合作交流中得到启发与进步；

（6）是否有认真反思自己思考过程的意识。

2. 恰当评价学生的理论知识与实际操作技能

本课程强调对理论知识的应用，在评价学生学习效果时，侧重对实践能力的考查。本课程通过对学生参与课堂讨论的质量，以及通过对学生分析能力、对新知识的接收和消化能力、学习迁移能力等多方面能力的评定，与基础理论知识考核相结合，评价学生的学习效果。理论知识与实际操作能力考核以 5：5 的比例给出最终评定结果。

3. 重视对学生的启发

本书强调对学生进行启发式教学。学习每个模块的知识点时，通过设置的工作任务内容和学习过程，从管理者或信息使用者的角度提出问题，启发学生思考、分析和判断，最后教师加以归纳和总结。在学生思考和分析时，教师要注重引导和提示，最终达到学生"独立（或换位）思考—分析、推理、选择—归纳整理、深刻理解—吸收创新"逐层递进的能力目标。

4. 评价手段和形式要体现多样化

在呈现评价结果时，教师应注重体现综合评价和要素评价。本课程学生学业评价突出阶段评价、目标评价、理论与实践一体化评价。教师应关注评价的多元性，对学生的评价要包括课程考核评价（50%）和实际操作技能考核评价（50%）。学生实际操作技能考核评价以过程评价为主，结果评价为辅。

（1）过程考核：项目教学每一阶段根据每位学生参与完成任务的工作表现情况和完成的作业记录，综合考核每一阶段学生参与工作的热情和态度，与人沟通、独立思考、勇于发言的行动能力，综合分析问题和解决问题的能力以及安全意识、卫生状态、出勤率等给出每一阶段过程考核成绩。

（2）结果考核：根据学生提交的策划方案，按企业策划方案的实用性要求判断作品完成的质量高低，并结合学生项目答辩思路是否清晰、语言表达是否准确等给出结果考核成绩。

（3）综合成绩评定：过程考核占 60%，结果考核占 40%。

（4）否决项：旷课一天以上、违纪三次以上且无改正、发生重大责任事故、严重违反校纪校规。

目　录

第二篇 房地产项目营销环境分析与市场定位策划

第三篇 房地产项目营销组合策划

第12章 商业项目全程营销策划

第六篇 房地产营销综合实训与技能竞赛

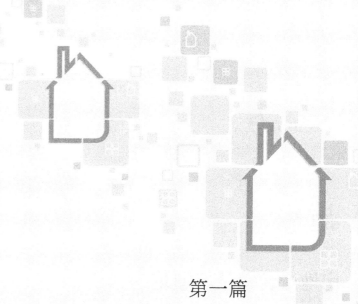

第一篇

房地产营销与策划基本理论

本篇是房地产营销与策划基本理论模块，主要内容如下。

1. 房地产营销基本理论，主要介绍了市场营销概念、市场营销在企业中的地位、市场营销的核心概念，还介绍了房地产行业与企业，房地产市场及特点，房地产市场营销概念、特征，房地产市场营销流程，房地产营销人员的素质、能力等。

2. 房地产营销策划基础知识，主要介绍了策划的概念、特点、基本方法，房地产营销策划概念、特点、种类，房地产营销策划误区，房地产营销策划的原理与主题、原则、模式和流程，房地产策划人员的知识和能力。

第 1 章

房地产营销基本理论

⊘ 学习目标

1. 了解市场营销的概念。
2. 熟悉房地产市场及特点。
3. 熟悉房地产网络营销方法与模式。
4. 掌握房地产市场营销的概念、流程及房地产营销人员的素质与能力要求。

技能要求

1. 能够对当地房地产市场的发展现状进行调查分析。
2. 能够对当地房地产企业的营销流程和营销管理等进行初步的调查分析。
3. 能够编写本地区房地产营销企业概况报告。
4. 能有意识地培养自己的工匠精神和团队精神。

案例 1-1

房地产地铁故事营销和微信全民营销

房地产地铁故事营销

地铁故事营销就是利用地铁讲故事推销楼盘。

合肥楼盘"时光印象"：利用合肥地铁讲述关于"时光的故事"。时光印象推出合肥地铁主题列车"时光的故事"活动，以 520 明信片告白暖场活动为前导，上线一系列地铁广告，同时推出"总有美好故事"微小说微信投票活动。经过大众投票，65 条真情告白汇聚成了载满时光故事的合肥 1 号线专列。大家通过活动讲述了自己的心声，回忆起那些时光里特别难忘的故事。

云南楼盘"雅居乐"：利用昆明地铁讲述关于"青春的故事"。雅居乐以"27 趁青春正向上"为主题的地铁活动，有温暖、有情怀，引起了乘客心中的共鸣："勇往直前，世界都会为你让路""岁月不饶人，等什么大器晚成""如果你累了，应该学会休息而不是放弃"。场景代入感极强的表述，仿佛把所有焦虑感统统一网打尽，在年轻人的焦虑不断被煽动的大环境中，雅居乐"27 趁青春正向上"的地铁文案无疑成为一股支撑其内心安定的力量。更走心的是，除了列车内部张贴的海报、标语外，云南雅居乐携手华为音乐为乘客们带来了新惊喜。每条标语的后面都有一个小小的二维码，乘客只要拿出手机扫一扫，就会看到"乐放青春，年少有为"——雅居乐携手华为送你 27 首青春向上的歌曲。

郑州楼盘"保利文化广场"：利用郑州地铁讲述关于"劝读书的故事"。"劝读书"主题地铁营销事件是保利文化广场策划的地铁营销活动。文化是保利文化广场项目特有的标签和属性，而"书"自然成为传递项目特有属性的精神标签，所以"劝读书"成为保利文化广场首先推出的主题活动。在地铁车厢内显眼处可见"读书是高段位的化妆术"等宣传语，活动通过接地气的语句告诉大家读书的重要性，营造了社会整体的阅读氛围，形成了一种"人人想读书、人人爱读书"的良好风貌。

虽然全国各地的地铁营销活动五花八门，但依托地铁讲故事营销房地产仍然让人耳目一新，引起了共鸣。

房地产微信全民营销

全民营销模式基于微信平台，主要是借助微信，通过人脉资源获得收益，它最大的资源是每个人的朋友圈。该平台不向客户收取任何交易费用，客户还能获得一定的收益。目前参与的企业主要有万科地产、复地集团、碧桂园、旭辉集团、绿地集团，这些企业分别推出"万客通""财富云""凤凰通""微销宝""弘金宝"等全民营销软件。从其中一些企业的反馈来看，这些软件对于助推企业全年业绩起到了锦上添花的作用。

而以房多多、安居客为代表的电商平台通过一手房销售 App，将开发商的一手房源向经纪人开放，走上了全民经纪人的渠道。这种电商模式也被线下传统代理公司复制。世联行推出的一手房销售 App"房联宝"，正是通过更多的二手房经纪人共享世联行的一手楼盘资源来达到快速分销目的，并取得了不错的营业收入。

资料来源：编者根据互联网资料整理。

📖 **案例 1-2**

"直指人心"的房地产销售

"只要你到售楼处来，如果你真想买房，那有经验的销售人员就不会让你跑掉。你会一步步被套牢。"

一个偶然的机会，刘先生驱车路过金银湖，被黄金海岸项目的 LOGO 吸引，销售中心设计得精致、大气，已经建好的护城河和小桥流水给刘先生的第一感觉是开发商实力雄厚（购房后才知道实力居中），让他产生了强烈的购买欲望。

"虽有要务在身，我还是停下车，进去看了一下。销售人员衣着职业化、整洁，与我交流的语言、保持的距离都很到位，因为我是做服务工作的，所以比较关注细节，很显然，他们受过专业培训。"刘先生说。黄金海岸安排了一个专业、成熟的女置业顾问接待刘先生。

"可能是我的性格让他们感觉我是一个稳重的人。与我交流时，她并不急于把房子推销给我，而是和我聊我的家庭、工作。我后来才知道，她运用的是房地产销售技巧，她在了解我的购房意愿和动机：投资。"刘先生说。一席话后，女置业顾问转入正题，从专业的角度（成本分析、对比分析、投资潜力分析）为刘先生分析，并对黄金海岸项目的投资潜力与其进行了探讨。

"我看过很多楼盘，也投资了几处房产，感觉自己很专业了，不过我感觉她比我专业多了，我提到的问题，她都做出了令我满意的答复。我感觉她是在替我着想，这让我很感动。"刘先生如此评价女置业顾问。

然而，在谈到价格时，双方陷入了僵局。刘先生感觉别的方面都好，就是价格太高。女置业顾问请销售经理、总监出面，把能争取到的服务、能给的折扣都给了刘先生。当刘先生继续苛刻地提出过分的要求时，黄金海岸的女置业顾问只是摇头，但绝不开口拒绝。

"我本以为他们是在玩'太极'，后来我才知道，我所购买的这套房子由于朝向、景观、楼层都比较好，而且是依湖而建，本来就不在优惠价之列。对方的热情服务弄得我很不好意思，我对购买这套房子做投资并不是完全看好，准备过一段时间看看再说。现在对方层层争取，考虑到我是做商业投资，给我争取到的价格是每平方米 3 988 元，以求吉利。对方处处替我着想，很热情，这让我很高兴，也很信任他们。我要是不买，自己都不好意思了。"

资料来源：编者根据互联网资料整理。

案例讨论

1. 房地产地铁故事营销的优点、弊端和风险有哪些？
2. 全民营销能否"颠覆"传统的房地产销售模式？
3. 黄金海岸的销售人员是否专业？
4. 房地产营销需要理论知识指导吗？

学习任务

从互联网上了解我国房地产市场情况和本地区房地产项目市场营销情况，写一份概况报告。

1.1 营销的基本知识

1. 市场营销概念

市场营销（marketing）又称市场学、市场营销学，是指企业通过向顾客提供能满足其需求的产品或服务，促使顾客消费，进而实现企业目标的经营理念和战略管理活动。若把 marketing 这个词拆成 market（市场）与 ing（英文的现在进行时表示方法）两个部分，那么营销可以理解为"市场的现在进行时"。

2. 市场营销与推销的关系

"市场营销"同"推销"不能混为一谈。

（1）市场营销最主要的部分不是推销，推销仅仅是市场营销几个职能中的一个，并且往往不是最重要的一个。如果营销人员做好识别消费者需求的工作，开发适销对路的产品，并且做好定价、渠道和实行有效的促销，这些产品将会很容易销售出去。

（2）市场营销的目标就是使推销成为多余。市场营销是关于构思、产品和服务的设计、定价、促销和渠道的规划与实施过程，旨在促进符合个人需求目标和组织经营目标的交换。

（3）市场营销是一种买卖双方互利的交换，即所谓的"双赢游戏"，其实质是卖方按买方的需求供给产品或服务，使买方得到满足，买方则支付相应的货币，从而使卖方也得到满足，双方各得其所；而不是一方获利，另一方就必定受损。

3. 市场营销在企业中的地位

从全世界企业管理实践来看，市场营销受到不同行业企业的重视。在对市场营销的认识过程中，企业高层管理者对营销的地位和重要性的理解也有一个演变的过程。

（1）最初地位。营销职能与生产职能、财务职能、人事职能等处于同样重要的地位，企业各个职能部门经理参与经营决策时的权重都是相等的。

（2）供过于求时地位。当出现市场需求不足、竞争激烈、销售下降、成本提高等情况时，企业高层管理者往往会意识到营销职能确实比其他职能更为重要，因而在资源配置、部门经理决策权重等方面向营销部门倾斜。

（3）当前地位。市场营销是企业经营的核心，一切围绕市场转，一切围绕顾客转。

4. 企业经营观念

（1）生产观念。该观念认为消费者喜欢那些可以随处买到而且价格低廉的产品，企业应该注重提高生产效率，扩大生产，降低成本以扩展市场。显然生产观念是一种重生产、轻市场营销的商业哲学。生产观念表现为"我们能生产什么，就卖什么"，以产定销。

（2）产品观念。该观念认为消费者欢迎那些质量好、价格合理的产品，企业应致力于提高产品质量，只要物美，消费者必然会找上门来，无须推销。实际上价适物美的产品不一定是畅销产品。"营销近视症"是产品观念所导致的一种毛病，即片面地把注意力放在产品上，而不是放在消费者需求上，只看到消费者购买的是自己的产品，而没有看到消费者购买该产品是为了满足其某种需求。

（3）推销观念。该观念具体表现为"我们卖什么，人们就买什么"。此时企业的主要任务在于扩大销售，通过大量销售获取更多的利润，主要运用销售术和广告术来大肆推销。推销观念认为消费者不会因自身的需要与欲望而主动购买商品，而是经由推销的刺激才被诱使做出购买行为，因此企业必须对现存的商品努力实行推销，否则就不能增加销量和销售利润。在推销观念指导下，企业致力于产品的推广和广告，对消费者满意与否以及是否重复购买比较忽视。推销观念与生产观念、产品观念一样，本质上都是以生产为中心，没有摆脱以产定销这一根本的经营观念。

（4）市场营销观念。全面的买方市场，卖方竞争激烈，企业必须付出相当大的精力来研究市场。这时许多大企业以市场营销观念作为指导企业经营活动的基本思想，具体表现为"消费者需要什么，我们就卖什么""哪里有消费者的需要，哪里就有我们的机会"等。公司的主要任务已不是单纯追求销量的短期增长，而是从长期观点出发占领市场、抓住顾客。在市场营销观念下，企业的一切规划与策略应以消费者为中心，满足消费者的需要与欲望是企业的责任。

（5）社会营销观念。企业为获取最大利润，在市场营销上不惜动用一切手段，甚至不择手段，根据"非专家购买是消费市场的特点"这一理由，运用各种手段制造购买动机，从消费者手中夺取形成消费需求的主动权。这些营销手段日益引起消费者的不满和抵制，不少国家组成了专门团体，敦促立法机关以立法形式保护消费者利益，在消费者运动的推动下，市场营销学者从 20 世纪 70 年代起提出了"社会营销观念"。

经营观念的发展是建立在以上各种营销观念的基础上的。生产观念、产品观念和推销观念的重点相似，都不是从市场出发，而是从生产角度出发，都没有摆脱以产定销的基本观念，属于传统的经营观念。市场营销观念和社会营销观念的重点都是以客户为中心，以市场为出发点，属于现代的、新的经营观念。

（6）经营观念的最新发展：4P → 4C → 4R。

1）随着市场竞争日趋激烈，媒介传播速度越来越快，现代市场营销中的 4P 营销理论越来越受到挑战，4P 即 product（产品）、price（价格）、place（渠道）、promotion（促销）。

2）到 20 世纪 80 年代，美国的罗伯特·劳特朋（Robert F. Lauterborn）针对 4P 营销理论存在的问题提出了 4C 营销理论。4C 分别指 customer（顾客）：主要是指顾客的需求，cost（成本）：不单是企业的生产成本，convenience（便利）：为顾客提供最大的购物和使用便利，communication（沟通）：取代 4P 营销理论中对应的 promotion（促销）。总体看来，4C 营销理论注重以消费者需求为导向，与 4P 营销理论相比，4C 营销理论有了很大的进步和发展。

3）美国的唐·舒尔茨（Don E. Schultz）提出了 4R 营销新理论，4R 即 relevancy（关联）：与顾客建立关联，reactivity（反应）：提高市场反应速度，relation（关系）：关系营销越来越重要，return（回报）：回报是营销的源泉，他阐述了全新的营销四要素。

4P、4C、4R 三者之间不是取代关系，而是完善、发展的关系。4P 是营销的一个基础框架，4C、4R 是在 4P 基础上的创新与发展，所以不可把三者割裂开来甚至对立起来。根据企业的实际，把三者结合起来指导营销实践，可能会取得更好的效果。

5. 市场营销的核心概念

（1）需要、欲望和需求。①需要（need）是指对满足人类基本生存条件的期望，比如庇护所、安全等。②欲望（want）是指对满足具体效用的期望，比如住宅、旅游等。③需求（demand）是指有购买力的欲望，如动用多年的储蓄购买一套住房。

（2）产品。产品指企业提供给市场的能够满足人们需要与欲望的用来销售的任何东西，包括有形物品和无形物品（即服务）。

（3）顾客价值、顾客满意和质量。①顾客价值也叫顾客让渡价值，是顾客所得（顾客总价值）与所付出（顾客总成本）之差额。顾客总价值包括功能利益（产品价值、服务价值）和情感利益（人员价值、形象价值），而顾客总成本包括货币、时间、精力以及体力成本。顾客让渡价值如图 1-1 所示。②顾客满意取决于其实际感受到的价值与期望的差异，是顾客的一种主观感觉状态，是顾客对企业产品和服务满足其需求程度的体验和综合评估。③质量是指产品在使用时能成功地满足用户需求的程度。

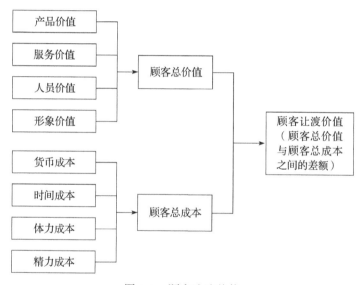

图 1-1　顾客让渡价值

（4）交换和交易。①交换（exchange）是指通过提供某种东西作为回报，从别人那里获得所需之物的行为。②交易（transaction），在交换的过程中，如果双方达成一项协议，买卖双方价值的交换是以货币为媒介的，就称之为发生了交易。交换不一定以货币为媒介，它可以是物物交换。

（5）关系营销和营销网络。①关系营销（relationship marketing）是指市场营销者与顾客、经销商、供应商等建立、保持和加强合作关系，通过互利交换及共同履行诺言，使各方实现各自目的的营销方式。②营销网络（marketing network）是指企业与顾客、经销商、供应商及其他关联方建立起来的较为稳定的业务关系。

（6）市场。作为一种空间概念，市场（marketplace）是指商品买卖的场所。从市场营销学的角度，市场（market）指有某种特定需要与欲望，并且愿意而且能够通过交换来满足需要与欲望的所有潜在顾客和现实顾客。

市场 = 人口 + 购买力 + 购买欲望

（7）市场营销组合。①市场营销组合（marketing mix）指企业用来进占目标市场、满足顾客需求的各种营销手段的组合，即4P组合。②从价值的角度看4P——product（产品）：创造价值，price（价格）：体现价值，place（渠道）：交付价值，promotion（促销）：宣传价值。

（8）市场营销者和潜在顾客。在交换的双方中，如果一方比另一方更主动、更积极地寻求交换，则称其为市场营销者（marketer），另一方称为潜在顾客（prospective customer）。所以，市场营销者可以是买方，也可以是卖方。

1.2 房地产营销基础知识

1. 房地产行业与企业

（1）房地产行业。房地产行业是进行房地产投资、开发、经营、管理、服务的行业，属于第三产业，是具有基础性、先导性、带动性和风险性的产业。房地产行业可分为房地产投资开发业和房地产服务业。房地产服务业又分为房地产咨询、房地产价格评估、房地产经纪和物业管理等。其中，又将房地产咨询、房地产价格评估、房地产经纪归为房地产中介服务业。

（2）房地产企业。房地产企业是指在房地产行业从事开发或经营的企业。房地产开发企业是指从事房地产开发经营业务，具有企业法人资格，且具有一定资质条件的经济实体。但是，还有一些房地产企业不具有一定资质，只能从事一般的经营活动，如房地产咨询公司、房地产价格评估公司、房地产经纪公司和物业管理公司等，它们也是房地产企业组织。

2. 房地产市场特点及类型

（1）房地产市场。房地产市场指从事房产、土地的出售、租赁、买卖、抵押等交易活动的场所或领域。房产包括作为居民个人消费资料的住宅，也包括作为生产资料的厂房、办公楼等。住宅市场是生活资料市场的一部分，非住宅房产市场则是生产要素市场的一部分。

（2）房地产市场特点。①房地产具有不可移性，因此其转移是无形权益的转移。②交易对象和交易方式具有多样性。③消费和投资具有双重性。④供给和需求具有不平衡性。⑤房地产市场是一个产品差异化的市场。⑥房地产市场是一个地区性市场。⑦房地产市场容易出现垄断和投机。⑧房地产市场的政策性很强。⑨一般人非经常性参与，房地产交易的金额较大，依赖于金融机构的支持与配合。⑩房地产市场是一个专业性很强的市场，有广泛的房地产经纪人服务。

（3）房地产市场类型如表1-1所示。

3. 房地产市场波动

房地产市场波动指从长期看房地产市场会呈现出一种有规律的上升和下降的周期性变化。房地产市场周期大体有如下几个阶段。

表 1-1　房地产市场类型

分类依据	房地产市场类型
用途	住宅、写字楼、商业用房、工业用房、特殊用房等房地产市场
表现形式	房产市场、地产市场、房地产劳动力市场、资金市场、信息市场
供需行情	买方市场、卖方市场
供货方式	现房市场、期房市场
权益转让形式	买卖市场、租赁市场、抵押市场、典当市场
区域范围	全国、区域、大城市、中小城市等房地产市场
交易场所	有形市场、无形市场（网上交易）
交易关系	房源、客源
市场层次	一级市场（土地）、二级市场（商品房）、三级市场（二手房）
市场主体	消费房地产市场、投资房地产市场

（1）上升期（复苏）。这一时期可描述为"消费需求夹杂着投资需求增加的时期"。主要特征有：租金和售价几乎同步上涨；二手房的价格上涨。在这一阶段的初期，房屋空置率略高于正常水平，随后，需求的不断增加使房屋空置率不断下降。到这一阶段后期，房屋空置率下降到正常水平。

（2）高峰期（兴旺）。需求继续增加，但增加的势头逐渐减弱，并在此阶段的后期，需求开始出现减少的势头。这一时期可描述为"投资需求夹杂着消费需求增加的时期"。主要特征有：售价以比租金快得多的速度上涨；新房出手快，交易量大；大批开发项目开工；房屋空置率也经历了在上升期的基础上继续下降，然后到该阶段后期开始上升的过程。

（3）衰退期（平淡）。这一时期的主要特征有：新房销售困难，投资者纷纷设法将自己持有的房地产脱手，旧房交易量大；售价以比租金快得多的速度下降；房屋空置率上升。

（4）低谷期（萧条）。需求继续减少，新的供给不再产生或很少产生。主要特征有：市场极为萧条，交易量很小；开发项目开工率低；消费需求依市场惯性减少，租金下降。

4. 房地产供给与需求

（1）房地产供给。房地产供给指房地产开发商和拥有者（卖方）在特定时间以特定价格愿意并且能够出售的该种房地产的数量。决定房地产供给量的因素主要有：①该种房地产的价格水平，价格越高，开发该种房地产就越有利可图，供给量就会越多。②该种房地产的开发成本，开发成本上升会减少开发利润，从而会使供给减少。③该种房地产的开发技术水平，技术水平提高可以降低开发成本，增加供给。④开发商对未来的预期，预期看好，会使未来的供给增加。

（2）房地产需求。房地产需求指消费者在某一特定的时间内，在每一价格水平下，对某种房地产愿意并且能够购买（或承租）的数量。房地产市场需求是所有消费者需求的总和。需求种类有消费性需求、投资性需求、投机性需求、盲目性跟风需求。决定房地产需求量的因素主要有：①该种房地产的价格水平。②消费者的收入水平。③消费者的偏好。④相关房地产的价格水平。⑤消费者对未来的预期。

（3）房地产供求平衡。在一定时间、一定区域内房地产的供给量等于需求量，这叫作房地产供求平衡。这是一种理想的状态，在现实中是很难达到房地产供求平衡的，需要政策做出适当调控。

（4）房地产泡沫。在房地产中最容易出现"泡沫"的，第一是土地，第二是楼花（期房），第三是新建成的商品房。存量旧房一般难以出现"泡沫"。房地产"泡沫"的形成原因：一是群体的非理性预期；二是过度的投机炒作。其中，对房地产价格看涨的共同预期是形成房地产"泡沫"的基础。判断房地产是否有泡沫的方法，简单的衡量指标有房价与房租之比（又称"毛租金乘数""租售比价"）、入住率。从房价与房租（按年房租计算）之比来看，有一个合理的倍数，一般为10倍左右。如果房价与年房租之比大大高于这个倍数，则说明房价有泡沫。从入住率来看，只要有人住，产生泡沫的危险就不大，但如果没有人住，产生泡沫的危险就存在。

5. 房地产市场营销概念

房地产市场营销是房地产开发企业以企业经营方针、目标为指导，通过对企业内外部经营环境、资源的分析，找出机会点，选择营销渠道和促销手段，将物业与服务推向目标市场，直至在市场上完成商品房的销售、取得效益、达到目标的经营过程。房地产市场营销是在对市场深刻理解的基础上做出的高智能的策划，它蕴含于房地产开发经营全过程，由市场调查、方案制订和产品设计、价格定位、广告推广、售后服务以及信息反馈等组成。

6. 房地产市场营销特征

（1）房地产营销产品的特征：①开发周期长。②投入金额大，风险性高。③产品差异性大。④产品不可移动性。

（2）房地产营销机构的特征。按照开发经营活动顺序，房地产营销机构大致包括以下几类：①投资咨询机构。②市场调研机构。③项目策划机构。④规划设计机构。⑤建筑施工机构。⑥工程监理机构。⑦销售代理、市场推广机构。⑧物业管理机构。因此，它是一个多领域专家共同谋划的大工程，这些专家共同组成了房地产营销的智力结构系统。

（3）房地产市场营销的特征。在产品规划设计阶段开始介入，工作内容包括项目的市场定位、开发建议和工程施工监理。项目策划与销售阶段的工作内容包括项目定价、项目市场推广和项目销售。

7. 房地产市场营销流程

房地产市场营销流程如图1-2所示。

房地产市场营销具体包括如下内容。

（1）市场营销环境分析。市场营销的职能始于对市场营销环境的全面分析，企业通过分析市场营销环境，可以找到有吸引力的机会和避开环境中的威胁因素。

（2）目标消费者分析。市场营销必须以客户为中心，必须先了解客户的需要与欲望，仔细地分析和了解消费者。

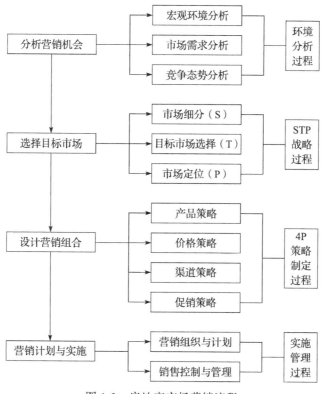

图 1-2 房地产市场营销流程

（3）设计市场营销组合。市场营销组合是指企业为了在目标市场制造它想要的反应而混合采用的一组可控制的战术营销手段，即产品、价格、渠道和促销组合（4P）。

（4）市场营销计划。它是指对有助于企业实现战略总目标的营销战略做出的安排。一个详细的市场营销计划包括 8 个方面：①计划实施概要。②市场营销现状。③威胁和机会。④目标和问题。⑤市场营销战略与策略。⑥行动方案。⑦预算。⑧控制。

（5）市场营销计划实施。它是指为实现战略营销目标而把营销计划转变为营销行动的过程，包括日复一日、月复一月地有效贯彻营销计划活动。市场营销系统中各个层次的人员必须通力实施市场营销战略和计划。

（6）市场营销控制。它包括估计市场营销战略和计划的成果，并采取正确的行动以保证实现目标。控制过程包括 4 个步骤：①管理部门设定具体的市场营销目标。②衡量企业在市场中的业绩。③估计目标业绩和实际业绩之间存在差异的原因。④管理部门采取正确的行动，以弥补目标业绩与实际业绩之间的差距。

8. 房地产市场营销战略

房地产营销战略包括市场发展战略和市场竞争战略。

（1）房地产市场发展战略（见表 1-2）。①密集发展战略，指房地产企业在现有业务中寻找迅速提高销售额、增长发展机会的战略。该战略有 3 种发展方式，分别为市场渗透、市场开发、产品开发，如图 1-3 所示。②一体化发展战略，指房地产开发企业在供应、产销业务链上拓展业务领域，以增强企业优势和竞争力，分为后向一体化（发展上游产品业务，如建材）、前向一体化（发展下游产品业务，如营销中介）和水平一体化（收购、兼并同类企业）。③多元化发展战略，指房地产企业增加产品种类，跨行业生产经营多种产品和业务，扩大市场范围，充分利用企业现有资源，提高企业经济效益。多元化分为同心多元化（利用现有技术和市场扩张业务范围）、水平多元化（利用现有市场，采用不同技术发展新产品，扩张业务）、集团多元化（采用新技术和新市场扩张业务）。

表 1-2 房地产市场发展战略

房地产市场发展战略	房地产市场发展方式
密集发展战略	市场渗透、市场开发、产品开发
一体化发展战略	后向一体化、前向一体化、水平一体化
多角化发展战略	同心多元化、水平多元化、集团多元化

（2）房地产市场竞争战略。房地产企业取得竞争优势的战略途径主要有 3 种：总成本领先战略（成本在同行业中最低）、差异化战略（产品、服务或形象独特，与竞争对手不同）和集中战略（集中力量于目标市场，取得局部区域竞争优势），如表 1-3 所示。

	现有产品	新产品
现有市场	市场渗透	产品开发
新市场	市场开发	多角化

图 1-3 产品 – 市场发展矩阵

表 1-3 房地产市场竞争战略

市场竞争战略（通用）	所需的技能和资源	组织要求
总成本领先战略	大量的资本投资和良好的融资能力 大规模开发的能力	严格的成本控制 组织严密、责任明确、奖惩力度大
差异化战略	强大的营销能力 产品独特 质量或技术声誉卓著	研究与开发和营销部门合作和谐
集中战略（专一化、聚焦、细分市场）	针对具体的战略目标，在细分市场能够聚集强大的资源和技能	执行力强

（3）具有不同市场地位的房地产企业的竞争战略选择。房地产企业在市场上地位不同，竞争战略也不同，有市场主导者（主导市场）、市场挑战者（力量仅次于主导者）、市场追随者（仿效市场主导者）和市场利基者（在细分市场的空缺位置专业化经营），如表 1-4 所示。

9. 房地产市场营销管理

市场营销管理是指为了实现企业目标，创造、建立和保持与目标市场之间的互利交换关系，而对设计方案进行分析、计划、执行和控制。管理过程见图 1-2 "房地产市场营销流程"。市场营销管理的本质是需求管理，发现和创造需求，或者改变或降低需求，要吸引新的盈利性客户并保留现有的盈利性客户。

表 1-4　市场地位与竞争战略选择

房地产企业市场地位	市场竞争战略	通用市场竞争战略
市场主导者	扩大市场需求总量、保持市场占有率、提高市场占有率	总成本领先战略 差异化战略
市场挑战者	战略目标与攻击对象：市场主导者、实力相当者、实力弱小者 选择进攻战略：正面、侧翼、包围、迂回、游击进攻	总成本领先战略 差异化战略
市场追随者	紧密追随、有距离追随、有选择追随	差异化战略 集中战略
市场利基者	找到细分市场的空缺位置 专业化市场营销	差异化战略 集中战略

实｜践｜经｜验

及时写营销管理心得好处多

营销人员及时写营销管理心得是一种职业习惯，有很多好处。

（1）巩固工作收获。当接触了一个客户，或实施了一项工作后，觉得有些收获，但如果放在一边不思考与整理，当时的感受就会慢慢淡忘。通过写心得体会，将工作感悟建构在自己的知识体系中，内化为自己的智慧，并在后期的工作中得到锻炼和实践，这才是从工作中得到的真正收获。

（2）厘清工作思路。完成一件工作后，往往感觉很有收获，这时脑子里的一些想法是模糊和杂乱的，将它们写下来，可以对暂存在大脑中的各种想法进行一番梳理，形成思路清晰的工作头绪。

（3）提升表达能力。写心得的主要目的是提高自己。书写心得的过程，同时也是对组织语言、总结工作以及把握重点的能力的综合锻炼。养成写工作心得的习惯，可以提高语言表达能力、逻辑思维能力和理解力。

10. 房地产互联网全民营销

房地产互联网全民营销，指借助互联网手段让社会公众参与到房地产营销中，社会公众发挥自身的资源去寻找合适的客户，与房地产专业营销人员一道销售楼盘。互联网全民营销的主要手段有：电商利用线下经纪人分销、电商 App、老带新以及转介绍、微信营销等。

11. 房地产营销人员的素质

（1）礼节修养。①个人形象。营销人员的个人形象折射出企业形象，在某种程度上也代表着楼盘的形象。好的形象能够拉近与顾客的距离，减少顾客的疑虑，提高亲和力，进而促使顾客产生购买行为，达成交易。因此，营销人员应有整洁的仪表、亲和力较强的仪容；有主动积极、面带微笑、亲切诚恳的态度；有进退有序的规范的礼节；有流利的口才、收放自如的交谈能力等。②电话礼节。通过电话给顾客留下良好的印象，有利于营销工作的开展。因此，接听电话要采用正确的接听方式和礼貌用语。如接听电话时，一般先主动问候"这里是某某花园或公寓，您好"，而后开始交谈；在与顾客交谈时，声音一定要自然、亲切、柔和，让顾客感到愉快并愿意进一步取得联系，并设法取得企业想要的信息。③接待顾客时的礼节。良好的仪容和着装，诚恳的微笑能给顾客较好的第一印象。因此，接待顾客时应留意和顾客的目光交流，既能了解顾客心理活动，又符合国际惯例；同时，还应留意引领顾客看房时及顾客离开时的礼仪，如顾客进门时，营销人员应立即上前，热情接待，主动招呼，以提醒他人留意。

（2）知识结构。一个好的房地产营销人员不仅应熟悉本行业，而且要熟悉当地社会的风土民情，具有广泛的社会知识。①房地产企业相关知识信息。营销人员应熟悉房地产开发企业或房地产营销代理企业的历史及其在同行业中的地位，房地产企业发展历程、企业文化、已开发的产品、品牌、社会知名度等。了解本企业的优势，可以增强营销人员的信心。②房地产开发相关知识信息。它主要包括房地产的地点、交通、环境、总建筑面积、容积率、建筑物覆盖率、绿化率；房地产产品的结构、功能、用途、价格、得房率及物业管理知识；竞争楼盘的有关情况、本楼盘的卖点，以及与其他竞争对手的产品优劣比较。营销人员只有对产品的认识多于顾客，才能解答顾客对产品的使用、功能等提出的各种问题，才能增强自身成功推销房地产产品的信心，增加成功地说服顾客做出购买决定的机会。③顾客相关的知识信息。它包括：购房者的购买动机、购买心理和购买习惯；谁是购买决策者，影响购买决策的人有谁，其在购买者家庭中扮演什么角色，家庭收入情况如何；此外，还包括支出模式，以及购买的方式、条件、时间、偏好等有关信息情况。④房地产产业和市场行情相关知识信息。它包括：目前顾客情况如何，怎样才能增加购买量，潜在用户在哪里，潜在用户的销量有多大，以及国家有关房地产政策法规等，房地产企业占有的市场率有多少等。⑤房地产销售有关法律法规等知识信息。

（3）工匠般的敬业精神。营销人员应热爱本职工作，具有使命感和迫切完成营销任务的责任心，具有进取精神与扎实的工作作风，具有积极向上的敬业精神，才能扎扎实实地做好营销工作。但是，营销人员往往会遭遇重重困难且工作环境艰苦，有时甚至遭受顾客的白眼，所以，营销人员更应该积极发掘销售机会，掌握适当的销售时机，尽可能促成顾客购买。

（4）心理素质。房地产营销人员应具备自知、自信、自尊、自爱、乐观奋进的心理素质，了解自己的职业，了解顾客，了解企业，才能开展好销售工作。乐观、豁达、愈挫愈勇的性格和良好的心理素质，是优秀的营销人员必备的基本素质。

（5）职业道德。职业道德是指从事一定职业劳动的人们，在特定的工作和劳动中以其内心信念和特殊的社会手段来维系，以善恶进行评价的心理意识、行为原则和行为规范的总和。房地产营销人员应该具备良好的职业道德素质，如守法经营、以诚为本、恪守信用、尽职尽责、团结合作等，良好的职业道德是房地产营销成功的要件。

（6）身体素质。营销人员在销售旺季每天要接触大量的人员，客户离开后还要对当天客户的各种信息和有关资料进行归类整理、统计与分析，这些信息对企业非常珍贵。

因此，营销人员必须有好的身体素质，才能精神抖擞、充满信心地应对繁忙的工作。

12. 房地产营销人员的能力

（1）创造能力。营销人员需要有较好的创造力和坚强的信念，对行业、企业和市场了解得越深就会越有创意。任何时候，营销人员都不能使对方有被强制的感觉。由于与营销人员相对的顾客，本来就有一种抗拒感，再加上受强制的感觉，营销人员就很难与顾客进行有效的沟通交流。因而有人说，杰出的营销人员，给顾客的是期待而不是强制。

（2）判断及察言观色的能力。房地产市场环境和顾客凸显的个性日益复杂化，而且受许多因素的制约，这就要求营销人员在营销过程中，要具有极大的灵活性，要有敏锐的观察能力，因人而异地选取营销方式，并随时观察顾客对营销陈述和营销方式的反应，揣摩其购买心理的变化过程，有针对性地改进营销方法，提高营销的成功率。

（3）自我驱动能力。营销是一项专业性较强的工作，很多人之所以无法成为出类拔萃的营销人员，主要是因为无法战胜自己。要成为一个成功的营销人员，首先要做到不服输，但这并不意味着跟别人较量，而是应该跟自己较量，战胜自己，确立绝不言败的个性及精神。

（4）人际沟通能力。营销人员必须有沟通能力，能在很短时间内缩短与顾客之间的距离，找到谈话的共同点，同时让顾客接受自己，让顾客愿意将自己的想法意见说出来，彼此形成良好的合作关系，这样就离成功近了一步。

（5）从业技术能力。营销人员应熟悉房地产市场交易法规、程序，具有策划和组织小型促销活动的能力，具有一定的文案写作能力，具有丰富的房地产市场知识并能灵活运用的能力，能为消费者提供合意的方案，能针对不同类型的消费者从不同的角度制订不同的方案，对房地产市场信息能做出正确的分析和判断，这样才能为顾客提供优质的服务。

（6）说服顾客的能力。营销人员要能熟练地运用各种营销技巧，成功地说服顾客。同时要熟知营销工作的一般程序，了解顾客的购买动机和购买行为，善于展示产品，善于接近顾客，善于排除异议直至达成交易。

此外，营销人员还应树立双赢理念，做好置业顾问。营销人员代表企业利益，同时也要为顾客着想。重视顾客利益、满足顾客需要是保证销售成功、维护企业利益的关键。

1.3　房地产网络营销

网络营销（on-line marketing 或 E-marketing）就是以国际互联网络为基础，利用数字化的信息和网络媒体的交互性来辅助实现营销目标的一种新型的市场营销方式。网络营销产生于 20 世纪 90 年代，以全新的"网上售楼处"为标志的房地产网络营销时代已经到来。房地产营销人员全部或部分运用互联网进行营销活动，就具备了网络营销的特性。从具体操作来说，房地产网络营销通常首先是建立自己的网站（homepages），然后借助各种方式，让消费者获知该营销项目在互联网上的域名地址，而消费者则根据自己的需要浏览房地产企业或项目的网页，了解正在营销的房地产项目，同时可以在线向房地产营销网站反馈一些重要的信息。

1. 房地产网络营销特点

房地产网络营销活动指房地产企业为发现、满足和创造顾客需求，基于互联网、移动互联网平台，利用信息技术，进行房地产市场开拓、产品推广、定价促销、品牌宣传等活动的总称。房地产网络营销的目的，一是迅速宣传楼盘项目，为项目销售积累客户；二是宣传房地产企业品牌，提升企业知名度和美誉度，为企业后期房地产产品销售打下市场基础。以前，购房者较单纯，看到电视、报纸、杂志、公交站台的楼盘广告就会奔向售楼部。如今，购房者的买房行为一般包括以下几个步骤：获知楼盘信息（硬广告、口碑等）、上网搜索楼盘相关信息、现场看楼、再次搜索楼盘信息、购买。由此可见，房地产网络营销至关重要，其主要特点如表 1-5 所示。

表 1-5　房地产网络营销特点

房地产营销渠道	优点	缺点	成本	供应平台
搜索引擎营销	覆盖面广、针对性强	操作时间长、有一定技术难度	中	竞价广告
点击付费广告	操作速度快、可操作性高	误点概率大、效果难评估	高	广告联盟
电子邮件营销	针对性强、操作速度快	接受率有限	低	可由企业自行完成
新闻软文营销	覆盖面广、权威、认可度高	媒体关注度难以控制	中	门户网站、新闻营销
知识营销	覆盖面广、精准、认可度高	操作难度大	低	百科知识营销

房地产网络营销的理想方式和最大特色在于"足不出户，选天下房"。购房者不需要从一地赶到另一地选房看房，仅在家里利用互联网就可了解房地产楼盘项目的规模和环境，查询和观看各种房屋，一个构建完善的房地产网站，购房者所关心的一切重要信息如房屋的外观、房间的布局、周围的社区环境等，只要其用手指轻轻点击鼠标就一览无余、尽收眼底，在对各种房地产项目进行了全面而审慎的选择、比较后，购房者即可找到满足自己理想需求的房屋。过去十分耗费时间和精力的选房过程，在网络营销的环境中，变得十分轻松有趣和迅速快捷。理论上，通过网上支付，购房者还可在网上签订购房合同。但是，在现实情况中，房地产作为大宗投资消费，消费者直接通过网络进行交易的情况非常少见，目前房地产网络营销最主要的目的，还是通过网络给浏览者创造一个虚拟体验的环境。

2. 房地产网络营销方法分析

（1）社区营销。目前城市中绝大多数人已经按照自身居住的状态，形成了一种社区化的生活方式，而"社区营销"恰恰是在这样的大环境与背景下诞生的。在城市中，星罗棋布的社区蕴藏着巨大的潜力，因此，区域性新楼盘或二手房"在社区中营销"已经逐渐被一些房地产企业视为一种全新的分销方式，并被越来越多的房地产企业关注。

（2）事件营销。所谓事件营销，是指企业通过策划、组织和利用具有新闻价值、社会影响以及名人效应的人物或事件，吸引媒体、社会团体和消费者对楼盘的兴趣与关注，以提高企业或楼盘产品的知名度、美誉度，树立良好的品牌形象，并最终促成房地产楼盘销售的手段和方式。由于这种营销方式具有受众面广、突发性强，在短时间内能使信息达到最大、最优传播的效果，为企业节约大量的宣传成本等特点，近年来越来越成为国内外流行的一种公关传播与市场推广手段。

（3）房地产博客营销。博客营销是通过博客网站或博客论坛，接触博客作者和浏览者，利用博客作者个人的知识、兴趣和生活体验等传播房地产楼盘信息的营销活动。博客营销是一种很不错的房地产推广营销方式，最主要的目的是对公司以及产品信息进行有效的传递。对于企业来说，最主要的问题在于对博客的选择以及合理应用，博客推广不在于多，而在于精，提供和传递有价值的信息才是消费者所欢迎的，因而应掌握正确的方式方法。

（4）房地产微博营销。微博是在博客后推出的一种网络营销方式，随着微博变得火热，每天更新微博内容就可以跟大家交流，或者提出大家所感兴趣的话题，这样就可以达到营销房地产楼盘的目的。房地产产业从开发商、承销商、代理商、研究咨询机构到广告商，几乎均在微博平台上开通了企业和高层的官方微博，为传播企业文化、企业品牌做积累。利用微博平台，企业和个人以更低的成本快速发布信息，通过与用户共享和互动的方式更快获得用户的认可，建立起企业的口碑和品牌，这已经是房产行业公认的网络营销方式。

（5）SNS 营销。SNS（social networking services，社会性网络服务）专指旨在帮助人们建立社会性网络的互联网应用服务。SNS 营销就是利用 SNS 网站的分享和共享功能，在六度空间理论的基础上实现的一种房地产营销方式。通过病毒式传播的手段，产品被更多的人知道。

（6）房地产网络新闻（软文）营销。网络新闻营销，又叫网络软文营销，它与以一般产品功能介绍为主的营销方式不同，它是借助国内外企业品牌推广的先进方式，利用互联网技术，整合国内众多网站优势资源，把企业、品牌、人物、产品、活动项目等相关信息以新闻报道的方式，及时、全面、有效、经济地向社会公众广泛传播的营销方式。大部分房地产企业采用软文营销进行推广，然后在大型行业门户或大型网站进行传播。该营销方式要注意几个方面：内容的真实性、内容的价值性、内容的推广方向。这几点一定要明确，最主要的是要传递有效的信息。

（7）房地产 EDM 营销。EDM 营销（E-mail direct marketing）即 E-mail 营销、电子邮件营销。E-mail 营销是在用户许可的前提下，通过电子邮件的方式向目标用户传递价值信息的一种网络营销手段。E-mail 营销有三个基本因素：用户许可、电子邮件传递信息、信息对用户有价值。三个因素缺少一个，都不能称之为有效的 E-mail 营销。另外，E-mail 营销一定要注意现在楼盘之间的产品差异化。

（8）问答营销。问答营销是互动营销的新型营销方式，是互动营销基于第三方口碑而创建的网络营销方式之一。这种营销方式既能与潜在消费者产生互动，又能植入商家广告，是做品牌口碑、互动营销不错的营销方式之一。遵守问答站点的发问或回答规则，然后巧妙地运用房地产软文，将自己的楼盘口碑、服务口碑植入问答里面，达到第三方口碑效应。

（9）病毒式营销。病毒式营销（viral marketing，也可称为病毒性营销）是一种常用的房地产网络营销方法，常用于网站推广、品牌推广等。病毒式营销利用的是用户口碑传播的原理，在互联网上，这种"口碑传播"更为方便，信息可以像病毒一样迅速蔓延，因此病毒式营销是一种高效的信息传播方式，而且，这种传播是用户之间自发进行的，因此是几乎不需要费用的房地产网络营销手段。

（10）圈群营销。该营销方式主要是通过 IM（instant messaging，即时通信）营销。IM 又可以分几种：微信、QQ、百度 HI 等。房地产 IM 营销是指房地产营销人员运用现有的网络通信工具实现即时的信息交流和收发，从而产生效益的一种销售手段。微信作为现在中国使用群体最多的即时通信交流工具，对现在房地产推广工作起到了很大的帮助，特别是微信群，在推广上更是起到了推动作用，主要的方式是微信群信息发布。当然还有一定技巧，微信群推广不宜采用苦力的方式，掌握一定的技巧可能对推广起到很大的作用，因为在微信上是和人打交道，只要掌握了好的方式方法很容易开展口碑营销。

（11）房地产搜索引擎营销。互联网时代，大众获取信息的行为模式正逐渐转向具有鲜明网络特质的 AISAS（attention 注意、interest 兴趣、search 搜索、action 行动、share 分享），搜索信息已经成为大众使用网络的重要需求。搜索引擎优化（search engine optimization，`SEO）是中小房地产企业最常见的一种推广方式，主要是通过搜索引擎的排名来最大限度提高网站的曝光率，从而提升网站的流量，实现互联网销售。当然，中小房地产企业更倾向于用户体验优化（user experience optimization，UEO）。

（12）点击付费广告（pay per click，PPC）营销。现在的企业大量采用这种按照实际点击量来付费的广告形式，最主要的目的是得到最核心客户的点击。常规网站比较常见的有百度、搜狐、腾讯等，现在也有一些电子商务网站采用了该推广模式，其最大的优势就是把每一分钱都花在了刀刃上。

（13）自媒体营销。自媒体是指以单个个体作为新闻制造主体而进行内容创造，并拥有独立用户号的媒体，主要是通过网络途径向外发布他们本身的事实和新闻。它是私人化、平民化、普泛化、自主化的传播者，以现代化、电子化的手段，向不特定的大多数或者特定的单个人传递规范性及非规范性信息的新媒体的总称，如在微信朋友圈里发布楼盘信息。

3. 常用的房地产网络营销模式

房地产企业应选择最合适的网络营销模式，多维度培训员工熟练掌握系统运营技能，形成品牌联播效应。

（1）搜索引擎营销模式。建设品牌营销网站，建设品牌营销网店。搜索引擎优化，搜索引擎竞价推广，搜索引擎广告推广。强营销与软营销有机结合。

（2）微信营销模式。建设微信网站，建设微信网店。微信公众号的注册、认证、配置。企业微信推广，个人微信推广。强营销与软营销有机结合。

（3）微博营销模式。建设微博网站，建设微博网店。企业微博号的注册、认证、配置。企业微博推广，个人微博推广。强营销与软营销有机结合。

（4）电商平台营销模式。平台选择：HOUSE365、安居客等。网店建设：注册、认证、配置等。网店推广：站内推广、站外推广。强营销与软营销有机结合。

（5）其他网络营销模式。选择适合营销人员个人运营的网络营销模式和适合营销部门统一运营的网络营销模式。选择相适应的信息载体、信息形式。选择相适应的推广平台、推广方式、推广策略和相适应的销售策略、成交技巧。强营销与软营销有机结合。

（6）营销模式融合。现有营销模式的完善、优化。传统营销模式的重新选择、组合、优化。网络营销模式和传统营销模式深度融合与优化。

思考题

1. 比较房地产市场与其他市场的异同点。
2. 比较房地产市场营销与其他市场营销的异同点。
3. 如何成长为优秀的房地产营销人员？
4. 如何选用网络营销手段？

实训题

撰写我国房地产市场情况和本地区房地产项目市场营销情况综合调研报告。

实训指导

1. 5～8 人一组，以组为单位完成实训题。

2. 从互联网上了解我国房地产市场情况和本地区房地产企业市场营销情况，主要参考网址如下：

[1] 中国房地产门户网站——搜房网 [OL]. http://www.soufun.com/.

[2] 搜狐焦点网 [OL]. http://house.focus.cn/.

[3] 365 淘房网 [OL]. http://www.house365.com/.

[4] 中国建筑经济网 [OL]. http://www.coneco.com.cn/.

[5] 房产新华网 [OL]. http://www.xinhuanet.com/house/.

[6] 安居客 [OL]. http:// www.anjuke.com/.

[7] 网易房产 [OL]. http://house.163.com/.

[8] 腾讯房产 [OL]. http://house.qq.com/.

[9] 网易房产生活质造家网 [OL]. http://nj.house.163.com/.

[10] 江苏土地市场网 [OL]. http://www.landjs.com/.

[11] 南京网上房地产 [OL]. http://www.njhouse.com.cn/.

[12] 南京市住房保障和房产局网站 [OL]. http://fcj.nanjing.gov.cn/.

［13］ 万科公司网站 [OL]. https://www.vanke.com/.

［14］ 恒大集团网站 [OL]. http://www.evergrande.com/.

［15］ 万达集团网站 [OL]. http://www.wanda.com.cn/.

［16］ 中国保利集团有限公司 [OL]. http://www.poly.com.cn/.

［17］ SOHO 中国网站 [OL]. http://www.sohochina.com/.

［18］ 栖霞建设网站 [OL]. http://www.chixia.com/.

3. 调研报告要求自己独立撰写，不允许抄袭，要求报告字数为 1 500～2 000 字。

第 2 章

房地产营销策划基础知识

⊘ 学习目标

1. 了解策划的概念、特点和基本方法。

2. 熟悉房地产营销策划发展过程、房地产营销策划误区。

3. 掌握房地产营销策划的概念、原则、模式、流程以及房地产策划人员的知识和能力要求。

⊞ 技能要求

1. 能够对当地房地产营销代理业的发展现状进行调查分析。

2. 能够对当地房地产营销代理企业的业务种类和业务操作流程等进行调查分析。

3. 能够对当地房地产项目营销策划的模式、流程进行调查和分析。

4. 养成勇于克服困难的精神和精益求精的工匠精神，具有较强的忍耐力。

⊞ 案例 2-1

新冠肺炎疫情背景下房地产营销策划的成功之法

营销之于房地产，虽不能生成需求，却能促进需求实现。因此，当市场环境发生重大变化时，买卖双方难以充分交流沟通，除了提升产品品质、提升内功外，营销模式和营销活动的开展及创新是非常必要的，谁的营销策略棋高一着，谁就能成功突围。一场成功的营销活动，不仅可以为楼盘造势、提高知名度，更能为楼盘后期的销售积攒人气，疫情背景下的房地产营销策划尤其如此。

2020 年是房地产市场开局不平常的一年，元月新冠肺炎疫情暴发并迅速蔓延。世界卫生组织 1 月 31 日宣布将新型冠状病毒感染的肺炎疫情列为"国际关注的突发公共卫生事件"。当地时间 2 月 28 日，世界卫生组织总干事谭德塞在日内瓦宣布，将新冠肺炎全球风险级别提至最高级别"非常高"。往常，每年春节期间大量外出务工人员返乡，特别是三四线城市的房地产开发商会抓住这个机遇，推出优惠政策，促进房屋销售。一二线城市也会利用节假日邀请市民到现场看房，并给予适当的优惠促进销售。然而，2020 年春节因抗击疫情的需要，大多数售楼部关闭了，商品房线下销售被迫暂停，引起了大家的极度关注。房地产市场成交量大幅下跌，2 月商品房销售量呈断崖式下跌，甚至处于冷冻状态。贝壳研究院发布的 1 月二手房市场数据显示，1 月链家 18 城二手房成交量环比下降 38%。2020 年春节假期成交量较 2019 年春节假期（2 月 4 日～2 月 10 日）下降 61%。克而瑞集团研发部门 CRIC 监测：2020 年春节假期 88 个重点城市商品房成交量相比 2019 年春节假期减少 63%，部分三四线城市零成交。

2020 年新冠肺炎疫情期间，尽管疫情防控使绝大部分房地产项目销售"束手无策"，但是也有一些房地产企业在大部分人还在等待、困惑、观望的时候，推出了吸引力强、新颖独特的营销活动，通过互联网和大数据技术支撑展开"线上购房模式"，通过互联网平台全力推进，迅速锁定大批目标客户，既起到了提高知名度的作用，同时又收获了一大批目标客群，取得惊人业绩。例如，引发关注热议的恒大地产 2020 年 2 月 13 日针对全国 400 多个在售楼盘推广"线上购房模式"，推出购房七五折优惠、无理由退房等政策，迅速引爆市场，仅 3 天时间，销售总货值约 580 亿元。目前也有部分房企通过线上售楼部推广，制定优惠购房政策吸引了一批准购房客户。星空传媒控股"合房网"创新推出许多新玩法：宅家看房直播、云上卖房服务、体验沉浸式看房、金牌置业顾问变网红主播、线上才艺秀、晒娃、红包雨……

疫情下的房地产营销成功突围之法就是把"云端经济"引入房地产行业，采用这种"云端经济"营销模式。"云端经济"营销模式不是昙花一现的应急之需，它是线上经济破局新燃点，更是破解疫情下销售难题的长久之计，倒逼房地产企业迅速与互联网平台进行深度融合，加快营销模式的变革。

疫情下房地产项目营销模式迫切需要不断的创新变革。未来房地产楼盘销售的竞争将从"线上宣传，线下营销"为主的模式，改变为"线上是宣传推广的主战场，线下是服务营销的主阵地"的"双阵全域营销创新模式"。通过互联网线上楼盘营销平台创新，努力实现内容鲜明化、人群目标化、场景娱乐化、平台生态化、品牌 IP 化、传播矩阵化的"六大要素"融合运营模式，快速全域推广，锁定目标客户。通过线下营销展示场景与服务模式创新，努力优化营销团队接待服务顾客流程，导入"引客、亲客、留客、转客"四个阶段规范化的贴心服务系统，实现楼盘销售目标。

资料来源：编者根据互联网资料整理。

案例讨论

1. 哪些营销策划方法值得你所在的城市的房地产企业采用？
2. 房地产营销策划有哪些作用？

2.1　策划的基本知识

1. 策划的概念及作用

（1）策划是指人们为了达成某种特定的目标，借助一定的科学方法和艺术，为决策、计划而构思、设计、制订科学行动方案的过程。策划是一种对未来采取的行动做决定的准备过程，又称"策略方案"和"战术计划"。策划一般分为商业策划、创业策划、广告策划、活动策划、营销策划、网站策划、项目策划、公关策划、婚礼策划、战术策划、战略策划等。

（2）策划 = 策略方案的思考 + 计划编制。策略思考又称策略性思考，指的是为完成某种设计，对所需采用的方法论的思考与设计；计划编制是指按照已经确定的方法论，编制具体行动计划的过程。

（3）策划的作用。作为市场营销的重要手段、市场推广行为的纲领与灵魂，策划的最大作用在于对销售的推动和促进。房地产营销策划的作用是加快房屋销售进度和提高资金回笼速度。

2. 策划的特点

策划有以下 7 个主要特点。

（1）策划的本质是思维智慧的结晶。

（2）策划具有目的性。

（3）策划具有前瞻性、预测性。

（4）策划具有一定的不确定性、风险性。

（5）策划具有一定的科学性，是在调查基础之上进行的预测、筹划。

（6）策划具有创意性，策划的灵魂就是创意。

（7）策划具有可操作性，这是策划方案的前提，如果策划没有可操作性，再有创意也是一个失败的策划方案。

3. 策划的基本方法

策划的基本方法有以下 9 种。

（1）相关专题调查法。调查法是进行大型策划的基本方法，好的策划方案无不建立在相关调查的基础之上。随着竞争的加剧和市场的细分，相关调查也趋向"专题调查"，如用户需求调查、商品或服务缺陷调查、产品调查、行业发展趋势调查、竞争对手调查，等等。通过细化的专题调查，获得充分的项目相关信息，并加以分析、比较，再加上行业信息的补充，就可以大致确定策划项目的运作方向、切入点、进程、节奏、实施步骤及所要达到的目标，并由此决定企业相关资源的搭配，以保证策划的实现。

（2）观察法。观察是策划人员了解外界事物、获得直接感受或经验的基本方法。勤于观察、善于观察，在观察中发现差别或联系，发现蛛丝马迹中蕴藏的信息，再"去粗取精、去伪存真"，于细微处洞察未来。

（3）征询意见法。策划人员在着手策划之前，运用征询意见法获得更多的信息，并借此打开或拓宽策划思路。除了征询专家的意见之外，最主要的是征询用户特别是最终用户或直接用户的意见，要请他们发表意见，作为策划新的活动的依据。

（4）组合信息法。策划过程中定期或不定期地对得到的一时、一事的单个信息加以浓缩、组合。信息组合可以有正向信息组合，帮助策划人员强化某些判断，肯定某些内容；也可以有负向信息组合，帮助策划人员把原来没有十分把握的想法彻底否决。此外，信息的组合还有可能带来新的产品、新的经营方式、新的商业机会。

（5）直觉反应法。策划人员凭"直觉反应"判断项目的可行性，并告诉委托人这个项目是否可行。如果可行，要怎么做；如果不可行，原因是什么。这种方法看似简单，好像是"拍脑袋"决定，其实问题的关键是，策划人员的脑袋中是否装有此项策划需要的足够的准备知识、相关信息，是否装有类似活动的成功或失败的大量案例经验。如果有，那么策划人员凭"直觉反应"提出的主意或建议就绝不是无稽之谈，甚至是最准确的。

（6）逆向思考法。策划人员沿着人们思维习惯的反方向展开思路并最后形成方案。这种逆向思维如能成立，所形成的方案往往不仅充满灵气与智慧的火花，甚至能产生经营方式、模式的划时代巨变。

（7）头脑风暴法。这是策划人员经常采用的激发灵感而后集思广益的一种方法。具体做法是：在某一时间将有关专家集中到一起，事先明确有关议题，如对某个项目经营方式的选择问题进行研讨。专家可以按照自己预先的准备，毫无顾忌地自由发表见解，不受任何条条框框限制。然后与会专家可以结合自己的准备和受其他发言人的启迪即兴发表观点或展开讨论，但不得相互批评、指责。此方法由于提供的信息量大，充满思想和智慧的光芒，在思维方法和思路上可以大大突破一两个策划人员的局限，对形成高质量的策划方案至关重要。

（8）潜意识思考法。该方法又称捕捉灵感法，即策划人员在接受委托项目，已经进入研究和冥思苦想状态，而又苦于在某些关键点上没有突破，拿不出"出彩"的方案时，就索性把项目放一放，使精神彻底放松，干一些与策划无关的事，让自己的潜意识来思考与策划有关的事。策划中最关键的这层窗纸也许就会在此时被捅破，策划人员变得豁然开朗。统计表明现代人取得重要思维成果也多是在"车上、床上和散步中"，即在相对放松的"非办公时间"和"非办公地点"。

（9）换位思考法。它是指策划人员在做策划方案的时候，不仅要从商家的角度考虑问题，更重要的是从受众（顾客）的角度考虑问题。这样形成的策划方案才能最终得到顾客的认同。

2.2　房地产营销策划概述

1. 房地产营销策划概念

（1）房地产营销策划是房地产企业为了取得理想的销售推广效果，在进行环境分析的基础上，利用其可动用的各种外部及内部资源并进行优化组合，制订计划并统筹执行的过程。房地产营销策划是一项连续性的系统工程，它统筹所有房地产销售及宣传推广工作。

（2）新的楼盘的营销工作一般可以分为前、中、后三个时期：①前期工作包括土地判断与评估、楼盘开发定位、市场可行性研究、项目规划设计等。②中期工作包括楼盘形象包装、楼盘市场推广、楼盘工程建议等。③后期工作包括楼盘交付使用、尾房销售、物业管理等，每一个过程与环节都很重要。

（3）营销策划是对营销活动的设计与计划，它贯穿于房地产企业经营管理过程。一个楼盘想要获得成功，必须具备全局性的营销观念，进行"整体营销""全程营销"。因此，房地产营销策划不但包括房地产营销战略与战术分析，还有在此基础上确立投资地点、物业主题、规划设计、处理残局以及物色好策划人员等一系列策划工作。营销策划在很大程度上已被视为房地产项目制胜的关键。

2. 房地产营销策划发展过程

（1）单项策划阶段。此阶段房地产策划的主要特点是运用各种单项技术手段进行策划，并用某种技术手段深入拓展，规范操作，以取得良好的效果。如丰富的空间设计，人车分流，动静兼顾的功能分区，等等。

（2）综合策划阶段。此阶段房地产策划的主要特点是各项目根据自己的情况，以主题策划为主线，综合运用市场、投资、广告、营销等各种手段，使销售达到理想的效果。

（3）复合策划阶段。此阶段房地产策划的主要特点是狭义地产与泛地产相复合，即房地产策划除了运用房地产领域的各种技术手段外，还可以运用房地产领域以外的其他手段。所谓"泛地产"，就是不局限于以"房子"为核心，而是在某一特定概念下营造一种人性化的主题功能区域，"房子"在这里可能是主体，也可能成为附属的配套设施，这种功能区域的主题各有不同，如生态农业度假区、高科技园区、高尔夫生活村、观赏型农业旅游区等。

3. 房地产营销策划的特点

（1）"以人为本"。房地产企业面临的首要问题是开发的房地产商品如何满足顾客的需要，从而促进商品房的销售，增加利润，加快资金周转，获得投资收益。因此，房地产企业应首先强调"以人为本"的营销策划，企业的一切经营活动，都必须围绕消费者的愿望、需求和价值观念来展开，这是房地产营销的根本所在。

（2）复合多种理念。理念是营销策划的灵魂，房地产营销策划的主导理念一般包括四种：①人性理念，中国自古的儒家仁爱思想和西方的人本主义思潮为房地产营销的人性理念提供了坚实的文化基础。②生态理念，全球环境污染加重，要求房地产企业必须树立可持续发展生态理念，为人类提供更加适宜的生存空间。③智能理念，充分利用科技成果实现建筑功能多元化。④投资理念，提供给购房者更多的价值服务，实现保值增值。

（3）注重策略和手段。楼盘最终需要通过市场的反应来实现自身的价值，所以营销中采用的合理策略、手段就成了市场接受的试金石。通过各种营销策略，如产品策略、价格策略、促销策略、渠道策略等的组合，再依靠营销手段使其具体化，最终会产生令人满意的营销结果。

4. 房地产营销策划的主要种类

（1）房地产投资营销策划。投资分析是全程营销的起点，是房地产开发的关键。投资营销策划通过细致的市场调查，认真分析用地周边环境、区域市场现状及其发展趋势，进行科学的 SWOT 分析，归纳总结出房地产价值，模拟出最有实现可能的土地竞标价格方案，并进行投资风险分析，对价格方案进行调整，同时列出风险最低的价格方案与最高的价格方案，并提出规避风险的方法，在土地竞标时进行最有把握的竞争。

（2）房地产定位营销策划。房地产营销的关键在于把握市场脉搏，进行准确的市场定位。开发的房地产只有符合市场规律、引导市场，才会得到较高的利润，甚至超额利润。只是迎合市场未必会取得市场，占领市场的往往是那些有明确的目标消费群，并能准确把握和引导市场的开发商。

（3）房地产规划设计营销策划。经过准确的市场定位，根据目标客群规划设计相应的房地产。房地产的规划设计必须以人为主要的出发点和最终目标，这是创造精品房地产的最基本的条件。从项目的人文历史、地理地貌入手，进行总体规划布局和建筑风格定位，进行园林设计、配套设计、外观色彩以及外立面设计等。

（4）房地产形象营销策划。通过项目的整体包装，以到位的形象营销向消费者传达良好的企业形象、品牌形象。形象策划设计包括：周边环境包装、施工及小区内部环境包装、物业管理中心包装、营销中心包装、营销广告策划以及企业形象包装等。其他还有房地产价格策划、营销渠道策划、广告策划等。

（5）房地产项目系统营销策划。房地产项目系统营销策划就是对房地产项目进行"全系统"的策划，包括拿地策划、定位策划、投资策划、规划与产品策划、主题概念与形象策划、价格策划、分销策划、促销策划、广告策划、活动策划，以及多手段的整合营销策划等。

5. 房地产营销策划误区

（1）过分夸大营销策划的作用。夸大事实，则会使房地产营销策划误入歧途。事实上，房地产营销策划只是房地产资源配置中的一种无形资产，而不是全部无形资产，更不是全部资产。营销策划虽然在市场竞争中日趋重要，但如果片面地利用策划替代对市场的潜心开拓，认为策划能包治营销百病，则是一个认识误区。

（2）忽视营销策划的作用。目前许多营销策划方案表面花花绿绿，实则空洞无物，中看不中用。不少开发商也大有上当受骗之感，认为"策划无用"。事实上，房地产营销策划根本不是一本洋洋洒洒的策划方案文本，而是结合所在楼盘，贯穿市场意识，总结出的一种把握楼盘市场推广的行为方式。高水平的营销策划不仅可以降低房地产项目在配置资源时的交易成本，而且可以有效规避经营风险，它是一种周密而详尽的房地产市场运作谋略，是房地产营销战略与战术的恰当运用。

（3）技巧决定论。现在的房地产推广中很多营销策划人员沉湎于各种促销方法、促销花样的翻陈出新，把营销策划等同于出点子、找技巧、搞促销，认为技巧新就能取得推广成功，这实际上是把一门相当严谨、专业的应用型科学变得低级化、庸俗化。营销策划是运用整合效应的行为过程，贯穿于房地产经营的始终，并不是几个点子、几组技巧就能涵盖。楼盘品牌的创立，也不是营销策划方案的简单虚拟，而是在营销每一环节中追求品牌意义的综合体现，靠一朝一夕不行，需要孜孜以求的努力。

（4）营销策划的"经验论"。不少房地产营销策划人员往往坚持把过往项目的成功经验，照搬到新项目的营销策划中，忽视了对营销基础理论的研究和项目信息的调查与分析，忽视房地产消费者购买行为研究。事实上，房地产项目区域性极强，不同区域的购房需求有很大区别，生搬硬套个别项目的成功策划模式，往往会产生南辕北辙的效果。营销策划要通过"刺激－反应"模式研究房地产消费者购买行为（见图2-1）。

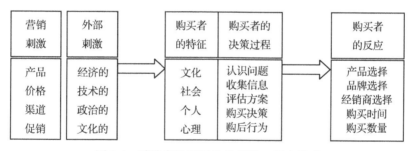

图 2-1　消费者购买行为的刺激－反应模式

（5）只讲炒作不讲实际。不少营销策划人员热衷于造势，策划方案时时刻刻想要制造轰动效应，以求媒介的大力宣传及消费者的关注。不少开发商也满足于做表面功夫，制造新闻，扩大效应，大肆进行新闻炒作、广告造势。炒作制胜其实是一种严重的投机心态，只能一时提高知名度。如果营销策划只停留于追求表面热闹，将会引发不少营销后遗症，必然难以长期制胜。

6. 房地产营销策划的原理与主题

（1）房地产营销策划的原理。①创新性原理。创新就是差异化、个性化，是营销策划成功的关键。实现创新性首先要策划观念新，其次是概念新、主题新，最后是策划手段和方法新。②人本原理。服务于人是房地产营销策划的根本目的。策划人员要深刻领会我国人文精神的精髓，注重人文关怀、情感和历史。同时，还要崇尚"天人合一"，房地产营销策划要把企业发展、社会发展和项目发展统一起来，达到绿色营销的境界，维护人类的根本利益。③差异性原理。策划的本质是向日益细分的市场强调单个产品与众不同和量身定做的个性化特征。差异性是策划的精髓所在。许多房地产项目存在严重的"同质化"倾向，导致项目竞争加剧，投资风险大。所以，项目营销策划必须坚持差异性，突出产品自身特征，加强其易识别性。④整合原理。强调策划对象的优化组合，包括房地产产品功能组合、营销方式组合、项目资源组合、信息组合等。广告发布、工程推进、设计优化、物业管理、价格变动等，每个策划点要环环相扣、统筹安排、目的一致，实行立体营销，坚持整合推广。

（2）房地产营销策划的主题。营销策划的主题是房地产营销策划所要表达的中心思想，但不同于项目开发主题。项目开发主题是整个项目所表达的主题，可以是开发商的理念，更可以是消费者的理念。而营销策划的主题是多级、多层面的，有战略主题和战术主题之分：①战略主题。战略主题是涉及企业或项目发展战略的主题，包括市场开发主题、产品开发主题、项目形象或企业形象主题等。②战术主题。战术主题是涉及房地产营销策略的主题，包括广告主题、品牌设计主题、项目形象包装主题等。战略主题和战术主题的目的都是扩大市场占有率，获得最大经济效益和社会效益。房地产营销策划主题表达必须集中、突出，不要多义，要用简明扼要的文字叙述，并通过营销创意和设计形象化传递，潜移默化感染人。

7. 房地产营销策划的原则

房地产营销策划除遵循其基本原理外，还要遵循以下五大原则。

（1）全程营销策划原则。房地产的全程营销策划以消费者为起点，开展市场需求调研、购买行为调研等，同时还要以消费者为终点，为消费者提供售后跟踪配套服务。策划的目的就是促进项目成交，优化项目品牌。营销策划不仅仅关注前期阶段，而是全程参与，以确保延伸产品附加值。

（2）客观性原则。营销策划必须从客户和市场需要出发。策划人员最容易犯的错误是以自己的价值观、鉴赏品位取代目标客户的购房品位，不顾市场反应一味陶醉于自己的策划成果。实际上，特定的产品有特定的购买群体，他们未必和策划人员的体验相同。所以，策划唯有在搞好市场调查的基础上，从客户出发，既符合实际，又有所超前，才能成功。

（3）可行性原则。①策划方案具有可行性，要选出最优方案。②策划方案经济性要可行，投资收益要好。③策划方案操作性要可行，要能够顺利实施。

（4）可持续性原则。房地产项目周期很长，要重视项目全程策划的持续性，保持项目各策划点的连贯性，使营销的各个阶段互相呼应、节奏明晰，逐渐加强客户对项目的良好印象。

（5）应变原则。市场与信息的变化是永恒的，房地产营销策划要增强动态意识和随机应变观念，在动态变化的复杂环境中及时把握信息，预测变化方向，调整、修改策划方案。

2.3　房地产营销策划模式和流程

1. 房地产营销策划模式

房地产营销策划是按一定的模式进行的。所谓"策划模式"，就是使策划人员可以照着去做的具体策划样式，体现了房地产营销策划的一些基本规律。灵活运用这些策划模式，可以提高房地产营销策划的科学性和规范性。下面介绍五种房地产营销策划模式。

（1）房地产战略策划模式。它的最大特征是强调对宏观大势的把握与分析。①把握大势出思路。大势包括中国经济大势、区域经济大势、区域市场需求大势、区域行业竞争大势和区域板块文化底蕴。在把握宏观大势的前提下，每个企业根据其不同特点，找到适合的发展思路。②创新理念出定位。理念创新包括概念创新、预见创新和整合创新。思路确定后，选择摆脱同质化竞争的迷局，确定差异化发展的突破点，总结、提取出能体现并统率企业或产品发展的灵魂和主旋律。③设计策略出方案。策略设计包括项目总体定位、理念设计、功能规划、运作模式、经营思路和推广策略。针对企业特点设计一套科学、独创、有前瞻性、有可操作性的对策方案。④整合资源出平台。资源整合包括企业内部资源整合、外部资源整合，行业内部资源整合、外部资源整合。帮助企业整合内外资源，包括整合各专业化公司的力量，创造一个统一的操作平台，让各公司发挥应有的作用。⑤动态顾问出监理。顾问监理包括项目重大事件、重要环节、节奏把握和品牌提升等内容。操作过程主要由企业家完成，策划人员作为顾问起参谋作用。

（2）房地产全程策划模式。房地产全程策划模式就是对房地产项目进行"全过程"的策划，即对从项目前期的市场调研到项目后期的物业服务等各个方面进行全方位策划，为投资者提供标本兼治的全过程策划服务，每个环节都以提升项目的价值为重点，使项目以最佳的状态走向市场。内容有如下方面：①市场研究。对项目所处的经济环境、市场状况、同类楼盘进行调研分析。②土地研究。对土地的优势、劣势、机会和威胁进行分析研究，挖掘土地的潜在价值。③项目分析。分析项目自身条件及市场竞争情况，确定项目定位策略。④项目规划。提出建议性项目经济指标、市场要求、规划设计、建筑风格、户型设计及综合配套设施等。⑤概念设计。包括规划概念设计、建筑概念设计、环境概念设计和艺术概念设计。⑥形象设计。包括开发商与项目的形象整合，项目形象、概念及品牌前期推广。⑦品牌培植。抓住企业和项目培养品牌，延伸产品的价值。⑧营销策略。找准项目市场营销机会点及障碍点，整合项目外在资源，挖掘并告知公众楼盘自身所具有的特色卖点。⑨物业服务。与项目定位相适应的物业管理概念提示，将服务意识传递给员工，构建以服务为圆心的组织架构。

（3）房地产品牌策划模式。品牌就是差异，就是个性。房地产品牌策划是对房地产品牌的内涵进行挖掘和推广，使房地产项目赢得人们的信赖。它的内容如下：①品牌策划以建立项目品牌为中心。②品牌策划就是建立一流的品质和开展一流的推广。③品牌策划中的附加值推广要有侧重点，一是要融入自然的和谐环境，二是要社区服务社会化，三是要家居生活信息化。④品牌策划推广有四个阶段，即"人工造雨"阶段、"筑池蓄水"阶段、"开闸泄流"阶段和"持续蓄水"阶段。⑤品牌策划推广有五种方法，即"筑巢引凤"法、"盆景示范"法、"借花献佛"法、"马良神笔"法和"巨量广告"法。⑥品牌策划有五个工程，即软性推广工程、公关活动工程、卖场包装工程、口碑工程和公关危机工程。

（4）房地产产品策划模式。产品策划就是对房地产项目进行谋划和运筹，注重项目产品的细节和细节部分的完美和舒适，以满足人们对房地产产品的特定要求。产品策划的重点是产品定位和产品设计，产品定位先于产品设计，包含如下内容：①产品调研。目的是了解需求和供应状况，为产品定位做好准备。②产品定位。在产品调研的前提下，对产品进行恰如其分的定位，包括目标客户定位、产品品质定位、产品功能定位、产品形象定位等。③产品设计。这是策划的重心，根据对目标客户的特性分析设计产品，包括规划设计、建筑设计、环境设计、户型设计等。④产品工艺。采用先进的生产工艺，保证产品质量。⑤产品营销。针对确定的目标客户推出产品的半成品或成品，包括产品包装、产品推广等。⑥产品服务。主要是售后服务，目的是提升和延伸产品的价值。

（5）房地产发展商策划模式。也可以说是房地产另类策划模式，有人称它为"非策划"模式。倡导这种策划模式的首推万科集团创始人王石先生，他说："我不相信策划，我的企业没有策划人员。"发展商策划模式存在的原因有如下方面：①发展商本身有着很高的房地产开发水平，思想理念超前，对房地产开发的各个环节了如指掌，能从容地应对房地产市场的风云变幻。具备这样高超水平的发展商，实际就是高水平的策划人员。②发展商企业内各部门人才济济，经验丰富，技术娴熟，观念超前，每个人都是实际的策划能手，自然会对发展商的开发思想和宗旨理解深刻，贯彻到位。③发展商企业经过多年的房地产开发实践，运作机制完善，开发经验丰富。

以上五种房地产策划模式都有自己的特色和专长，在具体的策划实践中各有一定的适用性，营销人员从不同的侧面和角度来策划房地产项目。战略策划模式侧重通过对宏观大势的把握与分析来策划房地产项目，全程策划模式以提升项目价值为重点提供全过程策划服务，品牌策划模式擅长对房地产项目品牌内涵进行挖掘和推广，产品策划模式则在产品定位和设计方面均围绕客户的需求来进行，发展商策划模式主要强调发展商在房地产策划中的主导地位。

2. 房地产营销策划流程

策划具有一般的基本程序：界定问题→收集信息→产生创意→撰写策划书→执行策划。遵循策划的一般程序，房地产营销策划流程如图 2-2 所示。

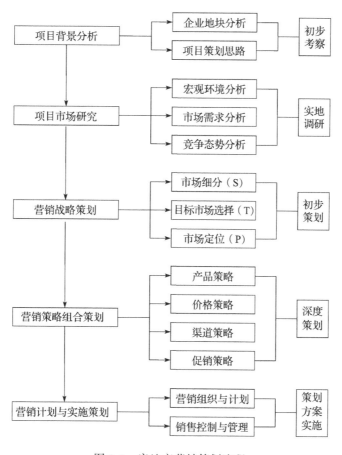

图 2-2　房地产营销策划流程

（1）初步考察。与项目方初步接洽，对项目进行初步考察，掌握基本情况和信息，对项目的可操作性做出初步结论。它的具体工作如下：①对项目方提供的基本材料，包括项目位置、规划红线图、项目相关的法律手续文件、项目周边环境、项目所在区域的市政规划、发展商投资商背景实力、项目的发展意向等进行初步了解，确定初步印象。②根据项目的状况、开发进度，初步拟定考察内容、范围。③成立专案项目组赴实地进行初期市场调研，初步调查是为了确定项目发展方向的前期定位和研究范围，作为未来正式调查的基础，重点针对项目所在的城市功能定位、城市特色、人口数量、经济发展、城市旅游业、历史、现状、土地资源、开发商、管理方的情况以及区域房地产市场做出初步了解。④分析项目本身是否具有可操作性。⑤提出项目操作的总体思路。

（2）实地调研。根据初步考察结果制订详细的正式市场调查计划，组成市场调查小组和策划专家组，赴项目所在地做正式市场调查。它的主要工作包括：①市场环境调查分析。②区域条件调查分析。③同类产品竞争势态调查分析，包括对市场供给、需求状况，价格现状和趋势，产品类型及市场缺位与空当，竞争对手的情况及销售渠道的调查。④项目情况调查分析，包括土地资源优劣情况、地块地形地貌状态、工程进度、资金投放计划与进度、建筑建设规划与实施现状。

（3）初步策划。主要工作包括：①项目定位。经过深入的市场研究分析后，明确项目的形象定位、产品定位、价格定位等，为项目开发提供切实可行的依据。②营销策划，包括蓄水造势和开盘引爆市场等的具体操作手法，广告媒体的投放时机，广告特色与效果把控，市场营销方式的采用情况，营销渠道的选择、控制与调整情况，项目及企业品牌的发展战略等。③人员培训，对开发商的营销人员进行全方位的专业培训。④销售执行，全程监控项目销售的执行情况，并适时做出相应的策略调整。

（4）对项目建设规划设计提出指导性建议。对项目的整体发展战略、开发内容、开发模式、锁定的目标消费群、市场形象、项目主题、项目规划、园林规划、户型结构与面积、项目的市场价格、室内布局、装修标准、设备设施、服务功能、物业管理等各个方面提出具体意见。

（5）撰写各类报告。根据不同客户的需求，提供不同的方案报告，必须提供的核心报告为市场调查报告和项目定位报告。对市场调查所得的原始的和次级资料、信息、数据进行整理，出具市场调查报告，并据此撰写项目定位报告，包含项目设计指导思想、产品组合设计和运营模式等。将方案报告提交给项目方进行讨论，并根据其意见进行修改。

（6）召开策划方案论证会，深度策划。召开由合作双方负责人及有关专家组成的论证会，对提交的策划方案报告进行研讨、论证与审核。策划人员根据讨论结果对方案做进一步的完善与改进。

（7）策划的执行。完善策划、建设期内跟进服务，促使项目成功。侧重策划方案的操作，根据销售前的各项推广策划工作内容要求，配合开发商组织相关的专业公司进行专业分工合作，并根据项目的发展战略和原则，针对具体问题提出策略性建议。

（8）整合各种社会资源，为项目及企业搭建操作平台。根据不同项目的实际情况，按照需要对具体工作内容、时间等进行调整。

3. 房地产策划人员的知识和能力

（1）房地产策划人员需要具备的知识如下：①策划学的基础理论知识，包括策划学的基本概念、基本技能、基本原则和工作程序、策划的基本方法以及广告策划知识等。②与企业经营密切相关的企业管理理论，包括管理学、行为学、市场营销学。③与企业策划有关的社会科学知识，包括社会学、心理学等。④房地产知识，包括房地产开发与经营知识，房地产相关的法律、政策知识，此外还有现代理财金融知识，IT 网络知识以及现代传媒知识等。

（2）房地产策划人员需要具备的能力有：较强的学习能力、文字表达能力、观察能力、分析判断能力、人际沟通能力、协调合作能力以及信息处理能力和计算能力。

实 | 践 | 经 | 验

成功营销的八大信条

1. 营销人员的职业信念：要把接受别人的拒绝作为一种职业生活方式。

2.钱是给内行人赚的——世界上没有卖不出的货，只有卖不出货的人。

3.想干的人永远在找方法，不想干的人永远在找理由；世界上没有走不通的路，只有想不通的人。

4.带着目标出去，带着结果回来，成功不是因为快，而是因为有方法。

5.销售者不要与客户争论价格，要与客户讨论价值。

6.没有不对的客户，只有不够的服务。客户需要的不是产品，而是一套解决方案，卖什么不重要，重要的是怎么卖。

7.客户不会关心你卖什么，而只会关心自己要什么。没有最好的产品，只有最合适的产品。

8.客户会走到我们店里来，我们要走进客户心里去；对老客户要坦诚，对新客户要热情；急客户要速度，大客户要品位，小客户要利益。

思考题

1.比较房地产市场营销与其他市场营销的异同点。

2.房地产营销策划流程与房地产项目开发流程有何关系？

3.房地产营销策划人员应该具备什么样的知识和能力？

4.如何把握房地产营销策划模式？

实训题

撰写我国房地产营销代理行业情况和本地区房地产营销代理公司营销策划情况综合调研报告。

实训指导

1.5～8 人一组，以组为单位完成实训题。

2.实地考察与网上调查相结合，主要参考网址见本书第 1 章实训指导。

3.营销策划情况内容：营销策划模式、流程、典型的项目营销。

4.调研报告要求独立撰写，不允许抄袭，要求报告字数为 1 500～2 000 字。

第二篇

房地产项目营销环境分析
与市场定位策划

本篇是房地产项目营销环境分析与市场定位策划模块，主要内容如下。

1. 房地产项目营销环境分析，主要介绍房地产营销环境及构成要素、特点，房地产营销的宏观环境分析和微观环境分析。

2. 房地产项目市场分析与定位策划，主要介绍房地产市场类型、房地产市场调研、市场分析与预测、房地产 STP 战略、房地产市场细分、目标市场选择以及房地产项目定位方法。

第 3 章

房地产项目营销环境分析

⊘ 学习目标

1. 能够理解房地产营销类职业标准内容。
2. 能够理解工匠精神在房地产营销业务中的体现。
3. 了解房地产营销环境构成要素、特点。
4. 熟悉房地产营销的宏观环境分析。
5. 掌握房地产营销的微观环境分析。

📖 技能要求

1. 能够遵循房地产营销类职业标准相关内容。
2. 能够在房地产营销业务中体现工匠精神。
3. 能够收集和处理房地产市场环境信息。
4. 能够运用宏观环境分析方法和微观环境分析方法。
5. 能够分析判断房地产市场营销环境形势。
6. 能够编写房地产市场营销环境分析报告。

📖 案例 3-1

中国未来房地产行业进入高质量发展的新常态

我国社会主要矛盾已经转化为人民日益增长的美好生活需要和不平衡不充分的发展之间的矛盾。房地产行业作为承载人民群众美好生活的重要产业，随着城镇格局、产业结构、人口结构、消费结构、房地产发展阶段等内外因素的变化，其转型升级不断加快，不断进入高质量发展的新常态。在未来的 5～10 年里，房地产行业将呈现八大特点。

一是"稳"字当头的房地产调控方向仍将延续。十九大后中央提出的新的房地产基本政策主要有：稳定房地产市场持续健康发展，稳地价、稳房价、稳预期，房住不炒，不把房地产作为短期刺激经济的手段，一城一策，等等。中央定性的"房住不炒""不把房地产作为短期刺激经济的手段"的底线是不能突破的，明确显示中央对房地产市场的政策底线与定力。在以"稳"为主的新常态下，中央强调全面落实因城施策，逐步建立稳地价、稳房价、稳预期的长效管理调控机制，促进房地产市场平稳健康发展。未来中国房地产政策将逐渐走向有松有紧的"双向调控"，调控政策是"因城施策"，不再搞全国一刀切，不同城市可以采取不同的调控策略，但最终的目标是"稳"。"稳"是我国 2020 年乃至今后房地产市场的政策主目标。

二是房地产市场进入成熟、理性和平稳运行的常态。没有只涨不跌的市场，中国房地产亦然。如今，随着经济发展进入减速换挡期，房地产市场预期也发生一定变化，那种房地产市场全面繁荣，开发商拿地就赚钱，房地产投资收益飙升的时代显然一去不复返。中国房地产市场正告别过去的高增长时期，进入分化调整阶段，有涨有跌进而平稳运行将成为一种新常态。中国房地产市场将正式进入平稳发展的新常态阶段。整体房地产市场的大多数指标还是处于增长过程中，只是增速放慢了，个别指标同比增长为负，主要原因是受基数因素影响。经过此前十余年的高速增长，中国房地产行业的供需格局正在发生变化，从此前的供不应求到大体平衡，这意味着房地产行业将进入一个平稳期，这将成为未来房地产行业的新常态。

三是租购（售）并举，房地产市场差异化发展。我国出台了一系列政策强调要"加快建立多主体供给、多渠道保障、租购并举"的住房制度，将"租"列于"购"之前，充分体现了发展住房租赁市场的紧迫性和重要性，住房租赁市场已迎来"黄金发展期"。随着房地产市场进入新常态，房地产市场差异化会更加突出。住房普遍短缺的时代已经过去，不少城市房地产市场出现了明显的供大于求，我国房地产市场分化趋势越来越明显。①房地产供求的区域市场差异化。主要是住宅供求的区域化差异明显，一线城市房价上涨，但一些二、三、四线城市，房地产去库存化周期明显拉长。②房地产不同产品种类的市场差异化。办公楼市场大多数向下调整，而刚需住宅大多数继续增长。③房地产不同产品档次的市场差异化。针对刚性需求的中低档次产品市场，调整幅度较为有限，甚至还有微涨；而高档次产品市场，则调整幅度较大。

四是新兴地产加快发展。十八大提出了"新型城镇化、新型工业化、新型信息化、新型农业现代化"的发展总目标。新兴地产是发展新型城镇化的重要组成部分，随着信息技术快速发展，"互联网＋""供给侧结构性改革""共享经济""跨界合作""轻资产"等概念层出不穷，传统的房地产已不能适应新型城镇化的需要，迫切需要升级转型，需要发展新兴地产。目前，养老地产、文旅地产、物流地产等新兴地产已经成为房地产行业价值新领域。在这些新地产领域，通过植入跨行业的资源、升级社群服务来打造匹配市场需求的新产品。①养老地产是适应我国老龄化加速新趋势形成的，以完善的配套设施和增值服务为理念，集餐饮、娱乐、养生、保健于一体，将住宅、服务、医疗、旅游、度假、教育等产品全方位结合起来，针对独立的养老社区提供一站式养老服务，让每个老人都能有尊严地养老。②文旅地产是适应深度体验新需求形成的，以深度体验需求为导向，形成包括休闲度假村、主题公园、旅游培训基地、会议中心、产权酒店、分时度假酒店、高尔夫度假村、风景名胜度假村等表现形态，实现旅游资源向地产价值的转变。③物流地产是适应线上线下链接需求形成的。近年来，消费升级和电商崛起带来了大量的物流地产需求。物流地产的发展呈现智慧化、高效化的趋势，除提升物流效率、节约物流费用外，还将为客户提供物流基础设施开发和相配套的专业物业管理服务，如园区租赁、园区运营、配送服务、增值服务、基金运营等。

五是房地产服务走向智能化、平台化和社群化。从总体上看，可以把房地产服务分为两类：基础服务和增值服务。基础服务是不同房地产业态所提供的传统服务，而增值服务是区别于传统服务的其他服务。随房地产行业升级的是房地产服务的不断升级，房地产服务升级走向智能化、平台化和社群化。①房地产服务智能化，以互联网技术、云计算、大数据等技术的兴起和应用为基础。以商业地产为例，利用大数据技术可以运用商场铺设的智能感应地板，这种地板可以记录客户进入商场的空间和时间移动轨迹，从而做进一步的客流分布。消费者何时进来、在何处消费，以及商铺的客单价、转化率等都可以转变成定量数据。运营者可以更好地了解租户的经营状况，有助于优化商场运营，更好地服务最终消费者，最终实现利润最大化。②房地产服务平台化，是整合外部资源，通过平台提供升级服务。以养老地产为例，打造社区养老公寓不但是一个创新的商业升级项目，也是一个系统的社会改造工程。房地产企业做好管理和服务，搭建开放的社区化交互平台。就社区消费需求而言，物业公司掌控现实端的物理入口，再建一个虚拟端的网络入口，通过两端合一，形成一个生态的商业闭环。养老社区可以通过和医院、银行、餐馆、理发店等合作，形成线上线下合一的服务平台和管理网络，利用社区化交互平台形成一个良性互动的家政服务交易平台，满足社区消费需求。③房地产服务社群化，通过内容的注入，社群将具有共同价值理念、消费观念、文化偏好等的人聚合起来，从而创造价值，创造更好的消费体验。不单是住宅服务需要社群化，其他房地产服务也有相同趋势。住宅服务通过各式各样的社群活动，倡导回归人与人之间的温暖关系，提升产品的吸引力和服务品质。再如，联合办公强调工作与生活相结合，给共享区域留足空间，大家可以共享资源、沟通交流，除了提升工作效率外，还可以创造意想不到的价值，企业在社群中享受合作和资源带来的红利。

六是互联网推进房地产商业模式创新。互联网大数据时代的到来，房地产思维方式、商业模式、管理方式等商业生态系统逐步发生变化，开发商将运用互联网思维方式和技术手段，从客户需求的角度规划企业的经营行为。当客户群体数以十万、百万计之后，开发商可以从其购房的一次消费后，利用网络化的社区服务平台，不断发现和挖掘其生活中的二次消费和持续消费需求，通过延伸服务寻找新的利润增长点。①长租公寓模式。长租公寓实际上是以居住需求为基础，积极拓展增值服务，其户型设计形式自由，契合多元化租赁需求，以小取胜；在管理服务上，主要采用数字化手段来提高运营效率，降低人力成本，同时获取租客信息，为后期业务盈利提供支持。有的房地产企业以主营的居住服务为中心，通过自主经营、联合经营或者外包等形式培育"公寓＋生态圈"的商业模式。有的房地产企业基于公寓的居住空间，形成"公寓＋保洁""公寓＋餐饮""公寓＋购物"等多元化的服务模式，丰富营业收入来源。长租公寓分为集中式和分散式两种。其中，集中式长租公寓在提供常规的装修、保安、保洁、家政、维修、搬家等服务基础上，通过升级提供更高品质的服务。例如，新派公寓改造装修注重品质、功能、细节，按照白领的生活特点和需求特征，提供"大床、大衣柜、大鞋柜"，更注重居住空间的细节与品质，如提供厨余垃圾处理器、卫生间放置手机的置物台、静音轨道窗帘等。在增值服务上，一切以满足居住者的生活要求来配置，零售、干洗、生鲜配送、健身、美容、书吧等各种社区服务均采用专业化的外包引进，并在此基础上积极拓展社交服务。分散式长租公寓提供一套基于互联网的服务项目体系，采用模块化、标准化的装修，降低装修成本，缩短空置期。在传统的居住空间之外，提供尽可能多的增值服务，包括保洁、维修、搬家等。②新零售商业地产模式。以休闲娱乐等体验为主，未来实体商业的服务升级有两个基本方向：一是简化必须花费的时间，二是美化需要消磨的时间。"必须花费的时间"是枯燥无味不得不浪费的时间，对于消费者而言，最理想的方式就是手机下单后立刻有人送到家里，减少出门来回的路程、选择品牌、排队结账等所耗费的时间成本，开发商可以通过大数据对于消费者此前购买的品牌、频次进行计算，就能够提前预测需求。而"需要消磨的时间"是消费者在休闲体验方面乐于花费的时间，主要消磨在以"综合生活高效"为核心、强调休闲娱乐社交综合体验性的零售娱乐中心里。成功打造以休闲社交体验为核心的零售娱乐综合商业地产，关键在于业态组合的选择、各类业态的分布布局、项目规模的确定。

七是房地产产品升级将随着个性化需求的演化而演化。未来，"以人为本"是房地产产品的升级核心，以人的生产生活需求为中心，通过提供更广、更多、更好的服务提升产品价值，在匹配个性化需求的同时，获取盈利空间。房地产产品升级创新包括产品形式创新、规划设计创新、园林绿化创新、建筑物产品创新和配套设施设备创新。从"空间＋内容"角度，"空间"叠加不同的"内容"会形成不同的房地产产品。针对住宅地产、商业地产和办公地产三类传统产品，住宅地产产品的升级是从无到有、从有到优、从优到智、从重物到重人；商业地产产品的升级是从街铺到传统百货、到城市综合体，再到街区复兴；办公地产产品的升级是从"5A"（指 OA——办公智能化、BA——楼宇智能化、CA——通信传输智能化、FA——消防智能化和 SA——安保智能化）到"5O"（指独栋办公楼 oxygen——氧气、office park——花园办公、open——开放而自由、own——独立冠名权和私家电梯／空调、opportunity——发展前景），到全流程增值服务叠加，再到新型办公兴起。

八是房地产行业集中度逐年上升。50 强以外企业生存空间被压缩，未来开发商数量将不足 2 000 家。在房地产行业快速发展过程中，开发商的数量曾多达 10 万家。随着市场格局调整步伐的加快，开发商的数量将迅速减少。按照目前的行业现状，再过 3～5 年，活跃型的、每年有新项目开工的开发商数量将大幅度减少至 10 000 家以下；10 年以后，可能减少至 2 000 家以下。在这一过程中，开发商将被迫对自身的生存战略做出调整，重新对企业的产品定位、商业模式、市场范围、融资渠道和团队规模等做出选择。行业集中度提高后，企业的发展路径也会分化，如一些主题型地产、复合型地产将会更加清晰，如医疗地产、养老地产、旅游地产、教育地产等，产城模式结合城镇开发将进一步形成。

资料来源：编者根据相关资料整理。

📖 **案例 3-2**

恒大华府项目的营销环境

一、恒大华府项目概况

恒大华府项目位于南京市主城区南部，东临菊花台公园，南至软件大道，西至菊花路，北至尤家凹路。靠近南京 10 号地铁线小行地铁站，位于小行站以东约 200m，交通便利。恒大华府项目地理位置如图 3-1 所示。

图 3-1 恒大华府项目的地理位置

恒大华府项目 G77 号地块，于 2013 年 12 月 4 日由开发商广州恒大地产集团 21.5 亿元竞得，楼面地价 14 033 元 /m²。项目配套商业和社区中心，其中商业建筑面积约 11 000m²，社区中心 2 300m²。

恒大华府项目规划用地性质：住宅用地。

出让年限：70 年。

恒大华府项目地块面积：总用地面积 60 116.86m²，出让面积 51 071.64m²。

恒大华府项目容积率：$1.0<R\leqslant3.0$。

恒大华府项目建筑密度：$\leqslant25\%$。

恒大华府项目建筑高度：$\leqslant100m$。

恒大华府项目绿地率：$\geqslant35\%$。

恒大华府项目开工时间：2014 年 5 月 12 日。

恒大华府项目竣工时间：2017 年 6 月 30 日。

恒大华府项目所属商圈：城南。

二、恒大华府项目所处的房地产大势分析

史上最严房地产调控政策执行到 2014 年，房地产市场终于开始由局部地区调整蔓延到全国，一二线城市也开始进入调整状态。投资增速持续放缓，销售额和销售面积均呈现负增长，且增幅不断扩大，房价下降趋势也不断从三四线扩展到一二线，从新建住宅扩展到二手房。

（1）房地产投资增速低于固定资产投资，住宅投资增速下降得更快。2014 年房地产市场在前期限购、限贷调控政策整体不放松，信贷政策不断趋紧情况下，住宅市场低迷，观望情绪严重，房地产投资的增速明显下滑，1～10 月，全国房地产开发投资 77 220 亿元，比 2013 年同期下降 6.8 个百分点。房地产中的住宅投资比重下降幅度更大，1～10 月住宅投资完成额 52 464 亿元，比 2013 年同期增速下降 7.8 个百分点。除 2 月外，投资增速一直低于全国固定资产投资增速，并不断扩大，到 9 月扩大到 3.5 个百分点。住宅市场投资增速下降的趋势更明显，仅 2 月高于固定资产投资增速 0.5 个百分点，随后开始下降，到 10 月低于固定资产投资增速 4.8 个百分点。

（2）商品房和住宅销售均为负增长，且跌幅不断扩大。2014 年 1～10 月，商品房销售面积 88 494 万 m²，同比下降 7.8%，也就是 10 月降幅比 1～9 月提升 0.8 个百分点。其中，住宅销售面积下降 9.5%，办公楼销售面积下降 9.9%，商业营业用房销售面积增长 8.2%。商品房销售额 56 385 亿元，下降 7.9%，降幅比 1～9 月上升 1 个百分点。其中，住宅销售额下降 9.9%，办公楼销售额下降 20.4%，商业营业用房销售额增长 8.3%。

（3）70 个大中城市房地产价格指数指标不断恶化，市场整体下行趋势明显。房价下跌趋势从个别城市扩展到全国，房价下跌从一手房扩展到二手房。从环比来看，新建商品住宅（不含保障性住房）环比价格下降的城市有 69 个，持平的城市有 1 个。环比价格变动中，最小降幅为 0.4%，最大降幅为 1.9%。二手住宅价格环比全部下降。环比价格变动中，最小降幅为 0.5%，最大降幅为 2.0%。从同比价格数据看，70 个大中城市新建商品住宅和二手住宅价格同比下降的城市个数分别为 58 个、52 个，分别比 8 月增加了 39 个、20 个。同比下降的城市中，最大降幅为 7.9%。

（4）房地产市场继续调整。2015 年的经济发展具有很多不确定性，但随着经济进入新常态，房地产调控思路也更清晰，既不会将房地产"妖魔化"，继续过度打压；也不会继续将房地产"工具化"，采取过度刺激政策以拉动经济。中长期来看，政策会从"过紧"回归到"常态"，非常规的大规模刺激政策不会再现，房地产市场不具备大幅反弹的空间，房价整体将会继续向下，各地差异较大。房地产市场暴利时代已经结束，购房需求会进一步受到遏制，房地产销售将表现为以价换量为主。

资料来源：编者整理。

案例讨论

1. 中国未来房地产业进入高质量发展新常态对房地产营销有什么影响？

2. 市场营销环境中哪些因素对项目影响最大？恒大华府项目所处的营销环境如何？

学习任务

调查研究本市房地产营销环境，写一篇调研报告。

房地产营销项目是指拟建、在建或已经建成，用于销售的房地产项目，为了确保销售成功需要营销策划。营销项目背景主要如下：①该地块的拍卖公告、中标公司、开发时间。②规划指标，如出让面积、容积率、绿化率等。③项目地理位置图，图上标注地块要明显，能够清晰看出地块的位置，图上要有市中心、主要城市标志和主干道等，便于判断地块在城市中的位置，分析其地段价值。

房地产市场营销与策划是围绕某个具体的房地产项目展开的，与一般消费品的营销与策划有很大不同。房地产项目的特点主要体现在地理位置固定、建设投资大、资金周转慢、开发周期长、受国家法规政策调控影响大、建设环节多、风险大以及差异性大等方面，所以市场营销环境复杂。

3.1　房地产营销环境概述

1. 房地产营销环境及构成要素

（1）房地产营销环境的含义。房地产营销环境指与房地产企业营销活动有潜在关系的所有外部力量和相关因素的集合，这些力量和因素是影响房地产营销活动及其目标实现的外部条件。房地产营销是在一定的环境下进行的，环境的优劣将直接影响房地产营销的效果。环境是企业不可控制的因素，营销活动要以环境为依据，主动地适应和利用环境。

（2）房地产营销环境构成要素，如图 3-2 所示。①房地产营销的宏观环境要素，包括经济环境、政治法律环境和社会文化环境、人口环境、科学技术环境、自然资源环境等。②房地产营销的微观环境要素，包括房地产开发企业、房地产中介、顾客、竞争者、公众等。微观环境可能会直接影响和制约房地产营销活动，而宏观环境主要通过微观环境媒介间接影响和制约房地产营销活动。

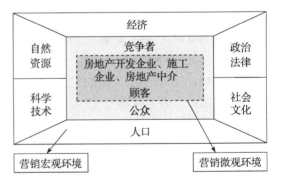

图 3-2　房地产市场营销环境构成要素

2. 房地产营销环境的特点

（1）客观性。房地产营销环境作为一种客观存在，是不以企业的意志为转移的，有自己的运行规律和发展趋势，主观臆断必然会导致营销决策的盲目与失误，营销策划应该与客观存在的外部环境相适应。

（2）关联性。构成房地产营销环境的各种因素和力量是相互联系、相互依赖的。如经济因素不能脱离政治因素而单独存在，同样，政治因素也要通过经济因素来体现。

（3）层次性。①第一层次是企业所在的地区环境，例如当地的房地产市场条件和地理位置。②第二层次是整个国家的政策法规、社会经济因素，包括国情特点、全国性房地产市场条件等。③第三层次是国际环境因素。这几个层次的外界环境因素与房地产企业发生联系的紧密程度是不同的。

（4）差异性。营销环境的差异主要是因为房地产企业所处的地理环境、生产经营的性质、政府管理制度等方面存在差异，不仅表现在不同企业受不同环境的影响，而且同样一种环境对不同企业的影响也不尽相同。环境的差异性决定了企业经营策略的多样性。

（5）动态性。外界环境随着时间的推移经常处于变化之中，如人均收入的提高会引起房地产购买行为的变化。任何一种环境因素的稳定都是相对的，变化则是绝对的。市场供求关系变化的频率在不断加快。所有这些变化既有渐进性，又有突变性，都要求企业以相应的营销方案去适应这种变化。

（6）不可控性。影响市场营销环境的因素是多方面的，也是复杂的，并表现出企业不可控性。如一个国家的政治法律制度、人口增长及一些社会文化习俗等，企业不可能随意改变。

（7）可测性。每种环境因素对营销的具体影响是有限度的，而且各种环境因素之间是互相关联和互相制约的，因而某种环境因素的变化大都是有规律性的。不过，这种规律性有的比较明显，有的比较隐蔽；有的作用周期长，有的作用周期短。变化规律性明显且作用周期长的环境因素，其可测性则较高。

3. 房地产营销环境分析及目的

（1）房地产营销环境分析。它是指对影响房地产企业营销活动的政治、经济、法律、技术、文化等各因素的分析。具体来说，以外部环境为对象，从构成环境的各种因素入手，定量与定性分析相结合，综合系统地分析环境的构成、变化的规律以及研究对象与环境之间的相互作用，从而对环境的发展水平、费用效益以及协调发展等方面做出客观的评价。分析内容是与房地产项目营销相关的具体环境因素。

（2）房地产营销环境分析目的。①了解和把握房地产营销环境变化的趋势。②在变化的环境中发现市场机会。③指导营销策略调整以适应环境。④为企业实际的经营决策或应用提供科学的依据。

4. 房地产营销环境分析的原则

房地产营销环境分析的原则有以下 4 个。

（1）客观性原则。在分析中坚持实事求是，不能主观臆断。

（2）全面性原则。在分析中要全方位考察多种因素，切忌以偏概全。

（3）比较性原则。在分析中要多角度比较，如前后比较、中外比较等，在比较中寻找和发现规律。

（4）预测性原则。在分析中要以事实、数据为依据，对未来做出科学的预测，以指导房地产市场营销策划活动。

3.2　房地产营销宏观环境分析

房地产营销环境复杂，涉及方方面面。房地产营销宏观环境可以从以下 6 个方面来分析（见表 3-1）。

表 3-1 房地产营销宏观环境分析

经济环境	经济发展形势	国际经济发展形势
		全国经济发展形势
		当地城市经济发展形势
		城市内某地段的经济发展形势
	资金市场发展形势	利率
		贷款条件
	市民的收入	收入水平
		贫富差距程度
	房地产市场发展态势	
政治法律环境	政治环境	政治局势
		政府房地产调控政策，包括政府土地供应的数量和开发条件、税费、对保障房的态度等
		市场机制
	法律环境	房地产直接法律
		房地产间接法律
社会文化环境	教育状况	
	宗教信仰	
	价值观念	
	消费习俗	
	城市历史传统文化	
人口环境	人口数量	
	人口结构：年龄结构、性别结构、教育结构、职业结构、收入结构、阶层结构和民族结构	
	人口分布：城乡人口分布、区域人口分布、户籍人口与无户籍常住人口的比例	
	家庭组成	
科学技术环境	科学技术环境分析要素	
自然资源环境	自然资源的特点、城市自然环境	

1.经济环境分析

经济增长影响房地产业发展如表 3-2 所示。

表 3-2 经济增长率与房地产业发展之间的一般关系

经济增长率	房地产业发展状况
小于 4%	萎缩
4%～5%	停滞甚至倒退
5%～8%	稳定发展
8%～10%	高速发展
10%～15%	飞速发展

经济发展环境是对房地产市场营销产生最重要影响的环境因素，它既决定了房地产

开发项目的市场需求，也决定了房地产开发项目的有效供给。

（1）经济发展形势分析。经济发展形势会对房地产项目营销产生直接或间接的影响。一般来说，经济发展形势在四个层次上影响房地产项目营销。一层是国际经济发展形势影响；二层是全国经济发展形势影响；三层是当地城市经济发展形势影响；四层是城市内某地段的经济发展形势影响。不同类型的房地产项目，由于其服务的对象不同，那么它们受这 4 个层次影响的程度是不同的。

（2）资金市场发展形势分析。资金市场发展形势对房地产项目的影响，主要体现在利率和贷款条件两个重要方面：①利率会影响房地产市场的供给与需求。利率是资金的成本，利率走高，支付的利息增加，将加重开发商和购房贷款者的财务负担，他们不愿意多贷款，从而将抑制房地产项目开发的供给与需求；反之，利率降低，支付的利息减少，将减轻开发商和购房贷款者的财务负担，他们愿意多贷款，从而将激发房地产项目开发的供给与需求。②贷款条件会影响房地产市场的资金投放量。贷款条件决定了开发商和购房贷款者可以获得资金的数量和期限，当贷款条件趋于严格时，如提高自有资金比例或提高首付款比例、缩短贷款年限，将使开发商和购房贷款者获得的资金数量降低，还款的期限缩短，这将抑制房地产项目开发的供给与需求，抑制房地产市场发展；反之，贷款条件趋于宽松，将使开发商和购房贷款者获得的资金数量增加，还款的期限延长，这将激发房地产项目的供给与需求，繁荣房地产市场。

（3）市民的收入分析。市民的贫富差距由其收入所决定，而收入水平直接决定了该城市市民对房地产产品及其相关配套服务设施的市场需求。①平均收入水平影响房地产价格。平均收入水平高，则市民有能力买房地产产品。平均收入水平越高的城市，房地产产品的价格往往也越高。三大都市圈是全国市民收入最高的地区，也是全国房地产价格最高的地区。②贫富差距影响房地产档次结构。市民的收入水平有着较大差异，往往平均收入水平越高的城市，市民收入的贫富差距程度也越高，城市房地产产品越丰富。如果一座城市市民的平均收入水平较低而且贫富差距程度较低，那么开发商在进行住宅项目开发时，要把开发结构简单、造价低廉的住宅作为主攻方向，而且开发数量可以适当大一些，即使销售不出去，也可以留着租赁。如果一座城市市民的平均收入较高，且贫富差距程度较高，则开发商适合根据市场分化程度，针对不同的消费群体开发不同的住宅，开发数量必须符合该地段相应的消费者数量，特别是高档住宅，如果开发数量不合适，既难以销售，也难以租赁。

（4）房地产市场发展态势分析。我国房地产市场发展态势如表 3-3 所示。

表 3-3　我国房地产市场发展态势

市场要素	发展态势
市场发育程度	短缺市场→供求平衡相对饱和→相对过剩市场→过剩泡沫
产品提升阶段	地段→家居→环境→服务管理→文化生活方式→智能低碳化
买方认识阶段	认地段→认环境→认服务管理→认品牌
竞争层面提升	资源→销售→设计→资源整合→全方位竞争
企业状态提升	项目公司→专业公司→管理公司→全能冠军
追求境界提升	看得见摸得着→看得见摸不着→看不见摸不着但感受得到

2. 政治法律环境分析

（1）政治环境分析。主要是指政治局势、各级政府对房地产行业的支持态度及出台的相关调控政策。房地产市场对政府行为引发的影响十分敏感。因为房地产对国民经济的影响巨大，住宅又是普通市民所能购买的最大一项商品，而且与房地产有关的税费是政府财政收入的重要来源，所以政府对房地产行业往往采取较大的干预力度。从事房地产营销，必须认真考虑政府的态度，预测随时可能出台的政策。①政府土地供应的数量和开发条件。这将会直接影响该城市房地产市场的规模和构成。②政府收取税费的水平。政府觉得房地产市场已经过热时，往往就会通过提高房地产税费的征收标准，增加房地产企业和购买者的成本，进而抑制过热的房地产市场。而当政府觉得房地产市场持续低迷需要升温时，往往就会通过降低房地产税费的征收标准，降低房地产企业和购买者的成本，激发房地产市场热情。③政府对保障房的态度。保障房的土地是划拨的，也有的城市采用有条件拍卖，其房价低于正常的市场价格。如果政府划拨的土地数量偏多，开发的保障房数量就可能偏多，会冲击普通商品房市场。④政府市场机制的调节能力。市场机制有两个重要的功能，一是促使市场的各个参与者积极提升自己的经营水平，提高经营业绩；二是淘汰那些不能真正为市场提供相应的商品或服务的经营者。我国房地产市场矛盾很多，突出地表现在空置率居高不下，房价居高不下，这深刻地表明了我国房地产的市场机制在充分有效调节市场方面力不从心。房地产空置率居高不下，将导致巨额资金沉淀，造成社会资金紧张；而房价居高不下，将极大地抑制消费者的购买热情。

（2）法律环境分析。房地产容易产生纠纷，没有健全的法律环境，房地产市场就不可能健康运行。①各种直接管理房地产的法律、法规的立法与执法情况。直接管理房地产开发的法律、法规有《中华人民共和国城市房地产管理法》和《中华人民共和国土地管理法》及配套的行政法规。②相关的法律。相关法律的影响也是十分深远的，特别是《中华人民共和国城乡规划法》和《中华人民共和国环境保护法》。在法律完备、法制稳定、执法公正的环境下，房地产市场营销必须遵守法律，违法行为将受到法律的制裁。

3. 社会文化环境分析

房地产营销是在一定的社会文化环境中进行的，营销活动必然受到社会文化环境的影响和制约。为此，企业应了解和分析社会文化环境，针对不同的文化环境制定不同的营销策略，组织不同的营销活动。

（1）教育状况分析。人的实际购买力 = 人的购买欲望 × 购买能力，而人的购买欲望和购买能力都与其受教育程度密切相关。受教育程度的高低，造成消费者对房地产功能、套型和服务要求的差异性。通常文化教育水平高的国家或地区的消费者要求房地产产品绿色环保，对附加功能也有一定的要求。因此企业营销开展的市场开发、产品定价和促销等活动都要考虑消费者受教育程度的高低，采取不同的策略。当前，我国高等教育走向大众化，每年毕业的大学生很多，大部分向城市集中，一方面造成了直接的房地产需求，即需要大量的租住房；另一方面也造成了长远的需求，因为有钱后他们要买房，买房需求成为房地产市场发展的持续动力。

（2）宗教信仰分析。宗教是构成社会文化的重要因素，对人们消费需求和购买行为的影响很大。不同的宗教有自己独特的房地产产品要求和禁忌，某些宗教组织甚至对教徒购买决策有决定性的影响。为此，企业可以把影响大的宗教组织作为自己的重要公共关系对象，在营销活动中也要注意不同的宗教信仰，避免由于矛盾和冲突给企业营销活动带来损失。

（3）价值观念分析。价值观念是指人们对社会生活中各种事物的态度和看法。不同文化背景下，人们的价值观念往往有着很大的差异，消费者对房地产产品的环境、功能以及促销方式都有褒贬不同的意见和态度。企业营销必须根据消费者不同的价值观念设计产品，提供服务。

（4）消费习俗分析。消费习俗是指人们在长期经济和社会活动中所形成的一种消费方式与习惯。研究消费习俗，有利于企业组织好房地产产品的开发与销售。了解目标市场消费者的禁忌、习惯、避讳等是企业进行市场营销的重要前提。

（5）城市历史传统文化分析。城市的历史是城市的特色，城市历史传统文化会对房地产项目营销产生深远的影响。历史悠久城市的市民往往受熏陶而形成了独特的审美眼光，对房地产产品有独特的要求。从住宅来讲，古城市民尤其要求房地产要有地方文化背景，有人文关怀，有温暖的感觉，这使房地产企业面临更加个性化的市场，市民对房地产营销要求更高。

4. 人口环境分析

人口环境是指人口数量、结构、分布和家庭组成等情况，是房地产营销的重要外部环境。

（1）人口数量分析。在收入水平和购买力大体相同的条件下，人口数量的多少直接决定了市场规模和市场发展的空间大小，人口数量与市场规模成正比。从全世界的角度来看，世界人口正呈现出爆炸性的增长趋势。我国人口已由高出生、低死亡、高增长转入低出生、低死亡、低增长的发展阶段，目前国家放宽了二孩政策，这一状况将会发生改变。我国人口基数大，每年有 1 000 多万新增人口。城市人口是指城市规划区内正常工作正常生活的人口，包括有户籍的人口和虽然没有户籍但长期生活在该城市规划区内且有着稳定收入的人口。房地产是为人而建设的，城市规划区内是否拥有足够数量的人口，是房地产营销的重要社会环境条件。一个城市的人口数量直接决定了该城市所需要的住宅及其相关配套设施的数量，也间接决定了该城市所需要的商务类房地产、生产类房地产的数量。如果没有足够的市场人口容量，那么耗资巨大的房地产项目是无法获得应有的经济效益的。

（2）人口结构分析。人口结构包括人口的年龄结构、性别结构、教育结构、职业结构、收入结构、阶层结构和民族结构等多种因素。①不同年龄的构成。人口的年龄结构直接关系到各类房地产产品的市场需求量，以及企业对目标市场的选择。中国现阶段人口金字塔图形接近于一个椭圆形，即劳动年龄人口比重较大。我国人口年龄结构的变化表现为如下特征：接受基础教育年龄人口比重将会缩小，劳动年龄人口比重略有增大，人口老龄化进程迅速，老年人口比重不断上升。在房地产市场上，每个年龄段的人需要的产品不同，市场营销人员要确定各年龄段中可能成为目标市场的人群。②男女比例的构成。正常情况下，男女比例会保持在一个正常的数值，但是重男轻女就会造成一个地区男女比例的失衡，这是人为选择子女的性别造成的。另外，人口流动，如果流入的男性的数量和女性的数量不平衡，就会造成某城市规划区内男女比例的失衡。有些地方男性的收入一般比女性多，所以，男性比重大的地方房地产市场发展稍微好一些。③人口受教育程度不同、职业不同、收入不同、阶层不同，对市场也会产生重要的影响。④我国人口是由多民族构成的，不同的民族消费习惯不同。

（3）人口分布分析。人口分布可以从人口的城乡分布与区域分布两方面考察：①从城乡人口分布看，我国乡村人口比城镇人口多，但随着中国城市化率不断提高，乡村人口逐渐向城镇迁移，城镇不断扩大。②从区域人口分布看，中国东部沿海地区经济发达，人口密度大，消费水平高；中西部地区经济相对落后，人口密度小，消费水平低。但我国西部大开发战略的实施，必然推动西部地区的经济发展，从而大大拓展西部市场发展的空间。③当地户籍人口与无户籍常住人口的比例构成。对北京、上海、广州、深圳等我国最发达的城市地区来说，实际人口中有相当大的比例是无户籍的常住人口。无户籍的常住人口将成为房地产市场的主要消费者。

（4）家庭组成分析。家庭是构成市场的最基本的消费单位，直接影响房地产产品的需求量。中国家庭近年来呈现出许多新的变化趋势：①三口之家大幅度增加，家庭规模趋于小型化，这有利于房地产市场开发。②丁克家庭的比例。丁克家庭是指只有夫妻二人而不生育子女的家庭。在北京、上海等大城市，由于人们观念的变化非常深刻，这种丁克家庭已有很多，其会对房屋有特殊的要求，因此开发商要有针对性地开发房屋。③非家庭住户也在迅速增加。它主要包括：单身成年人住户，如未婚、分居、丧偶、离婚，这种住户需要较小的公寓房间；两人同居者住户；集体住户，即若干大学生、职员等住在一起共同生活。现代社会中，单身人士的大量存在是十分正常的社会现象，在同龄人群中所占的比例越来越大，而这些单身人士往往还是经济条件较好的年轻人，对房屋的结构有特殊的不同于夫妻家庭的要求，开发商同样需要有针对性地为其开发房屋。

实践经验告诉我们，不同的人及其家庭对住宅和相关配套设施的需求是不同的。大家庭要比小两口家庭对住宅面积的要求大一些；高收入家庭对住宅的舒适度的要求则要高一些；丁克家庭对住宅的要求又与有子女的家庭对住宅的要求有所区别，强调高档次；单身人士对居所的要求又与成家的人士对居所的要求有所不同，强调高品位；流动人口与有户籍人口购买住宅的心理也是完全不同的，房地产营销人员需要认真加以分析。

5. 科学技术环境分析

（1）科技环境指的是企业所处的社会环境中的科技要素及与该要素直接相关的各种

社会现象的集合。房地产企业的科技环境大体包括四个基本要素：社会科技水平、社会科技力量、国家科技体制、国家科技政策和科技立法。

（2）科学技术环境对房地产企业的市场竞争创新有着重要的影响。生产同一类房地产产品，不同档次科技水平的应用，工艺技术含量的差异，都会造成项目开发成果的差异。企业越来越需要具备良好的科学技术环境。企业对技术环境进行调研，是因为任何一种新技术出现都可能会引出新的房地产产品，从而为公司带来发展的机会；也可能使采用旧技术的房地产产品衰落，给企业的生存带来威胁。因此，企业只有及时采用新技术，不断开发新产品并相应地调整经营结构和营销方案，才能长久保持兴旺发达。

（3）科学技术环境分析要素。它具体包括：与房地产业发展相关的基础科学研究、应用科学研究的最新动态；新技术能够给房地产企业带来的商机和新的利润增长点；新技术的应用可能产生的新产品，会给哪些产品带来影响；科学技术转换为科技成果的情况；企业自身的科技开发能力；新技术、新工艺、新材料、新发明、新产品的开发、推广和应用状况；科研经费投入、科研人员的水平、开发的进度、先进程度；新科技对企业经营或消费者购买行为带来的影响。

6. 自然资源环境分析

（1）自然资源环境。它是具有社会有效性和相对稀缺性的自然物质或自然环境的总称，是人类生活和生产资料的来源，是人类社会和经济发展的物质基础，同时构成人类生存环境的基本要素。自然资源的分类如下：①按资源的实物类型划分，自然资源包括土地资源、气候资源、水资源、生物资源、矿产资源、海洋资源、能源资源、旅游资源等。这些资源的状况都对房地产业产生影响，特别是土地资源。②从可持续发展的角度出发，自然资源可划分为耗竭性资源和非耗竭性资源。如果对这些资源使用不当，破坏了其更新循环过程，则会造成资源枯竭。

（2）自然资源的特点。①有限性。这是自然资源最本质的特征，在不可更新性资源中尤其明显。如果不合理开发利用，对自然资源的消耗超过其更新能力和更新速度，资源就得不到恢复而受到破坏，直至从地球上消失。所以，房地产开发在利用自然资源时必须从长计议，珍惜一切自然资源，依靠科技进步，提高现有资源的利用率，拓展可利用的资源范围。②区域性。它是指资源分布的不平衡，存在数量或质量上的显著地域差异，并有其特殊分布规律。③整体性。它是指每个地区的自然资源要素彼此有生态联系，形成一个整体，触动其中一个要素，可能引起一连串的连锁反应，从而影响整个自然资源系统的变化。所以，利用自然资源必须进行综合考量。④多用性。它是指任何一种自然资源都有多种用途。所以，必须做到物尽其用，取得最佳效益。

（3）城市自然环境分析。城市的自然环境会对房地产项目有着重大的直接影响，如城市处在地震带上，城市地处地质条件较软的地带，城市地处地形起伏不定的地带，城市的地表水资源，城市的降雨等，都会影响房地产项目的品质和特点。

实│践│经│验

PEST 分析法

PEST 分析法是一种常见的分析工具，它是指对宏观环境的分析，P 是政治（political）法律因素分析，E 是经济（economic）因素分析，S 是社会（social）文化因素分析，T 是技术（technological）发展因素分析，从总体上把握企业所处的宏观环境，并评价这些因素对企业的影响。

3.3 房地产营销微观环境分析

微观营销环境是直接制约和影响企业营销活动的力量与因素，对微观营销环境进行分析，目的是更好地协调企业与这些相关群体的关系，促进企业营销目标的实现。房地产市场营销微观环境分析主要从 6 个方面进行（见表 3-4）。

表 3-4 房地产营销微观环境分析

供应单位	及时性和稳定性
	价格变化
	质量保证
房地产开发企业	企业内部的环境力量和因素
	营销部门与企业其他部门之间的合作程度
房地产中介	中间商，即营销代理机构
	营销服务机构
	金融机构
顾客	消费者、生产者、中间商、政府市场、国际市场
	需求规模、需求结构、需求心理以及购买特点
竞争者	竞争企业的数量、规模和能力
	竞争企业对竞争产品的依赖程度
	竞争企业所采取的营销策略及其对其他企业策略的反映程度
	竞争企业能够获取优势的特殊生产资源要素来源及供应渠道
公众	金融公众、媒介公众、政府公众、社团公众、社区公众、内部公众

1. 供应单位分析

（1）供应单位。房地产商品供应单位是指政府土地、规划、建设等相关机构，设计机构，建筑承包商、监理单位，金融机构以及律师事务所等房地产生产参与者，这些参与者的有效配合对房地产项目营销目标的完成至关重要。

（2）供应单位对企业营销的影响分析。①及时性和稳定性。保证土地、资金、劳动力等生产资料的供应，是企业营销活动顺利进行的前提。如土地，进行房地产项目开发首先需要获得土地，企业需要向政府机关土地管理部门申请土地的使用权，还需要由城市规划部门、建设部门进行各种审查，还会涉及环境保护部门、消防部门、交通部门、文物保护部门等，都要经过其审批。为此，企业为了在时间上和连续性上保证房地产项目的运行，就必须和这些部门保持良好的关系，及时了解和掌握情况，分析可能出现的变化，及时采取对策。②价格变化。价格变动会直接影响房地产产品的成本。如金融机构提供房地产开发资金，如果利率上调，则必然会带来房地产产品成本上升，如果提高产品价格，又会影响市场销路。为此，企业必须密切关注和分析房地产生产要素价格变动趋势，早做准备，积极应对。③质量保证。能否获得质量有保证的生产资料供应直接影响到房地产产品的质量，进一步会影响到销量、利润及企业信誉。例如设计机构的设计图纸、建筑承包商的施工质量、监理单位的现场把控水平，这些都会影响房地产产品质量。

2. 房地产开发企业分析

（1）房地产开发企业开展营销活动要充分考虑企业内部的环境力量和因素。房地产企业内部一般设立计划、开发、工程技术、营销、财务、后勤等部门，各职能部门的工作及其相互之间的协调关系，直接影响企业的整体营销活动。成功的房地产企业需要具有多方面的素质和能力：①敏锐的市场嗅觉和判断力，能够在动荡不定的房地产市场中找到机会，并能敏锐地判断这种机会的成功概率。②快速的决断能力，房地产开发项目投资大风险大，要敢于决断，只有快速决断，才能抓住市场机遇。③出色的组织协调能力，一个房地产项目需要许多人参与其中，只有依靠统一组织，才能保证整个项目的顺利进行。

（2）营销部门与企业其他部门之间的合作程度分析。由于各部门的工作重点不同，有些矛盾往往难以协调。如技术部门关注的是长期开发的定型产品，要求品种规格少、批量大、标准统一、较稳定的质量管理，而营销部门注重的是能适应市场变化、满足目标消费者需求的"个性化"产品，在技术上要求多品种规格、少批量、个性化订单、特殊的质量管理。所以，企业在制订营销计划，开展营销活动时，必须协调和处理好各部门之间的矛盾和关系。这就要求有效沟通，协调、处理好各部门的关系，营造良好的企业环境，更好地实现营销目标。

3. 房地产中介分析

（1）营销中介分析的必要性。营销中介是指为企业营销活动提供各种服务的企业或部门的总称，主要功能是帮助企业推广和分销产品。房地产经营是一项信息量巨大、相关事务繁多的经营活动，高水平的市场中介机构可以促进房地产营销的有效进行，是房地产营销的有益补充。营销中介对房地产企业营销产生直接的、重大的影响，企业充分借助营销中介提供的服务，可以把产品顺利地送至目标消费者手中。

（2）营销中介主要对象分析。①中间商。中间商指产品从开发商流向消费者的中间环节或渠道，主要是营销代理机构。一般企业都需要与中间商合作，来完成企业营销目标。②营销服务机构。营销服务机构指在企业营销中提供专业服务的机构，包括广告公司、市场调研公司、营销咨询公司、评估公司、财务公司等。这些机构对企业的营销活动会产生直接的影响，它们的主要任务是协助企业确立市场定位，进行市场推广，提供活动方便。一些大企业往往有自己的广告和市场调研部门，但大多数企业则以合同方式委托专业服务机构来办理有关事务。为此，企业需要关注、分析这些服务机构，选择最能为本企业提供有效服务的机构。③金融机构。金融机构指企业营销活动中进行资金融通的机构，包括银行、信托公司、保险公司等。金融机构的主要功能是为企业营销活动提供融资及保险服务。金融机构业务活动的变化还会影响企业的营销活动，比如当信贷资金来源受到限制时，会抑制购房者需求，使企业经营陷入困境。为此，企业应与这些公司保持良好的关系，以保证融资及信贷业务的稳定和渠道的畅通。此外，熟知房地产事务的律师事务所也是必要的中介机构。

4. 顾客分析

（1）顾客分析的必要性。顾客对房地产营销的影响程度远远超过前述的环境因素，只有得到了顾客的认可，才能赢得市场，房地产营销强调把满足顾客需要作为企业营销管理的核心。

（2）顾客市场类型分析。①消费者市场。它是指为满足消费需求而购买房地产产品或服务的个人和家庭。②生产者市场。它是指将购买房地产作为生产要素的组织。③中间商市场。它是指投资房地产产品以转售并从中盈利的组织。④政府市场。它是指购买房地产产品或服务，以提供公共服务或把这些产品及服务转让给其他需要的人的政府机构。⑤国际市场。它是指国外购买房地产产品或服务的个人及组织，包括外国消费者、生产商、中间商及政府。

（3）顾客分析要点。上述五类市场的顾客需求各不相同，要求企业以不同的方式提供产品或服务，它们的需求、欲望和偏好直接影响企业营销目标的实现。为此，企业要注重对顾客进行研究，分析顾客的需求规模、需求结构、需求心理以及购买特点，这是企业营销活动的起点和前提。

5. 竞争者分析

（1）竞争者分析的必要性。企业竞争对手的状况将直接影响企业营销活动。如竞争对手的营销策略及营销活动的变化就会直接影响企业营销，最为明显的是竞争对手的产品价格、广告宣传、促销手段的变化，以及产品的开发、销售服务的加强都将直接对企业造成威胁。为此，企业在制定营销策略前必须先弄清竞争对手，特别是同行业竞争对手的房地产项目经营状况，做到知彼知己，有效地开展营销活动。

（2）竞争者分析的内容。①竞争企业的数量、规模和能力。②竞争企业对竞争产品的依赖程度。③竞争企业所采取的营销策略及其对其他企业策略的反映程度。④竞争企业能够获取优势的特殊生产资源要素来源及供应渠道。

6. 公众分析

（1）社会公众。社会公众是企业营销活动中与企业营销活动发生关系的各种群体的总称。公众对企业的态度，会对其营销活动产生巨大的影响，它既可以有助于企业树立良好的形象，也可能妨碍企业的形象。所以，企业必须处理好与主要公众的关系，争取公众的支持和偏爱，努力营造和谐、宽松的社会环境。

（2）社会公众对象分析。①金融公众。金融公众主要包括银行、投资公司、证券公司、股东等，其对企业的融资能力有重要的影响。②媒介公众。媒介公众主要包括门户网站、报纸、杂志、电台、电视台等传播媒介，它们掌握传媒工具，有着广泛的社会联系，能直接影响社会对企业的认识和评价。③政府公众。政府公众主要指与房地产营销活动有关的各级政府机构部门，它们所制定的方针、政策对企业营销活动或是限制，或是机遇。④社团公众。社团公众主要指与房地产营销活动有关的非政府机构，如消费者组织、环境保护组织，以及其他群众团体。企业营销活动涉及社会各方面的利益，来自这些社团公众的意见、建议，往往对企业营销决策有着十分重要的影响。⑤社区公众。社区公众主要指房地产项目所在地附近的居民和社区团体。与社区保持良好的关系，为社区的发展做出一定的贡献，会受到社区居民的好评，他们的口碑能帮助企业在社会上树立良好的形象。⑥内部公众。内部公众指企业内部的管理人员及一般员工，企业的营销活动离不开内部公众的支持。企业应该处理好广大员工的关系，调动他们参与市场营销活动的积极性。

思考题

1. 我国房地产市场营销环境与一般消费品市场营销环境有何不同？
2. 如何把握当前我国房地产市场营销环境？

实训题

考察本地某房地产项目并撰写市场营销环境的调研报告。

实训指导

1. 5～8 人一组，以组为单位完成实训题。
2. 实地考察与网上调查相结合，主要参考网址见本书第 1 章实训指导。
3. 营销策划情况内容：宏观环境六要素分析、微观环境六要素分析，如表 3-1、表 3-4 所示。
4. 调研报告要求独立撰写，不允许抄袭，要求报告字数为 1 500～2 000 字。

第 4 章

房地产项目市场分析与定位策划

学习目标

1. 了解房地产市场调研、预测、STP 战略、市场定位策划的基本概念。

2. 熟悉房地产项目市场分析与目标市场选择、市场定位策划的特点。

3. 掌握房地产市场调研，市场预测，市场细分与目标市场选择，市场定位策划的程序、内容和方法。

技能要求

1. 能够遵循房地产营销类职业标准相关内容。

2. 能够在房地产营销业务中体现工匠精神。

3. 能够开展房地产市场调研活动。

4. 能够进行房地产市场细分，开展房地产市场预测。

5. 能够熟练运用房地产市场分析方法编写房地产项目的市场分析与市场定位策划报告。

6. 养成积极思考问题、主动学习的习惯，培养良好的团队合作精神，乐于助人。

案例 4-1

恒大华府项目的市场分析与市场定位

一、项目概况与营销环境分析

项目概况与营销环境见案例 3-2。

二、项目的市场分析

（1）南京楼市整体分析。2014 年，南京楼市遇冷，1～9 月住宅成交持续下降，成交价格也呈波动态势。9 月后，双限解除、央行降息等系列政策助推 11 月成交量价齐升，而此时也恰逢恒大华府盛大开盘。南京市住宅整体走势如图 4-1 所示。

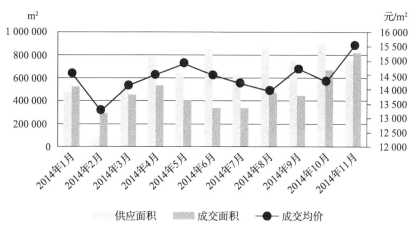

图 4-1　2014 年 1 月～2014 年 11 月南京市住宅整体走势

（2）南京楼市各板块分析。从 2014 年前 11 个月的成交价格来看，河西板块仍然是仅次于城中板块的第二核心板块，而在前期市场状况并不乐观的情况下，两江（江宁、江北）板块成为南京住宅成交的主力军。南京各板块住宅走势如图 4-2 所示。

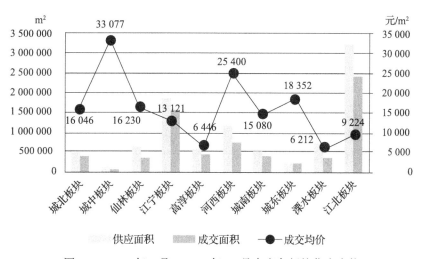

图 4-2　2014 年 1 月～2014 年 11 月南京各板块住宅走势

（3）南京平层豪宅竞争格局一览。①南京平层豪宅分布如图 4-3 所示。②恒大华府项目竞争性楼盘分析如表 4-1 所示。

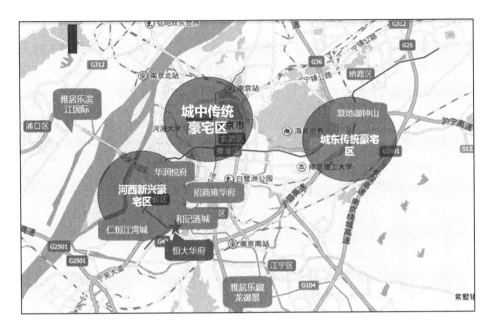

图 4-3　南京平层豪宅分布

表 4-1　恒大华府项目竞争性楼盘分析

项目名称	仁恒江湾城	招商雍华府	复地御钟山	华润悦府	和记涟城	雅居乐滨江国际	雅居乐藏龙御景
区位	河西·建邺区	河西·建邺区	城东·栖霞区	河西·建邺区	河西·建邺区	江北·浦口区	城南·江宁区
均价（元 /m²）	28 000（精装）	27 000（精装）	25 000（毛坯）	26 000（精装）	25 000（精装）	25 000（精装）19 000（毛坯）	14 500（精装）12 000（毛坯）
面积段	67～305m²	98～240m²	121～310m²	186～290m²	143～350m²	129～680m²	133～293m²
开盘时间	2009 年 7 月 18 日	2013 年 4 月 25 日	2012 年 11 月 18 日	2011 年 9 月 30 日	2014 年 3 月 23 日	2013 年 11 月 23 日	2012 年 11 月 18 日

三、项目的市场定位

1. 项目 SWOT 分析

2013 年 12 月 2 日恒大集团豪掷 55.1 亿元，连夺小行、迈皋桥两幅地块，其中小行地块楼面地价更是冲到了 14 033 元 /m²，成为区域新地王。恒大华府项目 SWOT 分析如图 4-4 所示。

2. 项目目标客群定位分析

由上述房地产营销环境分析、市场分析和地块分析，恒大集团强势进驻一二线城市，对该项目定位，意在打造区域最高端的豪宅产品。恒大华府项目目标客群定位分析如下。

（1）所在区域。恒大华府项目主力客群来自雨花区、建邺区、鼓楼区，仍然以地缘性客户为主，然后辐射到周边区域客群。

（2）职业特点。恒大华府项目客户多为个体户及公司职员，具有一定的经济实力。

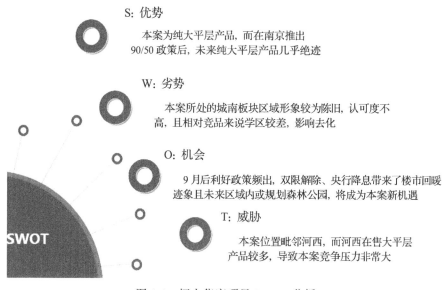

S: 优势

本案为纯大平层产品，而在南京推出
90/50 政策后，未来纯大平层产品几乎绝迹

W: 劣势

本案所处的城南板块区域形象较为陈旧，认可度不
高，且相对竞品来说学区较差，影响去化

O: 机会

9 月后利好政策频出，双限解除、央行降息带来了楼市回暖
迹象且未来区域内或规划森林公园，将成为本案新机遇

T: 威胁

本案位置毗邻河西，而河西在售大平层
产品较多，导致本案竞争压力非常大

图 4-4 恒大华府项目 SWOT 分析

（3）年龄特点。恒大华府项目客户以 31～50 岁客户居多，此类客户多事业有成，伴有父母子女，偏向于改善型需求。

资料来源：易居营销集团关小丽、黄晓波、朱登飞、夏鹏、丁露、鱼浩、张子楚、王卉等，编者稍加整理。

📖 **案例 4-2**

翡翠天域项目的市场定位

一、项目概况

南京华侨城翡翠天域项目位于南京市栖霞区，北邻长江，南望仙林大学城，西邻栖霞山，东邻龙潭，总用地面积为 419 149.97m²，2018 年由深圳华侨城股份有限公司建设开发。

二、项目营销环境与市场分析（略）

三、项目的市场定位

1. 客户定位

经过调研与市场分析，并结合华侨城翡翠天域项目的自身特征，项目的客群需求主要是刚需型自住和改善型自住，这部分消费者为中高等收入者，对购房的需求较为稳定。所以，翡翠天域项目的客户定位是：中高端刚需型或改善型自住客户。

翡翠天域项目目标客户特征如下。

（1）所在区域。翡翠天域项目主力客群主要来自栖霞区、玄武区、秦淮区，仍然以地缘性客户为主，然后辐射到周边区域客群。

（2）职业特点与消费能力。翡翠天域项目目标客户在南京有稳定的工作，多为公司高级职员、公务员、事业单位职员以及个体户，有稳定的、较高的经济收入，有一定的经济积累，消费实力强。

（3）年龄特点。翡翠天域项目目标客户中以31～50岁客户居多，此类客户受教育程度较高，多事业有成，伴有父母子女，偏向于改善型需求。

（4）家庭规模。翡翠天域项目目标客户在家庭人数上，一般是三口或四口之家居多。

（5）购房动机。翡翠天域项目目标客户追求时尚，消费观念超前，敢于消费，购房用于居住。大多是二次置业，追求舒适的生活，以享受为主，用于改善生活质量和水平或者极少数投资房地产以追求保值增值。

（6）对产品的需求特征。翡翠天域项目目标客户喜欢中高档住宅，重视开发企业品牌和物业品牌形象，对产品质量要求高，注重项目整体规划和户型结构。

（7）对环境及配套设施的需求。翡翠天域项目目标客户注重对子女的培养与教育，对环境要求较高，较为关注小区内部和外部环境，对小区周边的交通、学校、超市、菜市场、医院等基础设施非常关注，并且对物业管理要求很高。

2. 产品定位

根据目标客户需求特征，翡翠天域项目产品定位于大型中高档小区，打造以生态、文化、休闲、健康为特色的南京城东滨江活力区，集聚"旅游小镇、文创社区、风情绿谷、欢乐海洋"等多项功能的全域文化旅游目的地。

（1）功能定位。翡翠天域项目的功能定位为集文化旅游、生态休闲、主题商业、人文社区等多项功能为一体的大型综合性住宅区。项目的规划设计、户型设计、小区环境以及物业管理等都围绕这个功能定位来展开。项目与南京外国语学校仙林分校合作办学，建设有华侨城幼儿园、欢乐谷等大型教育娱乐设施，商业街里有超市、网吧、酒店、精品店等。

（2）建筑风格定位。翡翠天域项目属于大型住宅区，项目在建筑风格定位上体现多元性，但总体上凸显现代化的欧式洋房风格，满足目标客群追求时尚、追求豪华的心理预期。翡翠天域项目让人眼前一亮，充分体现出优雅高贵、简约大气、上档次的现代化住宅风格。

3. 形象定位

翡翠天域项目的目标客户追求时尚豪华，产品定位于中高端，所以，与之相匹配的形象定位是"做生态文化旅游社区的引领者"。翡翠天域项目秉承"在花园中建城市"的开发理念，采用"住宅＋主题乐园＋教育＋商业"一体化发展模式，打造大型文旅综合性产品，引领行业绿色健康住宅，引领居住新风尚，为人们提供优质的生活享受和文化体验。

4. 价格定位

华侨城翡翠天域价格定位为市场中等价位，依靠中价高质赢得市场。

资料来源：南京工业职业技术大学学生刘家宝的实训作业，编者整理。

案例讨论

1. 恒大华府和翡翠天域项目的市场机会如何？

2. 你认为恒大华府和翡翠天域项目定位的关键是什么？

学习任务

编写本地区某房地产项目的市场分析与市场定位策划报告。

4.1　房地产市场调研方法

房地产市场调研与预测是房地产市场营销的"眼睛"。房地产营销人员只有充分了解和把握房地产市场详细情况后，才能做出正确的营销策划。

1. 房地产市场类型

要想了解房地产市场，做好房地产市场调研，就必须了解房地产市场的类型特点。

（1）根据房地产的用途来划分。①住宅市场。②写字楼市场。③商业用房市场。④仓储用房市场。⑤行政司法用房市场。⑥科教文卫用房市场。⑦旅游娱乐用房市场。⑧特殊用房市场。每一类还可以进一步划分，如住宅市场可以分成经济适用房市场、普通住宅市场、高级住宅市场、别墅市场等。

（2）根据房地产的交易客体来划分。①地产市场，也称土地市场，它是房地产市场的基础。具体来看，地产市场一个是国有土地使用权出让市场，另一个是国有土地使用权转让市场。②房产市场，可以分成两个层次：一是新房市场，在这个市场上，房地产开发商将其新开发的房屋（包括住宅和商业用房）投放到房地产市场进行交易，一般是房屋进行首次交易；二是二手房市场，也叫旧房市场，一般是房屋进行非首次交易。③房地产金融市场，主要包括房地产融资、按揭贷款等。④房地产中介服务市场，主要包括房地产评估、房地产经纪、房地产咨询、房地产信息服务市场等。

（3）根据房地产的档次来划分。①高档房地产市场，是针对高收入消费者和大企业的房地产市场，这部分消费者经济实力雄厚，对房地产项目的档次要求高，价格敏感性相对不高，房地产项目一般表现为单价高、总价也高。②普通房地产市场，是面对普通工薪消费者和中小企业的房地产市场，这部分消费者经济条件一般，对房地产项目的档次有一定的要求，但对价格的敏感性又较高，房地产项目一般表现为单价适中、总价不高。③低档房地产市场，是针对低收入人群的房地产市场，这部分消费者收入低，只能要求最基本的居住条件。实际上，低档房地产市场只有靠政府介入保障房建设，才能运转起来，房地产项目一般表现为单价低、总价也低。

（4）根据房地产的辐射范围来划分。①世界性的房地产市场。我国目前除香港地区外，还没有真正意义上的世界性的房地产市场，但随着我国经济在整个世界经济体系的地位不断提高，我国开始局部形成世界性的房地产市场。②亚洲性的房地产市场。如我国北京、上海等国际化大都市的 CBD 项目的开发与经营市场，已经成为亚洲性的房地产市场。③全国性的房地产市场。如南京的新街口商业用房市场、北京的中关村科技园生产和经营用房市场就是全国性的房地产市场，吸引了全国各地的投资者。④跨省区的房地产市场。像成都春熙路商业用房市场就是覆盖整个西南地区的房地产市场。⑤省区内的房地产市场。省区内较大城市的房地产市场，能吸引省内消费者，就属于省区内的房地产市场。⑥市区内的房地产市场。普通城市的房地产市场，只能吸引本市消费者，就属于市区内的房地产市场。一般来说，房地产市场的档次越高，其辐射、覆盖的范围就越广，因此在分析房地产市场的辐射范围时，必须考虑房地产的档次。

（5）根据房地产的供应方式来划分。①现房市场，是指进行交易的房屋（连同它占有的相应的地块）已经建好，可以立即投入使用的市场。②期房市场，是指进行交易的房屋还没有建好，需要等待一段时间才能投入使用的市场。期房市场的出现对开发商来说，可以提前回收资金；对消费者来说，可以以较低的价格购房，甚至可以进行市场投机。但是，如果政府管制不严格，期房常常会出现欺诈现象，引起房地产市场混乱。

（6）根据房地产的供求力量对比方式来划分。①买方市场，是指供过于求的市场，在这种市场上，买方居于主动地位，房价可能下跌。②卖方市场，是指供不应求的市场，在这种市场上，卖方居于主动地位，房价可能上涨。从我国商品房市场来看，由于商品房供给结构失调，当前的房地产市场应该是混合市场，如小户型、低档房供小于求，多半是卖方市场；超大户型、豪华房供大于求，多半是买方市场。

（7）根据房地产的权属让渡方式来划分。①买卖市场。②租赁市场。③抵押市场。④典当市场。⑤置换市场。⑥用房地产联营、参股的市场等。不同的权属让渡方式，可以满足不同的房地产交易的需要。

（8）根据房地产市场的发育程度划分。①相对成熟的市场。主要是北京、上海等国际化大都市的高档写字楼市场，这是因为其服务的对象主要是来自发达国家的跨国公司，市场化、规范化程度高。②正在发育的市场。由于我国的房地产市场还处于一种正待成熟、正待规范的状态，因此我国大部分房地产市场是正在发育的市场。③刚刚萌发的市场。旅游房地产市场、养老房地产市场等，则是刚刚萌发的市场。

2. 房地产市场调研及任务

（1）市场调研。市场调研也叫市场调查，就是针对某一特定问题，运用科学理论，设计收集信息的方法，有目的、有计划地搜集、整理和分析与房地产市场营销有关的各种情报、信息和资料，从中识别和确定房地产营销机会及问题，为企业决策提供依据的信息管理活动。按调研的功能划分，营销调研分为探索性调研、描述性调研、因果性调研、预测性调研。市场调研的内容涉及消费者的意见、观念、习惯、行为和态度等方面。

（2）房地产市场调研的重要性。房地产市场调研的重要性体现在：①识别市场机会，把握瞬息万变的市场环境。市场环境的变化主要有消费者需求水平和基本特征的变化，如随着收入水平的提高，人们对住的需求的改变；产品设计和特征的变化，如普通住宅户型结构的变化；应用技术水平的变化，如住宅小区智能化等。把握市场环境变化主要依靠市场调研。②分析市场潜力，判断项目的盈利性。在房地产项目开发前，企业要确定项目推出后的销售前景（或称市场潜力），需要对潜在客户的需求特征和规模进行调研，以确定其盈利性。同时，在制订相应的市场推广计划时，要确定如何将项目的关键信息有效地传达给潜在客户，以尽可能用低推广成本获得最大的宣传效果，这种有针对性地提出市场推广计划，也需要借助市场调研。另外，在市场推广计划中确定销售时机、价格落差、价格变化等细节，更离不开市场调研。③评价决策效果，找出改进的关键点。当房地产企业做出某种市场决策后，往往急切地想知道市场的反应，决策正确与否？相关配套措施能否满足消费者需要？是否需要进行调整？如果需要，如何调整？等等。这种评价决策效果的工作要靠市场调研来完成。此外，市场调研还可以评估顾客对产品或服务的满意度，据此企业就可以对产品或服务进行改进，提高顾客满意度，扩大市场份额，在市场竞争中占据有利地位。

（3）房地产市场调研任务。按时间顺序，市场调研要完成以下主要任务：①立项前市场调研。主要是土地开发潜力分析，要进行初步的市场供求关系调研，分析各种可能的开发方向的盈利潜力，确定开发的基本类型。②立项后市场调研。主要是针对项目的详细的市场调研。一是进行详细的市场需求调研，确定市场需求的基本特征和规模；二是进行详细的竞争楼盘供给调研，确定市场近期和远期（本项目开盘时及开盘后一定时期内）的供给水平和特征；三是进行项目总体规划设计调研、环境设计调研、细部规划设计调研和市场推广调研，并将调研结果应用于开发工作。③开发过程中市场调研。主要是市场需求和供给的跟踪调研，及时发现市场需求和供给特征是否发生了变化及变化的方向，以确定销售的时机、销售的价格策略和市场推广计划。可以肯定地说，如果房地产企业能按市场调研的基本原则有效地完成上述任务，那么房地产销售就是一件很容易的事。

3. 房地产市场调研的特点

房地产与一般耐用消费品的市场调研不同，主要特点如下。

（1）调研内容具有广泛性。房地产市场调研既包括很简单的内容，如被调研者的性别、年龄、受教育程度等基本情况，也包括像态度或爱好之类的复杂问题。例如消费者的户型和空间布局偏好调研，消费者如不面对实际的户型空间，一般很难回答调研者的问题。仅靠一般的调研，调研者就想得到所需的信息是不可能的。

（2）调研任务具有针对性。房地产市场调研在营销的不同阶段的内容不同，实施调研需要具体问题具体分析。一个调研项目可以在一天之内完成，也可长达数月；可以只提供小范围的少量数据，也可以给出覆盖范围大的大量信息。房地产市场调研对时效性要求也很高，如销售率、价格等动态营销信息的调研，时间发生变化，动态营销信息也会发生改变。所以，每个房地产市场调研任务都要有针对性。

（3）调研方法具有多样性。市场调研方案设计是多样的，搜集数据可以采用实地调研、座谈会、面谈、电话访谈或邮寄调研等方法。房地产市场调研展开的程度有伸缩性，所搜集数据的多少和复杂程度是可以选择的，选择何种调研方法取决于所需要的信息和所计划的经费。

（4）调研结果具有一定的局限性。房地产市场调研的结论不是完美无缺的，不可避免地会存在错误或误差。对方案的缜密设计和细心实施的目的就是尽可能地避免这些错误或误差。只要对调研信息的价值没有严重损害，小的错误是可以容忍的。对调研结果必须参考一般经验、道理和其他信息来进行评价。对调研的结果要认真思考、理解，看与我们对问题的感性认识是否基本吻合，如果不相符，原因何在，必要时需做进一步的调研和分析。

4. 房地产市场调研的程序

（1）确定调研目的。一般来说确定调研目的要有一个过程，一时确定不下来的可以采用探测性调研、描述性调研、因果性调研、预测性调研来确定：①探测性调研。当企业对需要研究的问题和范围不明确，无法确定应该调研哪些内容时，可以采用探测性调研来找出症结所在，然后再进一步研究。②描述性调研。它只是从外部联系上找出各种相关因素，并不回答因果关系问题。与探测性调研比较，描述性调研需要事先拟订计划，需要确定搜集的资料和搜集资料的步骤，需要对某一专门问题给出答案。③因果性调研。这种调研是要找出事情的原因和结果。④预测性调研。通过搜集、分析和研究过去和现在的各种市场情报资料，运用数学方法，估计未来一定时期内市场对某种产品的需求量及其变化趋势。

（2）制订调研计划。包括人员、时间、资金、工具等方面的安排。根据调研目的成立调研小组，选派有关调研人员，明确调研起始时间、结束时间、进度节点以及调研方法，配置车辆、计算机、录音机等调研工具，预算调研资金，确保计划的有效执行。

（3）设计调研表格。一项房地产市场调研工作至少应设计以下4种调研表格。

1）房地产资源统计表如表4-2所示。

表4-2 房地产资源统计表

调研名称			调研目的				
调研地点		调研人员			调研时间		
序	调研项目		内容描述				备注
1	房地产分布						
2	类型、面积						
3	单位价格、总价						
4	开发程度、居住密度						
5	交易状况和规模						
6	使用期限、抵押保险						
7	政策限制						
8	竞争程度						
9	发展远景						
10	其他具体情况						
主要结论						负责人（签名）	

2）房地产出租市场统计表如表4-3所示。

表4-3 房地产出租市场统计表

调研名称			调研目的				
调研地点		调研人员			调研时间		
序	调研项目		内容描述				备注
1	出租房地产名称						
2	出租面积						

（续）

调研名称				调研目的			
调研地点			调研人员			调研时间	
序	调研项目		内容描述			备注	
3	租金水平						
4	出租房的类型和等级						
5	室内设备状况						
6	环境条件（庭院、阳台、停车场、文娱场所、交通和购物等）						
7	空置率						
8	影响出租市场的最大因素						
9	具体房东的记录						
10	出租公司的资料						
主要结论						负责人（签名）	

3）房地产出售统计表如表 4-4 所示。

表 4-4　房地产出售统计表

调研名称				调研目的			
调研地点			调研人员			调研时间	
序	调研项目		内容描述			备注	
1	已售和待售房地产的名称						
2	地区						
3	开发商						
4	数量						
5	结构类型						
6	成交日期						
7	成交条件（预付款、贷款额和利率、偿还约束、其他附加条款等）						
8	出售时的房龄和状况						
9	客户资料						
10	其他情况						
主要结论						负责人（签名）	

4）房地产个案实调分析表如表 4-5 所示。

表 4-5 房地产个案实调分析表

调研名称			调研目的			
调研地点		调研人员			调研时间	
序	调研项目	内容描述				备注
1	案名、区位					
2	投资公司					
3	产品规划					
4	推出日期、入伙日期					
5	基地面积、建筑密度					
6	土地使用权年限					
7	单位售价、付款方式					
8	产品特色					
9	销售策略					
10	客源分析					
11	媒体广告					
12	调研资料来源					
13	其他情况					
主要结论					负责人（签名）	

（4）初步调研，搜集信息资料。搜集方式有：经常不断地搜集；定期搜集；需要时立即搜集；更新资料时搜集。初步调研通常有 3 个过程：①研究搜集的信息资料。首先研究企业外部资料。从各种信息资料中，了解一些市场情况和竞争概况，从中了解目前市场上哪类房产最好销，价格如何，当地消费者对房产有什么偏爱等。其次分析企业内部资料。对公司的各种记录、函件、订单、年度报表等内部资料进行分析，从而找出产生问题的原因和线索。②与企业有关领导进行非正式谈话。从与这些领导的谈话中，寻找市场占有率下降的原因，如市场营销经理可能认为房产价格定得太高；工程部经理可能认为设计不十分合理，材料供应质量不高；材料部经理可能认为物价指数上涨太快，所划拨的经费不能全部用于采购名牌材料等。③了解市场情况。市场是无情的，消费者对公司所开发经营房地产的态度，是反映企业市场营销水平的重要标志，也是初步调研的关键内容，如为什么消费者不购买本公司商品房，就需要对消费者进行调研。

（5）现场调研。初步调研不能达到目的，需要到现场调研。必须重视现场调研人员的选拔和培训工作，确保调研人员能按规定进度和方法取得所需资料。同时，对调研搜集到的资料进行整理、统计和分析。①编辑整理。把零碎的、杂乱的、分散的资料加以筛选，去粗取精，去伪存真，以保证资料的系统性、完整性和可靠性。在编辑整理资料过程中，要检查调研资料的误差，剔除那些错误的资料，然后要对资料进行评定，以确保资料的真实与准确性。②分类编号。就是把调研资料编入适当的类别并编上号码，以便于查找、归档和使用。③统计。对已经分类的资料进行统计计算，系统地制成各种计算表、统计表、统计图。④分析。对各项资料中的数据和事实进行比较分析，得出一些可以说明有关问题的统计数据，直至得出必要的结论。

（6）撰写和提交调研报告。调研报告反映了调研工作的最终成果。撰写调研报告应做到：①客观、真实、准确地反映调研成果。②报告内容简明扼要，重点突出。③文字精练，用语中肯。④结论和建议应表达清晰，可归纳为要点。⑤报告后应附必要的表格和附图，以便阅读和使用。⑥报告完整，印刷清楚美观。

5. 房地产市场调研的内容

（1）房地产市场环境调研。

1）政治法律环境调研。要了解对房地产市场产生影响和起制约作用的政治形势、国家对房地产行业管理的有关方针政策、法律法规及其变化等。①各级政府有关房地产开发经营的方针政策，如房改政策、开发区政策、房地产价格政策、房地产税收政策、房地产金融政策、土地分等定级及地价政策、人口政策和产业发展政策等。②各级政府有关国民经济社会发展计划、发展规划、土地利用规划、城乡规划和区域规划等。③国家有关法律，如《中华人民共和国环境保护法》《中华人民共和国土地管理法》《中华人民共和国城市房地产管理法》《中华人民共和国广告法》《中华人民共和国反不正当竞争法》等。④政府有关方针和政策，如产业政策、税收政策、财政政策、物价政策、就业政策等。⑤政局的变化，包括国际和国内政治形势、政府的重大人事变动等。

2）经济环境调研。经济环境调研应该把握企业所在地区的总的经济发展前景，具体包括：①国家、地区或城市的经济特性，包括经济发展规模、趋势、速度和效益。②项目所在地区的经济结构、人口及其就业状况、就学条件、基础设施情况、地区内的重点开发区域、同类竞争物业的供给情况。③一般利率水平、获取贷款的可能性以及预期的通货膨胀率。④国民经济产业结构和主导产业。⑤居民收入水平、消费结构和消费水平。⑥物价水平及通货膨胀率。⑦项目所在地区的对外开放程度和国际经济合作情况，对外贸易和外商投资的发展情况。⑧与特定房地产开发类型和开发地点相关因素的调研。

3）社会文化环境调研。社会文化环境影响房地产消费者购买房地产产品的动机、购买种类和方式。某一地区人们所持有的核心文化价值观念具有高度的持续性，因此房地产企业必须了解当地消费者的文化和传统习惯，才能为当地消费者所接受。社会文化环境调研的内容主要包括：①居民职业、教育程度、文化水平等。②家庭人口规模及构成。③居民家庭生活习惯、审美观念及价值取向等。④消费者民族与宗教信仰、社会风俗等。

4）社区环境调研。社区环境直接影响房地产产品的价格，这是房地产商品特有的属性。社区环境调研内容包括：社区繁荣程度、购物条件、文化氛围、居民素质、交通和教育的便利性、安全保障程度、卫生、空气和水源质量及景观等方面。

（2）房地产市场需求调研。房地产市场需求既可以是特定房地产市场需求的总和，也可以专指对某一房地产企业房地产产品的需求数量。市场需求由购买者、购买欲望、购买能力组成。消费者购房需求包括：置业动机需求、生活方式需求、楼型及户型需求、单价和总价需求、装修标准需求、生活配套设施需求、建筑风格需求等。房地产市场需求调研主要包括以下3个方面。

1）房地产消费者调研。它主要是调研房地产消费者的数量及其构成，包括：①消费者对某类房地产的总需求量及其饱和点、房地产市场需求发展趋势。②房地产现实与潜在消费者数量与结构，如地区、年龄、职业等。③消费者的经济来源和经济收入水平。④消费者的实际支付能力。⑤消费者对房地产产品质量、价格、服务等方面的要求和意见等。

2）房地产消费动机调研。房地产消费动机就是为满足一定的需要，而引起人们购买房地产产品的愿望和意念。房地产消费动机主要包括：消费者的购买意向、影响消费者购买动机的因素、消费者购买动机的类型（自用、投资）等。

3）房地产消费行为调研。房地产消费行为是房地产消费者在实际房地产消费过程中的具体表现。房地产消费行为调研就是对房地产消费者的购买模式和习惯的调研，包括：①消费者购买房地产商品的数量及种类。②消费者对房屋设计、价格、质量及位置的要求。③消费者对本企业房地产商品的信赖程度和印象。④房地产商品购买行为的主要决策者和影响者情况等。

（3）房地产市场供给调研。房地产市场供给是指在某一时期内为房地产市场提供的房地产产品总量。主要调研以下3个方面。

1）行情调研。①整个地区市场，房地产市场现有产品的供给总量、供给结构、供给变化趋势、市场占有率。②房地产市场的销售状况与销售潜力。③房地产市场产品的市场生命周期。④房地产产品供给的充足程度、房地产企业的种类和数量、是否存在市场空隙。⑤与同类房地产企业的生产经营成本、价格、利润的比较。⑥整体房地产产品价格水平的现状和趋势，最易被客户接受的价格策略。⑦新产品定价及价格变动幅度等。

2）市场反响调研。它包括：①现有房地产租售客户和业主对房地产的环境、功能、格局、售后服务的意见及其对某种房地产产品的接受程度。②新技术、新产品、新工艺、新材料的出现及其在房地产产品上的应用情况。

3）建筑设计及施工企业的调研。它包括建筑设计及施工企业的信誉、资质和业绩等情况。

（4）房地产市场营销活动调研。

1）房地产市场竞争情况调研。它包括竞争企业和竞争产品两方面内容。①对竞争企业的调研主要包括：竞争企业的数量、规模、实力状况；竞争企业的生产能力、技术装备水平和社会信誉；竞争企业所采用的市场营销策略以及新产品的开发情况；竞争企业对未来市场竞争情况的分析、预测等。②对竞争产品的调研主要包括：竞争产品的设计、结构、质量、服务状况；竞争产品的市场定价及市场反应状况；竞争产品的市场占有率；消费者对竞争产品的态度和接受情况等。

2）房地产价格调研。其内容包括：①影响房地产价格变化的因素，特别是国家政策对房地产企业定价的影响。②房地产市场供求情况的变化趋势。③房地产商品价格需求弹性和供给弹性的大小。④房地产开发企业各种不同的价格策略和定价方法对房地产租售量的影响。⑤国际、国内相关房地产市场的价格。⑥开发个案所在城市及街区房地产市场价格。

3）房地产促销调研。其内容包括：①房地产企业促销方式、广告媒介的比较、选择。②房地产广告的时空分布及广告效果测定。③房地产广告媒体使用情况调研。④房地产商品广告计划和预算的拟定。⑤房地产广告代理公司的选择。⑥人员促销的配备状况。⑦各种营业推广活动的租售绩效。

4）房地产营销渠道调研。其内容包括：①房地产营销渠道的选择、控制与调整情况。②房地产市场营销方式的采用情况、发展趋势及其原因。③租售代理商的数量、素质及其租售代理的情况。④房地产租售客户对租售代理商的评价。

6. 房地产市场调研的方法

市场调研方法可分为两大类：一类是按调研对象的选择来划分，有全面调研、重点调研、抽样调研等；另一类是按调研所采用的具体方法来划分，有访问法、观察法、实验法。市场调研人员可根据具体情况选择不同的方法。

（1）全面调研，又叫普查，是对调研对象总体所包含的全部单位进行调研。

（2）重点调研，是以有代表性的单位或消费者作为调研对象，进而推断出一般结论。

（3）抽样调研，就是从调查对象全体（总体）中选择若干个具有代表性的个体组成样本，对样本进行调查，然后根据调查结果推断总体特征。抽样调研大体上可以分成两大类：一是随机抽样，二是非随机抽样。

调研方法与规模的选择。调研规模是指调研对象范围的大小、内容的深浅，其规模越大，结果也就越令人信服。但是由于人力、物力的限制，还有调研技术条件的限制，企业不得不从 4 个方面来考虑调研规模：①样本数的分量。②样本涵盖面的广度。③问题涵盖面的广度。④调研的深度。

7. 房地产调研资料搜集的途径和内容

（1）房地产市场调研资料搜集的途径。①交易双方当事人。②促成房地产交易行为的中间商。③房地产开发商公开推出的各种销售或出租广告。④熟悉房地产市场的人士，如房地产经纪人、估价师等。⑤同业间资料的交流。⑥准交易资料的搜集。⑦向房地产租售经办人员讨教，参加房地产交易展示会、展览会，了解各类信息、行情，搜集有关资料。⑧各类次级资料。

（2）房地产调研资料搜集的内容。①基本资料的搜集。可分为初级（一手）资料及次级（二手）资料两类。初级资料的搜集是依据特定目的，遵循完整的研究设计及调研设计，并通过调研执行、资料处理与分析得到所需的资料。次级资料有内部次级资料（一般人常常忽略公司内部资料的可贵性而未加以利用）和外部次级资料。外部次级资料来源主要包括官方、学术单位、产业三大部分。②房地产法规资料的搜集。目前我国已出台的有关房地产的法律主要有《城市房地产管理法》《土地管理法》《城乡规划法》《建筑法》等。

4.2　房地产市场预测方法

1.房地产市场预测及作用

（1）房地产市场预测。它是在市场调研获得一定资料的基础上，针对需要，运用已有的知识、经验和科学方法，对房地产企业和市场的未来发展趋势以及与之相关的营销环境因素进行分析和判断，从而为房地产企业的营销决策提供依据。

（2）房地产市场预测的作用。房地产市场预测是房地产企业制订开发经营计划和进行营销决策的基础，是改善企业经营管理、提高经济效益的重要手段，可以降低市场的不确定性给房地产企业所带来的市场风险，减少房地产经营的盲目性，提高房地产项目的收益。

2.房地产市场预测的种类

（1）按预测时间的长短，可分为：①短期预测，是指房地产企业安排年度内市场营销计划的预测。由于房地产具有开发周期长的特点，因此这种短时期的预测主要用于制订月计划、季度计划、年度计划，为日常的市场营销工作服务。②中期预测，是指企业对1～5年的房地产市场变化及其发展趋势的预测，是企业制定发展规划的依据。③长期预测，是指房地产企业对5年以上的房地产市场变化及其趋势的预测。这种预测是企业制定长期战略目标的科学依据。长期预测的难度较大，精确度也很难把握。

（2）按预测对象的范围，可分为：①宏观市场预测，是对整个市场的预测分析，涉及范围大，牵涉面广。②微观市场预测，是指房地产企业营销活动范围内进行的市场预测，如房地产企业产品的市场份额、价格变化等预测。微观市场预测是企业制定经营决策、编制营销计划的依据。

（3）按预测方法的性质，可分为：①定性预测，又称判断预测，是预测者根据自己掌握的实际情况、实践经验和逻辑推理能力，对房地产市场的发展趋势做出的推测和判断。常用的有德尔菲法、意见集中法、类推法等。②定量预测，是在了解历史资料和统计数据的基础上，运用统计方法和数学模型，对市场发展趋势进行数量分析的预测方法。定量预测也称统计预测，主要包括时间序列预测和因果关系预测。时间序列预测是依据预测对象随时间的变化规律建立模型，主要包括移动平均法、指数平滑法、季节变动预测法等。因果关系预测是依据预测对象及其影响因素间的因果关系建立模型，主要包括回归分析法、经济计量模型、投入产出模型等。

3.房地产市场预测方法（模型）

（1）房地产市场定性分析预测方法。①经验判断预测方法，又分为个人经验判断法和集体经验判断法。个人经验预测是指凭借个人的知识和综合分析能力对预测对象的发展趋势做出判断，完成市场预测；集体经验预测是通过有关人员共同开展座谈讨论，交换意见，提出预测方案的集体判断方法，这种方法可以克服个人预测的局限性，提高预测的准确性，但是在讨论中容易受各种心理因素的影响。②德尔菲法，又称专家小组法或专家意见征询法，是以匿名的方式，轮番征求一组专家或房地产业内人士各自的预测意见，并在专家分析判断的基础上，综合他们的意见，对市场发展趋势做出量的推断。其优点在于能较好地从理论上预测市场或企业的发展趋势，缺点在于缺乏数字计算，只能大概代表未来的发展趋势。

（2）房地产市场定量分析预测方法（模型）。定量预测方法就是模型分析法。①基于时间序列预测法的模型。时间序列预测法是将历史资料和数据按时间顺序排列成一个系列，根据时间顺序所反映的经济现象的发展过程、方向和趋势，将时间顺序外推或延伸，以预测经济现象未来可能达到的水平。这一预测方法在房地产市场稳定发展、没有大幅价格浮动的情况下可以较好地预测房地产市场未来的价格水平。房价收入比模型即基于此法，列出一段时间内房地产价格与人均收入值的比率，进而预测未来房价。②基于回归分析预测法的模型。回归分析预测法是从市场现象之间的因果关系出发，通过建立回归预测模型，根据一种或几种现象的变化去推测另一种现象变化的一种定量预测法。根据线性回归原理建立的线性回归模型便是现在广为使用的市场预测模型之一，它通过计算两种或多种现象的相关关系，模拟出这些现象的数学曲线，进而达到预测市场未来发展的目的。回归模型按预测的需要又可分为一元回归模型和多元回归模型等。

4. 房地产市场预测的主要内容

房地产市场预测主要包括 3 个方面：①房地产市场需求预测。②房地产市场供给预测。③房地产市场价格预测。

根据实践经验，房地产市场预测的核心是需求预测。这是因为市场需求的数量和结构是最终决定市场发展状况的因素，房地产市场的供给实际上是围绕未来的房地产需求而决定的，而且，房地产市场的供给难以预测。供给难预测是因为房地产市场的供给受政府相关政策的影响巨大，在我国社会主义市场经济有待完善和规范的时期，存在诸多人为因素和不确定因素，难以找到有效的预测方法。由于当前房地产市场的主要产品是住宅和商业写字楼，所以本节主要讲解住宅市场需求预测和商业写字楼市场需求预测。

5. 房地产市场预测的步骤

房地产市场预测主要有 7 个步骤，如图 4-5 所示。

（1）确定预测对象和目的。要确定预测的对象、要达到的目的、预测的范围、预测时间等。如开发

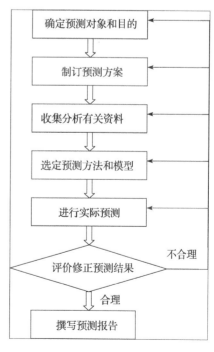

图 4-5　房地产市场预测步骤

商要预测商品房的市场销量，应明确是哪类商品房，是短期预测还是中长期预测，是全国预测还是某地区预测等。

（2）制订预测方案。预测方案包括具体内容、人员、分工、资料收集办法、地点、时间安排等。

（3）收集分析有关资料。在搜集资料时要注意信息资料的广泛性和信息来源的多渠道性，确保信息具有代表性、准确性、系统性、完整性和可比性，在分析筛选时还要注意资料的实用价值性。

（4）选定预测方法和模型。要根据预测目标、资料情况、准确度要求及预测费用多少来选定预测方法和预测模型。

（5）进行实际预测。根据搜集的有关资料、选定的预测方法和模型，进行预测计算。

（6）评价修正预测结果。预测不可能做到百分之百精确，但若预测误差很大，就失去了预测的意义。所以，要对预测误差进行具体分析，看预测结果是否达到预测目标的要求。如不能达到要求，则回到前面步骤，或重新确定目标、收集资料，或重新选择方法，再进行预测，直到误差符合预测要求。

（7）撰写预测报告。房地产市场预测报告既要有定性分析，也要有定量分析，尽量做到数据真实、准确，论据充分、可靠，建议切实可行。然后，还要对预测的结果进行判断、评价，重点是预测误差分析。

6. 住宅市场需求预测

（1）住宅需求预测。①住宅数量的需求预测。对住宅数量的需求，是由总人口、人口年龄结构和家庭结构3个因素决定的。②住宅标准的要求预测。对住宅标准的基本要求，由人口收入水平和消费结构2个因素决定。因此，对未来的住宅市场需求进行预测，就要综合分析上述5个因素的变化趋势，以及这些因素对住宅市场需求的影响。

（2）住宅市场需求的预测方法。一般有额定需求预测和有效需求预测两种方法，但有效需求预测结果常常不准确，误差很大，几乎没有参考价值，所以房地产企业常用额定需求预测法。额定需求预测法是在假设人均住宅需求保持相对稳定的条件下，预测未来的住宅市场需求。这种方法对预测中低收入人群的住宅需求效果最好，他们对面积需求变化不大。使用这种方法，首先需要分析目前住宅状况和未来发展趋势。这种分析包括3个方面的内容：①现有住宅的规模和特点，包括本地区住宅总数，低于所定标准的住宅的数量、高于所定标准的住宅的数量等。②家庭人口变化状况，包括总人口的变化趋势、人口年龄结构变化趋势、家庭结构变化趋势。③经济发展趋势，包括国民经济发展预测、人均收入预测和消费结构预测。

通过对以上资料进行分析研究，提出预期可以达到的住房标准。住房标准可以用人均居住面积来表示。未来的住宅市场需求预测可以用如下公式表示：

$$D_f = P_f \times T_f - S_C$$
$$S_f = D_f / n + A$$

式中　D_f——预测年限的住宅市场需求（按预期的住房标准）与现有的供给量（合乎预
　　　　　期标准的现有住宅）之差；

　　　P_f——预期人口数；

　　　T_f——预期住房标准；

　　　S_C——现有供给量；

　　　n——预测年限；

　　　A——原住宅的年均报废量；

　　　S_f——预期年均开发建设的住宅量。

例如，安徽某县级市预期人口数 50 万人，预期住房标准人均 40m^2，现有供给量
600 万 m^2，原住宅的年均报废量 $10\,000\text{m}^2$，2 年后年均开发建设的住宅量是多少？

$$D_f = P_f \times T_f - S_C = 500\,000 \times 40 - 6\,000\,000 = 14\,000\,000\text{m}^2$$
$$S_f = D_f/n + A = 14\,000\,000/2 + 10\,000 = 7\,010\,000\text{m}^2$$

7. 写字楼市场需求预测

通常情况下，写字楼市场需求预测要从以下 4 个方面考虑。

（1）了解写字楼面积的主要影响因素。其主要影响因素有职员数量、人均办公面
积、现有的写字楼面积及空置率等。不同的职员由于工作性质和职位的不同，所需要的
办公面积是不同的，所以必须对职员的构成进行有效分类，如经理人员、办事人员和销
售人员等。

（2）根据城市的就业增长率预测各种职员的数量。用所预测的各种职员的数量乘以
每种职员的人均办公面积就得出了所需要的办公面积的总量。

（3）考虑空置率因素。考虑空置率因素就可以得出预测年限所需要的办公室总
面积。

（4）预测新增的写字楼面积。（3）中的总面积减去现在已经被利用的写字楼总面积
再加上预测年限内需要拆除或改变了使用用途的写字楼面积，就是预测年限内新增的写
字楼面积。做好各类房地产产品的预测，房地产企业就可以胸有成竹，有针对性地开发
市场需求量大、效益好的房地产产品了。

4.3　房地产 STP 战略与市场细分

1. 房地产 STP 战略

房地产 STP 战略是房地产目标市场营销，分为三个步骤，即市场细分（S—
segmenting market）、目标市场选择（T—targeting market）、市场定位（P—positioning），
又称 STP 营销或 STP 三部曲。战略营销的核心，可被定义为 STP。市场细分、选择目
标市场和市场定位的步骤，如图 4-6 所示。

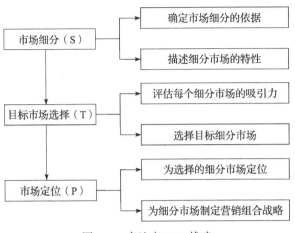

图 4-6 房地产 STP 战略

（1）市场细分（S），就是指按照消费者的收入水平、职业、年龄、文化、购买习惯、偏好等细节分变量，把整个市场划分成若干个需求不同的子市场或次子市场的过程，其中任意子市场或次子市场都是一个拥有相似需求的购买者群体。

（2）目标市场选择（T），就是明确企业应为哪一类用户服务，满足他们的哪一种需求，这是企业在营销活动中的一项重要策略。企业通过市场细分，从众多的细分市场中，选择出一个或几个具有吸引力、有利于发挥企业优势的细分市场作为自己的目标市场，综合考虑产品特性、竞争状况和自身实力，针对不同的目标市场选择营销策略。

（3）市场定位（P），是指企业针对目标市场潜在客户的心理进行营销设计，创立产品、品牌或企业在目标客户心目中的某种形象或个性特征，保留深刻的印象和独特的位置，从而取得竞争优势。

2. 房地产市场细分及作用

市场的每一种划分都可以再继续划分下去，这种继续划分就是市场细分。市场细分可以使房地产企业更准确地了解房地产市场，如住宅市场细分，如图 4-7 所示。市场细分的理论基础是消费者需求偏好的差异性。

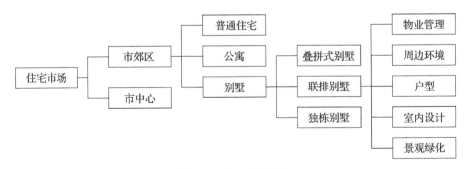

图 4-7 住宅市场细分

（1）房地产市场细分，是指在房地产市场调研的基础上，从消费者需求的差别出发，以消费者的需求为立足点，根据消费者购买行为的差异性，把消费者市场划分为具有类似特性的若干不同的购买群体——子市场，使房地产企业可以从中认定目标市场的过程和策略。

（2）房地产市场细分的作用。①有利于营销人员找到有利的市场方向，掌握市场上的现实购买量与潜在购买量、购买者满足程度及竞争状况等，搞好市场定位。②有利于房地产企业把优势力量集中在目标市场上，做到有的放矢，取得更大的社会经济效益。房地产市场营销人员通过房地产市场细分，能针对目标市场制订适当的营销组合方案，从而把有限的资源集中投入到目标市场上，开创适合自身企业的房地产经营特色之路，从而提高自己的市场占有率和知名度。

3.房地产市场细分的原则

房地产市场细分的原则有以下 5 个。

（1）差异性，指各个细分市场与众不同，而且具有稳定性。

（2）可测量性，指各个细分市场的现实或潜在购买力和市场规模大小是可以识别、可以衡量的。

（3）可进入性，指房地产企业可能进入所选定细分市场的程度。主要从三个方面判断细分市场是否具有可进入性：①企业是否具有进入细分市场的条件，如是否存在壁垒。②企业是否能将产品推广给细分市场的消费者。③产品是否能够进入市场。

（4）可盈利性，即足量性、收益性，指市场规模足以使房地产企业有利可图。也就是说，一个细分市场应该具有一定的规模，并且具有相当程度的发展潜力，足以满足企业销售和利润的要求。

（5）可行性，指房地产企业针对选择的细分市场，能否制订和实施相应的有效的市场营销计划，包括产品、价格、渠道以及促销等计划。

4.房地产市场细分的依据

房地产市场细分的主要依据如表 4-6 所示。

表 4-6　房地产市场细分的主要依据

市场细分的依据		细分内容
地理因素	居住区	都市、近郊、乡村
	区域	东部、西部、南部、北部、中部
人口因素	家庭规模	1 人、2～3 人、4～5 人、6 人以上
	家庭收入（年）	100 万元以上、50 万～100 万元、10 万～50 万元、10 万元以下；超高收入家庭、高收入家庭、中等收入家庭、低收入家庭
	家庭类型	单身家庭、夫妻家庭、核心家庭、主干家庭、联合家庭
	家庭代继数	一代家庭、二代家庭、三代家庭（三世同堂）、四代家庭（四世同堂）
心理因素	活动	保守型、激进型、自由型
	兴趣	外向型、内向型
	意见	主导型、服从型
行为因素	购买的动机	自用、改善、投资、投机
	对档次、价格的反应	高档（价）、中档（价）、低档（价）；价格弹性小（无所谓）
	对促销推广的反应	冲动型、理智型、经济型、感情型

（1）地理细分。地理细分是按照消费者所在的地理位置、地形、气候等因素来细分市场。

（2）人口细分。人口细分是按照人口的一系列性质所造成的需求差异来细分市场，主要有：①家庭规模，指家庭人口数量多少以及家庭组成范围大小。②家庭收入，指家庭成员的全年总收入，分为超高收入家庭、高收入家庭、中等收入家庭、低收入家庭。③家庭类型，指家庭成员之间的关系，分为单身家庭、夫妻家庭、核心家庭、主干家庭、联合家庭和其他家庭。④家庭代际数，指家庭成员由几代人构成。

（3）心理细分。心理细分（内因）是按照消费者的生活方式和个性进行市场细分。生活方式是指个人或群体对消费、工作和娱乐的特定习惯和倾向性。可以从三个尺度来测量消费者的生活方式：①活动，如消费者的工作、业余消遣、运动、公共关系等活动。②兴趣，如消费者对家庭娱乐、家庭设备、色彩等的兴趣。③意见，如消费者对社会、经济、文化、环境的意见。由于活动、兴趣、意见三个英文单词的第一个字母分别为 A、I、O，因此这种尺度又叫 AIO 尺度。

（4）行为细分。行为细分（外在表现）是按照消费者购买或使用某种产品的时机、追求的利益、使用情况、使用程度、信赖情况、消费者待购阶段等行为变量来细分房地产市场。

5. 房地产市场细分的方法

（1）在细分依据中选择重点因素。通常情况下，房地产市场细分要对照上述细分依据，在各种细分因素中选择重点考虑的因素。房地产市场细分要重点考虑的因素一般有 4 项。①收入状况，决定消费者购买能力。目前常用的社会阶层划分为：富有阶层 – 富裕阶层 – 小康阶层 – 温饱阶层 – 贫困阶层。②购买动机，决定消费者购买欲望。③需求档次，档次决定整个房地产项目的市场定位。④需求房型，决定项目楼盘的产品类型。

（2）根据重点因素进行市场细分。这是一个将消费者特征和产品特征进行匹配的过程。比如，高收入的经理阶层，其买房的动机就不仅仅是自用，可能是出于某种炫耀心理，或者是证明自己成功的心理，他对档次的要求一般是高档，对房型的要求就可能是别墅住宅或市区里离其办公地点较近的高级公寓。再比如，低收入的打工阶层，其买房的动机就是结婚自用或接父母同住，他对档次的要求一般是低的，对房型的要求是够住就行，离市中心远点也能接受。

（3）评价市场细分结果。市场细分的目的是更好地发现市场机会，成功的市场细分必须满足 4 点：①要形成足够进行开发的销量并能产生利润，确保在盈亏平衡点之上。②细分之后的市场的需求和消费者购买力可以量化处理，能估算出投资回报。③细分之后企业可以通过某种营销渠道最大幅度地接近细分市场上的消费者，便于楼盘成功销售。④细分之后的市场营销行为相对单一，可以促使消费者产生购买行为。

6.房地产市场细分的程序

（1）确定市场方向，根据需要选定产品市场范围。产品市场范围应由客户的需求而不是产品本身特性来确定。

（2）研究客户的潜在要求，列举潜在客户对房地产的基本需求。

（3）区分客户的需求差异，分析潜在客户的不同需求，初步细分房地产市场。根据潜在客户基本需求的差异，将其划分为不同的群体或子市场。

（4）进行细分市场的初步筛选，舍去共同需求，以特殊需求作为细分标准。

（5）划分房地产市场，为市场暂时取名。

（6）分析市场营销机会，认识各子市场的特点。分析每一个房地产细分市场的需求与消费者购买行为特点，估计每一个房地产细分市场的规模，以便在此基础上决定是否可以对这些细分市场进行合并，或做进一步细分。

（7）确定客群的规模，确定可进入的细分市场，设计市场营销组合策略。

4.4　房地产项目市场分析与目标市场选择

1.房地产项目及特性

（1）房地产项目。它是在一定时间内，满足一系列特定目标的多项房地产相关工作的总称。房地产项目参数包括项目范围、质量、成本、时间、资源。房地产项目主要有住宅项目、商业项目、写字楼项目以及工业项目等。

（2）房地产项目特性。①位置固定性。②寿命周期长，投资回收期长。③投资成本高。具体原因是土地稀缺价值高、建筑耗费成本高、房屋建设资金占用高。④投资风险大。由于房地产项目投资占用资金多，资金周转回收期长，影响因素多等，随着时间的推移，投资风险因素也将增多，投资风险加大。⑤投资收益高。房地产的土地具有稀缺性、不可替代性等特点，所以房地产具有保值、增值的优点。

2.房地产项目市场分析及流程

（1）房地产项目市场分析。它是对项目相关的市场规模、位置、性质、特点、市场容量及吸引范围等调查资料所进行的经济分析。市场分析是通过市场调查和供求预测，根据项目产品的市场环境、竞争力和竞争者，分析、判断项目投资后所开发的产品在限定时间内是否有市场，以及企业采取怎样的营销战略来实现销售目标。市场分析一般可按统计分析法进行趋势和相关性分析，也可以根据已有的市场调查资料，采取直接资料法、必然结果法和复合因素法等进行市场分析。

（2）房地产市场分析流程。尽管不同的房地产项目所要分析的具体问题不尽相同，但房地产市场分析一般要包含如图 4-8 所示的过程。

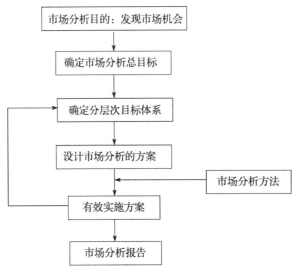

图 4-8 房地产市场分析流程

3. 房地产项目市场分析的内容

房地产项目市场分析内容（见表 4-7），主要包括项目所在的总体市场分析、项目所在的地段市场分析以及项目 SWOT 分析。

表 4-7 房地产项目市场分析内容

项目所在的总体市场分析	市场供求现状分析	需求分析
		供给分析
		价格分析：售价和租价
		交易数量分析
		空置率分析
	房地产信贷条件分析	利率
		抵押贷款年限
	房地产市场周期阶段分析：兴旺 – 平淡 – 萧条 – 复苏 – 兴旺	
项目所在的地段市场分析	该地段限制因素分析	城市规划
		基础设施
		交通运输条件
		社会环境
		地质情况和环境保护要求
	类似竞争性项目的价格或租金分析	
	市场需求的数量、房型分析	
	市场对该地段房地产功能、档次的需求分析	
项目 SWOT 分析	优势	
	劣势	
	机会	
	威胁	

4. 项目所在的总体市场分析

项目所在的总体市场分析是指对项目所在城市的城市规划区范围内的房地产市场发展状况的分析。

（1）市场供求现状分析。它具体又包括：①需求分析。它主要根据居民收入、就业、新创办公司数量、类型等因素进行分析，并根据这些因素变化来分析消费者对房地产数量、功能、档次的需求特点。②供给分析。它主要根据城市规划、开工数量、建筑成本、用途变化等因素对未来市场供给的影响来进行分析。③价格分析。它分售价和租金两种价格，通过分析，找出价格波动规律。④交易数量分析。交易数量的变化是房地产市场最重要的分析资料，通过对这些资料的变化趋势的分析，可以大体得出目前市场的发展走势。⑤空置率分析。空置率包括两个概念：一是自然空置率，即长期市场供求均衡条件下的空置率；二是实际空置率。当实际空置率低于自然空置率时，就表明市场是供不应求的，市场机会众多，开发商就应加快开发速度或加大开发力度；当实际空置率高于自然空置率时，就表明市场是供过于求的，缺乏市场机会，开发商就应减慢开发速度或减小开发力度。

（2）房地产信贷条件分析。信贷条件主要指利率走势和抵押贷款年限。房地产市场是受金融市场强烈影响的市场，分析房地产信贷条件是了解房地产市场走向的重要依据。信贷条件宽松，即利率低、抵押贷款年限长，则房地产市场活跃；反之，则房地产市场沉闷。

（3）房地产市场周期阶段分析。房地产市场鲜明地体现出"兴旺 – 平淡 – 萧条 – 复苏 – 兴旺"这样的循环往复的周期，房地产市场周期阶段分析目的就是正确判断当前处于周期中的哪个阶段。对房地产开发商来说，在不同的阶段选择不同的经营行为是十分必要的。在兴旺期进行投资实际上是冒巨大风险的，因为这时投资成本高，而且房地产投放市场时可能正好赶上房地产市场趋于平淡甚至萧条阶段，那么就面临巨大的资金回收压力。房地产市场的萧条阶段是最理想的投资时期，这时不仅投资成本低，而且当投资的房地产投放市场时可能正好赶上房地产市场复苏甚至兴旺阶段，开发商将会获得巨额的经济利益。

5. 项目所在地段的市场分析

（1）该地段限制因素分析。它主要包括：①城市规划。城市规划对城市规划区内的各个地段的土地用途、容积率等开发必须注意的事项都已经做出了明确的规定，房地产开发商必须遵守这些规定，不能超越规划要求，要依据规划条件进行开发设计。对这些规定进行分析，可以判断出相应的成本支出。②基础设施。基础设施及其他相关设施是否配套，会影响开发项目的销售和租赁。基础设施及其他相关设施不配套的优点可能是地价较低，缺点是需要投资建设这些设施而增加投资成本。开发商选择该地段时，需要权衡利弊。③交通运输条件。一般来说，交通运输条件极大地影响房地产项目的价值，因此需要对该地段的交通运输条件的影响进行定量分析。地段决定价值，主要因为差的地段交通运输条件差，人们出行不便，价值大打折扣。④社会环境。社会环境会对房地产项目开发产生影响，需要分析其对开发项目经济利益的实际影响。⑤地质情况和环境保护要求。这两者也都会对房地产项目开发产生影响，需要分析这些因素的实际影响，特别是成本额外支出方面。

（2）类似竞争性项目的价格或租金分析。它的目的是判断这一特定地段所设想开发的房地产项目在整个市场上的竞争力。只有在价格或租金上不高于类似房地产项目，所开发的房地产项目才会有市场竞争力。同时，在进行类似竞争性项目的价格或租金分析时，一方面要选取最相似的房地产项目作为分析对象，另一方面也要注意不同的房地产项目的性能价格比的测算。类似项目分析要做到知彼知己，确定自己的特色，超越竞争对手。

（3）市场需求的数量、房型分析。人们需要房地产，不仅需要足够的空间，更需要各种空间的合理组合。不同的消费者有着不同的空间需求和不同的空间组合需求。对住宅项目来说，应该根据该项目所要吸引的消费者的数量、家庭结构、生活水平、行为习惯等因素，合理确定房型。对商业用房来说，应该根据预期的营业范围、吸引的顾客量、所处商业中心的市场级别，来确定商业用房的规模和内部设计。对写字楼来说，则应该根据所要吸引企业的规模、业务特点和经营习惯来确定写字楼的规模和内部设计。总之，要选择市场需求量大、房型集中的对象作为开发主攻方向。

（4）市场对该地段房地产功能、档次的需求分析。目的是知道是否需要提供特殊的配套服务设施。提供配套服务设施，虽然可能会增加开发成本，但有助于开发项目的销售和租赁。

6. 项目 SWOT 分析

（1）SWOT 分析方法。它是对项目内外部各方面内容进行综合和概括，进而分析项目的优势和劣势、机会和威胁的一种方法。其中，优势和劣势分析主要着眼于项目自身的实力及其与竞争对手的比较；而机会和威胁分析是指外部环境的变化及其对项目的可能影响，两者之间有着紧密的联系。房地产项目的 SWOT 分析内容如图 4-9 所示，可以从项目位置、交通、当地居民收入、人文氛围、房地产政策、城市规划等方面来分析。房地产项目的 SWOT 分析过程，可以借助表格来完成（见表 4-8）。

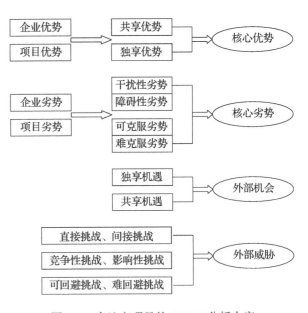

图 4-9　房地产项目的 SWOT 分析内容

表 4-8　房地产项目的 SWOT 分析

项目名称	××项目		
S：优势	S1. 地段	W：劣势	W1. 地段
	S2. 交通		W2. 规模
	S3. 配套		W3. 产品
	S4. 产品		W4
O：机会	O1. 规划	T：威胁	T1. 竞争
	O2. 政策		T2. 时机
O：机会	O3	T：威胁	T3
	O4		T4
综合分析结论	对优势、劣势、机会、威胁进行分析比较，判断项目的前景		

（2）SWOT 分析矩阵与营销战略。根据上述房地产项目的 SWOT 分析，就可以按照 SWOT 分析矩阵（见图 4-10），采取相应的市场营销战略。企业可选择的 4 种战略：① SO 战略——理想的业务；② WO 战略——有风险的业务；③ ST 战略——成熟的业务；④ WT 战略——麻烦的业务。

项目战略	内部优势 S	内部劣势 W
外部机会 O	SO战略 依靠内部优势 抓住外部机会	WO战略 利用外部机会 克服内部弱点
外部威胁 T	ST战略 利用内部优势 抵制外部威胁	WT战略 减少内部弱点 回避外部威胁

图 4-10　SWOT 分析矩阵

微｜案｜例

某住宅项目的 SWOT 分析与战略

某住宅项目的 SWOT 分析与战略如表 4-9 所示。

表 4-9　某住宅项目的 SWOT 分析与战略

某住宅项目战略	**内部优势（S）** CBD 特殊地理位置 区域配套 园林平台、外立面等	**内部劣势（W）** 片区形象差 生活氛围不足 目前交通障碍
外部机会（O） 宏观经济情况 城市化 地产缺乏诚信	**SO 战略：发挥优势，抢占机会** 1. 分阶段展示，价值最大化 2. 诚信宣言，树立诚信形象	**WO 战略：利用机会，克服劣势** 1.CBD 生活价值挖掘 2. 远期价值展示

（续）

外部威胁（T） 供应量大 景观、价格竞争激烈 CBD 的不成熟性	ST 战略：发挥优势，转化威胁 1. 抢时间，避免分流 2. 产品领先 / 形象领先战略——突出	WT 战略：减少劣势，避免威胁 1. 理性入市，火爆开场 2. 改变市场运行规则——必杀技

7. 房地产项目竞争者分析

竞争者分析是指企业通过某种分析方法识别出竞争对手，并对它们的目标、资源、市场力量和当前战略等要素进行评价。主要分析内容如下。

（1）识别竞争者。①从产业竞争角度看，可用波特的五力竞争模型（见图 4-11）分析。竞争者有：现有企业、潜在的进入者、替代品企业、供应商、购买者。②从市场竞争角度看，竞争者有：品牌竞争者（品牌竞争），即把同一行业中以相似的价格向相同的顾客提供类似产品或服务的其他企业称为品牌竞争者，如销售 100m² 普通住宅；行业竞争者（行业竞争），即把提供同种或同类产品但户型、建筑外观不同（如除普通住宅外，提供 100m² 豪华住宅、经济型住宅）的企业称为行业竞争者，同行业的企业之间存在彼此争夺市场的竞争关系；需要竞争者（平行竞争），即把提供不同种类的产品但满足消费者同种需要的企业称为需要竞争者（如提供 60～200m² 住宅）；消费竞争者（愿望竞争），即把提供不同产品，满足消费者的不同愿望，但目标消费者相同的企业称为消费竞争者，企业间存在相互争夺消费者购买力的竞争关系，消费支出结构的变化对企业的竞争有很大影响，如购车与购房。③从企业所处的竞争地位来看，竞争者有：市场领导者（leader）、市场挑战者（challenger）、市场追随者（follower）和市场利基者（nicher）。

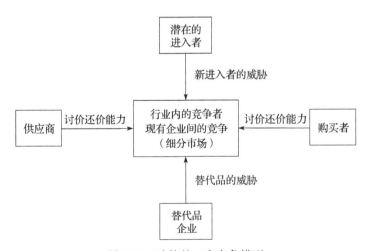

图 4-11　波特的五力竞争模型

（2）确定竞争者的战略目标。在识别了主要竞争者之后，还要清楚每个竞争者的战略目标。竞争者虽然无一例外关心利润，但它们往往并不把利润作为唯一的或首要的目标。在利润目标的背后，竞争者的目标是一系列目标的组合，竞争者对这些目标各有侧重。所以，应该了解竞争者对目前盈利的可能性、市场占有率的增长、资金流动、技术领先、服务领先和其他目标所给予的权重。了解竞争者的这种加权目标组合，就可以了解竞争者对其目前的财力状况是否感到满意、对各种类型的竞争性攻击会做出什么样的反应等。如追求低成本领先的企业，对竞争对手因技术性突破而使成本降低所做出的反应，比对同一位竞争对手增加广告宣传所做出的反应强烈得多。必须跟踪了解竞争者进入新的产品细分市场的目标，若发现竞争者开拓了一个新的细分市场，对企业来说可能是一个发展机遇；若发现竞争者开始进入本公司经营的细分市场，则意味着企业将面临新的竞争与挑战。对这些市场竞争动态了如指掌，企业就可以争取主动，有备无患。

（3）分析竞争者的优劣势。①产品。竞争企业产品在市场上的地位、产品的适销性以及产品系列的宽度与深度。②销售渠道。竞争企业销售渠道的广度与深度、效率与实力以及服务能力。③市场营销。竞争企业市场营销组合的水平、市场调研与新产品开发的能力、销售队伍的培训与技能。④生产与经营。竞争企业的生产规模与生产成本水平、设施与设备的技术先进性与灵活性、专利与专有技术、生产能力的扩展、质量控制与成本控制、区位优势、员工状况、生产要素的来源与成本、纵向整合程度。⑤研发能力。竞争企业内部在产品、工艺、基础研究、仿制等方面所具有的研究与开发能力；研究与开发人员的创造性、可靠性等方面的素质与技能。⑥资金实力。竞争企业的资金结构、筹资能力、现金流量、资信度、财务比率、财务管理能力。⑦组织。竞争企业组织成员价值观的一致性与目标的明确性；组织结构与企业策略的一致性；组织结构与信息传递的有效性；组织对环境因素变化的适应性与反应程度；组织成员的素质。⑧管理能力。竞争企业管理者的领导素质与激励能力；协调能力；管理者的专业知识；管理决策的灵活性、适应性、前瞻性。

（4）判断竞争者的反应模式。竞争者的反应模式主要有从容不迫型竞争者、选择型竞争者、凶猛型竞争者、随机型竞争者4种类型。

（5）采取相应的对策。企业可根据以上分析，结合竞争者的强弱、竞争者与本企业的相似程度、竞争者表现的好坏等要素采取相应的对策。

实｜践｜经｜验

房地产项目竞争者快速简易分析法

在实际操作中由于时间紧迫、人手少等，房地产项目竞争者分析主要是对细分市场竞争者的分析，内容主要有：①细分市场竞争者产品的供应量。②竞争者产品的市场价格。③竞争者产品的空置率。④项目推广手段。分析方法主要采用楼盘营销实证分析比较法，在当地寻找几个类似的竞争者楼盘进行分析对比，详细采用SWOT分析法。

8. 房地产项目目标市场选择条件及原则

（1）房地产目标市场。它是指房地产企业在市场细分的基础上，经过评价和筛选后决定要进入的市场，也就是房地产企业准备用其产品或服务来满足的特定消费者市场。

（2）房地产目标市场选择的条件。①有足够的规模和良好的发展潜力。需要对房地产细分市场的需求进行预测，包括：市场需求潜力预测、区域市场需求预测以及项目本身的市场需求预测。②具有良好的盈利能力，细分市场结构有吸引力。③符合房地产企业的目标和能力。

（3）房地产目标市场选择的原则有七个，如图 4-12 所示。

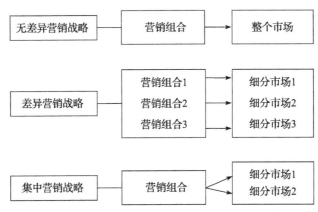

图 4-12 房地产目标市场选择原则

9. 房地产项目目标市场选择战略

房地产项目目标市场选择战略有三种，如图 4-13 所示。目标市场营销战略选择的影响因素有企业实力、产品差异性、产品所处的生命周期阶段、市场差异性以及竞争者的营销战略等。

图 4-13 房地产项目可供选择的目标市场营销战略

（1）无差异营销战略。它把整个市场作为一个大目标开展营销，强调消费者的共同需要，忽视其差异性。采用这一战略的企业，一般都实力强大，进行大规模开发，又有广泛而可靠的分销渠道，以及统一的广告宣传方式和内容。

（2）差异营销战略。它通常是把整体市场划分为若干细分市场作为其目标市场，针对不同目标市场的特点，分别制订出不同的营销计划，按计划开发目标市场所需要的产品，满足不同消费者的需要。

（3）集中营销战略。它是选择一个或几个细分的专门市场作为营销目标，集中企业的优势力量，对某细分市场采取攻势营销战略，以取得市场上的优势地位。一般来说，实力有限的中小房地产企业多采用集中营销战略。房地产企业选择目标市场的过程就是对房地产投资项目进行可行性研究和做出投资决策的过程。

10. 房地产目标（细分）市场风险分析

（1）购买力风险。它是指购买力下降引起对细分市场产品需求降低这种情况出现的可能性。购买力风险是房地产细分市场的首要风险。

（2）财务风险。它主要是资金风险，指房地产企业运用财务杠杆在使用贷款扩大投资利润范围的条件下，增加了不确定性，其增加的营业收入不足以偿还债务的可能性。实践经验显示，房地产细分市场的财务风险来自融资和房款回笼。

（3）利率风险。中央政府对房地产行业高度关注，随时会出台变动利率等调控措施。由于房地产投资具有资金量大、开发周期长的特点，房地产投资不可避免地存在随市场利率的变动而产生的风险。贷款利率的高低直接影响消费者进入房地产细分市场的能力。

（4）变现风险。它是指投资产品在没有压低价格（不低于市场价）的情况下，能迅速兑换成现金的可能性。由于房地产商品的实体不能流动，它的变现性是较差的，要多赚钱，就得适当考虑放弃变现性，提高房地产细分市场抗变现风险的能力，否则会遭受经济损失。

（5）经营能力风险。它是指因经营能力问题导致投资失败的可能性。房地产企业应加强对细分市场的调查和研究，提高投资决策及经营管理水平，以减少经营性风险。

（6）社会风险。它通常是指由于国家政治、政策、法规、计划等形势和经济形势的大气候变化等给房地产细分市场带来经济损失的风险。

11. 房地产项目市场分析报告

（1）房地产项目市场分析报告。它是对房地产市场调查所得的分析结论加以整理，经过分析、综合形成文件，报告给有关领导或部门，它是认识市场、了解市场、掌握市场的主要工具。

（2）房地产项目市场分析报告的基本结构。①标题，分单标题和双标题两种，双标题是指既有正题，又有副题。正题揭示市场分析报告的主旨，副题标明市场分析的对象、内容等。标题的词句应反复琢磨，要概括精练，一般只用一句话，至多两句。②导语，也称前言、总述、开头。市场分析报告一般都要写一段导语，以此来说明这次市场分析的目的、对象、范围、经过、收获、基本经验等。这些方面应有侧重点，不必面面俱到，或侧重于市场分析的目的、时间、方法、对象、经过的说明，或侧重于主观情况，或侧重于收获、基本经验，或对领导所关注和市场分析迫切需要解决的问题做重点说明。如果是几个部门共同调查分析的，还可在导语中写上参加调查分析的单位、人员等。总之，导语应文字精练，概括性强，扣住中心内容。③主体，它是市场分析报告的主要部分，一般写调查分析的主要情况、做法、经验或问题。如果内容多、篇幅长，最好把它分成若干部分，各加上一个小标题；难以用文字概括其内容的，可用序码来标明顺序。主体部分有 4 种基本构筑形式：分述式，多用来描述对事物多角度、多侧面分析的结果，其特点是反映业务范围宽、概括面广；层进式，主要用来表现对事物的逐层深化的认识，其特点是概括业务面虽然不广，挖掘得很深；三段式，由三个段落组成：现状、原因、对策。三段是三个层次，故称三段结构；综合式，将上述各种结构形式融为一体，加以综合运用，即为综合式。如用"分述结构"来写"三段结构"中的"现状"，用"三段结构"来写"层进结构"中的一个层次，用"总分结构"来写"分述结构"中的某一方面内容等。④结尾：自然结尾，如果主体部分已把观点阐述清楚，得出了明确结论，就不必再硬加结尾；总结性结尾，为加深读者的印象，深化主旨，概括前文，再一次强调调查分析后对事物的看法，做出结论性的收尾；启示性结尾，在写完主要事实和分析结论之后，如果还有些问题或情况需要指出，以引起思考和探讨，或为了展示事物发展的趋势，指出努力方向，就可以写一个富有启示性的结尾；预测性结尾，指出可能引起的后果和影响，这是从更广阔的视角来深化主题。

（3）市场分析报告的主要内容格式。①产品市场概述；产品市场容量，显性市场容量、隐性市场容量；行业分析，主要品牌市场占有率、销量年增长率、行业发展方向（市场发展方向、产品研发方向）；市场发展历程及产品生命周期。②市场竞争状况分析；市场竞争状况，竞争者地位分布、竞争者类型；产品销售特征，主要销售渠道（分销渠道）、主要销售手段、产品地位分布及策略比较、产品销售区域分布及分析、未来三年各产品销售区域市场需求及价格预测；行业竞争者分析，主要开发企业基本资料、主要品牌经营策略、竞争品牌近三年发展情况、竞争者未来发展预测。③市场特点。④消费状况。⑤主要房地产品牌产品售价市场调查。⑥主要结论、建议。

4.5 房地产项目市场定位策划

1. 房地产项目定位及内容

（1）房地产项目定位。房地产项目定位就是房地产项目楼盘的市场定位和目标客群定位，以便在目标客户的心目中占有独特的地位。房地产项目定位要在国家和地区相关的法律、法规和规划的指导下，根据本项目所在地域的经济、政治、人文和风俗习惯，结合项目本身特点和对市场未来发展趋势的判断，找到适合于项目的客群，在客群消费特征的基础上，进行产品定位。

广义的市场定位，是指通过为自己的企业、产品、服务等创立鲜明的特色或个性，塑造出独特的市场形象，从而确定本企业的市场位置。狭义的市场定位，即产品定位是对房地产项目所施行的产品市场定位行为，是根据企业现有产品在市场上的位置，塑造本项目产品与众不同、有鲜明个性或特色的形象，以符合目标客户的需要或偏好。产品市场定位的手段是差异化，房地产项目选择整体定位战略如图 4-14 所示。

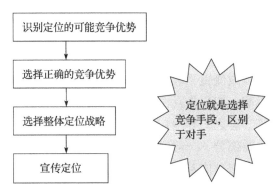

图 4-14 房地产项目选择整体定位战略

（2）房地产项目定位的内容。定位是项目策划的核心、本源，是项目全程策划的出发点和回归点，在项目策划初期就必须明确。房地产项目定位包括：①客户定位，如高端客户、中端客户、低端客户。②产品定位，如品质定位、价格定位。③形象定位，如主题定位、竞争定位。市场定位以后，房地产项目实施才进入实质阶段。

- 市场定位：解决项目切入哪一个竞争市场的问题，在潜在客户的心中确定一个合适的位置。
- 客户定位：确定买家是谁，锁定客户对象。
- 产品定位：确定产品的物业形态及品质，塑造才貌双全的"大家闺秀"。
- 功能定位：以什么样的特色功能来赢得目标消费者的心。
- 价格定位：确定楼盘卖多少钱，高质低价赢得市场。
- 形象定位：把项目最独特、最闪光、最富有诗意的东西提炼出来，予以人文化，带给人很多美好的向往。
- 主题定位：确定指导产品设计的主题风格。
- 服务定位：房地产全程服务博芳心。

（3）房地产项目的定位语。房地产项目的定位语指高度概括项目定位特征的精练语言，一般用一句话形容，便于在市场中传播和目标客户记忆。如南京某项目是个商务写字楼，项目体量很大，套型面积在 $300\sim2\,000\mathrm{m}^2$，以办公为主，目标是改变城市办公写字楼形象，其定位语可选用"南京市对话世界的平台""南京 CBD 首席商务写字楼"等。

2. 房地产项目定位原则

房地产项目的市场定位有三重标准：准确地结合需求、差异的存在和市场容易传播。需要考虑市场需求、市场机遇、市场竞争以及企业拥有的内外资源，主要原则如下。

（1）与企业发展战略相一致的原则。这里的企业发展战略包括品牌策略、经营策略和管理策略等。在企业发展战略的框架下进行房地产项目的市场定位，体现企业的竞争优势，发挥企业的核心竞争力，构建企业品牌和产品品牌，使得企业的产品具有延续性和创新性，实现企业的发展目标。

（2）经济性原则。①产品定位应具有较高的性价比，在满足必要建筑功能的前提下，租售价格合理。②从企业角度出发，在成本控制的基础上，做到效益最大化。③在成本和费用测算、效益测算基础上，计算的各项经济评价指标达到社会平均水平，确定项目盈利预期的可能性和风险性，明确项目经济利益的可行性。

（3）适应性原则。适应性原则也可理解为受众导向原则，包括：①与当地或区域的社会经济发展水平和消费者收入水平相适应。②与所在区域房地产市场的物业档次、标准、品质相适应。③和经市场调查分析确定的目标客群的消费特点和消费能力相匹配。④与企业的技术和管理水平相适应。

（4）差异化原则。项目定位在满足适应性原则的同时，还要考虑差异化，有产品差异化、服务差异化、人员差异化和形象差异化，要根据项目地块的特点和目标客户的消费特点使项目具有差异化，如建筑规划设计、景观、物业档次、品质等。

（5）可行性原则。可行性原则包括项目实施的可行性和经济评价的可行性两方面。①要根据项目规模、地块特性和本项目的优势来分析入市的时机，准确设计项目的实施进度。②要运用微观效益分析与宏观效益分析相结合、定量分析与定性分析相结合、动态分析与静态分析相结合的方法，对项目进行经济评价，分析各经济评价指标是否可行。③项目规模、开发模式和项目进度受到企业经济实力、融资能力和管理能力等因素的限制，它们容易定性但难以定量，在市场定位时如何"量力而行"，这个问题在市场定位时就应该得到解决。

3. 房地产项目定位方法

房地产项目定位工具如四维分析模型，如图 4-15 所示。

图 4-15　房地产项目定位的四维分析模型

房地产项目定位的过程。市场调研→土地条件分析→确立开发理念→明确用途功能→分析和确定潜在客群→市场细分、筛选目标客户→客户定位、进行项目初步设计→产品定位（户型、面积、档次等）→形象定位→销售价格定位→征询意见→方案调整→成本与费用测算→预测销售收入和销售进度→经济评价→确定最后项目定位方案。

市场定位方法一般有：属性定位、利益定位、使用者定位、竞争定位、质量－价格定位、在产品情感上的定位、特定使用场合定位、比附定位等。房地产项目定位方法没有固定的模式，下面介绍 3 种方法。

（1）三相交定位法。三相交定位法即在地块、市场、竞争态势 3 个层面寻找交汇点，找到地块适合开发什么。用一个项目举例说明。①地块分析，从地块与城市的关系、地块与区域的关系、地块与地段的关系、地块特征 4 个方面进行分析，得出的结论是：适宜做该市最高端的别墅项目。②市场分析，重点是客户需求，即项目辐射圈内客户的最大需求是什么？最缺失的需求是什么？要分析人口结构特征、房地产发展特征、需求变化特征。得出的结论是：项目辐射圈内客户需要别墅项目。③竞争态势分析，对项目辐射圈内高端消费细分市场、别墅目标市场进行竞争对手分析，结论是：几乎没有竞争者。由此，该地块项目可以定位为开发高端别墅。

（2）假设论证定位法。从结论出发，在很难确立最佳定位时，对几种难以排除的定位进行假设论证，分析各自的优劣势，再对分析结果进行对比，据此确立最终定位。假设论证法主要依靠策划人对项目的感觉判断，是建立在策划人对地产行业的经验、独特的思维方式和能力等基础之上的，该方法的优势是直奔主题、迅速快捷，适用于疑难项目、特殊项目、单体项目，不适合大型项目。其具体方法是：①事先由策划人设计几种最佳定位，然后分别对每一个定位进行分析、求证。②根据求证结论选取最优的两个定位，以时间、成本、难度为坐标，再次进行求证分析。③根据再次求证的结论最终确定项目定位，并对该定位与市场同类项目进行对比分析，以判断该定位的预期效果。

（3）反瞄准定位法。反瞄准就是不直接面对，只瞄准对手的薄弱处寻找市场空间。定位的步骤是：①准确界定对手。②分析对手的强势，这就是瞄准的目标。③分析对手强势的弱点。④为对手反定位，如 A 开发商说自己的楼盘是最豪华的写字楼，B 开发商有针对性地提出"适用"，意思是 A 可能是最豪华的写字楼，但浪费不适用。⑤把对手反定位作为自己的定位策略，B 开发商可以把 A 的反定位"适用、节能"作为自己的定位。

4. 房地产项目客户定位

（1）房地产项目客户定位。房地产项目客户定位是指在项目市场定位的基础上，企业为该项目确定、确认潜在客户的过程。一般是通过区域、人文、消费心理、购买行为等方面来全方位刻画客群，明确客户的生活习惯、消费习惯、居住意识等，为项目营销推广提供准对象。

（2）目标客群的定位过程。①客户细分。客户是千差万别的，企业必须从家庭状况、社会和经济背景等因素对客户进行细分，整理出客户类别、家庭特征、职业特征、经济收入特征，企业从中选择一类客户作为该项目的主力客群。②客户需求分析。根据市场调研，对项目潜在客户的需求进行研究分析。要注重从客户购买心理上分析，即从"用得上→买得起→信得过→看得中→急着用"5 个层次来综合分析。③锁定目标客群。对于该房地产项目，目标客群特征主要包括：区域结构、年龄结构、职业特征、消费能力与方式、对产品特征的需求、对环境及配套设施的需求以及购房目的等。根据这些内容描绘出该项目的目标客群，用该项目的定位特征来锁定所描绘的目标客群。如南京恒大华府客户年龄、地域分析（见图 4-16），可以看出南京恒大华府的目标客户年龄在31～60 岁，主要来自江宁、建邺、鼓楼、秦淮四个区。

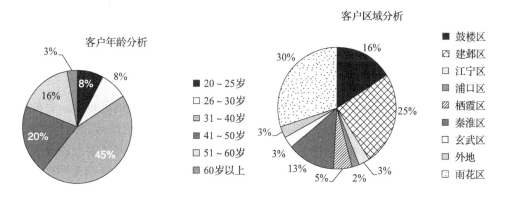

图 4-16　南京恒大华府客户年龄、地域分析

5. 房地产项目产品定位

（1）房地产产品定位是指企业在对项目市场细分、目标市场选择、客户需求分析、目标客户锁定的基础上，对房地产项目的主要技术参数、开发模式等的确定和确认，是对产品的概念规划，争取打造独特的市场形象并为市场所接受。产品定位是建立在客户需求的基础之上，是以需求为导向的定位。通过各种手段进行市场调研做出的市场分析必须能够回答以下 5 个问题：①谁是消费者？②消费者买什么样的？③消费者何时购买？④消费者购买的目的是什么？⑤消费者如何购买？

（2）房地产产品定位的意义，进行正确的产品定位，可解决为谁服务的问题，反映了公司或产品的竞争能力。①通过产品定位，以房地产开发商或土地使用者的立场为出发点，满足其获取利益目的。②通过产品定位，以目标市场潜在的客户需要为导向，满足其产品期望。③通过产品定位，以土地特性及环境条件为基础，创造产品附加值。④通过产品定位，以同时满足规划、市场、财务三者的可行性为原则，设计供求有效的产品。

（3）产品定位的内容包括小区规划、建筑风格、小区环境、户型设计、功能定位、物业名称、物业管理等。产品定位在抓住需求和市场机会点的前提下，对产品设计进行创新，在竞争中树立产品差异化，以产品本身充分的独特性诉求打动客户，实现品牌与利润双赢。

（4）房地产产品定位方法主要有：①需求导向的定位方法，是指在项目所在地段需求客群非常明确的情况下，选择其中适合本项目条件的客群作为目标客群，根据目标客群的消费偏好定制产品的一种房地产定位方法。②竞争导向的定位方法，即先假设需求是切实存在的，然后从与周边项目竞争的角度出发，采用错位或者进位的方法设计出差异化的产品，以避开同质价格竞争，获取超额利润。可能的竞争优势来源如图 4-17 所示。③生活方式导向的定位方法，是指为迎合某一特定人群的特定生活方式而"创造"出的一种特殊的房地产产品定位方法，一般用于一些少见而特殊的房地产项目的市场定位。这种定位方法也是休闲地产项目主要运用的定位方法。

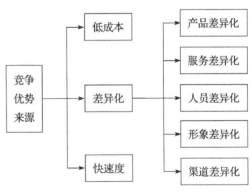

图 4-17　可能的竞争优势来源

（5）避免 3 种可能出现的定位错误：①定位过低，即定位不足、过窄，会使消费者对公司的定位印象模糊，看不出它与其他公司有什么差别。②定位过高，即定位过头，使消费者对公司的某一种特定的产品产生强烈的印象，而忽略了对其他产品的关注，这时，公司就有可能失去许多潜在的客户。③定位混乱，即定位不稳定令人怀疑，会使消费者对公司的形象和产品产生模棱两可的认识，产生无所适从的感觉，从而丧失购买欲望。

6. 房地产项目形象定位

（1）形象定位从企业层面讲是企业在市场中、在公众中、在同行和社会中的位置。

（2）房地产项目形象定位，就是房地产项目在市场中的位置和在竞争楼盘中的位置，也就是在市场上的形象，在客户心目中的形象。房地产项目形象定位也指项目的品牌形象定位，形象定位是要在广告宣传中反复出现的，是开发商对消费者极力强调和渲染的，也是消费者接受广告宣传以后，心目中留下的项目形象印象。它首先承担着表现产品、告知信息和塑造形象的功能，最后达到促进销售的目的。

（3）房地产项目形象定位原则，主要遵循五位一体原则（见图 4-18）。

（4）房地产项目形象定位要注意以下5 个方面：①项目形象定位易于展示和传播项目的形象。②项目形象定位应与项目产品特征符合。③项目形象定位应与项目周边的资源条件相符合。④项目形象定位应与目标客群的需求特征符合。⑤项目形象定位应充分考虑市场竞争的因素，与其他楼盘有比较明显的差异和区别。

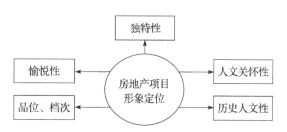

图 4-18　房地产项目形象定位五位一体原则

思考题

1. 如何开展房地产项目市场调研和市场分析?

2. 不同类型的房地产项目，其市场分析及市场定位有何不同?

实训题

编写本地区某房地产地块项目的市场分析与市场定位策划报告。

实训指导

1. 5～8 人一组，以组为单位完成实训题。项目市场分析内容参照表 4-6，市场定位策划内容包括客户定位、产品定位和形象定位。

2. 实地考察与网上调查相结合，主要参考网址见本书第 1 章实训指导。

3. 报告要求独立撰写，不允许抄袭，要求报告字数为 2 000～3 000 字。

第三篇

房地产项目营销组合策划

本篇是房地产项目营销组合策划模块，主要内容如下。

1. 房地产项目产品策划，主要介绍房地产项目的主题概念设计、整体形象设计，房地产产品基本类型和特点、产品差异化战略、品牌策略、房地产项目整体布局规划、房地产项目产品组合设计与优化。

2. 房地产项目价格策划，主要介绍房地产价格形成条件及构成，房地产价格的特征、种类，影响房地产价格的因素分析，房地产项目定价方法、策略，房地产项目价格控制与调整策略。

3. 房地产项目营销渠道策划，主要介绍房地产营销渠道及功能、类型和特征，房地产营销渠道设计、管理，房地产项目营销代理程序与要点，房地产代理销售合同。

4. 房地产项目促销推广策划，主要介绍房地产促销推广与促销组合、推广计划制订，房地产广告宣传促销推广策划、人员促销推广策划、营业推广策划、公共关系推广策划以及房地产活动推广策划。

第 5 章

房地产项目产品策划

⊘ 学习目标

1. 了解房地产项目主题概念设计与产品策划概念。
2. 熟悉房地产项目整体形象设计特点、标志（LOGO）设计、房地产产品的基本类型和特点。
3. 掌握房地产项目的主题概念设计、整体形象设计。
4. 掌握房地产产品差异化战略、品牌策略。
5. 掌握房地产项目整体布局规划以及房地产项目产品组合设计。

🕮 技能要求

1. 能够遵循房地产营销类职业标准相关内容。
2. 能够在房地产营销业务中体现工匠精神。
3. 能够根据房地产项目产品定位进行主题概念设计、整体形象设计。
4. 能够制定房地产项目整体布局规划。
5. 能够制定房地产项目产品策略和产品策划方案。

🕮 案例 5-1

恒大华府项目的产品组合

一、项目概况与营销环境分析

项目概况与营销环境见案例 3-2。

二、项目的市场分析

项目的市场分析见案例 4-1。

三、项目的市场定位

项目的市场定位见案例 4-1。

四、项目的主题概念与整体形象设计

1. 恒大华府项目的主题概念

恒大华府项目的定位，意在打造区域最高端的豪宅产品。恒大华府项目具有核心区域价值，5 站即达南京市中心新街口（见图 5-1）。

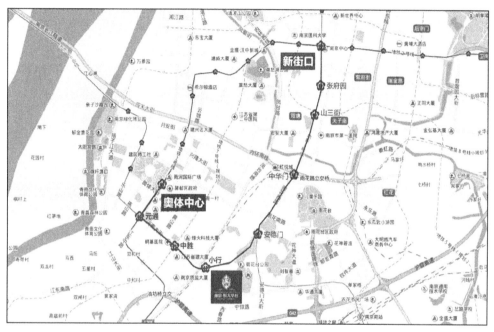

图 5-1　恒大华府项目的位置（5 站即达南京市中心新街口）

恒大华府项目的交通状况：地铁 10 号线至小行站下；公交有 26 路、96 路、120 路、127 路、153 路、155 路、158 路、y22 路（夜间），至小行小区站下。

恒大华府项目配套：小行地铁站距离本地块 200 多米，小行小学和南京市沙洲中学就在该地块附近，菊花台公园是业主休闲的好去处。

恒大华府项目挖掘提炼的主题概念是：新街口 5 站，精极大宅。

以精极为品牌的 DNA：能够融入恒大华府项目的品牌理念；契合产品价值和客群心理的核心诉求与利益点；与价值体系嫁接，具有强大的推广挖掘深度，能够为软宣、报纸广告提供丰富的宣传素材与创作元素；能较好地控制线上传播以外的整合传播体系，如现场展示、活动营销、销售道具等。

精极之美：是一种意境、美学、品位，体现客群人生状态中的一种自我意识，代表了对生命、生活的感悟和参悟；尊重自然环境和文化属性，重构奢华定义；精极之美表现在产品各个细节，建筑、园林、生态、空间设计、精装大堂等，恒大华府产品是"精极的统一，精极的融合"。

2. 恒大华府项目的整体形象

市场同质化、竞品同质化。但是恒大有钱、有胆、有魄力，恒大华府 = 主城 + 地铁 + 山湖 +9A 精装 + 大平层。

从恒大品牌出发的整体形象占位，两个问题的解决之道。

问题 1：如何跳出旧印象中的恒大华府产品，找到客群能够认同的项目价值？

解决之道：恒大华府是第一个真正意义上前置客群品位和需求来打造产品的项目。"客群品位"：精极之美。"客群需求"：全方位照顾家庭成员。

问题 2：如何在项目价值体系中找到支撑点，提炼出项目价值？

解决之道：极端精极。当别的豪宅以大山水、奢华为品牌核心时，恒大华府则做出了 TOP 精极产品。

恒大华府项目传递给市场的整体形象，如图 5-2 所示。恒大华府项目的 LOGO，如图 5-3 所示。恒大华府项目的整体形象展示，如图 5-4 所示。

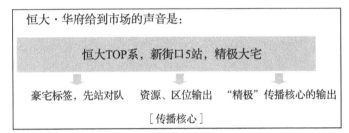

图 5-2　恒大华府项目向市场传递的整体形象

图 5-3　恒大华府项目的 LOGO

图 5-4　恒大华府项目的整体形象展示

五、项目的产品组合

1. 建筑规划

恒大华府项目的整体规划，如图 5-5 所示。

建筑类型：多层、高层住宅，共建设 11 幢住宅建筑，其中多层 3 幢，高层 8 幢。

建筑类别：板楼。

建筑面积：210 000m²。

建筑密度：≤25%。

总户数：686 户。

容积率：2.99。

得房率：85%。

车位数：车位配比 1∶1.7，车位总数近 1 200 个。

商业配套 11 000m² 时尚街区（见图 5-6）。

图 5-5　恒大华府规划（鸟瞰）效果图　　图 5-6　恒大华府时尚街区效果图

2. 绿化规划

恒大华府项目的特色是山景地产，绿化率超过 35%。恒大华府项目的绿化景观，如图 5-7 所示。

图 5-7　恒大华府项目绿化景观

3. 恒大华府户型设计

恒大华府主力户型：四居（170m²）、五居（200m²）、四居（180m²）。

恒大华府户型特色：南北通透，露台，飘窗。

恒大华府 A 户型，4 室 2 厅 1 厨 2 卫，170m²（见图 5-8）。

恒大华府 B 户型，4 室 2 厅 1 厨 2 卫，180m²（见图 5-8）。

恒大华府 C 户型，5 室 2 厅 1 厨 2 卫，200m²（见图 5-9）。

恒大华府 D 户型，5 室 2 厅 1 厨 2 卫，230m²（见图 5-9）。

A 户型　　　　　　　　　　　　　　　　　B 户型

图 5-8　恒大华府 4 室 2 厅 1 厨 2 卫户型图

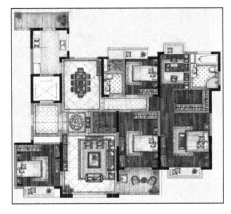 

C 户型　　　　　　　　　　　　　　　　　D 户型

图 5-9　恒大华府 5 室 2 厅 1 厨 2 卫户型图

4. 产品建材与装修

恒大华府装修状况：精装修。

墙体材料：小型混凝土砌块。

保温材料种类：A 级保温板。

窗框型材：断热铝合金。

遮阳措施：内置百叶、平板遮阳。

其他节能措施：部分房屋安装太阳能热水系统。

资料来源：易居营销集团吴小丽、黄晓波、朱登飞、夏鹏、丁露、笪浩、张子楚、王卉等，编者稍加整理。

📖 **案例 5-2**

翡翠天域项目的产品组合

一、项目概况

项目概况见案例 3-2。

二、项目营销环境与市场分析（略）

三、项目的市场定位

项目的市场定位见案例 4-2。

四、项目的主题概念与整体形象设计

1. 翡翠天域项目的主题概念

翡翠天域项目挖掘提炼的主题概念是：滨江生态文化旅游社区。以生态文化旅游为品牌的 DNA：能够融入翡翠天域项目的品牌理念；契合产品价值和客群心理的核心诉求与利益点。本项目占据优质区位，周围环境清幽，西邻栖霞山文化旅游景区，北依长江，周围还有三座自然山脉景观，环境优美，空气清新舒适度高，形成绿水青山的生态文明住宅。同时，生态文旅概念也表现在产品各个细节里，渗透在建筑、园林、生态、空间设计等方面，翡翠天域是"在花园中建城市"。

2. 项目的整体形象

翡翠天域项目的形象定位是"做生态文化旅游社区的引领者"。项目的整体形象：翡翠天域 = 生态住宅 + 主题乐园 + 健康休闲 + 人文教育 + 主题商业。

五、项目的产品组合

南京华侨城翡翠天域是一个集文化旅游、生态休闲、主题商业、人文教育于一体的大型中高档小区，楼盘走中高档房地产产品路线。同时提供多种户型，给客户更多的选择，使客户购得自己满意的新居。

1. 项目建筑规划

（1）建筑类型。翡翠天域小区建筑类型有多种，有多层、小高层、高层，普通住宅与花园洋房相结合。在建筑风格上，翡翠天域小区采用现代简约式建筑风格，外观整齐大方上档次，并略带古朴风味。

（2）建筑布局。翡翠天域小区建筑采用行列式布局，小区建筑的楼间距大约为 30 米，采光充足。

（3）道路规划。根据小区布局，翡翠天域设置有东、西两个大门出入口，道路交通体系整体上是人车分流，环形车道，内部四通八达。

（4）景观绿化规划。翡翠天域项目的特色是山水生态地产，小区外部有较大的绿化规划，同时小区内部的绿化率也比较高，超过 35%。在景观设计方面，渲染艺术氛围，利用天然的小山、小湖并加以改造，合理布置泳池、凉亭、假山、小瀑布、喷泉等景观小品，厚植观赏性灌木、花卉、草地，人文与自然和谐，让人赏心悦目。

（5）配套公建。翡翠天域小区内设有欢乐谷、玛雅海滩水公园、体育运动竞技公园、生态展示公园、儿童亲子乐园、科技风暴乐园等主题园，并囊括居住、商业及各项生活配套功能。在教育资源上，翡翠天域自建幼儿园、小学和中学；在公共交通方面，翡翠天域项目中的市政道路等公共配套均由华侨城开发建设，道路除了正常的机动车道和人行道，还将规划建设自行车道和慢跑道等，并将结合居民及游客的需求，设置慢行驿站、共享单车停靠站等全方位的全域慢行系统。

（6）翡翠天域项目规划技术经济指标。

- 建筑类型：多层、小高层、高层住宅；
- 建筑类别：板楼；
- 建筑用地面积：419 149.97m²；
- 容积率：1.70；
- 得房率：85%；
- 绿化率：35%；
- 楼间距：30m；
- 建筑密度：≤25%；
- 总户数：2 862户；
- 车位配比：1∶1.2，车位总数近3 500个；
- 商业配套：18 000m²时尚街区。

2. 项目产品组合

（1）产品类型。产品主要有住宅、配套商铺。南京华侨城翡翠天域小区规划建设37幢住宅建筑，其中多层7幢、小高层18幢、高层12幢，楼栋为行列式分布，住宅户型面积有多种，给客户更多的选择。华侨城翡翠天域户型具有较强的针对性，主力户型以三居、四居为主。同时在位置最好的地段设置总价最高的最好的户型，在位置最差的地段设置总价最低的最差的户型。

（2）产品户型。翡翠天域主力户型有三居室和四居室共5种户型，户型面积为90～190 m²，主要户型介绍如下。

1）三居室户型：

- J1户型——3室2厅1厨1卫，面积为92m²；
- J2户型——3室2厅1厨2卫，面积为108m²；
- J3户型——3室2厅1厨2卫，面积为115m²。

2）四居室户型：

- J4户型——4室2厅1厨2卫，面积为138m²；
- J5户型——4室3厅1厨3卫，面积为190m²。

（3）主打户型的特点。总特点是户型布局方正，主次卧、客厅南向设计，通风和采光效果更好的创意多功能房，灵动空间，幸福生活更多可能，低台面飘窗，开阔视野，畅享小区美景，防拽门把手设计，贴心保护家人。具体来说，J1户型的特点是干湿分离、动静分离、双卧室朝南，其主要优势有：主要的采光面为正南方向，能够保证白天室内的光照较为充足，并且不会有阳光直晒；厨卫不对门；明厨，厨房可以有充足明亮的采光和顺畅的通风，油烟不会造成室内污染；干湿分离，能够保证室内空气和地面的干燥状态。不足是入户门未处设置玄关。J4户型的特点是南北通透、多卧朝南、干湿分离、动静分离、主卧室套房，其主要优势有：客餐厅贯穿房屋南北，室内的视野更为开阔，打开窗户的时候空气在室内可以流动，冬暖夏凉；南向和北向都有窗户，门和窗户同时打开的时候，空气在室内可以流动；主卧带有卫生间，可以保护住户的隐私，增加了居住的便利性；多个卧室朝向南边，即便是五口之家，也都可以居住在向南的房间；主卧带室内玄关，可以保护居住隐私；设有衣帽间，可以保证房屋内环境的整齐和整洁，提高业主居住的舒适度。不足是整体进深长度过长，影响室内采光和通风。

资料来源：南京工业职业技术大学学生刘家宝的实训作业，编者整理。

案例讨论

1. 你认为恒大华府项目和翡翠天域产品策划的依据是什么？
2. 普通住宅项目可以从恒大华府项目和翡翠天域的产品策划中吸取什么经验？

学习任务

1. 对本地区某房地产地块项目进行主题概念设计、整体形象设计。
2. 制订本地区某房地产地块项目的产品策划方案。

5.1 房地产项目主题概念设计与整体形象设计

1. 房地产项目主题概念设计

（1）房地产项目主题概念的本质和作用。房地产项目主题概念策划是房地产营销策划的灵魂。①概念的本质。恰如其分的"概念"在一定程度上是楼市的一种生产力，包含了建筑、景观、生态、管理、配套及营销等多方面内容，是一个项目的内核之所在。②概念的作用。"务实"作用，说得"俗"一点，它具有功利性的一面，可以为某个具体的房地产项目带来一定的经济效益，一般成功炒作概念的楼房都有喜人的销售业绩；"务虚"作用，可以吸收文化营养，不断完善地产项目的建筑风格、规划设计、园林景观及物业管理，帮助企业建造和管理更趋完美的楼盘，指导整个房地产界进一步发展的方向。

（2）房地产项目主题概念的内涵。主题概念就是房地产产品与品牌的核心内涵。①主题概念是一条主线。如果项目是分区分期开发的，那么开发商分区分期所推出的房地产产品就如一颗颗珍珠，项目的主题概念就像一条主线，把这些珍珠串成一条项链，形成一件具有非凡价值的艺术品。②主题概念是一个统领全局的制高点。主题概念是对市场需求、消费群体、竞争对手、楼盘特色、地理位置、人文环境等一系列要素进行整合而形成的，它把构成社区的种种要素统领于旗下，构成了一个完整的系统。③主题概念是一个中心或一种包装。整个房地产项目的构成、功能、风格、规范、形象等方面，应通过主题概念进行包装，使其得到合理的、人性化的阐述。因此，开发商的土地选择、规划设计、建筑工程、营销推广、物业管理、社区文化建设等行为，要围绕这一中心完成。

（3）房地产项目主题概念策划。主题概念策划（简称主题策划），亦称主题概念设计，是房地产策划相当重要的内容，它是策划人员通过房地产策划实践总结出来的一种有效方法。主题策划可以推动房地产项目开发的全面创新。主题策划有狭义与广义之分。狭义的主题策划是指对规划设计或建筑设计所赋予的一种创意概念；广义的主题策划是指对项目开发所赋予的总体指导思想，是贯穿项目发展始终的"灵魂"。

（4）房地产项目主题概念策划的原则。①把握趋势性与机遇性。有时，微观区域市场发展的趋势会滞后于宏观行业市场，这就要求某一区域内房地产主题概念的策划，一方面要根植于买家生活中的根本需求和成长性需求；另一方面要高度重视市场及行业走势，特别要注重那些已经被人们认同，却又没有在市场上得到充分满足的需求。②既立足现实，又具有超前性。主题概念的设计必须寻求资源优势和市场机遇的对接点。③符合社会时代的发展，具有可持续性。唯有紧跟时代的步伐，项目才经得起考验。因此，主题概念的内涵要有足够的深度，外延要有足够的广度，境界要有足够的高度。主题概念的内涵有足够的深度，才能充分挖掘出源源不绝的题材以吸引买家；主题概念的外延有足够的广度，才能包容社区开发的种种房地产要素；主题概念的境界有足够的高度，才能超越同行和同类，树立唯一性、权威性和排他性。只有这样的主题概念才符合社会时代的发展需求，具有可持续性。④富于表现力与感染力，具有独特性。项目的主题概念只有富于表现力与感染力，根植于顾客的心中，才能成为小区的精神支柱和基准点，才有营销力和生命力。如果是市场上已有的概念，就要在内容上有突破、创新和提高，在表现形式上别具一格，才具有独特性。

（5）房地产项目主题概念策划的程序。

1）市场调查及市场定位。通过房地产市场分析和预测，可以初步了解某区域房地产市场的供需关系及其影响因素，基本把握该区域房地产客户的主要消费观念及特性，认知房地产市场变化的未来趋势，这是房地产项目主题概念与形象确立的基础。在前期策划时，进行市场调查及对调查资料进行准确分析，以确定正确的发展方向，找准市场定位，是项目开发成功的最为关键的一步。

2）主题概念的来源与获取。要进行主题策划，就要寻找主题概念的源头，即主题概念来源于哪里。这实际上是概念的创意过程，策划主题可从以下几个方面来获取：一是从该项目区域的文化内涵中抽象出来；二是从竞争性项目的对比中挖掘出来；三是从项目自身的内在素质中分析出来；四是从顾客需求中选择出来；五是从社会经济发展趋势中演绎出来；六是从房地产发展的最新理念中提取出来。

- 地理意义上的概念：口岸概念、地铁概念、中心区概念。
- 功能意义上的概念：精品楼盘概念、绿景概念、环保概念、生态概念、园林概念、智能化概念。
- 景观意义上的概念：山景概念、水景概念、江景概念、海景概念、公园概念。
- 户型意义上的概念：大户型（豪宅）概念、小户型概念、酒店式公寓、错层概念、复式概念、跃式概念。
- 风格意义上的概念：中式风格、法式风格、意大利风情、欧陆风格、西班牙风格、澳大利亚风格、英伦风情、现代主义风格、美式风格。
- 泛地产概念：教育概念、产权式酒店概念、旅游地产概念、运动地产概念、物流园概念。
- 其他概念：国际化概念、年龄概念。

3）策划主题的提炼与确定。主题概念的素材有了以后，就要进行提炼与确定，实际上是概念创意的论证过程。在提炼与确定主题概念的时候，应着重考虑以下几个问题。一是主题概念是否富有个性，与众不同。这是主题概念取舍的主要标准。如果达不到这个要求，宁可舍弃，也不勉强使用。二是主题概念是否内涵丰富，易于展开，充分展现项目的优势和卖点。有些主题概念内涵狭窄，展开时支持点不够，不利于主题概念的体现与贯彻。三是主题概念是否符合项目自身情况，是否与本项目的要求相吻合，那些脱离项目实际情况的主题概念是不可取的。四是主题概念是否迎合市场买家及目标顾客的需求，这是判断主题概念是否可行的关键所在。那些不能激起买家购买欲的主题概念，最终会断送项目的前途。例如南京"东城水岸"策划主题的提炼与确定很有诗情画意，寥寥数语，秦淮河岸边的一幅健康人家风景画就呈现在人们面前，视觉冲击力相当强。

微 | 案 | 例

"东城水岸"项目的主题概念

南京"东城水岸"在楼盘策划之初，通过两大方面来进行分析：一是问卷调查，内容是市民在目前的生活环境下最重视的是什么，反馈回来的是"身体健康"；二是找出项目最有价值的方面，经过深入的了解和分析，项目地块最有价值、可以大做文章的是秦淮河。策划人员通过思想碰撞，认为"身体健康"与"河岸环境"有关。于是，南京"东城水岸"的项目主题"秦淮河岸边，健康人家"就应运而生。"河岸"风景成为"东城水岸"发挥的绝佳题材。

再如：深圳华侨城在网络时代的今天以"创造新的生活品质"为核心理念，提出了建设"数码华侨城"的概念构想，倡导 21 世纪数码生活新时尚，企业蓬勃发展，项目开发非常成功。

中国人家，推出中式住宅，刮起"中国风"。

吟梅山庄，打出"绿色生态"牌。

万欣花园，打出"运动"牌。

奥体附近楼盘，打出"奥体"牌、"地铁"牌……

概念不断翻新，但每一次翻新都能对楼市起到一定的推动作用。

（6）房地产项目主题概念的支持体系。对于提出的任何主题概念，无论其具有多大的诱惑力与煽动性，都必须为其找到强有力的、可靠的支撑。因此，必须打造一个实现这一主题概念的支持体系。房地产项目主题概念的支持体系，包括区位、生活方式、社区服务、购买方式等 4 个主要因素。其中包括价位、建筑风格、社区格局形态、景观设计、环境绿化、物业管理、市政设施等硬件要素，顾客的生活方式、购买方式（如付款方式）、社区文化和治安环境等软件要素。

主题概念是项目的灵魂，有了以上这些载体，就搭建了实现这一主题概念的支持体系平台，消费者对项目的主题概念就有了实实在在的感觉和认识，就有了实现理想或联想的舞台，同时它也是消费者身份、地位和价值取向的外显，是企业整体形象的基础和外显。否则，如果没有这种主题概念的支持体系平台，主题概念就是虚无缥缈的，其对项目的作用不是支撑和支持，而是潜在的威胁，这种主题概念只不过是一种包装，经不起时间和实践的检验。因此，一个小区、一个商圈、一片楼盘如果离开了主题概念的支持体系，就没有了主题概念，也就没有了灵魂，就等同于无人气、无灵气，当然也无卖点可言。

2. 房地产项目整体形象设计

（1）房地产项目整体形象设计。它是指企业按照项目的形象定位，有意识、有计划地将房地产项目的各种特征向社会公众主动地展示与传播，使公众在市场环境中对该特定的房地产项目有一个标准化、差别化的印象和认识，以便更好地识别并留下良好的印象。对房地产项目进行整体形象设计，一般是通过 CIS（企业形象识别系统）来完成，重点是其中的 VIS 设计。

（2）房地产项目的 VIS 设计。VIS（visual identity system），即企业视觉形象识别，是指在企业经营理念的指导下，利用平面设计等手法将房地产项目的内在气质和市场定位视觉化、形象化，是房地产项目与其周围的市场环境相互区别、联系和沟通的最直接和常用的信息平台。在品牌营销的今天，对于一个房地产项目来说，没有 VIS 就意味着它的形象将淹没于商海之中，它的产品与服务毫无个性，消费者对它毫无眷恋。

（3）房地产项目 VIS 设计的内容。设计内容如图 5-10 所示。①项目基础设计系统，包括楼盘名称、楼盘标志、标准色、标准字等。②应用设计系统，包括事务用品设计、员工工作服、交通工具和工作内外环境设计等。

（4）房地产项目整体形象设计的原则。①以项目开发理念为中心的原则。②同一性原则。③美学原则。④差异化原则。

（5）房地产项目整体形象设计的标准。①可记忆性，容易识别和回忆。②具有描述性、说明性和联系性。③适应性，灵活可更新。

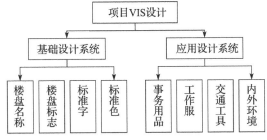

图 5-10　房地产项目 VIS 设计的内容

3. 项目楼盘（小区）的命名

（1）房地产项目的命名是房地产营销策划的内容之一。好的楼盘名称能恰如其分地透射开发理念，展示规划设计灵魂，吸引广大消费者。房地产企业在项目楼盘（小区）命名上可谓用心良苦，近年来纷纷打出智能化、亲水型、绿色生态和环保等人文概念特色。我们不难发现，老式住宅的"里弄""小院""宿舍"等名词已在新式住宅中销声匿迹了。随之而来的是一系列充满诗情画意的如"花园""水岸""苑""阁""公寓""别墅"等楼盘名称，适时地满足了不同人的不同品位。开发商从居住者出发，在满足住宅建设基本要素的基础上，提升健康要素，使楼盘命名满足居住者生理、心理和社会等多层次需求。楼盘名称的变化，从本质上体现着房地产开发商对"人"的重视，它使"家"不再是一个冷冰冰的、毫无人情味的空间结构，一个充满"诗情画意"的楼盘名称使人未入其室便能感受那种怡人与温馨。

（2）命名意义重大。靠出色的名称在销售业绩上取得额外收获的案例并不鲜见，新锐的成功命名不少，如星河湾、泰晤士小镇、北京青年城、蜂鸟社区、城市亮点、橙色时光、天赐良园、青年汇、苹果社区等。构思巧妙的楼盘名称强烈地吸引人们的眼球，引发目标消费者的购买行为，不仅起到促销效果，甚至成为品牌延伸，产生品牌效益。项目名称所昭示的卖点特征不突出，虽然不构成致命的负面效应，但是好的卖点没有体现在名称中是有缺憾的。名不符实及不规范的楼盘命名容易造成人们心理上极大的期望落差，会使开发商在市场上失去信誉度和美誉度，所以，如何给楼盘命名就成为一门重要的学问。

（3）好的项目命名特点。①简洁，长度在 2～6 个字。②独特，能突出项目客户定位和特色优势。③新颖，名字好记。④响亮，名字好念、好听。

（4）项目命名原则。①项目名称没有歧义，有国际观更好，这是潮流，也是时代趋势。②容易使人记得，朗朗上口，老人和小孩打出租车能找到家，或者另类、前卫和个性化。③体现项目的风格特征，针对性强，别张冠李戴。④以自身品牌带动项目，品牌开发商可用。⑤项目名称能彰显项目的卖点。项目命名要保留本土文化，海纳百川和兼容并蓄，不张扬但有个性，借鉴西方文明但不媚俗。能博取不同民族、不同地域文化之长，但不能盲目地照搬照抄西方文化。做品牌楼盘如同做品牌产品，有个良好的品牌名称是拥有文化特色品牌的开始，才不会被市场经济所淘汰。

（5）项目品牌命名技巧。

1）谐音及借用法。由受众熟知的名称或现成习惯语、成语、人名、地名引申出来，此类命名法基本不考虑项目的物理特性，尤其适用于一些卖点不明显的项目。当前市场一些典型命名如"现代思想家""大唐世家""东方巴黎""星语馨苑""第九城市"等，这些项目很容易被记住。适用对象：几乎适用于所有的项目。如果是楼盘本身特色和卖点不是很显著的项目，就更要多花些心思让它有可读性或新锐点，但不能选用和项目定位相违背和具有不良意义的名称。

2）卖点彰显法。从项目的内部因素，比如独特的配套方案、会所等，和外部因素比如交通等角度做文章。地理位置是所有要素中最具独特性的，值得夸耀的点就认定了，比如"半岛水花园""虹桥高尔夫别墅""云顶花园"等都属于这一范畴。适用对象：适用于拥有其他项目无法复制的地理优势，或重建成本很高的要素如人造湖之类的项目。

3）企业品牌法。如果是在当地已经完成优质项目，并且形成口碑，有连续项目发展计划的发展商，将其企业名称嵌入项目名无疑就是最好的广告，比如深圳万科、中海地产、华侨城、北京城建地产、绿城集团等。品牌对产品销售成功的提升作用在成熟的房地产市场尤为明显，在万科，开发的项目售价总可以较周边楼盘高 10%～15%。适用对象：品牌发展商在公众中形成口碑，有做强品牌的强烈意识、永续经营的良好资质的企业。

4）系列命名法。如"东方曼哈顿"是位于上海的住宅项目，开发商利用品牌系列的方法，将其他项目命名为"东方剑桥""东方巴黎"等，效果很好。推广时大部分概念要素建立在一个理念平台上，各项目只要置换一个概念要素，不仅巩固了发展商品牌，而且能取得成本较低的推广效果，可使项目迅速在市场中获胜，并累积品牌资产。适用对象：已经完成优质项目，并且形成良好口碑，在公众的心目中得到认可，对连续项目发展计划有期待的企业。

4. 项目楼盘的标志（LOGO）设计

项目楼盘不仅要有一个好的名称，还要有一个好的 LOGO。

（1）标志设计在项目传递形象的过程中应用最为广泛，出现次数最多，也是一个企业 CIS 战略中最重要的因素。企业将项目所有的文化内容包括产品与服务、整体的特色等都融合在这个标志里面，通过后期的不断宣传，使项目在大众的心里留下深刻的印象。具有传媒特性的 LOGO，为了在最有效的空间内实现所有的视觉识别功能，一般是通过特示图案及特示文字的组合，对房地产项目进行出示、说明从而引起消费者的兴趣，达到增强美誉、记忆等目的。

（2）房地产项目 LOGO 设计原则。①能充分展示项目的沟通意图。②简洁明了。③在黑色和白色底色下均能良好显示。④在小尺寸下能良好显示。⑤在众多情况下能良好显示，如产品包装上、广告中等。

（3）LOGO 的设计技巧。①保持视觉平衡，讲究线条的流畅，整体形状美观。②用反差、对比或边框等强调主题。③选择恰当的字体。④注意留白，给人想象空间。⑤运用色彩，因为人们对色彩的反应比对形状的反应更为敏锐和直接，更能激发其情感、购买欲望，如清怡花苑项目的 LOGO 设计（见图 5-11）。

图 5-11   清怡花苑项目的 LOGO

5.2   房地产项目产品策划

1. 房地产产品的基本类型和特点

（1）房地产产品的基本类型。房地产产品就是"房子"，基本类型包括：①住宅，具有居住属性。②商铺，具有商业属性。③写字楼，具有办公属性。④厂房，具有工业属性。

（2）房地产产品的特点。房地产产品既有一般商品的共性，又有其特殊性，这种特殊性主要有：①组合性。一是土地与房屋的组合；二是不变性与多样性的结合；三是消费品与投资品的组合。②位置固定性。产品市场区域性强，在不同的市场上不可调剂余缺。③异质性，即个别性。产品不可批量生产，没有完全相同的房地产。④价值的巨额性。⑤政策限制性。⑥使用的长期性、耐用性。房地产是相当耐久的生活资料和生产要素，具有两种寿命周期，其自然寿命期限一般可达几十年至上百年，但经济寿命很难确定。由于房地产商品有以上独特的属性，因此在确定其营销战略、制定营销策略时，必须考虑到上述特征，使其适应房地产这一特定商品的需要。

2. 房地产产品的整体概念

房地产产品的整体概念是指提供给市场，能够满足消费者某种需求或欲望的任何有形建筑物、核心利益和各种无形服务，包含：核心产品、有形产品和附加产品三个层次（见图 5-12）。

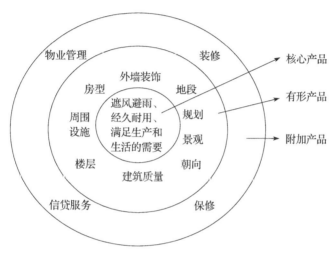

图 5-12　房地产产品的整体概念

（1）**房地产核心产品**，是指消费者购买房地产产品时所追求的利益，是消费者真正要买的东西。消费者购买房地产产品，并不仅仅为了占有或获得产品本身，而是为了获得能满足其某种需要的效用或利益，如遮风避雨、经久耐用、满足生产和生活的需要等。

（2）**房地产有形产品**，是核心产品借以实现的形式，即向市场提供的房屋建筑实体和服务形象。房屋产品在市场上通常表现为建筑质量水平、外观特色、品牌名称和景观等。市场营销人员应首先着眼于顾客购买产品时所追求的利益，以求更完美地满足顾客需要，从这一点出发寻求利益得以实现的房屋形式，进行产品设计。

（3）**房地产附加产品**，是顾客购买有形房屋建筑产品时所获得的全部附加服务和利益，包括物业管理、信贷服务、装修、保修等。附加产品的概念来源于对市场需要的深入认识。购买者的目的是满足某种需要，因而他们希望得到与满足该项需要有关的一切。

实 | 践 | 经 | 验

从盈利点角度看房地产产品整体概念

房地产产品的整体概念，从房地产产品盈利点角度看，在营销策略上可以将其剖析成四个不同的层次，每个层次对企业来讲都有些可捕捉的盈利点。①核心产品层。房屋为人们提供的是使用空间和安全，这是实体，也是一切消费和服务的载体。②形式产品层。它通常指产品的品质、外观、品牌、设计，如住宅的套型、结构、装修等方面。③延伸产品层。它是指除核心产品及形式产品以外，产品所提供的服务项目，如装修、物业管理、安装三网等。④潜在产品层。它是指由产品带来的可发展的潜在性产品，如停车场、餐饮服务、特殊服务、娱乐服务等。

3. 房地产产品差异化战略

差异化战略又称别具一格战略，是指企业为使产品、服务、企业形象等与竞争对手有明显的区别，以获得竞争优势而采取的战略。这种战略的重点是创造被全行业和顾客都认为独特的产品与服务。差异化战略是可以培养用户对品牌的忠诚，使企业获得高于同行业平均水平利润的一种有效的竞争战略。

（1）房地产产品差异化战略概述。它是差异化战略在房地产产品策划中的应用。①产品差异化。对于房地产有形产品来讲，产品差异化是最基础的，同其他产品比较，房地产产品本身有较大的差异化。a. 产品质量，有设计质量、工程质量、环境质量和配套质量。b. 产品性能。例如，在同一区位内，楼盘比别的楼盘有更好的生态小环境；在同一得房率的基础上，房型比别的楼盘有更多或更方便的功能组合等。c. 产品特色，指对房地产产品基本功能的增加和补充。例如，重视绿化，完善住宅区的生态功能。d. 产品设计风格，目标市场客户对产品差异化和价值对比的认识。②服务差异化。当竞争对手之间在客户共性需求方面势均力敌的时候，影响客户购买意向的因素往往就是哪个项目更能满足他的个性需要。这些个性需要往往是产品本身无法满足的，需要通过产品附加的服务来满足，即"服务能提高产品附加值"。③品牌差异化。消费者进入"品牌消费"阶段，在选房时慎之又慎，房地产非常有必要树立品牌。④营销渠道差异化。可通过业主直销方法。在房地产的销售中，如果一个已经购房的业主通过现身说法向朋友同事推销楼盘，可以产生比销售人员推销更好的效果。

（2）房地产产品差异化实施要点。

1）有效差异。有效差异也就是能够有效形成项目市场，提高市场绩效的差异化。有效差异对策包括以下几个方面：①实在性。房地产产品差异化确实能使相当多的顾客得到更多的实际利益，这样的差异才能够吸引消费者的注意，才能使企业在市场竞争中立于不败之地。②独特性。房地产产品应该具有不同于竞争对手的明显特征，才能突现差异性优势，才能引人注目。解决独特性问题，一是概念创新，从产品的性能特征和愉悦特征上挖掘；二是调性处理，将理性的事情感性化，将乏味的事情有趣化，并具有时代感。③不易模仿性。当今的中国房地产市场上，跟风现象相当严重，竞争者的模仿使得差异化缩小，使企业在差异化中的投入巨大，效果却不好。差异化的缩小主要体现在规划设计、建材选用和施工工艺上，所以企业可以在这些方面设置模仿障碍。

2）准确定位。设计出对项目楼盘的目标市场最有吸引力的差异化：①内容定位。开发企业及其开发的项目楼盘有不同的优势，要同竞争者的优势进行比较，强化和突出自己的优势。例如项目楼盘在环境、户型上同另一家相似楼盘竞争，如果本企业声誉更大更好、人员素质和服务又有优势，那么应该强调推出品牌和服务优势作为差别。②传播定位。企业不仅要确定一个清晰的差异化定位，还要对此定位进行卓有成效的宣传。例如企业将"信誉最好"作为定位主题，那就必须要保证对此主题的宣传深入顾客之心。比较好的办法是宣传自己的楼盘销售业绩好、交房日期最及时、销售纠纷最少和所得的奖项最多最高等。此外，"信誉最好"还可以通过其他的营销组合如价格、广告、促销手段、分销渠道来体现。

4. 房地产产品品牌策略

房地产品牌是消费者对房地产产品的各种感受的总和，它本质上是一种抽象的、无形的概念，存在于消费者的头脑中。房地产的发展趋势以品牌驱动为主导，开发商卖的不仅仅是高质量的房屋，更是一种情感、一种文化、一种体验。

（1）品牌策略的价值。①给消费者良好的购买体验和利益。产品品牌不仅能够给消费者带来质量和功能的优越保证，而且给消费者带来社会地位和阶层的荣耀感、成就感等良好的购买体验，这种心理感受也是一种实在的利益特征。②加快消费者做出购买决策。一个没有品牌的房地产产品，一旦有计划地"植入"房地产品牌，就会彻底改变原来的产品形象，品牌效应能够加快消费者做出购买决策的速度。③打造不可模仿的竞争力。房地产市场竞争将更为激烈，打造品牌形象、提升品牌价值将成为企业市场竞争的必要手段。在科技高度发达、信息快速传播的今天，产品、技术及管理诀窍等容易被对手模仿，难以成为核心专长，而品牌一旦树立，则不但有价值而且不可模仿，因为品牌是一种消费者认知和心理感觉，这种认知和感觉不能被轻易模仿。很多企业实施的品牌策略，就是将品牌作为企业核心竞争力，以获取差别利润与价值的经营策略。

（2）统筹房地产项目产品品牌与企业品牌。房地产行业的品牌有企业品牌与项目品牌或物业品牌之分。企业品牌反映的是企业整体形象，如深圳万科、大连万达、中海地产等品牌，企业品牌的塑造是对企业整体资源的整合，强势企业品牌地位的取得可以带动企业整体价值的提升，是企业的重要资产。而项目产品品牌是房地产企业单个项目的品牌，项目品牌的塑造只能带动项目本身的销售，对企业整体形象与价值提升作用有限。两者之间是集体与个体的关系。企业品牌离不开项目品牌，项目品牌有待于提升为企业品牌。当品牌项目形成规模，品牌形成体系，并跨越地域时，项目品牌逐步支撑起企业品牌。房地产品牌策划要统筹项目品牌与企业品牌，实现两者互动。强势的企业名牌可以将知名度、鲜明个性、情感化的特性转移到项目品牌身上，提升项目品牌的价值，带动房地产项目的销售；同样做强项目品牌可以支撑企业品牌、丰富企业品牌。

（3）建立房地产企业品牌模式。房地产品牌的构成不是单一的，而是一个内涵十分丰富的复杂系统，包括产品、质量、服务、物业管理、营销等。因此，房地产企业在实施品牌策略时，不是片面强调技术、新材料、新设备等物质因素的运用，也不是人云亦云地强调时髦的市场概念，而是通过整合资源来赢得消费者对品牌的认同。房地产企业品牌主要有 3 种模式。

1）单一品牌模式。单一品牌模式是指开发的所有项目都与企业使用同一个品牌名称的品牌模式，便于企业形象的统一，易于被顾客识别和接受。同时，还能明确品牌含义，降低导入性促销成本，降低开发新品牌的成本。这种品牌模式主要通过项目品牌推动企业品牌。阳光 100 是单一品牌的典型代表。从 2000 年起，阳光 100 在北京、天津、沈阳、济南、长沙等 9 大城市开展了 13 个阳光 100 项目，其单一品牌策略使得"阳光 100"在全国房地产业广为流传。实施单一品牌模式的好处是有利于树立产品的专业化形象，减少传播费用，在宣传企业的同时宣传了品牌，互动的形式对品牌资产的积累将更加快速有效。当然，该模式也有不利的一面，由于企业行为就是品牌行为，如果某城市品牌项目出现问题，极有可能产生连锁反应，该品牌的其他项目也会受到影响。

2）多品牌模式。多品牌模式是指同时开发两个以上相互独立且市场定位明确的品牌。通过多品牌模式，企业可以通过品牌细分市场，从总体上提高市场占有率。其优点是各品牌有明确的市场定位，可以发挥多品牌整体优势；区域品牌避开区域壁垒，快速提升企业品牌价值。多品牌模式在细分市场的基础上主要强调各项目品牌的独立性，通过各个优秀的项目品牌推进公司品牌的提升。如沈阳某房地产公司下面的东方威尼斯、皇城酒店公寓、地王国际花园、艾特国际公寓项目等。多品牌模式的实施有两个特点：一是不同的品牌针对不同的目标市场，二是品牌的经营具有相对独立性（各个项目营销企划都由不同人员完成）。实施多品牌模式可以最大限度地占有市场，对消费者实施交叉覆盖，且降低企业经营风险，即使一个品牌失败，对其他的品牌也没有多大的影响。

3）主副品牌模式。主副品牌模式是一种介于多品牌与单一品牌模式之间的一种品牌发展模式，需要利用消费者对主品牌的信赖和忠诚度以推动副品牌产品的销售。采用主副品牌策略的具体做法是以一个成功品牌作为主品牌，涵盖企业的系列产品，同时又给不同产品起一个生动活泼、富有魅力的名字作为副品牌，以突出产品的个性形象。如万科金色花园、万科四季花城等。这种模式的成功必须建立在一个成功的主品牌基础上，副品牌则对统一品牌策略进行有效补充。采用这种品牌模式能使企业文化及策略与企业的产品保持协调一致，在推广项目品牌的同时使得企业品牌获得稳步提升。房地产企业项目品牌多采用"企业名称 + 项目名称"的模式，如保利紫晶山。主副品牌模式下副品牌与主品牌关系密切，容易发挥品牌的杠杆效应，但如果副品牌策略失败，就有可能损害企业品牌。为了发挥副品牌策略的功效，房地产企业就要在品牌推广中以企业品牌为主，凸显企业品牌形象，同时，要在项目自身特点与目标市场特征基础上，对副品牌准确生动地命名。

（4）房地产项目产品品牌策略。房地产项目产品品牌策略是房地产产品差异化战略的延续。对品牌房地产企业来说，其房地产产品品牌策略一般使用企业自身的品牌；对一般中小型房地产企业来说，知名度低、没有形成品牌企业，特别需要策划好项目产品品牌。①品牌定位。"好的品牌定位是品牌成功的一半"。品牌定位是为了让消费者清晰地识别并记住品牌的特征及品牌的核心价值，在产品研发、包装设计、广告设计等方面都要围绕品牌定位去做。②战略规划。企业要通过品牌策划和战略规划来提升品牌形象，提高消费者对产品的认知度、忠诚度，树立良好的企业品牌形象。首先，质量策略是实施品牌策略的关键、核心，质量是产品的生命，严格的质量管理是开拓、保持、发展名牌的首要条件。其次，市场策略是实施名牌策略的根本，实施市场策略一定要树立市场导向观念。从产品的开发到营销，必须牢牢扣住市场变化这一主题，最大限度地满足客户需求。③大力宣传品牌形象。通过独特销售主张（USP），强调将产品本身独特的卖点传播出去，借助一个强有力的卖点，就可以最快最好地销售，并建立起项目独特个性的品牌。通过广告宣传等手段，建立起良好的、有独特感性利益的品牌形象，在短时间内让消费者认同品牌很重要，在宣传过程中要突出品牌的定位和核心价值，找准产品与消费者之间的情感交汇点，让消费者在极短的时间内对该产品产生认知，以吸引消费者购买。

微 | 案 | 例

锦苑项目的品牌策略

一、项目定位

名贵生活升级版。锦苑品牌由清晰的产品描述、鲜明的视觉印象、深刻的内涵构成。项目品牌内涵构成，如图 5-13 所示。锦苑是一座融人文、园林、艺术、科技于一身的大型花园式社区住宅，是未来高品质生活的体现。

二、品牌推广重点

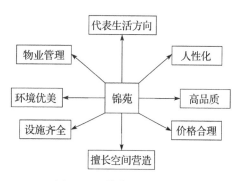

图 5-13 锦苑的品牌内涵

- 售楼处：高品质生活的见证。
- 示范环境：人与自然最大限度的亲近。
- 阳光迈阿密：17 500m² 水景中心花园，代表全新的休闲式生活。
- 商业步行街：便捷的社区生活。
- 主题活动：与业主互动，与客户建立感情纽带。
- 锦苑最大的价值：超过你想象的产品，不断增加对产品的投入，为了你更好的生活。
- 产品形态：即将展现出超乎想象的园林。
- 推广主题语：悠闲水岸，锦色华年。

三、锦苑九段锦推广

一段锦　从家走进家园。中林锦苑大手笔规划了近 20 000m² 的社区生态园林，突破传统景观规制，以乔木、整形灌木、木本花木为主体，营造一个色彩缤纷、层次考究、花开不败、绿树常荫的主题花园。同时划分中心花园及住宅间高品质绿化带，居家的惬意弥散在屋内屋外。

二段锦　别致生活感触。中林锦苑独有顶层空间别墅或阁楼式住宅设计、底层架空带私家花园设计，体验生动的生活感受。

三段锦　舒张居所空间。中林锦苑住宅全部采用全框架、3m 层高设计，使居住的内涵宽域无限。

四段锦　全面亲近阳光。中林锦苑采用超大楼间距，房屋间距大于 1：1，每套单位采光充裕。每个房间按自然采光的原则设计，摈弃了二次采光的不便。

五段锦　典雅建筑造型。中林锦苑采用全坡屋面屋顶，丰富了建筑的"第五立面"，整体造型极具欧陆风格经典特色，恰恰契合居住者的品位与素养。

六段锦　雅静自有天地。中林锦苑配备的通风隔音窗，是结合最新科技成果的实际应用，解决了临街住宅的通风与隔音问题。

七段锦　相随艺术之思。中林锦苑社区内配套设施艺术化，无论是幼儿园、配电房，还是会所、垃圾站等，均以整体审美风格相一致为原则，把建筑的每一细节都当作艺术品来做。

八段锦　国际物管标准。中林锦苑率先引进知名公司——香港戴德梁行进行小区高素质物业管理，确保物业的升值保值，提高居住品质。

九段锦　科技融入生活。中林锦苑充盈人文与文化气息，也最能享受到高新科技所带来的便利。高频宽带网入户，保证居住者在信息时代的需求。智能化安保系统，精确严密确保社区安宁。

报纸广告：

一段锦 ＊ 春城　成熟社区、花园社区、升级版生活。

二段锦 ＊ 花都　20 000m² 超大规模中心园林。

三段锦 ＊ 水国　一江一河之间的惬意人生。

……

春城，不仅仅是昆明的代称，也指锦苑花都，不只是赞美昆明，更是在说锦苑。

资料来源：根据昆明锦苑项目资料整理。

5. 房地产项目整体布局规划

（1）房地产项目整体布局原则。①突出"以人为本"的理念。②体现人文关怀。③符合城市总体布局，丰富和创造最佳的城市空间环境。④体现产品差异化战略和品牌策略。⑤房地产项目规划设计应满足的具体要求：使用要求、卫生要求、安全要求、经济要求、施工要求、美观要求。创造一个优美的居住环境和城市面貌。

（2）房地产项目整体布局内容。它包括：建筑规划、道路规划和绿化规划三大块内容，具体如图 5-14 所示。

（3）房地产项目整体规划设计。①建筑类型的选择。如住宅项目的建筑类型有超高层、多层和别墅群建筑。②建筑布局。建筑布局受建筑容积率和规划建设用地面积的限制，建筑容积率是项目规划设计方案中主要的技术经济指标之一。建筑布局考虑日照间距，在房地产项目规划中，应使住宅布局合理，日照充分。为保证每户都能获得规定的日照时间和日照质量，要求条形住宅纵向外墙之间保持一定距离，即日照间距。北京地区的日照间距条形住宅采用 1.6～1.7h，h 为前排住宅檐口和后排住宅底层窗台的高差。塔式住宅，也叫点式住宅，采用大于或等于 1h 的日照间距标准。③配套公建。居住区内配套公建是否方便合理，是衡量居住区质量

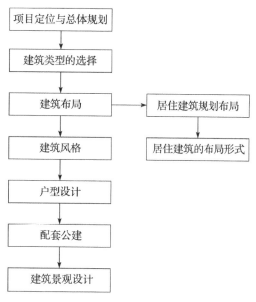

图 5-14　房地产项目建筑规划设计内容

的重要标准之一。配套公建主要考虑小学、菜店、食品店、小型超市等。④环境小品。结合园林绿地规划，可以起到美化环境作用。环境小品内容丰富，主要包括建筑小品、装饰小品、公共设施小品等，在规划设计上要体现整体性、实用性、艺术性和趣味性，环境小品做得好的房地产项目，房价通常要高得多。⑤居住建筑的规划布置要点。a. 要有适当的人口规模。多层住宅组团以 500 户左右为宜，高层住宅的组团户数可多一些。住宅组团的公共服务设施的服务半径以 100m 左右为宜。b. 日照充分。大部分住宅应南北向布置，小部分东西排列，保证住宅之间的日照间距，尽量减少遮挡。c. 通风良好。住宅布置应保证夏季有良好的通风，冬季防止冷风直接贯入，并有利于组团内部的小气候条件的改善。d. 美观舒适。要有一定的绿化面积，多布置建筑小品，开辟儿童及老人的休息场所，创造优美的居住外环境。e. 安静整洁。住宅区级道路只为住宅区内部服务，不能作为过境交通线。排放污染物的建筑如饭店、锅炉房等，不应紧靠住宅群。垃圾站与住宅楼要保持一定距离。⑥居住建筑的布置形式。a. 行列式。按一定的朝向和间距成排布置住宅建筑。b. 周边式。沿街坊或院落周围布置。其优点是内庭院有封闭的空间感，比较安静，土地利用率高，但其中部分住宅的通风及朝向均较差。c. 混合式。采用行列式和周边式相结合的方法布置住宅建筑，可以取两种形式之长，形成半敞开式的住宅院落，是较理想的布置形式。d. 自由式。结合地形地貌、周围条件，成组自由灵活地布置，以追求空间的变化和较大的绿化、活动空间。灵活布置还有利于取得良好的日照和通风效果。

6. 房地产项目产品组合设计与优化

房地产产品组合是决定房地产市场营销成败的重要因素。

（1）房地产产品组合策略内涵。房地产产品组合是房地产企业向市场提供的全部物业的结构或构成。房地产产品组合策略是房地产企业根据开发与经济能力和市场环境做出的关于企业产品品种、规格及其生产比例的决策。一般是从产品组合的广度、长度、深度和黏度等方面做出决定（见图 5-15）：①产品广度，是指房地产产品的种类多少，如住宅、商铺等。②产品长度，是指产品的某一类产品不同形式的总和，如多层、高层、塔式、板式住宅等。③产品深度，是指每种产品所提供的款式、建筑风格的多少，如普通住宅、豪华住宅、别墅。④产品黏度，是指各产品之间在最终用途、开发建设条件、销售渠道或其他方面的相互关联程度。房地产某个具体项目的产品组合策略，一般重点考虑产品长度和深度。

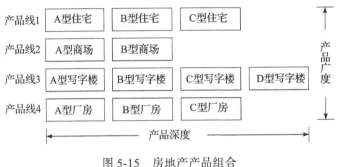

图 5-15　房地产产品组合

（2）房地产产品策略原则。①产品策略应和目标客户定位相吻合。不同的消费群体对应不同的产品，目标客户定位虽然涉及客户的年龄、生活习俗等各个方面的基本情况，但归根结底取决于客户的收入水平和消费观念，反映到产品上来，便是房屋的总价区别。总价的设定其实就是产品规划和目标客户定位的最根本的一条标准。在设定的总价下，产品设计要尽力满足消费者需要，房地产的规格、类型、档次、配置、设计风格要注意适应目标客户意愿的变化。②产品策略应顺应和引导消费时尚。产品设计要与目标客户相吻合，并不是简单地迎合和迁就客户，而是更应该善于挖掘和满足客户的潜在要求。同样，为了使产品能脱颖而出，推出一些与众不同的产品配置是必不可少的，虽然投入要高一些，但由于不同的产品配置满足了不同消费者的需求，在区域条件相当的情况下就能受到更多消费者的青睐。因此，产品策略应着眼于顺应和引导消费者的时尚潮流。如目标客户是年龄 30～40 岁、文化层次高、思想新潮的雅皮士，可以从居室的设计风格、户型外墙等方面强调"现代"特征，采用一些科技含量高的建筑材料、节水洁具、高速电梯、智能化管理等，而不是把钱花在昂贵的大理石、金碧辉煌的水晶吊灯上，这些符合雅皮士"简约、时尚、高质量"的生活品位。现代都市人的工作压力大，竞争激烈，他们对居室及周边的环境可能会有一些要求，比如空间、绿化、设施的完备与交通的便捷、网络化的完全管理，这些都是产品策略获得市场优势的强有力保证。③体现产品差异化战略和品牌策略。

（3）产品组合设计。一个楼盘只有具备适当的有针对性的面积、格局配比的产品组合，才能形成丰富的产品品种系列，才能满足市场的苛刻需求。

1）面积配比，指的是各种面积范围内分布的单元数在整个楼盘单元总数中所占的比例，或各自在某个销售单位的单元总数中所占的比例。

2）格局配比，指的是 2 室 2 厅、3 室 2 厅等各种形式格局的单元数在整栋楼或某个销售单位的单元总数中所占的比例。品种单一，供目标客户选择的空间就小，不能满足不同年龄层次和家庭结构层次消费者的需求。一个楼盘在产品组合设计中，如果有 1 室 1 厅、2 室 1 厅、3 室 1 厅，比例有一个适度的变化，面积范围从 $80m^2$ 到 $150m^2$ 大小不等，则产品就会有机地分解成好几个层次，可以满足不同客户对产品的合理需求，客户挑选的余地大，市场抗风险能力也就强。格局配比和面积配比一样，都对应一个总价市场，但它反映的更多的是消费者生活需求结构的某种状况。如以青年夫妇为对象的产品，一般面积不需要很大，但考虑到日后小孩的出生，格局也多以 2 室 1 厅为主。对市场的深入了解和及时反馈是制定最佳面积及格局配比的关键。

（4）产品组合优化。产品组合优化就是一方面选择最能适应市场需要的、企业盈利又最好的企业产品品种结构；另一方面根据市场的变化，不断调整产品结构、开发新产品、改进老产品，使本企业的产品适销对路。以住宅项目产品组合设计与优化为例：产品组合必须以项目的总体规划设计、市场定位为前提，策划出好的产品，营造符合生态和可持续发展要求的现代化人居环境。

1）人与自然的和谐。设计住宅就是设计生活，搞规划设计的人必须有文化，必须懂生活，这样才可能使楼盘真正做到有品位、人性化。产品策划要围着业主转，做到人文居住与绿色景观和谐统一，营造出现代人理想的居住环境。要开发花园社区，即高绿化、低密度，绿化率达到 50% 以上，环境优美，空气清新，空气中负氧离子浓度高，建有运动休闲主题公园，喷泉雕塑布置合理，生活配套完善，体现独有的绿色景观和人文关怀，是高品质生活的健康选择。

2）精心设计房型。人对生活的需求千变万化，反映到居住空间的设计上，也就有了千变万化的特点，有居住类别的不同，有建筑风格的不同，有环境主题的不同，有建筑细节的不同，有文化蕴涵的不同，有使用功能的不同，凡此种种，无不对应着人的需求、市场的需求、社会的需求，其中良性的、有机的组合就构成了"成功项目"的基础。

项目要推出目前受市场欢迎的套型：

- 户型整体精巧实用，功能完善；
- 动静分区，干湿分离；
- 大面宽，短进深；
- 明厨明卫、明客明卧，通透采光；
- 空间利用率高；
- 最好 50% 以上楼前有水系。

为了适应居住者不同层次的个性与追求，要精心设计丰富多彩的户型：

- 50m² 以下的 1 室小户型；
- 60～99m² 的 2 室 1 厅或 3 室 2 厅 1 卫小夫妻型，如图 5-16 所示；
- 100～130m² 的 3 室 2 厅小康型；
- 140m² 以上及超大面积空中 Townhouse 等豪华型，多种空间形态供购房者随意选择。

3）房型设计要与时俱进，要紧随不同地区房型结构特点和外形、功能演变而变化。企业通过强化规划设计，应用具有节能、节水、节材、节地特性，符合环保要求，以及经济实用的智能化技术系列的"四新"成果，促使项目住宅向多功能住宅发展。开发商建造最人性化的住宅，可以给业主提供高质量的菜单式房型和装修，关注细节，体现人性化，给予实实在在的人文关怀。

图 5-16　90m² 的 3 室 2 厅 1 卫户型

7. 不同生命周期的住宅产品策略

商品住宅同其他商品一样，具有一定的市场生命周期。商品住宅的市场生命周期一般分为 4 个阶段，在每个阶段应采取不同的产品策略。

（1）进入期。产品是新形式的住宅产品，包括新的规划构思、新的设计形式，应用新型材料，有新的室内布局等，以试点形式进入市场。由于住宅新产品尚未被广泛接受，因此在价格上可以定高价格，同时还应加强市场调查和预测，完善产品。

（2）成长期。经过试点，用户对新式住宅产品反应较好，于是将其初步确定为标准设计，扩大与推广这种商品住宅建设，在这一时期，开辟新的市场，加强市场渗透，加强销售前、中、后服务，树立良好的市场形象。

（3）成熟期。采用同一形式住宅设计、新型材料等的开发商建房面积将成倍增长。在这一阶段最重要的是要保持适当的价格，维持市场占有率，获得丰厚利润。

（4）衰退期。由于人们对住宅各方面有了新的、更高的要求，包括房间布局、设备条件、价格等，对旧形式兴趣减退，因此标准的住宅渐渐滞销，最后被市场淘汰。在这一阶段，出售价格要灵活机动，同时加紧开发并推出新的产品。

微 | 案 | 例

苏州 DDY 项目产品策划

项目的规划设计

（1）项目定位。根据市场调研和地块周边的环境分析以及该地块规划条件，项目定位为纯别墅小区。

（2）建筑类型。根据项目定位，建筑类型为独栋别墅和连体别墅，楼层为 2～6 层。

（3）建筑布局。小区采用自由式建筑布局，以低层建筑为主，容积率仅为 0.77，绿化率高达 68.7%，有完全符合规划要求的容积率以及日照间距。

（4）建筑风格。简洁现代化的德式风格。秉承德式建筑理念，坚持构造精密性、建筑功能性和形象简洁性的和谐统一，建筑立面以大面积玻璃与墙体相结合，简洁现代化。

（5）配套公建。小区内有商业街，有 1 860m² 会所；采用双车位，可以满足停车需要；其他公共设施配套齐全。

（6）建筑景观设计。采用台式绿地、台地景观，高出地面约 2m 的坡型公共绿地，具有整体性、实用性、艺术性、趣味性，能让住户享受更多的绿化。

（7）品质特点。①外立面：白色乳胶漆和高级紫砂面砖结合，采用面砖可以很好地保持外立面的整洁，不容易折旧，有很好的防水、隔热、隔音等效果。②坡面屋顶：采用高档拉法基平板混凝土瓦，能有效防水、隔热。③新型建材：采用五面保温（东南西北顶）设计，配铝合金内衬德国威迈多孔板的森鹰实木门，不变形，具有防火、隔热、隔音功能。④小区的人文环境好。

项目的产品策划

（1）产品系列。有独栋、双拼、三联体、四联体、叠加别墅，联体最多四联，房型合理。小区以中心会所和公共绿地为界，分成东西两大组团。东面 5 幢为双拼，南面为 6 幢独栋，西北面为叠加，中间为联排别墅，共计 51 幢，仅 184 套，户型配比如表 5-1 所示。

表 5-1　户型配比

产品	房型	每户地上面积（m²）	每户地下面积（m²）	每户（套）建筑面积（m²）	户数（套）	户数总地上面积（m²）	户数总地下室面积（m²）	户数总建筑面积（m²）
三联	A1	258.74	75.87	334.61	13	3 363.62	986.31	4 349.93
	B1	283.64	75.87	359.51	26	7 374.64	1 972.62	9 347.26
	A2	261.62	75.99	337.61	11	2 877.82	835.89	3 713.71
	B2	274.04	75.99	350.03	22	6 029.54	1 671.78	7 701.32
四联	A1	256.91	75.37	332.28	4	1 027.64	301.48	1 329.12
	B1	281.74	75.37	357.11	4	1 126.96	301.48	1 428.44
	A2	261.29	75.9	337.19	4	1 045.16	303.6	1 348.76
	B2	273.72	75.9	349.62	4	1 094.88	303.6	1 398.48
双拼	C	281.23	87.02	368.25	10	2 812.3	870.2	3 682.5
独栋	D	379.94	83.49	463.43	6	2 279.64	500.94	2 780.58
双拼叠加	2、4 层	233.95	4 套 / 栋	8 栋	32	7 486.4		
	6 层	236.35	1 套 / 栋		8	1 890.8		9 377.2
四联叠加	2、4 层	228.87	4 套 / 栋	4 栋	16	3 661.92		
		233.65	4 套 / 栋		16	3 738.4		
	6 层	230.73	2 套 / 栋		8	1 845.84		9 246.16
合计					184			55 703.46

（2）多重院落，围合式庭院。围合式庭院强调的是社区的开放性和凝聚力，采用围合式组团布局，塑造便于交流的邻里庭院空间和更亲切的居家感受；下沉庭院相对一般庭院，具有冬暖夏凉及私密性强等优点。

（3）房型特点。面宽是 10.5m，客厅挑高 5.8m，宽敞、明亮、采光、通风好，符合住户追求生活品质和舒适生活的要求。

资料来源：南京工业职业技术学院房地产管理专业毕业生陈圆同学。

▧ 思考题

1. 如何开展房地产项目主题概念设计与整体形象设计？
2. 不同类型的房地产项目，其产品策划有何不同？
3. 如何优化房地产项目产品？

◈ 实训题

对本地区某房地产地块项目进行主题概念设计与整体形象设计，编写产品策划方案。

▨ 实训指导

1. 5～8 人一组，以组为单位完成实训题。
2. 实地考察与网上调查相结合，主要参考网址见本书第 1 章实训指导。
3. 报告要求独立撰写，不允许抄袭，要求报告字数为 2 000～3 000 字。

第 6 章

房地产项目价格策划

⊘ **学习目标**

1. 了解房地产价格、房地产项目价格控制与调整策略概念。

2. 熟悉房地产价格的影响因素、房地产项目定价目标与原则。

3. 掌握房地产项目定价方法、定价策略、价格控制与调整策略以及调价技巧。

⊞ **技能要求**

1. 能够遵循房地产营销类职业标准相关内容。

2. 能够在房地产营销业务中体现工匠精神。

3. 能够进行房地产价格的影响因素分析。

4. 能够确定房地产项目定价目标与原则。

5. 能够制订房地产项目价格方案。

▭ **案例 6-1**

恒大华府项目的价格策划

一、项目概况与营销环境分析

项目概况与营销环境分析见案例 3-2。

二、项目的市场分析

项目的市场分析见案例 4-1。

三、项目的市场定位

项目的市场定位见案例 4-1。

四、项目的主题概念与整体形象设计

项目的主题概念与整体形象设计见案例 5-1。

五、项目的产品组合

项目的产品组合见案例 5-1。

六、项目的产品价格策略

1. 项目定价目标

经过市场调查,南京该地段的新售楼盘房屋定价在 16 000~20 000 元 /m²。恒大华府项目所在的南京雨花台区房价走势,如图 6-1 所示。恒大华府项目的房屋定位于高档豪宅产品,因此定价目标主要锁定的是南京及周边的高收入消费者群体,恒大华府在整个南京房地产市场里的定价目标也就在 19 000~28 000 元 /m²,这个价格比较能让消费者接受。

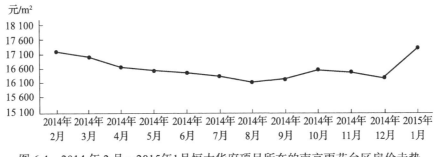

图 6-1　2014 年 2 月~2015年1月恒大华府项目所在的南京雨花台区房价走势

2. 定价策略

恒大华府项目以低开高走的策略进行销售。价格前后差 500~2 000 元 /m²,人为造成一种升值的现象,将项目住宅价值利润最大化。

3. 项目的定价方式

恒大华府项目实施一房一价,房屋报价中已经包含了层次差以及其他景观因素。

4. 项目具体定价方案

一期均价 23 500 元 /m²,定价在 19 000~25 000 元 /m²;二期均价 25 000 元 /m²,定价在 21 000~27 000 元 /m²;三期均价 26 000 元 /m²,定价在 22 000~28 000 元 /m²。每期具体"一房一价"价格表要向南京市物价局申报审核,并在售楼处公示(见图 6-2)。

5. 销售过程价格控制

恒大华府 2014 年 10 月 11 日开始 E 金券销售认筹,10 月 28 日开始转筹,客户转筹后方能参与摇号选房。2014 年 10 月 30 日摇号开盘,首批推出 2、4、6、9 号楼,共计 198 套房源,推出户型为四居、五居,总价在 340 万~580 万元。随后的销售过程中,恒大华府保持了"低开高走"的价格走势,但为了应对房地产进入新常态带来的销售困境,恒大华府及时观察房价动态,控制涨价和跌价,均价始终保持在 23 500 元 /m² 左右,而且加大购房优惠,一次性付款打九五折,按揭付款打九六折。开盘后房价走势,如表 6-1 所示。

2 号楼				
房号	3004	3003	3002	3001
面积（m²）	293.27	276.91	293.27	279.98
房价（元）	7 482 921	7 493 699	7 634 091	8 226 216
按时签约优惠价（元）	7 408 091	7 418 762	7 557 750	8 143 954
房号	2904	2903	2902	2901
面积（m²）	190.51	187.61	190.51	187.46
房价（元）	4 860 751	5 007 075	4 959 152	5 507 845
按时签约优惠价（元）	4 812 342	5 026 304	4 909 561	5 452 767
房号	2804	2803	2802	2801
面积（m²）	190.51	187.61	190.51	187.46
房价（元）	4 851 131	5 067 404	4 949 332	4 498 182
按时签约优惠价（元）	4 802 620	5 016 730	4 899 839	5 443 201
房号	2704	2703	2702	2701
面积（m²）	190.51	187.61	190.51	187.46
房价（元）	4 841 311	5 057 734	4 939 512	5 488 520
按时签约优惠价（元）	4 792 898	5 007 156	4 890 117	5 433 634
房号	2604	2603	2602	2601
面积（m²）	190.51	187.61	190.51	187.46
房价（元）	4 831 491	5 048 063	4 929 692	5 478 857
按时签约优惠价（元）	4 783 176	4 997 582	4 880 395	5 424 068
房号	2504	2503	2502	2501
面积（m²）	190.51	187.61	190.51	187.46
房价（元）	4 821 671	5 038 392	4 919 872	5 469 194

图 6-2　恒大华府项目 2 号楼价格公示板

表 6-1　恒大华府房价运行动态

记录时间	最高价格（元 /m²）	均价（元 /m²）	最低价格（元 /m²）	恒大华府价格描述
2015 年1 月 14 日	26 000	23 500	21 500	户型面积为 170m² 和 180m² 四居、200m² 和 230m² 五居，折后均价 23 500 元 /m²
2014 年12 月 30 日	25 500	23 500	21 000	户型面积为 170m² 和 180m² 四居、200m² 和 230m² 五居，折后均价 23 500 元 /m²
2014 年12 月 17 日	25 500	23 500	21 000	2、4、6、9 号楼，户型面积为 170m² 和 180m² 四居、200m² 和 230m² 五居，折后均价 23 500 元 /m²，预计2017 年 6 月入住
2014 年12 月 03 日	25 500	23 500	20 000	2、4、6、9 号楼，户型面积为 170m² 和 180m² 四居、200m² 和 230m² 五居，折后均价 23 500 元 /m²，预计2017 年 6 月入住
2014 年11 月 27 日	25 000	23 500	19 666	推出户型面积为 170m² 和 180m² 四居、200m² 和225m² 五居

资料来源：根据恒大华府项目资料整理。

📖 **案例 6-2**

翡翠天域项目的价格策划

一、项目概况

项目概况见案例 3-2。

二、项目营销环境与市场分析（略）

三、项目的市场定位

项目的市场定位见案例 4-2。

四、项目的主题概念与整体形象设计

项目的主题概念与整体形象设计见案例 5-2。

五、项目的产品组合

项目的产品组合见案例 5-2。

六、项目的产品价格策略

1. 项目定价目标

华侨城翡翠天域价格定位为市场中等价位，依靠中价高质赢得市场。

翡翠天域采用竞争导向确定定价目标。首先对竞争性楼盘的市场价格进行分析调研，选择 6 个楼盘作为本项目的定价参照标的：

- 朗诗玲珑郡，均价 25 600 元 /m²；
- 荣盛隽峰雅苑，均价 22 899 元 /m²；
- 电建海赋尚城，均价 25 800 元 /m²；
- 紫樾府，均价 28 000 元 /m²；
- 星叶欢乐城，均价 25 075 元 /m²；
- 中海燕矶听潮，均价 25 000 元 /m²。

经过市场调查对比分析，该地段的新售楼盘房屋定价在 22 000～28 000 元 /m²。翡翠天域项目的房屋本身定位于高档豪宅产品，目标客群主要锁定的是栖霞及周边的高收入消费者群体。因此，通过对类似竞争楼盘的价格分析，并结合项目自身情况，翡翠天域定价目标在 23 000～25 000 元 /m²，初步确定销售均价为 24 000 元 /m² 左右。这个价位很有市场竞争力，也很容易让消费者接受。

2. 定价策略

翡翠天域项目采用低开高走定价策略，以低开高走的策略进行销售。价格差为 500～2 000 元 /m²，人为造成一种升值现象，将项目住宅价值利润最大化。南京华侨城翡翠天域位于南京市栖霞区以东，是南京市未来大力发展的地区。栖霞作为南京打造紫东板块的主力片区，政策倾斜力度可观，2020 年虽受疫情影响，房地产市场陷入一段时间的低迷，但长期来看影响不大，南京房地产市场依然需求大于供给，南京房价未来短期内依然会一路走高。开始的低价策略也方便和周边已经建立起完整配套的小区相竞争。同时前期成交量提高，再提升价格，会给消费者一种心理压力，即卖得很好，价格也在不断上涨，消费者再不买就会后悔，同时满足先买的客户对房屋升值的心理预期。

3. 项目的定价方式

翡翠天域项目实施一房一价，房屋价格报价中已经包含了层次差以及其他景观因素。

4. 项目具体定价方案

- 一期均价 24 000 元 /m²，定价在 23 000～25 000 元 /m²；
- 二期均价 25 000 元 /m²，定价在 24 000～26 500 元 /m²；
- 三期均价 26 000 元 /m²，定价在 25 000～28 000 元 /m²。

每期具体"一房一价"价格表要向南京市物价局申报审核，并在售楼处公示。

5. 销售过程价格控制

翡翠天域 2019 年 8 月开始销售认筹，9 月开始转筹，客户参与摇号选房。2019 年 10 月 30 日摇号开盘，首批推出 5 栋楼，共计 178 套房源，推出户型为四居、五居，总价在 210 万～440 万元。随后的销售过程中，翡翠天域保持了"低开高走"的价格走势。

但是，到了 2020 年一季度，由于受到新冠肺炎疫情的严重影响，房价受到压制，为了应对疫情防控进入常态化带来的房地产销售困境，翡翠天域及时观察房价动态，控制涨价和跌价，把均价下调在 23 000 元 /m² 左右，而且加大购房优惠，一次性付款打九五折。随着疫情防控取得阶段性成果，翡翠天域房价运行动态趋于稳定、微步盘升，2020 年 6 月保持均价 25 000 元 /m²，重新回到"低开高走"的价格走势。

资料来源：南京工业职业技术大学学生马几的实训作业，编者整理。

案例讨论

1. 你认为恒大华府和翡翠天域项目价格策划的依据是什么？
2. 普通住宅项目可以从恒大华府和翡翠天域项目的价格策划中吸取什么经验？

学习任务

1. 对本地区某房地产地块项目进行价格影响因素分析。
2. 制订本地区某房地产地块项目的价格策划方案。

6.1　房地产价格及其影响因素

房地产价格是价值的货币表现，是房地产商品交易时买方所需要付出的代价或付款，包括建筑物连同其占用的土地的价格，通常用货币来表示。

1. 房地产价格形成条件及构成

（1）房地产价格的形成条件。房地产价格形成需要具备 3 个条件：①有用性。房地产的内在使用价值是房地产价格形成的基础。②稀缺性。稀缺并不意味着它是难以得到的，仅仅意味着它是不能自由取用的，即不付出代价就不能得到，是相对缺乏，不是绝对缺乏。稀缺对价格的作用是很大的，俗话说物以稀为贵，有些物品，无论它多么有用，只要是相对富余的，就不会有高的价格。供求规律和竞争规律也是调节房地产价格的重要因素。③有效需求。人们对一种物品有需求，是指人们不仅愿意购买它，而且有能力购买它。只有需求而无支付能力（即想买但没有钱），或者虽然有支付能力但不需要（即有钱但不想买），都不能使购买行为发生，从而不能使价格成为现实。

（2）房地产价格构成，通常有：①土地取得成本，是指取得房地产开发用地所需的费用、税金等。②开发成本，指在取得房地产开发用地后进行土地开发和房屋建设所需的直接费用、税金等。③管理费用，是为管理和组织房地产开发经营活动所产生的各种费用。④投资利息，包括土地取得成本、开发成本和管理费用的利息。⑤销售费用，是指销售房地产所需的费用，包括广告宣传费、销售代理费等。⑥销售税费，指销售房地产由开发商缴纳的销售税金及附加等，包括营业税、城市维护建设税和教育费附加，通常简称"两税一费"。⑦开发利润。此外，预期原理对房地产价格形成也有特殊作用。

2. 房地产价格的特征

（1）房地产价格受区位的影响很大。除了其地理坐标位置，还包括它与重要场所如市中心、机场、港口、车站、政府机关、竞争性楼盘等的距离，从其他地方到达该宗房地产的可及性，从该宗房地产去往其他地方的便捷性，该宗房地产周围的环境、景观等。其中，最简单和最常见的是用距离来衡量区位的好坏，人们最重视交通时间、距离。

（2）房地产价格实质上是房地产权益的价格。房地产由于不可移动，在交易中可以转移的不是实物，而是其所有权、使用权或其他权利。

（3）房地产价格既有交换代价的价格，又有使用代价的租金。房地产同时存在买卖和租赁两种交易方式、两个市场。因此，房地产同时有两个价格：一是其本身有一个价格，即买卖价格，通常简称价格；二是使用它一定时间的价格，即租赁价格，通常简称租金。房地产的价格与租金的关系，类似于本金与利息的关系。

（4）房地产价格是在长期内形成的。因为房地产具有独一无二特性，相互之间难以比较，加上价值量大，人们在房地产交易中一般十分谨慎，所以房地产交易价格通常难以在短期内达成。

（5）房地产价格通常是个别形成的，容易受交易者的个别因素的影响。要认识房地产，只有亲自到实地查看，相似的房地产一般只有少数几个买者和卖者，有的房地产甚至只有一个买者和一个卖者，所以，房地产价格通常随交易的需要而个别形成，并容易受买卖双方的个别情况（如偏好、讨价还价能力、感情冲动）的影响。

3. 房地产买卖价格和租赁价格

（1）房地产买卖价格。它是以买卖方式支付或收取的货币额、商品或其他有价物，简称买卖价。

（2）房地产租赁价格。它常称租金，在土地场合称为地租，在房地混合场合称为房租。房租有按使用面积计的，有按建筑面积计的，也有按套计的。房租也有天租金、月租金和年租金之别。

4. 房地产成交价格和市场价格

（1）房地产成交价格。它简称成交价，是房地产交易双方实际达成交易的价格。只有当买者愿意支付的最高价格高于或等于卖者愿意接受的最低价格时，交易才可能成功。

（2）房地产市场价格。它是指某种房地产在市场上的平均水平价格，是该类房地产大量成交价格的抽象结果。

5. 现房价格和期房价格

（1）现房价格。它是指以现有的房地产为交易标的的价格。无论是现货交易还是期货交易，付款方式都有在交易达成后立刻或在短期内一次付清、按约定在未来某个日期一次付清、分期付清等，因此形成了多种组合形式。

（2）期房价格。它是指以目前尚未建成而在将来建成的房屋为交易标的的价格。期房价格通常低于现房价格。期房价格 = 现房价格 – 预计从期房到现房期间现房出租的净收益的折现值 – 风险补偿。上述关系是期房与现房同品质（包括工程质量、功能、户型、环境和物业管理服务等）下的关系。

6. 房地产单价和总价

（1）房地产总价格。它简称总价，是指某一宗或某一区域范围内的房地产整体的价格。房地产的总价格一般不能反映房地产价格水平的高低。

（2）房地产单位价格。它简称单价，对于土地来说，具体指单位土地面积的土地价格；土地与建筑物合在一起的房地产单价通常是指单位建筑物面积的价格。价格单位由货币和面积两方面构成，即元 /m²。房地产的单位价格一般可以反映房地产价格水平的高低。

7. 房地产市场调节价、政府指导价和政府定价

（1）房地产市场调节价。它是指经营者自主制定，通过市场竞争形成的价格。

（2）政府指导价。它是指政府价格主管部门或者其他有关部门按照定价权限和范围规定基准价及其浮动幅度，指导经营者制定的价格。

（3）政府定价。它是指政府价格主管部门或者其他有关部门按照定价权限和范围制定的价格，如保障房定价。政府对价格的干预，还有最高限价和最低限价。

8. 房地产实际价格和名义价格

（1）房地产实际价格。它是指在成交日一次付清的价格，或者将不是在成交日一次付清的价格折现到成交日的价格。

（2）房地产名义价格。它是指在成交日讲明，但不是在成交日一次付清的价格。例如，一套建筑面积 50m² 的住房，总价为 30 万元，其在实际交易中的付款方式可能有下列几种：①要求在成交日一次付清。②如果在成交日一次付清，则给予折扣，如优惠5%。③从成交日起分期付清，如首付 10 万元，余款在一年内分两期支付，如每隔半年支付 10 万元。上述第一种情况：实际总价为 30 万元，不存在名义价格。第二种情况：实际总价为 28.5 万元，名义总价为 30 万元。第三种情况：实际总价为 29.282 8 万元（假定年折现率为 5%），名义总价为 30 万元。

9. 影响房地产价格的 10 个因素

房地产价格水平及其变动是众多房地产价格影响因素对房地产价格综合作用的结果，不同的价格影响因素引起房地产价格变动的方向和变动的程度不尽相同。

（1）自身因素。自身因素也就是房地产产品因素，包括权利、位置、地质条件、地形、地势、面积、日照、通风、建筑物状况等。产品因素过硬，一般房地产价格就高。

（2）环境因素。环境因素包括视觉环境、声觉环境、大气环境、水文环境、卫生环境等。环境条件好，一般房地产价格就高。

（3）人口因素。房地产的需求主体是人，人口因素对房地产价格有很大影响。①人口数量。房地产价格与人口数量的关系非常密切。人口数量增加时，对房地产的需求就会增加，房地产价格就会上涨；反之，房地产价格就会下降。人口增长有人口净增长、人口零增长和人口负增长三种情况。人口还可以分为常住人口、暂住人口和流动人口，以及日间人口和夜间人口，他们都会对不同类型房地产的价格产生影响。在人口数量因素中，反映人口数量的相对指标是人口密度。人口密度从两方面影响房地产价格：一方面，人口高密度地区，房地产的价格趋高；另一方面，人口密度过高会导致生活环境恶化，从而有可能降低房地产价格，特别是在大量低收入者涌入某一地区的情况下会出现这种现象。②人口素质。人们的文化教育水平、生活质量和文明程度，可以引起房地产价格的变化。③家庭人口规模。家庭人口规模发生变化，即使人口总量不变，也将引起居住单位数的变动。一般来说，随着家庭人口规模小型化，即家庭平均人口数的下降，家庭数量增多，所需要的住房总量将增加，房地产价格有上涨的趋势。

（4）经济因素。①经济发展。经济形势乐观，人们对房地产的需求就增加，一般房地产价格会上涨。②物价。物价会影响房地产市场供给。物价走高，将增加开发商成本，从而抑制房地产项目开发的供给，价格会上涨，而且物价上涨可能出现通货膨胀，人们会选择投资房地产保值，也会刺激价格上涨；反之，物价走低，将降低开发商成本，房地产价格会下降或涨幅减小。③居民收入。居民收入水平直接决定了该城市市民对住宅及其相关配套服务设施的市场需求。由于房地产耗资巨大，人们没有足够的收入是买不起房的。a.居民平均收入水平影响房屋价格，平均收入水平越高的城市，住宅的价格往往也越高。三大都市圈是全国市民收入最高的地区，也是全国住宅价格最高的地区。b.贫富差距影响房屋档次结构，即使平均收入一样，收入的贫富差距越大，房地产价格的变动区间就越大。

（5）社会因素。社会因素包括政治安定、社会治安、房地产投机、城市化。社会环境好，一般房地产市场比较稳定，房地产价格波动就小。

（6）行政因素。行政因素包括利率、汇率、房地产税收、城市规划、交通管制等：①利率因素。利率会影响房地产市场的供给与需求。②汇率因素。汇率的短期波动对房地产价格也会产生显著的影响，汇率变化对房地产价格的影响持续力度大、持续时间长。一般而言，汇率调整主要表现为境外资金对东道国房地产市场的投机活动，如果投资者预期东道国货币会升值，其就会在东道国的房地产市场投入更多的资金，刺激房地产市场需求。现阶段我国要确保货币政策的独立性，并采取有效措施防止国际游资在我国房地产市场的投机行为。③房地产税收因素。税费也在相当大的程度上影响房地产价格。目前在中国，可列入商品房成本进入房地产销售价格的税种主要有营业税、城乡维护建设税、教育费附加和固定资产投资方向调节税。当政府觉得房地产市场已经过热时，往往就会通过提高房地产税费的征收标准，抑制过热的房地产市场。而当政府觉得房地产市场持续低迷时，往往就会通过降低房地产税费的征收标准刺激房地产市场。④城市规划因素。城市规划决定房地产所在区域的商服中心、道路、交通、城市设施和环境状况，这些因素都会影响当地房地产价格，如规划中的地铁会造成沿线地区房价上涨。⑤交通管制因素。交通管制会改变房地产道路通达因素、交通便捷因素，如果交通管制改善了房地产的道路通达状况，使交通更加便捷，则会刺激房价上涨；反之，房价可能会下跌。

（7）心理因素。心理因素包括心态、偏好、时尚风气、吉祥数字等。主要是消费者对房价的心理预期会影响房地产价格。当消费者预期房价会上涨时，则会选择购买房地产，从而可能真正造成房价上涨；反之，则会选择不买房或售房，从而可能真正造成房价下跌。

（8）国际因素。国际因素包括世界经济、军事冲突、政治对立、国际竞争等。国际形势动荡，会传递到国内房地产市场，引起房地产价格波动。

（9）供求因素。供求因素包括房地产供给、需求。在供大于求情况下，一般房地产价格会下降；相反，在供小于求情况下，一般房地产价格会上涨。

（10）其他因素。上述 9 方面之外的因素也可能会影响房地产价格，如地震造成的连锁反应会引起房地产市场价格波动。

10. 影响房地产价格的个别因素、区域因素与一般因素

从个别因素、区域因素、一般因素 3 个方面分析影响房地产价格的因素。个别因素导致相同地区之间的价格差异，区域因素导致城市内部不同地区之间的价格差异，一般因素导致城市与城市之间的价格差异。

（1）个别因素。个别因素包括房地产自身因素。土地的个别因素有区位、面积、形状、容积率、用途、使用年限因素等；建筑物的个别因素有面积、结构、材料、设计、设备、施工质量、是否与周围环境协调等。

（2）区域因素。区域因素包括人口因素、经济因素、社会因素、环境因素、行政因素、心理因素、供求因素，如区域内商服繁华、道路通达、交通便捷、城市设施状况、环境状况等因素。

（3）一般因素。一般因素主要包括国际因素、社会因素、经济因素、行政因素和心理因素等。

11. 导致房地产价格偏差的特殊因素

导致房地产价格偏差的特殊因素有以下几种。

（1）有一定的特殊利害关系的交易主体之间的房地产交易。如集团公司下属企业自有房产的内部销售，一般会偏离市场价格，通常低于市场价格。

（2）有特别动机的房地产交易。如交易双方有特殊关系，交易价格会偏离市场价格，通常会远低于市场价格。

（3）交易双方信息不对称。房地产一般只有少数几个买者和卖者，有的房地产甚至只有一个买者和一个卖者，所以，交易双方信息不对称容易引起价格偏差。

（4）其他特殊的交易情形。如房地产作价入股，通常房地产价格会高于市场价格。

6.2 房地产项目定价目标与原则

1. 房地产项目定价目标

房地产项目定价目标（pricing objectives）是指房地产企业在对其开发的项目制定价格时，有意识地要求达到的目的和标准。定价目标是整个定价策略的灵魂。一方面，它要服务于房地产项目的营销目标和企业经营策略；另一方面，它还是定价方法和定价策略的依据。房地产定价目标一般有以下3种形式。

（1）利润最大化目标。利润最大化目标是许多企业的定价目标。当该房地产物业独特性较强，不易被其他产品替代时，可在边际利润与边际成本一致的点位定价。一方面靠促销激发需求；另一方面有计划地供给，就可获得最大限度的利润。利润最大化不是短期定价目标，而是企业长期奋斗的方向。由于房地产定价受经济环境的影响，变量多会增加定价的难度，因此，需要动态地分析企业的内部条件和外部环境，不能单纯定位于项目利润，忽视市场相关因素和公司经营策略，否则会欲速则不达。

（2）市场占有率目标。以市场占有率为定价目标，是一种志存高远的选择方式。市场占有率是指一定时期内某企业房地产的销量占当地细分市场销售总量的份额。市场占有率高意味着公司的竞争能力较强，说明公司对消费信息把握得较准确、充分，房地产开发业资金占用量极大，规模经济现象表现明显。另外，企业利润与市场占有率正相关。提高市场占有率是增加企业利润的有效途径。一般地讲，成长型公司适宜采用市场占有率目标，通过薄利多销的经营方式，达到以量换利、提高市场地位的目的。

（3）树立企业形象目标。它是指以树立企业形象为定价目标，不太关注利润和市场占有率，一般很少企业采用，只有少数企业在少数项目上偶尔采用，一般是新企业或老企业到新城市需要树立形象时采用，或房地产项目刚开盘时采用。

另外，在某些特殊时期，房地产企业也需要制定临时性定价目标。如在政策调控背景下，房地产市场行情急转直下，企业就要以保本销售或尽快脱手变现为定价目标；为了应对竞争者的挑战，企业也可能以牺牲局部利益遏制对手为定价目标。但是一旦出现转机，过渡性定价目标就应转变为长远的定价目标。

2. 房地产项目定价原则

房地产项目定价原则主要有以下6个。

（1）市场导向原则。项目价格应能反映产品定位和消费群定位，应是目标消费群能够接受并愿意支付的价格。该原则还包括另一层意思，在同类竞争中，借助价格优势，取得更好的业绩，树立企业和产品的品牌形象，为其他同类产品开发做好铺垫。

（2）加快销售速度，加速资金回笼原则。合理的价格有利于市场销售，并实现目标利润，定价过高将产生较大的营销障碍和销售滞后性，利润也只是虚的账面利润。

（3）弹性灵活原则。定价应有灵活性，以适应市场的变化。项目入市时，宜采用较低价格聚人气，随着工程进度的发展、产品的成熟，可逐渐提高价格。

（4）价值相符原则。项目的价格应与项目的地段、品质相符合，才能赢得消费者的信赖。无论企业的战略、产品和服务与对手如何不同，最终都体现为客户让渡价值。

（5）购买力适应原则。价格还应与目标客群的购买力相适应。

（6）有利竞争原则。项目销售初期建议采用对消费者有较大吸引力的价格入市，以利于在市场竞争中取得优势。

6.3　房地产项目定价方法

在市场营销组合中，价格是唯一能创造收益的因素，其他因素只影响成本，用科学方法制定房地产项目价格意义重大。但许多房地产公司未能妥善处理定价问题，最常见的定价弊病是：定价过于强调成本导向；不能经常根据市场变化调整价格；制定价格脱离了市场营销组合的其他因素，没有将它作为市场定位策略的内在要素；没有根据不同的产品品种和细分市场调整价格。房地产定价方法一般采用加权点数定价法，充分考虑房屋朝向差价、楼层差价、采光差价、面积差价、视野差价、产品差价、设计差价等综合因素制定价格。

房地产价格 = 每栋楼的基准价格 + 垂直价差 + 水平价差 + 其他因素价差

1. 房地产项目垂直价差的确定

（1）垂直价差。垂直价差是指同一栋建筑物中不同楼层之间的价格差异，通常以每平方米的单价差额来表示。一般在制定垂直价差时，常会先确定一个基准楼层，基准楼层的单价等于该栋建筑的平均单价，然后再评估其他楼层与该基准楼层之间价格差异的程度。

（2）影响垂直价差的因素。①楼层数。楼层数越多，最高与最低单价楼层之间的差价也就越大。②市场状况。市场状况较好时，价差幅度大；市场状况不佳时，价差幅度小。③产品单价。产品单价水平高时，价差幅度大；产品单价水平低时，价差幅度小。④目标客户的购房习性。目标客户的购房习性比较保守时，大多客户无法接受差异大的价格，因此价差的幅度不宜过大；反之，若客户多来自本区域之外，或客户的背景多元化，则价差幅度可能较大。

（3）确定垂直价格的分布规律。就 2 楼以上的房屋而言，无论是小高层还是高层，最高单价层几乎全在楼顶，最低单价层则在 2 楼。至于其他楼层价格高低的顺序，可以依据实际情况划分。确定各楼层价格高低顺序后，选定垂直价格的基准层，即垂直价差为 0 的楼层。基准层的确定一般视楼层数量而定，且以取价格顺序居中的楼层最为常见。各楼层之间的价差也因产品而异。例如，多层住宅楼层少，各层条件相差不远，价差一般在 $100\sim200$ 元 $/m^2$（见表 6-2）；高层住宅，特别是超高层，其他层与基准楼层的价差为 $300\sim500$ 元 $/m^2$，甚至更大。

表 6-2　多层住宅楼层垂直价差

楼层	单价（元 $/m^2$）	价差（元 $/m^2$）	备注
1	10 200	200	送庭院
2	10 000	0	基准层
3	10 600	600	金三
4	10 400	400	银四
5	10 200	200	铜五
6	10 200	200	送阁楼

（4）首层住宅的定价方法。一楼住宅价格大多以 2 楼以上平均单价（或基准层单价）的倍数来计算，其价格大约为 2 楼以上平均单价的 $0.9\sim1.3$ 倍，倍数的大小视环境、配套、绿化宽度或庭院大小而定。附近的环境优良、适合住家，则差价的倍数较大，反之则倍数较小；配套设施完善，例如附近即有公园，则倍数较大，反之则倍数较小；庭院的面积大，且形状方正实用，则价差的倍数就大。

（5）地下室的定价方法。①地下室用作停车场。由于地下室不计容积率，且大多地下室规划为停车场，其价值主要视当地停车场价位而定。②用作住宅地下室。规划为住宅，其价格一般可以定为 1 楼住宅价格的 $30\%\sim50\%$。③用作商铺，其价格大约为 1 楼商铺价格的 $40\%\sim60\%$。

实｜践｜经｜验

1 楼、2 楼作为商铺的定价技巧

1 楼作为商铺的定价方法。由于商铺与住宅的价值差异较大，因此其价格与 2 楼以上平均价格的差距可能达到 $2.5\sim5$ 倍。倍数的大小受附近商铺的开店率、行业结构、商业规模等因素的影响。附近商铺开店率高，商业气氛已经形成，则价差倍数大；开店率低，商业气氛还未形成，则价差倍数小。如果附近商业结构偏重于零售、服务等行业，则价差倍数大；若附近商业结构多为小作坊（如皮革加工、建材店等），则价差倍数较小。楼盘所在的位置商业规模大，则价差倍数大；如果楼盘所在的位置商业规模小，则价差倍数较小。如果 1 楼商铺仅能为小区居民或附近居民提供服务，规模小，则价差倍数小；如果 1 楼的商铺可以为片区甚至全市居民服务，规模大，则价差倍数大。

2 楼作为商铺的定价方法。若楼盘 2 楼也作为商铺，则 2 楼的单价大多为 1 楼单价的 $40\%\sim70\%$，百分比大小可视实际情况而定。如果地区的消费习惯不局限于 1 楼，可以延伸至 2 楼，则 2 楼价格占 1 楼价格的百分比较高；若消费习惯少涉及 2 楼，则 2 楼价格占 1 楼价格的百分比较低。如果 2 楼的商铺面积大，则价差百分比大；如果商铺面积较小，则价差百分比小。若 2 楼有独立的出入口，进出 2 楼可以不经过 1 楼，则价差

百分比大；反之，价差百分比就小。

2. 房地产项目水平价差的确定

（1）水平价差。水平价差是指同一楼层各户之间的价格差异，通常以每平方米的单价差额来表示。通常是依据各楼层的平均垂直价格，评估同一楼层之间朝向、采光、私密性、格局等因素之优劣程度，得出同层平面中各户的单价。

（2）制定水平价差的依据。楼座位置朝向、所在单元位置、采光、观景效果、户型布局、面积大小、客户的消费心理等。

（3）制定项目水平价差过程。①先确定建筑栋数。如果只有单栋建筑，则根据同一楼层的不同户别制定水平价差；有多栋建筑，则先制定各栋之间的水平价差，再分别就同一栋同一楼层的户别制定价差。②确定各楼层的户数与位置是否有差别。a. 如果建筑物各个楼层的户数相同，而且相对位置也相同，则只需制定一个楼层的水平价差，其余楼层均可参照。b. 楼层之间户数不同或位置不同，则需各自制定不同楼层的水平价差。c. 虽然户数与位置相同，但临近的环境不同，例如外部景观等，水平价差也各自制定。③单一楼座定价。根据以上定价依据来排列定价次序，第一个户型为基价，然后同一户型根据不同位置制定出第一个价差，再根据采光制定出第二个价差，依此类推，综合计算价差。再根据不同楼座的价格排定顺序的价差，最终制定出楼座价格。不同楼座户型的定价策略基本吻合，本书不做过多解释。

（4）朝向水平价差的确定方法。朝向通常是指客厅的朝向，简易的判断方式是以客厅邻接主阳台所靠的方向为坐向。

水平价差调整原则。①大户型住宅，调整幅度大；中小型户型，调整幅度小。②单价高时，为达到价差的效果，调整幅度较大；单价低时，调整幅度小。③朝向向南，日照适中时，调整幅度大；朝西或朝东日照过多、朝北日照明显不足时，其调整幅度较小。④风向与朝向不同时，调整幅度大；风向与朝向相同时，调整幅度小。朝向价差修正系数如表 6-3 所示。

表 6-3 朝向价差修正系数

朝向	东	东南	南	西南	西	西北	北	东北
系数	1.010	1.015	1.020	1.000	0.980	0.985	0.990	1.000

影响朝向取舍的变因。①景观。现代园林设计、绿化，使得小区内部景观舒适、清新宜人，由此可以缓解朝向的压力，优质的景观设计可以弥补同方向的朝向缺陷。②技术。例如空调的设置以及室内自动换气设备可以在一定程度上缓解朝向无风的压力。③生活习惯。例如因工作习惯，早上睡懒觉的人就不适合东向朝向，因为早上充足的阳光会影响睡眠。

（5）采光水平价差的确定方法。采光通常是指房屋所邻接采光面积的大小。

调整原则。①有暗房时，调整幅度大，反之则小。②与邻屋栋距大时，调整幅度大，反之则小。③面前道路宽敞时，调整幅度大，反之则小。④日照时数适中时，调整幅度大；日照时数太长或太短时，调整幅度小。⑤楼层位置较高，调整幅度大，反之则小。

修正价差。单面采光者为零，再以同楼层做比较。①无采光之暗房，价差可为100～200元。②两面采光者，可比单面采光者多100～200元。③三面采光时，则两面采光的价格再加50～150元。④四面采光甚至四面以上采光，每增加一个采光面，每平方米加50～100元。

3. 四种常用的房地产定价方法

（1）成本导向定价法。成本导向定价法是以产品的成本为中心，制定对企业最有利的价格的一种定价方法。房地产成本导向定价法主要有4种：①成本加成定价法。这是一种最简单的定价方法，即在产品单位成本的基础上，加上预期利润作为产品的销售价格。采用这种定价方式，一要准确核算成本（平均成本），二要确定恰当的利润百分比（即加成率）。②变动成本定价法。变动成本定价法即在定价时只计算变动成本，而不计算固定成本，在变动成本的基础上加上预期的边际贡献。用公式表示为：单位产品价格＝单位产品变动成本＋单位产品边际贡献。③盈亏平衡定价法。盈亏平衡定价法即根据盈亏平衡点原理进行定价。盈亏平衡点又称保本点，是指在一定价格水平下，企业的销售收入刚好与同期产生的费用额相等，即收支相抵、不盈不亏时的销量；或在一定销量前提下，使收支相抵的价格。④目标利润定价法。目标利润定价法是根据企业的总成本和估计的总销量确定一个目标利润，将其作为定价的标准。

（2）需求导向定价法。需求导向定价法是指企业在定价时不再以成本为基础，而是以消费者的认知价值、需求强度及对价格的承受能力为依据，以市场占有率、品牌形象和最终利润为目标，真正按照有效需求来策划房地产价格。需求导向定价法在实际运用中又有认知价值定价法和需求差异定价法两种不同的形式。

1）认知价值定价法。认知价值定价法也称理解价值定价法、觉察价值定价法，是根据购买者对房地产的认知价值定价，以消费者对产品价值的感受及理解程度作为定价的基本依据。认知价值的形成一般基于购买者对有形产品、无形服务及公司商业信誉的综合评价，它包括实际情况与期望情况的比较、待定物业与参照物业的比较等一系列过程。品牌形象好的物业往往能获得很高的评价。只要实际定价低于购买者的认知价值，即物超所值，购买行为就很容易发生。这种"以消费者为中心"营销理念运用的关键在于与潜在购买者充分沟通，掌握调查数据，并对其进行整理分析。对买方的价值判断与卖方的成本费用进行比较，定价时更应侧重考虑前者。因为消费者购买产品时总会在同类产品之间进行比较，选购那些既能满足其消费需要，又符合其支付标准的产品。消费者对产品价值的理解不同，会形成不同的价格限度。这个限度就是消费者宁愿付房款而不愿失去这次购买机会的价格。如果价格刚好定在这一限度内，消费者就会顺利购买。为了加深消费者对产品价值的理解程度，从而提高其愿意支付的价格限度，定价时首先要搞好产品的市场定位，拉开与市场上同类产品的差异，突出产品的特征，并综合运用这种营销手段，加深消费者对产品的印象，使消费者感到其购买这种产品能获得更多的相对利益，从而提高他们接受价格的限度，企业则据此提出一个可销价格，进而估算在此价格水平下产品的销量、成本及盈利状况，最后确定实际价格。

2）需求差异定价法。需求差异定价法是以不同时间、地点、产品及不同消费者的消费需求强度差异为定价的基本依据，针对每种差异决定在基础价格上是加价还是减价。

（3）竞争导向定价法。竞争导向定价法是基于企业所处的行业地位和竞争定位而制定价格的一种方法，通过研究竞争对手的产品价格、生产条件、服务状况等，以竞争对手的价格作为定价的依据，确定自己产品的价格。这种方法的主要特征是随竞争状况的变化调整价格水平，主要有随行就市定价法和主动竞争定价法等方法。

1）随行就市定价法。这是竞争导向定价方法中使用最为普遍的一种。定价原则是使本企业产品的价格与本行业产品的平均价格水平保持一致。这种定价方法的目的是：①易为消费者接受。②试图与竞争对手和平相处，避免有害的价格战。③一般能为企业带来合理、适度的盈利。这种定价法适用于竞争激烈的均质产品，在完全寡头垄断竞争条件下也很普遍。

2）主动竞争定价法。与通行价格定价法相反，企业不是追随竞争对手的价格，而是根据本企业产品的实际情况及与竞争对手的产品差异状况来确定价格，因而价格有可能高于、低于市场价格或与市场价格一致。该方法一般为实力雄厚或产品独具特色的企业所采用。主要内容有：①定价时对市场上的竞争产品价格与企业估算价格进行比较，分为高于、一致及低于三个价格层次。②对本企业产品的性能、质量、成本、式样、产量与竞争对手进行比较，分析造成价格差异的原因。③根据以上综合指标确定本企业产品的特色、优势及市场定位，在此基础上，按定价所要达到的目标，确定产品价格。④跟踪竞争产品的价格变化，及时分析原因，相应调整本企业产品价格。

实｜践｜经｜验

基于不同企业地位的定价方法

行业领导者定价。在区域性市场上处于行业领导者地位的开发商，可借助其品牌形象好、市场动员能力强的优势，使产品价格超过同类物业的价格水平。高价不仅符合其精品定位市场目标，也与以稳定的价格维护市场形象的定价目标相一致。万科房地产在深圳住宅市场的力作——俊园，就是在大势趋于平淡的情况下，以每平方米过万元的高价昂首入市，并取得良好的销售效果和经济效益。

市场挑战者定价。对于具有向行业领导者挑战的实力但缺乏品牌认知度的企业，其适宜以更好的性能、更低的价格，将看得见的优惠让利于买方。这样可以促进销售，扩大市场占有率，提高企业在行业中的声望。运用此方法一般要对可比性强的行业领导者物业进行周密分析，在促销中借其声威，并突出宣传自身优势。广州祈福新村推出时，正是针对当地大名鼎鼎的碧桂园采用了市场挑战者定价法，很快成为市场的新热点。

市场追随者定价。物业推出时，也可设定为当时市场同类物业的平均价格。一般认为平均市价是供求均衡的结果。以随行就市方法定价，既会带来合理的平均利润，又不破坏行业秩序，因而为市场追随者普遍采用。虽然其定价目标缺乏特色，但对于竞争激烈、信息充分、需求弹性较低的房地产市场不失为一种稳妥方法，尤其适用于产品特色性不强、开发者行业地位一般的物业。

（4）比较定价法。比较定价法就是对房地产项目与其周边几个同等竞争对手的项目进行全方面对比，根据对比情况对本项目进行定价。一般选取多个类似的房地产项目，即用途相同、规模相当、档次相当、建筑结构相同、处于同一供需圈的实例，通过综合比较，可以给出目标产品的定价。

4. 房地产常用定价方法的比较

不同的定价方法需要不同的条件，也会产生不同的结果。

（1）成本导向定价法是计划经济时代的"科学管理方法"。由于它仅在"知己"的基础上定价，对交易环境、交易对方、交易实现的必要条件都缺乏了解，因此只能制定出基于卖方利益的价格，而不容易与市场消费需求相吻合，一般很少使用。

（2）需求导向定价法则是从市场需求出发制定房地产价格，它能行之有效地激发潜在需求，使房地产产品从根本上提升交易的可能性，而且，它能使房地产价格"一步到位"，避免价格的剧烈波动，减少投机。

（3）竞争导向定价法以"取得赛跑中的胜利"为经营理念，注重行业相对价格，比成本导向定价法更贴近市场供求，但交易的实现取决于交易双方的利益吻合，只研究如何在供给群体中合理定位，忽视购买群体的反应，定价难免一厢情愿。竞争导向定价法一定时期内虽有助于制定有效的竞争策略，取得销售成果，却忽视了需求在价格形成中的重要作用，往往会导致"无效供给"。

（4）成本导向定价法要求企业对自身生产能力有准确的把握，竞争导向定价法需要明智的行业定位，而需求导向定价法则跨越了供方的思维定式，从供求双方的互动关系中寻找解决问题的思路。策划人员必须牢牢把握项目自身特点，结合公司经营优势，顺应房地产市场行情，通盘策划，理性抉择，才能取得好的营销效果。

6.4   房地产项目定价策略

定价策略是市场营销组合中十分关键的组成部分，具有买卖双方双向决策的特征，要求企业既要考虑成本的补偿，又要考虑消费者对价格的接受能力。房地产项目常见的定价策略有以下5种。

1. 新产品定价策略

新产品定价是对新开发产品的定价，关系到新产品能否顺利地进入市场，能否站稳脚跟，能否获得较大的经济效益。房地产新产品的定价策略主要有以下3种。

（1）取脂定价策略。取脂定价策略又称撇油定价策略，是指企业在产品生命周期的投入期或成长期，利用消费者的求新、求奇心理，抓住激烈竞争尚未出现的有利时机，有目的地将价格定得很高，以便在短期内获取尽可能多的利润，尽快地收回投资的一种定价策略。其名称来自从鲜奶中撇取乳脂，含有提取精华之意，如新能源楼盘定价采用该方法。

（2）渗透定价策略。渗透定价策略又称薄利多销策略，是指企业在产品上市初期，利用消费者求廉的消费心理，有意将价格定得很低，使新产品以物美价廉的形象吸引客户，占领市场，谋取远期的稳定利润，如超大型普通住宅项目定价常采用该方法。

（3）满意价格策略。满意价格策略又称平价销售策略，是介于取脂定价和渗透定价之间的一种定价策略。由于取脂定价法定价过高，对消费者不利，既容易引起竞争，又可能被消费者拒绝，具有一定的风险；渗透定价法定价过低，对消费者有利，对企业最初收入不利，资金的回收期也较长，若企业实力不强，将很难承受。而满意价格策略采取适中价格，基本上能够做到使供求双方都比较满意，如一般住宅项目定价常采用该方法。

2. 心理定价策略

心理定价策略是针对消费者的不同消费心理，制定相应的商品价格，以满足不同类型消费者的需求的策略。分为以下 5 种。

（1）尾数定价策略。尾数定价也称零头定价或缺额定价，即给产品定一个零头数结尾的非整数价格。大多数消费者在购买产品时，乐于接受尾数价格，如 8 721 元 /m²、5 639 元 /m² 等。消费者会认为这种价格经过了精确计算，购买不会吃亏，从而产生信任感。同时，价格虽与整数仅相差几十元或几元钱，但给人一种低一位数的感觉，符合消费者求廉的心理。这种策略通常适用于单价较低的项目。

（2）整数定价策略。整数定价与尾数定价正好相反，企业有意将产品价格定为整数，以显示产品具有较好的质量。整数定价多用于单价较高的房地产项目，以及消费者不太了解的项目。对于价格较高的高档项目，客户对质量较为重视，往往把价格作为衡量产品质量的标准之一，容易产生"一分价钱一分货"的感觉，有利于销售。

（3）声望定价策略。声望定价策略也叫品牌定价策略，即针对消费者"便宜无好货、价高质必优"的心理，对在消费者心目中享有一定声望，具有较高信誉的品牌项目产品制定高价。不少高级品牌项目和稀缺产品，如豪宅、景观房等，在消费者心目中享有极高的声望价值。购买这些产品的人，往往不在乎产品价格，而关心的是产品能否显示其身份和地位，价格越高，其心理满足的程度也就越大。

（4）习惯定价策略。有些产品，如普通住宅，在长期的市场交换过程中已经形成了为消费者所适应的价格，成为习惯价格。企业对这类产品定价时要充分考虑消费者的习惯倾向，采用"习惯成自然"的定价策略，不宜轻易变动。降低价格会使消费者怀疑产品质量是否有问题，提高价格会使消费者产生不满情绪。在不得不提价时，企业应采取改换产品内容或品牌等措施，减少消费者的抵触心理，并引导消费者逐步形成新的习惯价格。

（5）招徕定价策略。这是适应消费者"求廉"的心理，将产品价格定得低于一般市价、个别的产品甚至低于成本，以吸引客户、扩大销售的一种定价策略。如在一个项目中，把位置最差、结构最不合理的房屋拿出几套，定个超低价以吸引客户。采用这种策略，虽然几种低价产品不赚钱，甚至亏本，但从总的经济效益看，由于低价产品带动了其他产品的销售，整个房地产项目还是有利可图的。

3. 差别定价策略

差别定价策略是对不同的客群规定不同的价格。该方法可为制定项目全盘价格策略和多层次供房价格体系提供决策参考。

（1）差别定价的形式。差别定价主要有 4 种形式：①因地点而异，位置优越的地点定价高。②因时间而异，如国庆长假日，制定促销价。③因产品而异，套型不同、面积不同、配置不同则价格不同。④因客户而异，主要根据项目目标客户的经济实力强弱定价，经济实力强的客户定价高。或者按不同客户的感受定价，让客户先看房感受，后面通过拍卖或与客户直接谈判定价。

（2）实行差别定价的条件。实行差别定价要具备 4 个条件：①市场能够根据需求强度的不同进行细分。②细分后的市场在一定时期内相对独立，互不干扰。③高价市场中不能有低价竞争者。④价格差别适度，不会引起消费者的反感。

4. 折扣定价策略

折扣定价是指对基本价格做出一定的让步，直接或间接降低价格，以争取客户，扩大销量。房地产开发商为了加快资金回笼，往往会给予客户一定的价格优惠，它是通过不同的付款方式来实现的，如购买数套房优惠、首购优惠、购房抽奖、一次性付款优惠等。

（1）直接折扣定价。形式有以下 4 种。

1）现金折扣。现金折扣是对在规定的时间内提前付款或用现金付款者给予的一种价格折扣，其目的是鼓励客户尽早付款，加快资金周转，降低销售费用，减少财务风险。采用现金折扣一般要考虑三个因素：折扣比例，给予折扣的时间限制，付清全款的期限。如在西方国家，典型的付款期限折扣表示为"3/20，Net 60"，其含义是在成交后 20 天内付款，买者可以得到 3% 的折扣；超过 20 天，在 60 天内付款不予折扣；超过 60 天付款要加付利息。现金折扣的前提是产品的销售方式为赊销或分期付款，现金交易条件下买者支付的房款总额不宜低于分期付款价太少，否则就起不到"折扣"促销的效果。提供现金折扣等于降低价格，在运用这种手段时要考虑产品是否有足够的需求弹性，保证通过需求量的增加获得足够的利润。

2）数量折扣。数量折扣指按购买数量的多少，分别给予不同的折扣，购买数量越多，折扣越大。其目的是鼓励消费者大量购买，或集中向本企业购买，即团购。数量折扣包括累计数量折扣和一次性数量折扣两种形式。累计数量折扣规定客户在一定时间内，购买产品若达到一定数量或金额，则按总量给予一定折扣，其目的是鼓励客户经常向本企业购买，成为可信赖的长期客户。一次性数量折扣规定客户一次性购买某种产品达到一定数量或购买多种产品达到一定金额，则给予折扣优惠，其目的是鼓励客户大批量购买，促进产品多销、快销。

3）季节折扣。为了调节供需矛盾，便采用季节折扣的方式，对在淡季购买产品的客户给予一定的优惠，使企业的生产和销售在一年四季能保持相对稳定。季节折扣比例的确定，应考虑成本、基价和资金利息等因素。季节折扣有利于加快产品销售，迅速收回资金，促进企业均衡生产，充分发挥生产和销售潜力，避免因季节需求变化所带来的市场风险。

4）功能折扣（推广折扣）。中间商在产品分销过程中所处的环节不同，其所承担的功能、责任和面临的风险也不同，企业据此给予不同的折扣，称为功能折扣。对生产性用户的价格折扣也属于功能折扣。功能折扣的比例，主要考虑中间商在分销渠道中的地位、对产品销售的重要性、完成的促销功能、承担的风险、服务水平、履行的商业责任以及产品在分销中所经历的层次和在市场上的最终售价等。功能折扣的结果是形成购销差价。鼓励中间商大批量销售，争取客户，并与企业建立长期、稳定、良好的合作关系，是企业实行功能折扣的一个主要目标。

（2）间接折扣定价。间接折扣定价有以下两种形式：①回扣。回扣是间接折扣的一种形式，它是指购买者在按价格目录将房款全部付给销售者以后，销售者再按一定比例将房款的一部分返还给购买者。②津贴。它是企业为非凡目的，对非凡客户以特定形式给予的价格补贴或其他补贴。比如，当中间商为企业产品开展了包括刊登地方性广告、设置楼盘陈列沙盘等在内的各种促销活动时，企业给予中间商一定数额的资助或补贴。

5. 过程定价策略

过程定价策略也叫"试探性"定价策略，是一种调价策略，是房地产项目全营销定价，它采用以售看价的定价技巧。企业在出售商品房时，先以较低价售出少量商品房，如果买房的人多，就可以把价格提高一些；如果提价后仍供不应求，以后还可以把价格再提高。过程定价策略有以下 3 种。

（1）低开高走策略。低开高走策略就是根据施工进度，每到一个调价时点，按照预先确定好的调价幅度调高售价的策略。这种价格策略是大多数开发商经常使用的一种方法，并且这种方法特别适合于"期房"销售。运用这种方法，会造成前期物业一种"假增值"，实际是开发商让利给前期业主。低开高走定价，要预先设计好价格上调的频率和幅度。

（2）高开低走策略。高开低走策略就是高价开盘，然后降价。这种价格策略适合于以下两种情况：①高档商品房，当市场竞争趋于平缓，且通过高价开盘实现了预期的销售目标，剩余少量的房源以低价售出，回笼资金。②项目处于宏观经济的衰退期，或者由于竞争激烈，高价开盘没有达到预期的销售效果，导致开发商不得不调低价格，回收投资。高开低走定价，要预先设计好价格下调的频率和幅度，处理好与前期业主的关系。

（3）稳定价格策略。稳定价格策略就是在项目的整个销售期，价格始终保持相对稳定，既没有大幅提价也没有大幅降价，这种方法适合于房地产状况比较稳定的区域内的项目。

这三种价格策略在整个销售环节并不是独立运用的，而是综合运用的。企业要根据当地的房地产销售状况来综合运用这三种价格策略。

6. 房地产价格窗口表

房地产价格窗口表是指摆放在售楼部用于向购房者展示的某栋楼的全部户型价格表，是房地产定价的表格式体现。房地产价格窗口表一般包含：楼层、户型与面积、单价或总价、目前状态（已售、待售、预订）等内容（见表6-4和表6-5）。

表 6-4 房地产价格窗口表

楼层	第 1 幢							
	01				02			
	房号	面积（m²）	单价（元）	总价（元）	房号	面积（m²）	单价（元）	总价（元）
1	101	120.55	8 250	994 538	102	90.21	8 150	735 212
2	201	120.55	8 150	982 483	202	90.21	8 050	726 191
3	301	120.78	8 200	990 396	302	89.92	8 100	728 352
4	401	120.78	8 250	9964 35	402	89.92	8 150	732 848
5	501	120.78	8 300	1 002 474	502	89.92	8 200	737 344
6	601	120.78	8 350	1 008 513	602	89.92	8 250	741 840
7	701	120.78	8 400	1 014 552	702	89.92	8 300	746 336
8	801	120.78	8 430	1 018 175	802	89.92	8 300	749 034
9	901	120.78	8 460	1 021 799	902	89.92	8 360	751 731
10	1001	120.78	8 490	1 025 422	1002	89.92	8 390	754 429
11	1101	120.78	8 520	1 029 046	1102	89.92	8 420	757 126
12	1201	120.78	8 550	1 032 669	1202	89.92	8 450	759 824
13	1301	120.78	8 560	1 033 877	1302	89.92	8 460	760 723
14	1401	120.78	8 570	1 035 085	1402	89.92	8 470	761 622
15	1501	120.78	8 600	1 038 708	1502	89.92	8 500	764 320
16	1601	120.78	8 620	1 041 124	1602	89.92	8 520	766 118
17	1701	176.63	8 720	1 540 214	1702	89.92	8 540	767 917

表 6-5 房地产价格窗口表

房　号	户型代码	房　型	建筑面积（m²）	非会员总价（元）	会员商贷、公积金贷款总价（元）	会员一次性付款总价（元）
47#-201	GF	3室2厅1卫	111.95	549 675	522 191	511 197
47#-202	GC	3室2厅1卫	89.44	418 579	397 650	389 279
47#-203	GC	3室2厅1卫	89.44	414 107	393 402	385 120
47#-204	GB	3室2厅1卫	88.98	385 283	366 019	358 314
47#-301	GF	3室2厅1卫	111.95	558 631	530 699	519 526
47#-302	GC	3室2厅1卫	89.44	425 734	404 448	395 933
47#-303	GC	3室2厅1卫	89.44	421 262	400 199	391 774
47#-304	GB	3室2厅1卫	88.98	401 300	381 235	373 209
47#-401	GF	3室2厅1卫	111.95	564 228	536 017	524 732
47#-402	GC	3室2厅1卫	89.44	430 206	408 696	400 092

（续）

房　号	户型代码	房　型	建筑面积（m²）	非会员总价（元）	会员商贷、公积金贷款总价（元）	会员一次性付款总价（元）
47#-403	GC	3 室 2 厅 1 卫	89.44	425 734	404 448	395 933
47#-404	GB	3 室 2 厅 1 卫	88.98	405 749	385 461	377 346
47#-501	GF	3 室 2 厅 1 卫	111.95	566 467	538 144	526 814
47#-502	GC	3 室 2 厅 1 卫	89.44	431 995	410 395	401 756
47#-503	GC	3 室 2 厅 1 卫	89.44	427 523	406 147	397 597
47#-504	GB	3 室 2 厅 1 卫	88.98	407 528	387 152	379 001
47#-601	GF	3 室 2 厅 1 卫	111.95	568 706	540 271	528 897
47#-602	GC	3 室 2 厅 1 卫	89.44	433 784	412 095	403 419
47#-603	GC	3 室 2 厅 1 卫	89.44	429 312	407 846	399 260
47#-604	GB	3 室 2 厅 1 卫	88.98	409 308	388 843	380 656

6.5　房地产项目价格控制与调整策略

1. 房地产项目价格控制

房地产营销最实质的内容是价格控制，所以要做好房地产项目的价格控制。

（1）价格控制方案与指标。有序控制房地产项目价格，应预先慎重设计价格控制方案，安排控制指标。一般的价格控制方案主要设置以下 4 个控制价格：①开盘价。②封顶价。③竣工价。④入住价。同时，控制方案还要设置与此价格相适应的销售比例，一般达到 30%、30%、30%、10%。

（2）价格控制的基本原则。①价格逐步提高。让消费者感觉越早买越好，不买价格还要涨，代价会更高。②留有升值空间。让消费者感觉买得不吃亏，还会升值。

（3）价格控制的 3 种情况应严格避免。①价格下调，对前期购房者不利，造成其已购房屋贬值；对以后销售也不利，造成潜在购房者观望情绪更浓。②价格做空，会造成有价无市。③升值太快，缺少价格空间，会让消费者感觉买得不划算，以后还有机会买。

2. 房地产项目价格调整

（1）房地产价格调整。房地产价格调整是指在销售过程中，按预想的情况或者预想的情况与实际情况出现偏差时，依据"价格控制方案与指标"做出的价格调整。

（2）房地产项目的价格调整策略。房地产项目的价格调整策略是指在房地产项目整体定价确定的前提下，在销售过程中，根据房地产项目及市场的发展情况，制订引导价格发展走势的价格方案。在不同的房地产项目中，由于房地产项目自身的各项素质差异很大，加之市场状况不同，每个房地产项目会根据自己的特点采取不同的价格调整策略，以正确引导房地产项目价格走势。房地产项目定价与调价策略，从性质上讲并不属于同一概念。准确、合理的价格调整策略，是出色的销售工作的基础和前提，调价策略来源于房地产项目市场定位，而最终服务于销售策略。

3. 房地产价格调整过程

（1）市场验证。房地产价格在调整前需要进行市场验证。市场验证就是对房地产项目预先的整体定价方案通过市场进行验证，如果市场销售状况好，则定价方案通过验证，否则，就没有通过市场验证，需要采用分析方法查找原因，然后进行价格调整。

（2）市场价格分析。需要对没有通过市场验证的价格进行分析，分析方法如下：①价格敏感度分析。营销人员通过一般市场调查、成交客户分析、售楼现场调查等方法，找出目标客户的理性价格区间，作为价格敏感度分析的依据；一般来说，低档盘、小户型的客户对单价敏感，中档的客户对单价、总价都较为敏感，高档的客户只对总价敏感。②难点户型价格分析。一般情况下，销售户型单位比较均匀，基本上可以判断市场接受方面可能并没有难点户型，但如果一种户型单位特别难以销售，此种户型可作为难点户型处理。

（3）调整价格。①根据市场反馈信息，验证预先的设想，如果设想通过验证，价格可按预先设想实现调整。②如果设想没有通过验证，就需要根据市场反馈信息，重新制定价格策略。③调整策略包括难点户型的均价调整，难点户型的层差和朝向差的调整，难点户型的重点推荐，如广告突出、样板房优化、附送装修等变相降价行为。

4. 低开高走调价策略

（1）低开高走调价策略。低开高走调价策略也是一种过程定价策略，就是项目在开盘时价格较低，但随着销售的推进，售价不断调高。

（2）适用情况。在房地产项目综合素质较高，但初期优势不明显，市场状况不好或市场发展趋向不明朗的情况下，为取得市场认同，适宜采用低开高走调价策略。房地产项目应低价入市，根据销售工作的开展，视具体销售进展的情况好坏适时调价，决定每次价格提升的幅度。当然，如果项目的确综合素质较低，市场认同感差，在市场状况不好、竞争较为激烈的情况下，房地产项目一般只能采取低报价，低价成交，即以价格取胜的"低开低走"策略。

5. 高开低走调价策略

（1）高开低走调价策略。高开低走调价策略也是一种过程定价策略，就是项目在开盘时价格较高，但随着销售的推进，售价不断调低。

（2）适用情况。在房地产项目综合素质高，而市场状况不好、竞争又较为激烈的情况下，房地产项目为树立项目形象和提升知名度，适宜采用高开低走调价策略。房地产项目应高价入市，突出项目优秀品质，根据销售工作的开展，视具体销售进展的情况好坏适时调价，决定每次价格下调的幅度，以较低成交价格争取客户和市场份额。当然，如果市场状况好，竞争不激烈，而且项目自身规模又不大，项目完全可以采取突出房地产项目优秀品质，大规模营造房地产项目形象和知名度，高价报盘，高价成交，在短期内迅速获得市场认同的"高开高走"策略。

6. 波浪螺旋调价策略

（1）房地产价格"低开高走""高开低走""低开低走""高开高走""平稳推进"都

是较为理想的价格策略，在现实营销工作中很难维系。实践证明，很多项目的各楼座素质因为位置、景观、交通等因素的影响而差异较大，而且市场状况的好与坏在很多情况下也是很难判断的，所以"波浪螺旋"的调价策略应运而生。

（2）"波浪螺旋"调价策略。"波浪螺旋"调价策略也是一种过程定价策略，是一种结合房地产市场周期波动而调整价格以产生同步的周期性波动的房地产调价策略。①调价周期以房地产市场周期、项目的销售速度和最终利润的回收作为判断标准。②根据工程进度及销售情况，对提价幅度及周期进行进一步细化调整。③应考虑不同楼座在销售速度上的差异，分别调整提价幅度，避免"一刀切"的做法。

（3）适用情况。在房地产项目素质一般，规模较大，而市场发展趋势不很明朗的情况下，多数项目应该采取"波浪螺旋"调价策略，这样可以最终给整个项目营销工作带来快速的销售和良好的业绩。

7. 房地产项目调价技巧

调价都是为了维持和抢占更多市场份额，或追求最大利润，因此调价需要一些技巧。

（1）提价技巧。引起提价的主要因素是供不应求。当产品不能满足顾客的需要时，要么提价，要么对顾客限额供应，或者两者均用。提高"实际"价格有以下几种方法。

1）减少折扣。减少房屋销售常用的现金和数量折扣。

2）统一调价。指示房地产项目销售人员不可为了兜揽生意、争取销售额而不按目录价格报价。

3）采用延缓报价。企业决定到产品建成或交付使用时才制定最终价格，这对开发周期长的房地产建筑来说相当普遍。

4）使用价格自动调整条款。企业要求顾客按当前价格付款，并且支付房屋交付前由于通货膨胀而增长的全部或部分费用。在施工期较长的房地产项目中，许多合同里都有价格自动调整条款规定，根据某个规定的物价指数计算提高价格。一般情况下，每种提价方法都会对消费者产生影响，房地产企业可以采取一些必要的方法不必提价便可弥补高额成本或满足大量需求。如使用便宜的建筑材料或设计做成代用品；减少或者改变房屋特点以降低成本；改变或者减少服务项目，如取消精装修、免费送阳台等。

（2）降价技巧。在产品价格调整的过程中，有升当然也有降。产品降价，可能引起消费者的观望情绪或对产品质量的猜疑，消费者的这些心理对降价销售会带来不利影响，可能会增加销量，也可能会减少销量。这就需要企业在降价时，要注意方法的选择和技巧的运用以及时间的把握。

1）直接降价法。直接降价法是指直接降低产品的价格，它包括一次性出清存量房和自动降价销售。在很多情况下，这种降价方法不宜采用，因为直接降价很难达到预期的目的。

2）间接降价法。可供采用的间接降价方式很多：①增加额外费用支出。②馈赠物品。③在价格不变的情况下，提高商品质量，即消费者用相同的价格可买到质量更好的商品，也就相当于降低了价格。④增大各种折扣的比例。

3）准确把握降价时间。降价时间有早晚之分。①早降价的优势：可以在市场需求活跃时，就把商品销售出去；降价幅度较小，就可以销售出去；可以为新产品腾出销售空间；可以加快项目资金周转，使现金流动状况得以改善。②晚降价的好处：可以避免频繁降价对正常产品销售的干扰；可以缓解降价带来的毛利的减少。选择降价时机，关键要看降价的结果。如果产品能顺利地销售，项目可以选择晚降价；如果降价对顾客有足够的刺激，能够加速商品销售，可以采用早降价的政策。

（3）对于同质产品市场上竞争者的降价行动，企业可以选择的对策主要有如下几种。

1）维持原价，但改进产品、增加服务等。

2）追随降价。

3）推出价格更高的新品牌，攻击竞争者的降价品牌。

4）推出更廉价的产品进行竞争。

在异质产品市场上，竞争者一般不会追随企业的调价。总之，在对房地产项目价格进行调整时，要灵活地制定调价方略，不能盲目行事。

思考题

1.如何开展房地产项目价格的影响因素分析？

2.房地产价格策划的方法有哪些？

3.不同类型的房地产项目，其价格策划有何不同？

4.房地产项目定价、价格控制与价格调整三者之间的逻辑关系是什么？

实训题

对本地区某房地产地块项目进行价格影响因素分析，编写价格策划方案。

实训指导

1.5～8人一组，以组为单位完成实训题。

2.实地考察与网上调查相结合，主要参考网址见本书第1章实训指导。

3.报告要求独立撰写，不允许抄袭，要求报告字数为2 000～3 000字。

第 7 章

房地产项目营销渠道策划

⊘ **学习目标**

1. 了解营销渠道及结构、房地产营销渠道概念。
2. 熟悉房地产营销渠道及功能、类型及特征。
3. 掌握房地产营销渠道设计、营销代理程序以及代理销售合同。

📖 **技能要求**

1. 能够遵循房地产营销类职业标准相关内容。
2. 能够在房地产营销业务中体现工匠精神。
3. 能够根据房地产项目的特点选择营销渠道。
4. 能够起草房地产项目代理销售合同。
5. 能够制订房地产项目营销渠道方案。

📖 **案例 7-1**

恒大华府项目的营销渠道

一、项目概况与营销环境分析

项目概况与营销环境分析见案例 3-2。

二、项目的市场分析

项目的市场分析见案例 4-1。

三、项目的市场定位

项目的市场定位见案例 4-1。

四、项目的主题概念与整体形象设计

项目的主题概念与整体形象设计见案例 5-1。

五、项目的产品组合

项目的产品组合见案例 5-1。

六、项目的产品价格策略

项目的产品价格策略见案例 6-1。

七、项目的营销渠道选择

1. 恒大华府项目的营销压力

压力 1：南京恒大华府产品面积较大，为 170～230m² 纯大平层，项目的目标客户是金字塔尖社会精英人士，目标客群基数较少。

压力 2：恒大首次在南京主城开发楼盘，冲击传统豪宅开发商，面临众多竞争性楼盘的挑战，如华润、仁恒、朗诗、银城、保利、复地等，抢占豪宅市场份额存在一定难度。

压力 3：恒大华府项目遇房地产市场低位调整，房地产市场进入新常态。

压力 4：恒大华府项目开发周期长，整个项目计划分 4 年开发，开工时间为 2014 年 5 月 12 日，预计竣工时间为 2017 年 6 月 30 日。恒大华府项目所面临的未来房地产市场形势复杂、变数很大、市场风险很大，不容乐观，难以把握。

2. 恒大华府项目营销渠道的选择

综合上述项目特点和房地产市场环境，恒大华府项目营销难度很大。开发商广州恒大地产集团在选择营销渠道时，决定放弃直接营销，采用专业的房地产中间商（代理商）方式。经过考察比较，恒大华府项目最终选定易居中国营销集团作为营销代理商。

资料来源：编者根据恒大华府项目资料整理。

📖 **案例 7-2**

翡翠天域项目的营销渠道

一、项目概况

项目概况见案例 3-2。

二、项目营销环境与市场分析（略）

三、项目的市场定位

项目的市场定位见案例 4-2。

四、项目的主题概念与整体形象设计

项目的主题概念与整体形象设计见案例 5-2。

五、项目的产品组合

项目的产品组合见案例 5-2。

六、项目的产品价格策略

项目的产品价格策略见案例 6-2。

七、项目的营销渠道

1. 翡翠天域项目的营销压力

压力 1：翡翠天域项目体量太大，用地面积高达 419 149.97 ㎡，是个典型的大盘。

压力 2：翡翠天域产品户型面积较大，无两室一厅以下的小户型，基本上都是三室以上的大户型，项目的目标客户是经济实力较强的人士，目标客群基数不大。

压力 3：翡翠天域项目遇房地产"房住不炒"政策持续调控，房地产市场进入以稳为主的新常态。

压力 4：翡翠天域项目开发周期长，整个项目计划分 4 年开发，项目所面临的未来房地产市场形势复杂、变数很大、市场风险很大，不容乐观，难以把握。

2. 翡翠天域项目营销渠道策略

综合上述项目特点和房地产市场环境，翡翠天域项目营销难度很大。翡翠天域项目在营销渠道策略方面，充分考虑了项目自身特征和目标客群并在此基础上采用组合营销渠道，即开发商直接销售 +1 家房地产营销公司代理销售 + 多个房地产经纪公司联动销售，并辅以网络销售工具。

翡翠天域项目开发商界定清楚项目营销各参与主体的任务和销售佣金分配方法，营销各参与主体各司其职，共同合作完成项目整体销售任务。

资料来源：南京工业职业技术大学学生马凡的实训作业，编者整理。

案例讨论

1. 你认为恒大华府和翡翠天域选择营销渠道的依据是什么？
2. 如何改进恒大华府和翡翠天域的营销渠道？

学习任务

制订本地区某房地产地块项目的营销渠道策划方案。

房地产营销"渠道为王"的定律不会改变，电商、众筹、O2O 等各种模式，未来都将作为房地产开发企业的选择。掌握渠道，积极根据市场调整价格，房地产企业才能获得更快的销售速度。

7.1　房地产营销渠道类型

1. 营销渠道及结构

（1）营销渠道。营销渠道就是商品和服务从生产者向消费者转移的具体通道或路径。一般的商品营销渠道成员有厂商、代理商、经销商以及用户。

（2）渠道结构。概括地说，渠道结构可以笼统地分为直销和分销两大类，其中直销是企业直接成立销售公司及其分支机构，此外，还包括直接邮购、电话销售、公司网上销售等。分销则可以进一步细分为代理和经销两类。代理和经销均可能选择密集型、选择性和独家等方式。具体地说，营销渠道的结构可以分为以下三种：①长度结构（层级结构）。营销渠道的长度结构，又称为层级结构，是指按照其包含的渠道中间商（购销环节），即渠道层级数量的多少来定义的一种渠道结构，可以将一条营销渠道分为零级、一级和二级渠道等。零级渠道，又称为直接渠道，是指没有渠道中间商参与的一种渠道结构。在零级渠道中，产品或服务直接由生产者销售给消费者。一级渠道包括一个渠道中间商。房地产渠道中间商通常是代理商。二级渠道包括两个渠道中间商，这两个渠道中间商通常是经销商和代理商（见图7-1）。②宽度结构。它是根据每一层级渠道中间商的数量的多少来定义的一种渠道结构，有宽渠道和窄渠道。渠道的宽度结构受产品的性质、市场特征、用户分布以及企业分销战略等因素的影响。渠道的宽度结构分成：密集型分销渠道，也称为广泛型分销渠道，就是指在同一渠道层级上选用尽可能多的渠道中间商来经销产品的一种渠道类型，多用于消费品领域中的便利品，比如牙膏、饮料等。选择性分销渠道，是指在某一渠道层级上选择少量的渠道中间商来进行商品分销的一种渠道类型。独家分销渠道，是指在某一渠道层级上选用唯一的一家渠道中间商的一种渠道类型。这种渠道结构多出现在总代理或总分销一级。房地产常常采用独家分销渠道。③广度结构。它实际上是渠道的一种多元化选择，有直接渠道和间接渠道，也有长渠道和短渠道。也就是说许多公司实际上使用了多种渠道的组合，即采用了混合渠道模式来进行销售。比如，有的公司针对大的行业客户，公司内部成立大客户部直接销售；针对数量众多的中小用户，采用广泛的分销渠道；针对一些偏远地区的消费者，则可能采用独家分销等方式来覆盖。

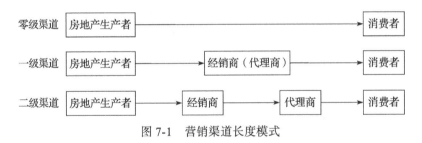

图 7-1   营销渠道长度模式

2. 房地产营销渠道及功能

（1）房地产营销渠道。房地产营销渠道就是房地产产品投放市场进行交换的通路。房地产营销渠道成员包括：①房地产开发商。②房地产中间商（代理商）。③消费者。使用营销渠道能够提高企业的工作效率，降低企业的交易成本。

（2）房地产营销渠道的功能。房地产营销渠道的功能就是确保产品销售能有理想的覆盖面，即锁定细分市场使产品可以通畅直达客户。具体来说，营销渠道的功能主要包括：①研究，即收集进行交换时所必需的信息和制订房地产营销计划。②促销，即设计和传播有关房地产项目的信息，鼓励消费者购买。③接洽，即为开发商寻找、物色潜在消费者，并和消费者进行沟通。④配合，即按照消费者的要求调整供应的产品，包括分等和分类等活动。⑤谈判，即代表消费者或者房地产企业参加有关价格和其他交易条件的谈判，以促成最终协议的签订，实现产品所有权的转移。⑥实体分销，即产品权属转移。⑦融资，即收集和分散资金，以负担分销工作所需的部分费用或全部费用。⑧风险承担，即承担与从事渠道工作有关的全部风险。

3.房地产营销渠道的类型及特征

从房地产产品销售的方式来看，目前我国房地产营销渠道的类型有以下 4 种。

（1）房地产直接营销。房地产直接营销是开发商自行销售。由于委托销售代理要支付一定的代理手续费，有时开发商为了节省这笔代理费愿意自行销售。一般在以下 3 种情况下开发商可以考虑自行销售：①大型房地产开发公司经过多年的开发运作，有自己专门的市场推销队伍，有地区性的、全国性的甚至世界性的销售网络，对自己所开发的项目有十分丰富的推广经验。②房地产市场上扬，开发商所开发的项目很受投资者和置业者的欢迎，而且开发商预计项目竣工后很快便能出售，如目前赚取微利的商品房，在大城市中供不应求的铺面房、工业园区和开发区中的厂房和仓库用房等。这些商品房对应不同的需求范围，被市场看好，在这种情况下，销售相对容易，开发公司要自行销售。③当开发商所发展的项目已有较明确的销售对象时，也无须再委托租售代理。直接营销的特征如下：①优点，房地产开发商控制了开发经营的全过程，可以避免某些素质不高的代理商介入造成的营销短期行为，如简单地将好销楼盘单元销售出去，造成相对难销的楼盘单元积压；产销直接见面，便于房地产开发商直接了解顾客的需求、购买特点及变化趋势，由此可以较快地调整楼盘的各种功能。②弱点，房地产开发商直接营销，难以汇集在营销方面确有专长的人才，难以形成营销专业优势，这样在相当程度上影响营销业绩的提升；会分散企业人力、物力、财力，分散企业决策层精力，搞不好会使企业顾此失彼，生产和销售都受影响。

（2）房地产间接营销。房地产间接营销也叫委托销售代理，房地产开发商把自己开发的房地产商品委托给中间商如房地产代理商销售。销售是专业性工作，有效的促销活动为开发商带来的收益要远远大于其为此所支付的费用，主要如售价提高、出售期缩短，经济效益是可观的。房地产销售代理机构通常熟悉市场情况，具有信息优势、经验优势、销售渠道多优势、专职销售人员多优势，尤其是成熟、优秀的代理商对市场脉搏的把握、对消费者心理的把握都比较好，可以通过策划有效地制造热点、引导消费，也可给开发商提供一些有益的建议，往往促销效果很好。间接营销的特征如下：①优点，有利于发挥营销专业特长，便于从专业上保证开发商开发的房地产商品销售成功；有利于开发商集中精力，重点进行开发、工程方面的工作。②弱点，我国目前的房地产中间商良莠不齐，专业素养和职业道德水准差异很大，如果开发商被一些专业素养和职业道德低下的中间商的花言巧语所迷惑让它们代理销售，往往会增加时间成本，减少项目开发利润；如果代理商的销售业绩和开发商自己销售预计的业绩基本持平，在这种情况下开发商支付的销售费用会"得不偿失"，支付给代理商销售费用（如佣金）的初衷是希望代理商能在较短的时间内帮助开发商取得更高的销售利润，这样即使利润分流也理所应当。

（3）"第三种"营销渠道。"第三种"营销渠道是一种直接渠道与间接渠道相融合的营销渠道。由于房地产直接营销渠道和间接营销渠道优点与缺点并存，实际操作中房地产开发商和中间商的配合也存在种种问题，所以采用"第三种"营销渠道，如联合一体营销渠道。房地产开发商对销售也有较大的关注和投入，如项目规划、产品策划，代理商则发挥自己的特长进行全程深度策划，优化营销渠道。联合一体营销渠道的建立旨在集中开发商和代理商的优势，避免单纯直接营销和间接营销的不足，其操作成功的关键在于开发商和中间商真诚相待，利益共享，并且依赖于中间商高超的专业素养和优良的职业道德。

（4）第四种营销渠道：网络营销。本书 3.1 节对网络营销有过介绍，房地产营销人员将自己的营销活动全部或部分建立在互联网的基础之上，就具备了网络营销的特性，网络营销开发商使用，代理商也使用。从具体操作来说，房地产网络营销通常首先开发商建立自己的网站，然后借助各种方式，让消费者获知该营销项目在互联网上的域名地址，而消费者则根据自己的需要，浏览房地产企业或项目的网页，了解正在营销的房地产项目，同时可以在线向房地产营销网站反馈一些重要的信息。理论上，通过网上支付，消费者还可在网上签订购房合同。但是，在现实中，房地产作为大宗投资消费，消费者直接通过网络进行交易的情况非常少见，房地产网络营销目前最主要的目的还是通过网络给浏览者创造一个虚拟体验的环境，让他充分感受房地产项目的特性，吸引他进入现实售楼现场或者打电话进一步沟通，为成交做好前期工作。

（5）一二手房联动。一二手房联动指的是开发商借助房产中介公司的渠道、网点与人员优势，对外销售新开盘或已经开盘的房地产项目。房地产项目一二手房联动具有很高的营销价值。随着我国房地产市场的发展，一二手房联动业务增速迅猛，很多中介发力于一二手房联动。对于开发商来说，将二手房的销售方式融入新房的营销策略中，可以直接面向更多的目标客户；对于中介公司来说，利用二手房销售门店和网络开展新房的销售业务，不仅可以增加房屋信息来源，为客户提供更充足的房源信息，而且还能给中介公司、经纪人带来不少的收入。

7.2 房地产营销渠道设计与管理

1. 房地产营销渠道设计

（1）营销渠道设计。营销渠道设计指为实现营销目标，对各种备选渠道结构进行评估和选择，从而开发新型的营销渠道或改进现有营销渠道的过程。

（2）营销渠道设计考虑的因素。①产品因素。a. 价值大小。单价越低，渠道越多、路线越长；单价越高，路线越短、渠道越少。b. 时尚性。式样变化快的产品应多利用直接营销渠道，避免不必要的损失。c. 技术性和售后服务。具有高度技术性或经常需要服务与保养的商品，营销渠道要短。d. 产品数量。数量大，则中间商多。e. 产品市场生命周期。产品在市场生命周期的不同阶段，营销渠道的选择不同，如在衰退期就要压缩营销渠道。f. 新产品。直接向消费者推销或利用原有营销路线展销。②市场因素。a. 潜在顾客的状况。如果潜在顾客分布广，市场范围大，就要利用长渠道，广为推销。b. 市场的地区性。国际市场聚集的地区，营销渠道可以短些，一般地区则采用传统性营销路线。c. 消费者购买习惯。如最易接受的价格、对购买场所的偏好、对服务的要求等均直接影响渠道路线。d. 季节性。具有季节性的产品应采取较长的分销路线。e. 竞争性商品。同类商品一般应采取同样的渠道路线，较易占领市场。f. 销量的大小。如果一次性销量大，可以直接销售，营销渠道就短；一次性销量少就要多次批售，渠道则会长一些。③竞争者。要尽量避免和竞争者使用一样的分销渠道。④开发商。a. 产品组合情况。宽度和深度大（即产品的种类、规格多），可能直接销售给各零售商，这种分销渠道是"较短而宽"的；反之，如果"产品组合"的宽度和深度小（即产品的种类、规格少），开发商只能通过中间商转卖给最后消费者，这种分销渠道是"较长而宽"的。b. 能否控制分销渠道。控制分销渠道，就要加强销售力量，从事直接销售，使用较短的营销渠道。反之，一般只能通过若干中间商推销产品，这种分销渠道是"较长而宽"的。⑤环境因素。影响渠道结构和行为的环境因素：社会文化环境、经济环境、竞争环境。环境对渠道行为的具体影响：a. 环境因素中的消费需求变化因素和社会行为变化因素是直接影响渠道行为的因素，渠道成员应保持敏锐的观察力，做出适应这些变化的经营决策。b. 环境形成的社会价值观念是时时刻刻影响渠道行为的重要因素，任何渠道成员必须在社会价值观念下运营。

（3）房地产营销渠道的选择。前面概述了房地产营销渠道的 5 种类型及特征，但是目前我国房地产营销在设计渠道时，还是主要考虑自销与中介代理两种常用渠道，也有采用混合渠道的。企业选择营销渠道主要应根据市场条件和销量来决定。①当市场为卖方市场时，商品住宅供不应求，开发企业销售人员完全可以坐等顾客上门，在这种情况下寻求其他渠道不但浪费人力、物力、财力，还会影响企业的经济效益。②在买方市场条件下，开发企业就必须寻求多个销售渠道，如果待售的数量不是很多，企业自身的销售能力又很强，那么开发企业也可以采取直接销售的形式，否则就应该委托房地产中介机构代理销售。③销量分析，如图 7-2 所示，当销量大于 S_B 时企业直销，反之则选择中介代理。无论采用哪一种营销渠道方式，企业都要认真计算所选渠道带来的收益增加值，并充分利用好网络销售渠道。

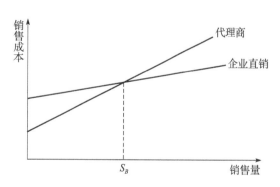

图 7-2 两种渠道方案的经济性比较

2. 房地产营销渠道管理

（1）渠道管理是指企业为实现营销目标而对现有渠道进行管理，以确保渠道成员间、企业和渠道成员间相互协调和通力合作的一切活动。

（2）渠道管理工作包括：①对代理商的房源管理，保证房源及时，帮助代理商建立并理顺销售子网。②对代理商广告、促销的支持。③对代理商提供产品服务提供支持。④对代理商房款的结算管理。⑤对代理商进行培训，增强代理商对公司理念、价值观的认同以及对产品的认识。⑥协调一些突发事件，如价格涨落、产品竞争、产品滞销以及周边市场冲击或低价倾销等扰乱市场的问题。

（3）房地产渠道管理中存在的问题：①企业力不从心盲目自建营销网络。②企业对代理商的选择缺乏标准，渠道选择混乱，渠道不统一引发企业与代理商之间的矛盾。③渠道冗长、覆盖面过广造成管理难度加大，企业不能很好地掌控并管理终端售楼部。④忽略渠道的后续跟踪管理。

（4）房地产营销渠道管理的方法。①科学选择和评价代理商。主要标准：a. 与企业有相同的经营目标和营销理念。b. 经营历史久，市场信誉好，业绩突出。c. 独家代理品牌，非竞争性项目的代理商。d. 业务人员的素质高、合作态度好，有较强的服务意识。e. 有较强的资金实力、硬件条件和固定的分销网络，市场覆盖面大。f. 网络拓展能力和市场操作能力强。g. 终端销售能力和管理能力强。对没有改造价值的代理商，坚决予以更换；对符合标准的代理商全力扶持并培训。②全面高度控制。选择产品营销中介类型、数目和地理分布，并且能够影响这些营销中介的销售政策和价格政策。高度控制维持高价格，维护产品的优良品质形象，即使对一般产品，也可以防止价格竞争，保证良好的经济效益。③低度控制。它又称影响控制，当企业无力或不需要对营销渠道进行绝对控制时，往往通过提供具体支持协助来影响营销中介，如向营销中介派驻代表、与营销中介联合进行广告宣传等。

3. 房地产项目营销代理

（1）房地产项目营销代理的概念。房地产项目营销代理指房地产营销代理机构受房地产开发商及房地产所有权人的委托，以委托人的名义在授权范围内对所有房地产代行销售并收取委托人佣金的经纪行为。它分为商品房现售代理和商品房预售代理，具体形式又分为一般代理、总代理、独家代理、共同代理、参与代理等。房地产营销代理是我国目前房地产代理活动的主要形式，其特点是：从事代理业务时，经纪人必须以委托人的名义，而不是以自己的名义，其行为后果也归属于委托人，由委托人直接承担相应的法律责任。

（2）房地产项目营销代理的程序。房地产项目营销代理的程序主要分为以下 8 步。

1）代理项目信息收集与整合。在这一阶段首先要调动房地产经纪机构的全体人员进行项目信息的收集，即发动每个员工通过各种途径尽力打探新建商品房项目的信息，然后研究拓展部负责收集、汇总并初步筛选所得到的信息，上报总经理或专门的信息统筹部门。经总经理或专门决策机构决定的项目，再分门别类地落实到具体控制部门（如子公司或专门组建项目组或称"楼盘专案"）。

2）项目研究与拓展。研究拓展部门组织并协调有关部门（如业务部、交易管理部等）对承接项目进行营销策划，确定项目销售的目标客群、销售价格策略和具体市场推广的方式与途径等，撰写书面营销策划报告。如果专门成立项目组，则由项目组来组织实施项目研究与拓展，有关部门积极配合。

3）项目签约。项目的直接操作部门（如子公司、项目组等）与项目开发商进行谈判，并起草代理合同文本。

4）企划方案设计。项目执行部门根据已签署的代理合同，对营销策划报告进行修改，决定项目执行指标和佣金分配方案。

5）销售准备。这一阶段是销售资料、销售人员、销售现场的准备。

6）销售方案执行，客户接待、洽谈、签约，房地产交易价款收取与管理，房地产权属登记，房地产交验入住及客户回访。

7）项目佣金结算。

8）售后服务。

实｜践｜经｜验

房地产营销代理的代理费（佣金）

代理费（佣金）数额。房地产代理活动是有偿服务，在房地产营销代理机构完成代理业务后，房地产企业（委托人）应支付相应的酬劳。佣金数额的确定方式：一是固定费率，按总销售额的百分比计提，根据不同销售任务、委托内容，代理费比例按照总收入的 1%～2% 支付；二是固定费额，不论销售价格和销售总额，代理人完成项目销售任务后就可得到一笔合同约定的代理费，如 100 万元；三是固定费率 + 超额提成，当销售价格（或销售进度）没有超过约定的超额价格（或超额进度）时以固定费率为主；当销售价格超过约定的超额价格（或超额进度）时，按合同约定的超额的百分比增加代理费，这种方法有利于提高营销代理机构的积极性，可以提高项目的销售价格或加快销售进度。

代理费（佣金）支付方法。当销售任务达到 30% 时，按照回款数支付代理费的50%；当销售任务完成 50% 时，按照回款数支付代理费的 70%；当销售任务达到 80%时，按照回款数支付代理费的 85%；余款销售任务完成时一次付清。

4. 房地产代理销售合同

（1）含义。房地产代理销售合同（简称"房地产代理合同"）是指房地产经纪机构与委托人（房地产开发商）约定，房地产经纪机构可以在授权范围内，以委托人名义与第三者进行房地产交易，处理相关事务，并由委托人支付酬劳的合同。

（2）房地产代理合同的特征。①房地产代理合同签订的目的是使房地产经纪机构合法地为委托人代理处理委托事务。②房地产代理合同的签订以委托人和代理人之间的相互信任为前提。③房地产代理合同是诺成合同和不要式合同。

（3）房地产代理合同的主要条款。①合同双方当事人的基本情况。②代理房地产项目的状况。③代理服务事项与服务标准。④代理服务的报酬或酬金条款。⑤合同的履行期限。⑥违约责任。⑦解决争议的方式约定。⑧合同签订的时间、地点和当事人。特别需要注意的是，商品房销售代理合同中应载明有关交易价格范围、销售时间和进度以及不同价格和销售进度下佣金计算标准的条款。在批量商品房销售代理中，待销的房地产不一定能做到百分之百销完，因此必须事先约定衡量经纪机构完成任务的考核指标——销售面积比例。由于批量商品房的销售时间较长，佣金也就有必要分期支付，这样就必须约定各期支付的时点或前提条件。商品房预（销）售过程中发生的费用（如广告、售楼处搭建费用等）较多，其投放的时间、数量与销量有密切关系，因此也应对支付方式、时间安排等事项在合同中予以约定。

商品房代理销售合同文本

"××项目"代理销售合同

本合同双方当事人

甲方：××房地产开发有限公司，住所位于_____，授权代表为××；

乙方：××房地产销售有限公司，住所位于_____，授权代表为××。

第一条　总则

1. 词语含义

平均底价：甲方要求乙方须完成销售的代理房屋最低平均单价。

单套底价：乙方以平均底价为平均价制定的每套代理房屋的最低销售单价，即一房价底价（表）。

合同单价：购房者为购买代理房屋而签订的各预售/出售合同约定的房屋单价。

代理销售总价：单套底价与相应成功销售房屋建筑面积乘积之和。

2. 项目概况

甲方系"××项目"（以下称本项目）的唯一开发建设单位，本项目位于____市____路____地块，总建筑面积约____万 m²（不含地下室），由____幢房屋组成，性质____、____、____，其中，____用房建筑面积约____m²，____用房建筑面积约____m²，____用房建筑面积约____m²。除非另有特别约定，甲乙双方同意按房地产交易中心出具的暂测面积为准进行结算。本项目推广名和实际名称的改变不影响本合同的履行。

3. 建设批文

甲方已取得本项目以甲方作为开发商的所有开发手续和批文，包括编号为____的房地产权证（房屋所有权证、国有土地使用证）、编号为____的建设工程规划许可证，并承诺上述文件真实、合法、有效。

4. 本合同基础条件

（1）本项目上的抵押权等涉及第三方权益的事项由甲方负责处理。

（2）____用房的每套可售建筑面积在____至____之间。

____用房的每套可售建筑面积在____至____之间。

____用房的每套可售建筑面积在____至____之间。

（3）甲方按本条第三项约定的条件取得政府部门确认的预售许可证。

第二条 代理房屋、平均底价、单套底价、代理费

1. 代理房屋

甲乙双方同意，甲方委托乙方独家代理销售本项目中全部房屋，可售建筑面积约____万 m²，具体代理房屋清单见附件一。

2. 平均底价

（1）甲乙双方同意，代理房屋（包括商业用房、办公用房、公寓）平均底价为人民币____元 /m² 建筑面积（含代理费）。乙方根据相应的平均底价制定相对的单套底价，开盘之前经甲方确认后执行。

（2）乙方有权在单套底价或者以上销售代理房屋。若根据市场销售情况，甲方认为需要调整销售价格的，须经甲乙双方共同商定。

3. 代理费（佣金和营销费用）

（1）甲乙双方同意，甲方支付乙方的代理费为代理销售总价的____%(含营销费用)；营销费用应包括本项目销售中投入的媒体广告、楼书、售楼处样板房装修及家具、现场气氛营造、宣传单制作、电视广告片制作、房展会展览和布置售楼处样本、销售工具制作、整体和单体建筑模型、彩色效果图、灯箱广告、看板、房型家配图、引导旗、横幅、小区围墙广告及相应的广告宣传活动的费用以及销售案场的办公费用。

（2）甲乙双方同意，营销费用由乙方先行垫付，乙方负责制订营销计划预算并执行。

第三条 代理期限、开盘条件、代理指标

1. 代理期限

甲乙双方同意，代理期限为本合同生效日起至开盘日后____个月。

2. 开盘条件

（1）甲方一次性取得本项目预售许可证，完成全部网上交易手续（包括取得网上交易密码），将预售许可证交乙方对外公示。

（2）甲方同意由甲方负责售楼处、样板房（样板房设在____层，共____套）及样板层、电梯厅的建造。乙方负责销售通道和售楼处、样板房的装修。甲方提供的售楼处建筑面积不小于____m²。

（3）甲方同意，按附件一约定的交房标准完成样板房所在的电梯厅、电梯门套以及所在楼层的建造装修。

（4）甲方同意，销售通道和售楼处、样板房交付乙方装修时应达到附件四标准。

（5）乙方装修时间为____天。

（6）甲乙双方同意，在具备上述条件后____天开盘（开盘日）。

（7）甲乙双方同意，售楼处、样板房、销售通道装修方案由甲乙双方确定。

3. 样板房、售楼处、销售通道装修、装饰财产的处分和收益归乙方

4. 代理指标

（1）开盘日后____个月内，乙方完成____% 销售率（成功销售房屋建筑面积占代理房屋总建筑面积的百分比），其中前三个月完成____% 销售率；开盘日后____个月内，完成____% 销售率。

（2）甲方同意，具备开盘条件，按施工进度完成施工，按期交房，按约定的标准交付房屋是乙方完成代理指标的条件，否则同意乙方完成代理指标的时间相应顺延。

第四条 独家销售权、成功销售的界定

1. 独家销售权

甲方确认本项目代理房屋由乙方独家代理销售。除本合同另有约定外，非经乙方书面同意，甲方不得自行销售或委托第三方销售，亦不能在本合同履行完毕之前撤销对乙方的委托。在代理期限内，甲方违反本条约定自行销售或委托第三方销售的房屋，视作乙方成功销售的房屋。

2. 成功销售的界定

（1）房屋销售以套为出售单位。购房者签署预售合同并支付了首期房价款，预售合同在房地产交易中心办理了登记备案手续后，该套房屋视为成功销售。若代理期间甲方取得房地产权证（或房屋所有权证和国有土地使用证），则购房者签订出售合同并支付了首期房价款后，该套房屋视为成功销售。如购房者申请抵押贷款，预售合同办理了登记手续并且乙方按照贷款银行的要求收齐贷款申请材料后，视为销售成功。

（2）甲乙双方同意，若甲方原因（甲方拒绝按确认的《商品房买卖合同》样本与购房者签订合同或者代销房屋被司法行政机构以强制措施查封）造成购房者无法签订预售（出售）合同、无法收取首期房款、无法办理预告登记或者退房的，则该房屋视为乙方已成功销售的房屋计入乙方的销售指标，并计提代理费；若乙方原因造成退房，该房屋不计入乙方销售指标，仍作为房屋由乙方销售。

3. 销售合同样本

甲乙双方应在开盘前共同确定《商品房买卖合同》样本，乙方应按双方确认的《商品房买卖合同》样本与购房者签订合同，与合同样本有出入的条款须经甲方委托人员（以书面授权委托书为准）签字确认。乙方未经甲方书面同意擅自与购房者签订与合同样本不一致的条款，并因此发生纠纷的，由乙方承担责任。

第五条 结算、保证金

1. 结算

（1）甲乙双方同意，以套为单位结算。在开盘后次月起每月____日为成功销售房屋建筑面积、代理费（佣金和营销费用）、保证金结算日。

（2）若甲方无合理原因拒绝结算的视为已按乙方提交的材料、报表在结算日成功结算。

（3）支付期限

甲方应在结算日后____个工作日内，向乙方支付已成功销售房屋的全部代理费、溢价。

2. 税费

甲乙双方各自承担应缴纳的税费。

3. 相关发票

乙方收取代理费，应向甲方开具发票。

4. 保证金

（1）支付。本合同生效后____天内，乙方将保证金人民币____万元存入以乙方名义设立、甲乙双方共管的银行账户（各留一枚银行印签章）。将本项目预售许可证交乙方对外公示后____天内，把该____万元保证金转存入甲乙双方共管的银行账户，并再存入人民币____万元保证金。

（2）返还。每月结算日后____个工作日内，甲方按乙方完成的销售率 × 保证金总额计得的金额返还乙方保证金，直至返还全部保证金。

第六条　乙方义务

1. 报告义务

乙方实施的营销企划方案中发布的广告、楼书和销售道具等必须经甲方确认后方可发布。

2. 谨慎义务

乙方工作人员不得误导或采取其他不当行为给当事人或甲方造成任何损失，否则由乙方承担相应的赔偿责任。

3. 代理事项

乙方参与本项目房型、户室比的确定；明确本项目的市场定位、营销企划方向，制订、实施本项目的媒体安排、推广方案、广告内容、销售道具；制订、实施现场销售方案和认购合同的签订、预售合同的签订、按揭贷款的收件工作等。

4. 人员配置

本合同生效后，乙方应整合其在房产销售和策划方面的专业力量为甲方提供售前 / 售中 / 售后全过程营销专业服务。

第七条　甲方业务

1. 交付标准

甲方同意，将代理房屋交付购房者时达到附件二约定的交付标准。

2. 交付时间

甲方同意，甲方应按附件三约定的工程施工计划进度表完成本项目的工程形象进度，交付购房者的时间不迟于____年____月____日。

3. 委托人工作

甲方提供（预）销售房屋相关的文件和证书及详细数量表，并对提供的文件和证书的真实性负责；根据乙方的销售节奏要求，甲方负责派专员办理收款、开具发票、出具预告登记抵押登记中须甲方提供的各类资料、入户手续；及时和乙方结算款项；及时审查宣传广告文稿，以及甲方按销售要求落实抵押贷款银行。

第八条　违约责任

1. 擅自解除的责任

甲乙双方同意，除本合同另有约定外，任一方擅自解除本合同的，均应承担违约责任，违约金为人民币____万元。

2. 滞纳金

甲乙双方同意，任一方未按本合同约定结算支付款项的，按应结算支付而未结算支付款项的日万分之____承担滞纳金。

第九条 其他

（1）本合同经甲乙双方签字盖章后生效，本合同一式两份，甲乙双方各执一份，具有同等法律效力。

（2）甲乙双方在____市签订本合同。

（3）甲乙双方均应对本合同、本项目重要内容保守秘密，非经对方同意或应司法或行政机关要求，不得泄露给无关他人。

（4）依照本合同规定发生的通知和信息均采取书面形式。

甲方：××房地产开发有限公司　　乙方：××房地产销售有限公司

法定代表人：_____（签字盖章）　　法定代表人：_____（签字盖章）

日期：　年　月　日　　　　　　　日期：　年　月　日

附件一：代理房屋清单。（略）

附件二：房屋建筑结构、装修及设备标准。（略）

附件三：本项目工程施工计划进度表。（略）

附件四：售楼处、样板房交付装修时的标准。包含门、窗安装完毕，厨卫管线铺设，室内地面水泥砂浆抹平，墙面和顶棚为混合砂浆打底腻子批平；内外场地平整，看房通道安全、畅通；照明、临电配套到位，接至售楼处门口，设置×个卫生间，确保下水管道通畅，提供×门直线电话（其中一门申请ADSL）；售楼处门口提供××辆小型车辆的停车场地。

📋 思考题

1. 房地产项目营销渠道选择的影响因素有哪些？

2. 房地产营销渠道策划的方法有哪些？

3. 如何用互联网创新营销渠道？

📑 实训题

对本地区某房地产地块项目进行分析，编写营销渠道策划方案。

📂 实训指导

1. 5～8人一组，以组为单位完成实训题。

2. 实地考察与网上调查相结合，主要参考网址见本书第1章实训指导。

3. 报告要求独立撰写，不允许抄袭，要求报告字数为1 000～1 500字。

第 8 章

房地产项目促销推广策划

⊙ 学习目标

1. 了解房地产项目促销组合概念。

2. 熟悉房地产市场推广类型及方式、促销推广的本质与作用以及特点。

3. 掌握房地产项目的广告宣传、人员促销、营业推广、公共关系推广策划以及活动推广策划。

📖 技能要求

1. 能够遵循房地产营销类职业标准相关内容。

2. 能够在房地产营销业务中体现工匠精神。

3. 能够根据房地产项目产品组合与价格体系进行房地产促销组合设计。

4. 能够开展房地产项目的广告宣传促销推广策划。

5. 能够开展房地产项目的人员促销推广策划。

6. 能够开展房地产项目的营业推广策划。

7. 能够开展房地产项目的公共关系推广策划以及活动推广策划。

8. 能够设计本地区某房地产地块项目的促销推广策划方案。

📖 案例 8-1

恒大华府项目的促销推广

一、项目概况与营销环境分析

项目概况与营销环境分析见案例 3-2。

二、项目的市场分析

项目的市场分析见案例 4-1。

三、项目的市场定位

项目的市场定位见案例 4-1。

四、项目的主题概念与整体形象设计

项目的主题概念与整体形象设计见案例 5-1。

五、项目的产品组合

项目的产品组合见案例 5-1。

六、项目的产品价格策略

项目的产品价格策略见案例 6-1。

七、项目的营销渠道选择

项目的营销渠道选择见案例 7-1。

八、项目的促销推广

1. 恒大华府的广告策划

（1）恒大华府的独特销售主张（USP）。别人没有的，我们要说我们有的；别人有的，我们要第一时间赶紧说；别人不敢说的，我们要勇敢说，但不要说得过分。恒大华府产品系列，地段的价值显而易见，这样向市场发出声音……

声音一："说地段价值"。

● 推出项目的核心区域价值，5 站即达新街口。

声音二："说产品特色"。

● 不以精装论精极。
● 豪宅需要精致，主城豪宅需要超越精致，走向精极。
● 以"精极"把项目所有价值串联起来。
● 恒大华府项目的核心产品价值——10 分力道，9A 精装。

恒大华府的品牌口号"10 分力道，9A 精装"，延续了恒大华府一贯的"精质主义"。10 分力道，即①精端——恒大华府 TOP 系，新街口山湖精致大宅。②精著——9A 精装，纯平大宅量身定制。③精纬——新街口以南，奥体以东，10 号线家门口站。④精境——菊花台公园，六大主题园林。⑤精奢——满屋名牌，9A 精装。⑥精妙——室内细致入微，室外恢宏。⑦精微——采用 6 000 余条繁复奢装标准。⑧精心——10 分笑脸服务，360° 全贴心生活。⑨精牌——连续 10 年位列中国房地产企业 10 强。⑩ 精智——南京硅谷，世界 500 强智慧云集。

（2）恒大华府的广告设计。恒大华府的广告体系，如图 8-1 所示。集团在对项目企划定位的同时，针对城市、客户，加快品牌落地，加深客户对产品的理解，引导传播沟通："十朝金陵一席华府"。恒大华府的典型广告，如图 8-2 所示。

精极

[项目定位]

恒大TOP系，山湖精极大宅

[市场占位]

5站，即达新街口

[广告分层]

第一步：占位输出

品牌气质形象确立

> 传播策略
> 　从豪宅市场、恒
> 大华府、项目价值
> 体系三个角度输出
> 广告

第二步：精极标准输出

整体价值体系支撑形象

> 传播策略
> 　以项目十大价值（新
> 街口区位、山湖资源、
> 硅谷配套、精极产品）
> 等囊括十大精极，定义
> 恒大TOP级豪宅标准

第三步：核心卖点输出

核心产品细节支撑价值

> 传播策略
> 　9A精装的豪宅规格，
> 6 000余条繁复奢装标准，
> 提炼出产品最根本、最
> 极致的价值点，广告化

[盛大开盘]

图 8-1　恒大华府的广告体系

图 8-2　恒大华府的典型广告

图 8-2 （续）

（3）恒大华府的广告途径。将者拔城，王者攻心，营销广告渠道覆盖方方面面。线上：将"精极主义"通过 10 大项目价值向市场发出声音；线下：将恒大传统的"9A 精装"价值通过终端描述给客户。

线上广告推广。①网络软文主要以 HOUSE 365、搜房网、新浪、搜狐焦点、房天下、腾讯网通栏为主。②新闻通告主要以《扬子晚报》《现代快报》《金陵晚报》《南京晨报》等南京主流报纸媒体为主，2014 年 9 月 28 日开始出街，根据销售节点、销售政策的变化不断调整。③报纸广告主要在《扬子晚报》《现代快报》《金陵晚报》《南京晨报》等南京主流报纸媒体投放，开盘期间每周 2～3 篇。

2. 恒大华府项目的人员促销

易居中国营销集团面对恒大华府承载期许、开创传奇和达成目标的双重压力，集结精兵强将，三军齐动，一战倾城，抢滩金陵。南京恒大华府销售团队调整力度大，新人成为营销主力。从 9 月中旬开始，易居中国营销集团集结令下，各城际公司精英开始向古都南京进发，银川、合肥、上海、山东、徐州、盐城、武汉、宿迁、扬州、淮安……全国各地区精英开始分批集结南京，9 月 30 日，一支 300 余人的"特种兵"团队集结完毕。他们为了同一个梦想，凝聚在一起。为鼓舞士气，10 月 8 日，最后集结时刻，隆重举办了南京恒大华府开盘誓师大会（见图 8-3）。团队集结之外，领导层个个下基层，到一线，争当排头兵。公司总经理到项目现场做指导，事业部总经理下案场做项目经理，策划、销售、拓客一手抓。两名销售总监变身销售主管，案场每一组客户，无论认购与否，都经过他们详细盘客。

图 8-3 南京恒大华府开盘誓师大会

3. 恒大华府项目的营业推广与公共关系推广

推广策略：全渠道加大推广力度，重点外拓以及客户介绍。

推盘策略：首期推出 2#、4#、6#、9# 住宅房源及 2#、4# 商铺房源。

线上、线下推广。加大线上、线下的推广力度，利用现有渠道以及新颖渠道，在蓄客期间大量蓄客，刺激现场到访。通过现场氛围包装、现场销售动作，刺激高层及商铺的去化。通过刺激客户、老业主，发展老带新。线下着重进行拓客，通过增加力度以及监控措施，增加线下来人，提高线下来人质量等。

4. 恒大华府项目的活动推广

恒大华府通过策划营销活动嫁接资源，导入有效精准客户资源。关注只是一厢情愿，"互粉"才是志同道合。高端楼盘热销离不开资源嫁接和圈层活动。恒大华府共举办 4 场大型资源嫁接活动和 4 场企业专场看房团活动。资源嫁接分别为：奔驰 4S 店车主、品牌红酒酒庄会员、理财公司高级客户和南京民乐团会员。企业看房团活动分别为：南京卷烟厂书画交流会、金融界专场品鉴会、媒体品鉴会以及合作供应商专场品鉴会。营销活动共导入有效客户近 300 组。

资料来源：易居中国营销集团吴小丽、黄晓波、朱登飞、夏鹏、丁露、笪浩、张子楚、王卉等，编者稍加整理。

📖 **案例 8-2**

望京 SOHO 的促销推广

1. 望京 SOHO 项目概况

望京 SOHO 项目占地面积 115 391.8m²，规划总建筑面积 521 265m²，位于北京朝阳区望京地区的核心区，周边轨道交通便利。望京 SOHO 由三栋塔楼组成，仰视时犹如三座相互掩映的山峰，俯视时宛似游动嬉戏的锦鲤（见图 8-4）。

图 8-4　望京 SOHO 项目位置与规划

2. 望京 SOHO 项目的卖点

北京门户新地标，城市中心稀有顶级景观办公。

- 首都第一印象建筑，最高一栋高达 200m。
- 位于未来北京的第二个 CBD——望京核心区，进出北京的门户所在地。
- 独一无二的都市园林式办公，打造了休闲剧场、场地运动、艺术雕塑、水景四大主题景观。

- 灵活的商业办公空间配置，符合投资需求。1 100～2 200m²，10m 高写字楼大堂，营造舒适开阔的办公环境。
- 美国绿色建筑 LEED 认证，打造节能、节水、舒适、智能的绿色建筑。

3. 望京 SOHO 项目的广告宣传促销推广

- 开发商形象宣传。SOHO 中国是北京较大的房地产开发商，主要在北京和上海城市中心开发高档商业地产。
- 形象代言人宣传。
- 利用博客和微博推广 SOHO 品牌。
- 媒体广告。在北京多家报纸、中国多家房地产门户网站发布望京 SOHO 项目的硬广告，广告图片如图 8-5 所示。同时，还设计了一些媒体软文，如在 0352 房网（http://www.0352fang.com）刊登了《望京 SOHO 震撼杰作面世北京　成京城首个地标建筑》的文章，很好地宣传了望京 SOHO 项目。

图 8-5　望京 SOHO 项目的广告

- 在公司网站主页上设置租售中心，开辟买房、租房窗口，上传了望京 SOHO 项目的系列产品视频。

4. 望京 SOHO 项目的公共关系推广

SOHO 中国基金会的使命是在推动社会物质发展的同时，推动精神层面的进步和成长。SOHO 中国基金会很好地提升了望京 SOHO 项目的社会公共形象。

5. 望京 SOHO 项目活动推广

开展了美食嘉年华、SOHO 另类交流派对、"三国杀"大赛等大众系列活动。同时，还开展了 SOHO 未来时代新城市空间等特约专题论坛活动。

资料来源：根据望京 SOHO 项目有关资料整理。

案例讨论

1. 普通住宅项目可以从恒大华府和望京 SOHO 项目的促销策划中汲取什么经验？
2. 你认为恒大华府和望京 SOHO 项目的促销推广方式还有什么不足？

学习任务

对本地区某房地产地块项目进行促销组合设计，制订促销推广策划方案。

遇到房地产去库存的压力，要提升销售力，争抢市场销售份额，关键是谁的项目能抢到市场销售份额。房地产项目销量可按下面公式估算：房地产项目销量 =（产品力 × 销售力）÷ 房价指数。现在住宅产品高度同质化，产品力已经很难拉开距离。打价格战可以提高市场份额，但现在价格战也没法打了，因为已经出现亏损。假如价格是稳定的，价格、产品力这两个是常数，销量这个变数就取决于销售力。在供大于求的市场形势下，提升销售力至关重要。促销推广是提升销售力的核心内容。

8.1　房地产市场推广与促销组合

1.房地产市场推广及方式

（1）房地产市场推广。房地产市场推广是指房地产企业为扩大产品市场份额、提高产品销量和知名度，将有关产品或服务的信息传递给目标消费者，激发和强化其购买动机，并促使这种购买动机转化为实际购买行为而采取的一系列措施。房地产市场推广就是房地产促销。

（2）房地产市场推广方式。房地产市场推广方式主要有广告推广、人员推广、营业促销推广、公关推广、活动推广等。

（3）拉式策略和推式策略。这两种促销策略在房地产市场推广中都会遇到（见图 8-6）。拉式策略是房地产企业针对最终消费者开展广告等促销攻势，形成市场需求，拉动代理商经销。推式策略是房地产企业对代理商促销，迫使其寻找顾客促销。

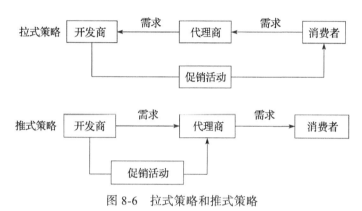

图 8-6　拉式策略和推式策略

2.房地产促销推广的本质与作用

（1）房地产促销推广的本质。房地产促销推广的本质就是通过传播，实现企业与其目标市场之间的信息沟通，赢得目标市场客户信任，激发他们的购买欲望，促使其购买与消费。

（2）房地产促销推广的作用。房地产促销推广的作用就是通过详细的介绍、生动的描述来塑造房地产项目产品的形象，刺激客户的购买欲。①告知。向目标市场传递信息、提供情报。②说服。增加客户需求欲望，说服其购买。③影响。突出项目特点，树立产品形象，造成客户的偏爱，促进销售。

3.房地产促销卖点挖掘（是"房地产项目卖点与买点凝练"的基础）

卖点是产品所具有的不易被竞争对手抄袭的，同时又是可以展示、能够得到目标客户认同的特点。一个房地产项目要成功地推向市场，就应充分将其美好的、独特的、吸引人的卖点表现出来。房地产卖点必须具备 3 个条件。①卖点是楼盘自身拥有的优越的不易被竞争对手抄袭的个性化特点。②卖点必须是能够展示、能够表现出来的特点。③卖点必须是能够得到目标客户认同的特点。挖掘卖点的 4 个阶段如下。

（1）片区市场研究。片区市场通常根据城市内的行政区来划分，片区市场研究主要包括：①片区的总体规划，包括土地使用性质、住宅规划、市政配套、景观规划、道路交通规划及人口规划等。②片区的功能定位。③片区内房地产开发动态。④片区内房地产价格水平分析。⑤片区内房地产营销方式分析。⑥片区内已建、在建和拟建项目分析。

（2）对手动态跟踪。对手一是指竞争对手，二是指竞争性楼盘。①除了要了解竞争对手的背景、组织架构、资金状况、管理机制、决策机制、考核机制，还要了解其土地储备、历年来的项目开发状况以及未来的项目开发计划。②对竞争性楼盘而言，应分两种情况，一种是同一片区的楼盘，另一种是不同地区但定位相似的楼盘。搜集到这些楼盘资料后，要进行价格、销售率、营销推广、户型等方面的对比分析。要确定竞争对手的目标，评估竞争对手的优势和劣势，识别竞争对手的现行战略。此项研究的资料搜集主要通过媒体信息、实地考察及有针对性地访问（如访问对方的营销经理）等方式进行。

（3）消费者构成及购买行为研究。借助市场调研，明确下列问题。①哪些人构成了市场？他们有什么特征（如年龄、经济收入状况、地区等）？——购买者。②他们购买哪种楼盘（对项目设计、价格、户型、位置、配套等的要求）？——购买对象。③他们为什么要购买这些楼盘？——购买目的。④谁参与了购买过程？——购买组织。⑤他们以什么方式购买商品？——购买行动。⑥他们准备什么时候购买商品？——购买时间。⑦他们在哪里购买商品？——购买地点。

（4）进行卖点挖掘。在以上三个步骤之后，将搜集来的资料汇总整理并与项目本身进行对比，就可以发现项目的卖点。

4. 提炼推广主题（是"房地产项目卖点与买点凝练"的基础）

将项目的卖点提炼为一两句话，就形成项目的推广主题。主要解决"是什么样的物业""卖给什么人""能达到什么效果或有什么好处"三个问题。具体可以从 3 个方面来提炼推广主题。

（1）从产品定位中提炼物业主题。首先要让消费者明确该项目有什么物业，要熟悉物业的基本构成，如交通状况、绿化、建筑设计特点、装修标准等。产品定位包含小区规划、建筑风格、小区环境、户型设计、功能定位、物业名称、物业管理等内容。将这些内容提炼为具体的主题，即形成物业主题。产品定位与推广主题内容，如表 8-1 所示。

表 8-1　产品定位与推广主题内容

产品定位内容	推广主题内容
位置及规模	交通条件、周边配套、总占地、总建筑面积、总套数
建筑风格	描述该种风格的外立面特点
小区环境	容积率、楼间距、绿化率、绿化面积、各项配套
户型设计	户型种类、面积、室内布局、使用率及细部介绍
功能定位	智能化程度、装修标准
物业名称	诠释楼盘名称的内涵、外延
物业管理	物业管理公司名称、荣誉、服务内容、收费标准、配备设施

（2）从客户定位中提炼市场主题。客户定位明确了消费群体是怎样的一些人，其职业、收入、年龄、性别、文化层次、喜好及未来需要也明确了，也可以推断由此而引起的一些消费倾向。所以，市场主题可以从客户定位中找出符合其需要及能力的要素，并对这些要素加以描述，突出"卖给什么人、供什么人享用"。

（3）从形象定位中提炼广告主题。广告主题是广告所要表达的重点和中心思想，是通过一两句精练的广告语来体现的，提高消费者对该项目的期望值，使其产生许多美好的联想和希望。例如，明华园的主打广告语"繁华深处是我家"，让人明白其交通的便捷，更体验到了闹世深处的宁静、温馨。

5. 房地产促销组合策划

（1）含义。房地产促销指房地产企业通过一定的方式向消费者传递房地产商品的信息并与消费者进行有效的信息沟通，以影响消费者的购买决策，促进房地产商品流通的营销活动。房地产促销目标：提供信息突出特色和优点，强调房地产的价值与品牌，刺激需求，增加销售。促销有推式策略（人员促销为主）和拉式策略（广告促销为主）两种。房地产促销方式：①广告。②人员促销。③销售促进（营业推广，是指房地产企业通过各种营业推广方式来刺激消费者购买或租赁房地产的促销活动）。④公共关系促销。房地产促销组合是指为实现房地产企业的促销目标而将 4 种不同的促销方式进行组合所形成的有机整体。4 种主要促销方式特点如表 8-2 所示。

表 8-2　4 种主要促销方式特点

促销方式	使用手段	优 点	缺 点
广告	报纸、杂志、电视、广播、网络、户外、传单、标语等	传播面广、及时、形象生动、节省人力	单向信息沟通，难以形成即时购买
人员促销	现场推销、上门推销、电话推销、销售展示等	直接信息沟通，针对性强、灵活多变、成交率高，广交朋友，反馈信息	占用人员多、费用高，接触面窄
销售促进（营业推广）	价格折扣、展销会、赠送礼品、交易会、不满意退款等	刺激性强，短期效果明显	接触面窄，不能长期使用，有时会降低产品身份
公共关系促销	新闻报道、公益活动、赞助、捐赠、研讨会等	影响面广，影响力大，可信度高，提高企业知名度，树立良好形象	设计组织难度大，不能直接追求销售效果

（2）房地产促销组合的特点。①房地产促销组合是一个有机的整体组合。②构成促销组合的各种促销方式既具有可替代性又具有独立性。③促销组合的不同促销方式具有相互推动作用。④促销组合是一种动态组合。⑤促销组合是一种多层次组合。

（3）影响房地产促销组合的因素。①房地产的类型。②推式与拉式策略。③房地产建设的不同阶段。④促销预算。⑤产品生命周期阶段（见图 8-7）。⑥政治与经济环境。

（4）房地产作为消费品的促销组合次序：广告、销售促进、人员促销、公共关系。

（5）房地产作为投资品的促销组合次序：人员促销、销售促进、广告、公共关系。

（6）基于消费者购买阶段的促销组合选择。消费者购买阶段一般依次是 4 个阶段，房地产促销组合如下。

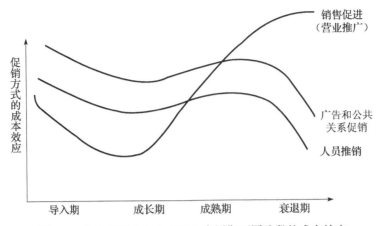

图 8-7   各种促销方式在产品生命周期不同阶段的成本效应

1）知晓阶段，促销组合的次序是：广告、销售促进、人员促销。

2）了解阶段，促销组合的次序是：广告、人员促销。

3）信任阶段，促销组合的次序是：人员促销、广告。

4）购买阶段，促销组合的次序是：人员促销为主，销售促进为辅，广告可有可无。

6. 制订推广计划

挖掘了卖点，提炼了推广主题之后就可以制订推广计划。根据不同的侧重点，可以针对推广费用、组织模式、阶段划分 3 个方面分别制订相应的计划。

（1）费用计划。在推广实施之前对推广费用进行合理计划，使其能得到有效的控制。①营销成本的构成：资料费、广告费、销售管理费、中介服务费。②编制预算。编制推广费用预算的 4 种方法：一是量力而行法，即将推广预算设定在公司所能负担的水平上；二是销售百分比法，即以特定（当期或预测数）销售额的百分比或售价的一定比率来确定推广预算，这是最为常用的方法，优点是财务上合理可行、考虑到了推广成本与企业利润之间的关系、可以使竞争趋于稳定，但此法也有不足之处，如灵活性不够、对长期规划造成不利、销售与推广的因果关系倒置；三是追随法，即留意竞争对手的推广活动并估计其推广费用，然后依行业平均水平来制定预算，此方法代表着智慧的结晶、可以避免广告大战，但仅是主观感觉并没有证据来加以证实；四是目标任务法，此法最合逻辑，具体实施过程为明确制定目标→确定实现这些目标所应执行的任务→估计执行这些任务的成本→计算推广预算。③确定项目营销成本的构成及比例（平衡各种费用）。例如，某公司财务计划中，营销成本占销售额的比例为 3.1%。

（2）组织计划。完整的、成功的项目推广过程需要靠组织去实施。其中首要的是确定组织模式，其他内容都是建立在这一基础上的。①影响组织模式的因素。为了使营销组织具备灵活性和系统性的特点，一般需要考虑如下几个方面：企业规模、市场、房地产种类。②确定组织模式。常见的组织模式包括职能式组织模式、市场式组织模式、产品式组织模式、混合式组织模式。③明确组织内部的各项活动及分工→设置组织职位→配备组织人员→制定组织规章制度→建立监督检查机制。

（3）阶段计划。根据销售过程的"预热期—强销期—持销期—尾盘期"阶段划分，项目市场推广过程也针对各个阶段销售任务的不同制订不同的促销组合推广计划。①在预热期，市场推广以突出项目的物业主题为主，展示楼盘的基本情况。②在强销期，以突出市场主题为主，吸引大量的目标客户关注，使其产生共鸣。③在持销期，以突出广告主题为主，给人以丰富的联想空间，在人气配合下产生好的效果。④在尾盘期，以朴实的宣传为重点，突出项目功能性特点。此种搭配只是作为参考，在实际推广过程中，往往是多种手段综合运用，但切忌"宁滥勿缺"的做法。从市场推广的具体内容看，包括广告推广、活动推广、品牌推广等。在不同的市场推广阶段，市场推广的内容也不相同。例如在预热期，可能就以广告推广为主，辅之以品牌推广。

8.2　房地产广告宣传促销推广策划

房地产广告宣传是房地产项目促销推广的重要手段，所以必须做好房地产广告宣传促销推广策划。

1. 房地产广告及目标

（1）房地产广告是指房地产开发企业、房地产权利人、房地产中介机构通过一定形式的媒体，公开而广泛地向公众传递房地产项目预售、出售以及房地产项目介绍等信息的宣传手段。广告的本质是传播，广告的灵魂是创意。

（2）房地产广告的目标。主要目标是促进产品销售、扩大经济效益。房地产广告提供房地产信息，改变消费者的态度和行为，诱导顾客购买，促进销售、推销产品、占领市场。在房地产项目销售过程中广告能增加项目品牌的价值。广告能够将消费者的目光吸引过来，至于能否形成购买行为，关键还在于房地产项目自身的软硬件是否符合消费者的真正需求。

（3）房地产广告类型。①促销广告。大多数的房地产广告属于此类型，广告的主要目的是传达所销售楼盘的有关信息，吸引顾客前来购买。②形象广告。树立开发商、楼盘的品牌形象并期望给人留下整体、长久的印象为广告目的所在。③观念广告。以倡导全新生活方式和居住时尚为广告目的。④公关广告。通常以软性广告的形式出现，如在大众媒体上发布的联谊通知，各类祝贺词、答谢辞等。

实｜践｜经｜验

房地产广告"巧传真实"

在房地产项目的销售过程中，广告的作用就是"巧传真实"。就是以深具吸引力、说服力及记忆点的广告语，以最震撼人心的方式把产品中与消费者最相关的部分，即所谓"真实"的东西巧妙地传达给消费者，这个"震撼人心"表现在三个点上，即相关性（relevance）、原创力（originality）和震撼力（impact）。针对每个不同领域、不同价值、不同档次的房地产项目，广告更应懂得从消费者的观点来创作，另外，应该注意两点：一是反映人性；二是发现、建立全新的连接。

一个生动而精彩的演示或隐喻能够给项目或产品带来附加价值，具体地说有三点。①区分。在竞争性的市场空间中，我们并不期待相同的产品都按照同一个标准，一个生动的创意能使产品脱颖而出，并在消费者的心智中把它提升到竞争者之上。②易记。一个生动的广告创意能保证产品超越广告登载的时间而长期留在受众的心中。③持久。产品常处于竞争性价格战、促销等情形中，而一个生动的创意有助于对之保护。广告的作用只是使消费者产生应有的注意、兴趣和欲望，而行动的落实则回归于产品实体。

2. 发布房地产广告的必备条件和规定

（1）发布房地产广告的必备条件。房地产广告必须真实、合法、科学、准确，不得欺骗和误导公众。①发布房地产广告，应当具有或者提供下列真实、合法、有效的证明文件。a. 房地产开发企业、房地产权利人、房地产中介服务机构的营业执照或者其他主要资格证明。b. 建设主管部门颁发的房地产开发企业资质证书。c. 土地主管部门颁发的项目土地使用权证明。d. 工程竣工验收合格证明。e. 发布房地产项目预售、出售广告，应当具有地方政府建设主管部门颁发的预售、销售许可证明；出租、项目转让广告，应当具有相应的产权证明。f. 中介机构发布所代理的房地产项目广告，应当提供业主委托证明。g. 工商行政管理机关规定的其他证明。②房地产预售、销售广告，必须载明的事项。a. 开发企业名称。b. 中介服务机构代理销售的，载明该机构名称。c. 预售或者销售许可证书号。③凡有下列情况的房地产，不得发布广告。a. 在未依法取得国有土地使用权的土地上开发建设的。b. 在未经国家征用的集体所有的土地上建设的。c. 司法机关和行政机关依法裁定、决定查封或者以其他形式限制房地产权利的。d. 预售房地产，但未取得该项目预售许可证的。e. 权属有争议的。f. 违反国家有关规定建设的。g. 不符合工程质量标准，经验收不合格的。h. 法律、行政法规规定禁止的其他情形。

（2）发布房地产广告的有关规定。①房地产广告不得含有风水、占卜等封建迷信内容，对项目情况进行说明、渲染，不得有悖社会良好风尚。②房地产广告中涉及所有权或者使用权的，所有或者使用的基本单位应当具有实际意义的完整的生产、生活空间。③房地产广告中对价格有表示的，应清楚表示为实际的销售价格，明示价格的有效期限。④房地产广告中表现项目位置，应以从该项目到达某一具体参照物的现有交通干道的实际距离表示，不得以所需时间来表示距离。房地产广告中的项目位置示意图应当准确、清楚，比例恰当。⑤房地产广告中涉及的交通、商业、文化教育设施及其他市政条件等，如在规划或者建设中，应当在广告中注明。⑥房地产广告中涉及面积的，应当表明是建筑面积还是使用面积。⑦房地产广告涉及内部结构、装修装饰的，应当真实、准确。预售、预租商品房广告，不得涉及装修装饰内容。⑧房地产广告中不得利用其他项目的形象、环境作为本项目的效果。⑨房地产广告中使用建筑设计效果图或者模型照片的，应当在广告中注明。⑩房地产广告中不得出现融资或变相融资的内容，不得含有升值或投资回报的承诺。⑪ 房地产广告中涉及贷款服务的，应当载明提供贷款的银行名称及贷款额度、年期。⑫ 房地产广告中不得含有广告主能够为入住者办理户口、就业、升学等事项的承诺。⑬ 房地产广告中涉及物业管理内容的，应当符合国家有关规定；涉及尚未实现的物业管理内容的，应当在广告中注明。⑭ 房地产广告中涉及资产评估的，应当表明评估单位、估价师和评价时间；使用其他数据、统计资料、文摘、引用语的，应当真实、准确，表明出处。⑮ 对违反房地产广告发布规定的，依照《广告法》有关条款处罚，《广告法》无具体处罚条款的，由广告监督管理机关责令停止发布，并可对违法行为人处以 3 万元以下的罚款。

实｜践｜经｜验

房地产广告的视觉力量

在浩瀚的信息流中仅能引起受众的注意显然是不足的。对于房地产广告来说，它更看重由注意力带来的后发效应，即从销售势能到动能的转化。

房地产项目营销讲究卖点。只有良好的产品，才能为卖点储备提供源源不绝的动力。这是一个眼球经济的时代，在这个大背景下，广告只有从被动地"被看"变为主动地"吸引人看"，才不至于被无情地淹没。

地形图加效果图再加口号的时代已经过去，房地产广告必须注重原创性。醒目而富有力量的大标题，简洁而务实的文案，具备识别性和连贯性的色彩运用是每个广告的要素。同时，房地产广告还应该注重跳跃性，也就是说，如果某广告的表现方式已经被效仿，那么其应该及时地改变表现形式，迅速出新，力争时刻走在上游。

广告的大小、投放版面和所处位置也是需要慎重考虑的问题，因为这直接关系到目标客户的信息接收效果。以报纸为例，一般来说，只有版面在半版以上，才会显得有大气之感，另外在版面的运用上，也应该推陈出新，比如采用下跨页半版、竖半版等异形版项目，总之必须给人们带来冲击，即使是常规的半版或者整版，也应该通过巧妙的画面布局吸引读者的视线。

有时候不同的广告形式究竟能对目标客户产生多少不同的影响，还比较难定论，但是可以肯定的是，只有与众不同的广告形式才能加强公司的品牌形象，扩大市场，也只有如此，广告项目才能迅速走红。

3. 广告心理

广告心理是指广告传播方式及内容对受众产生影响，导致受众产生一系列心理活动反应，以致引起受众消费态度变化的过程，是广告信息受众在广告传播中相应的心理活动。把握消费者的广告心理可以促进广告推广，就是针对消费者的不同消费心理制定不同的广告策略。心理研究发现，消费者的"喜怒无常"只是一种表面现象，在其行为背后，都有某种动机在支撑。如果广告人能设身处地为他们的需要、动机和目的着想，就会找到消费者心中的那根弦，做出科学的广告策划。

4. 房地产项目广告策划内容

（1）广告策划。广告策划是对广告的整体战略与策略的运筹规划，具体是指对提出广告决策、广告计划以及实施广告决策、检验广告决策的全过程做预先的考虑与设想。广告策划不是具体的广告业务，而是广告决策的形成过程。房地产广告策划是在广泛调查研究的基础上，对房地产市场和个案进行分析，以决定广告活动的策略和广告实施计划，力求广告进程的合理化和广告效果的最大化。房地产广告策划不仅能够进一步明确开发商的目标市场和产品定位，而且能够细化开发商的营销策略，最大限度地发挥广告活动在市场营销中的作用。

（2）广告策划种类。广告策划分为两种：一种是单独性的，即一个或几个单一性的广告活动策划，也称单项广告活动策划；另一种是系统性的，即企业项目在某一时期的总体广告活动策划，也称总体广告策划。

（3）广告策划系统。市场调研→消费者动机和行为调查→细分市场和确定目标市场→产品调研和产品定位→广告目标和广告策略。

（4）广告策划流程。①对当前的、项目区域的广告情况进行透彻的分析→②确定广告战略目标→③广告创意分析→④广告形式分析、选择与设计→⑤确定广告预算。

5. 房地产广告产品定位策略

在着手策划及制作广告前，必须进行市场定位。房地产广告产品定位是第4章"房地产项目市场分析与定位策划"在房地产广告中的深化应用。广告产品定位策略分为以下6种。

（1）功效定位。仔细分析、寻找自己的产品与其他同类产品的相异之处，然后在广告定位中突出自己产品的特异功效，使该产品与同类产品有明显区别，以便给消费者留下清晰的印象，增加其选择性需求。例如同是住宅产品，有的突出简洁实用，有的突出智能豪华，从而吸引了不同类型的消费者。

（2）品质定位。在广告宣传中强调产品的优良品质，将自己的领先优势作为重点。应强调产品的具体品质，让消费者了解该产品究竟优在何处，而不应只讲"品质优良"等套话。

（3）品种定位。刻意突出自己产品与竞争产品类型的差异，作为定位方法。如新能源住宅是以不用空调也能恒温而与普通住宅区别开来的。

（4）价格定位。如果商品品质、性能、造型等与市场上同类商品相近，没有什么特异的地方可以吸引消费者，广告宣传可运用价格定位策略。如普通楼盘广告突出高性价比，巧妙地运用价格定位策略击败竞争对手。

（5）市场定位。这是市场细分策略在广告中的具体运用，将商品定位在最有利的市场位置上。

（6）逆向定位。一般广告都采用正向定位，在广告中突出商品在同类商品中的优越性，而逆向定位则反其道而行之，是以退为进的手法。在广告中承认本产品有很多不足之处，但要努力迎头赶上，或者通过承认自己的缺陷来突出优越之处，给人一种诚实感，而不是给人一种自吹自擂、"王婆卖瓜，自卖自夸"的感觉。

6. 房地产广告目标市场策略

广告目标市场策略是指在广告中根据不同目标市场的特点，采取相应的宣传手段和方法。针对项目的目标消费群，依据其不同的生活习惯和工作环境及个性特点等，制定不同的广告诉求点和广告表现形式，力求在目标市场上更全面地传递广告信息。广告目标市场策略分为以下 3 种。

（1）无差别市场广告策略。无差别市场广告策略就是面对整个市场，通过各种媒介对同一主题内容进行广告宣传。一般来说，企业在某产品的引入期或成长期的初期，或者是产品供不应求、无强大的竞争对手之时，常采取这种广告策略。

（2）差别市场广告策略。差别市场广告策略是指在市场细分的基础上，企业根据不同细分市场的特点，运用不同的媒体组合，做不同主题的广告。这种广告无论在满足消费者的需求上，在产品品质与外观特点的宣传上，还是在广告形式上都具有很强的针对性。也就是说，它是针对特定的一批消费者而制作的。一般来说，在广告产品成长期的后期、成熟期或遇到同行激烈竞争的时候，就需要运用这种广告策略。

（3）集中市场广告策略。集中市场广告策略就是把目标市场细分成若干个子市场，企业将这若干子市场中的一个或几个作为自己的目标市场，中小型企业的目标市场往往就是这种集中市场。与此相对应的广告策略更具针对性，以满足一部分人的特殊需要为宗旨。一般这类广告不在价格高的传播媒体上出现，而是在一些地方性的、行业性的报刊、杂志上刊登。

7. 房地产项目卖点与买点凝练（是"房地产促销卖点挖掘""提炼推广主题"的继续）

（1）房地产项目的卖点与买点，实际上都是房地产项目的特点，是房地产项目所具有的不易被竞争对手抄袭的，同时又是可以展示并能够得到目标客户认同的特点。该特点对房地产开发企业来说是"卖点"，如被目标客户认同则对目标客户来说是"买点"。

（2）房地产项目卖点与买点凝练，就是在本章"8.1 房地产促销推广与促销组合"中"3. 房地产促销卖点挖掘"和"4. 提炼推广主题"的基础上进一步概括提炼房地产项目的卖点与买点，用广告语言加以提炼，便于广告宣传。凝练房地产项目卖点与买点要实事求是，不能夸大其词，更不能虚假捏造。

（3）房地产项目的价值体现于每个细节当中，要从中发现最有感染力的卖点。可构成房地产项目的卖点很多，需要营销策划人员精心提炼。如户型、景观、配套设施、交通、精装修、板式住宅、建材与配置、新工艺新材料、使用率、楼间距、会所、泳池、大型超市进驻、规划、大规模、创新技术、绿化率等。

实｜践｜经｜验

房地产项目十五大卖点（买点）提炼

第一大类型卖点：区位价值。有些房地产项目的核心价值正是体现于区位上的。卖点构成：繁华路段、CBD 概念、中心区概念、奥运村概念、地铁概念、商业地段、教育地段。

第二大类型卖点：建筑风格。建筑风格几乎是影响住宅魅力的第一元素。卖点构成：建筑艺术、德国风格、欧陆风格、法国风格、意大利风格、海派建筑风格、新加坡风格。

第三大类型卖点：空间价值。在空间里自由打造未来的设想。卖点构成：错层卖点、跃式卖点、复式卖点、空中花园、大露台卖点。

第四大类型卖点：园林主题。环境作为居住空间的重要组成，与房屋一起肩负了"天人合一"的使命。卖点构成：中心花园、加拿大风情园林、主题园林、艺术园林、亚热带园林、园林规模、欧陆园林、江南园林、自然园林、树木卖点、新加坡式园林、岭南园林、园林社区、海滨风情、热带园林。

第五大类型卖点：自然景观。拥有自然景观资源的房子，本身便构成了一道风景，江、河、山、水、房子以及人，构成一幅完美图景。卖点构成：全海景卖点、一线江景、二线江景、自然湖景、园景卖点、人工湖景、山水景观、山景卖点、河景卖点。

第六大类型卖点：功能提升。为购房者创造剩余价值，通过功能提升来实现，超越楼盘的先天资源。卖点构成：健康概念、投资概念、绿色概念、e 概念、环保概念、生态概念。

第七大类型卖点：产品类别。特殊类型产品定位，可以更加精确地捕捉特定的目标客群。卖点构成：小户型物业、Townhouse、产权式酒店、独立别墅、酒店式公寓、大户型物业、商务公寓、国际公寓、学院派公寓、新独院住宅、经济适用房。

第八大类型卖点：人群类别。社会是有阶层的，楼盘也是有阶层的。卖点构成：豪宅卖点、白领卖点、单身公寓、工薪阶层小区、外销卖点、先锋人士住所、国际化社区。

第九大类型卖点：产品可感受价值。居住者对房地产项目空间的感受是多元化的。卖点构成：品质卖点、成熟社区、身份地位、安全卖点、服务卖点、文化卖点、物业管理、口碑卖点。

第十大类型卖点：楼盘及发展商形象。在信息不对称的环境下，消费者喜欢购买品牌房产。卖点构成：荣誉卖点、发展商品牌、知情权卖点、自我标榜、张扬个性。

第十一大类型卖点：产品嫁接。在另外一个领域找寻灵感，激发人们对美好生活的向往。卖点构成：教育概念、音乐概念、艺术概念、运动概念、旅游概念。

第十二大类型卖点：居住文化与生活方式。人们一方面试图延续几乎被遗忘的传统居住文化，另一方面又充满渴望地期待着来自异域的生活方式。卖点构成：生活方式、品位卖点、文脉卖点。

第十三大类型卖点：销售与工程进度。购房者最直接的信心来自楼盘的工程进度，巧妙利用施工过程中的几个重要阶段，能营造出一系列气氛热烈的庆典时刻。卖点构成：奠基卖点、内部认购、第一期公开发售、第二期公开发售、最后一期公开发售、火爆人气、热销卖点、加推卖点、样板房开放、外立面呈现、封顶卖点、竣工卖点、交楼卖点、入伙卖点、尾房销售、现房卖点、答谢卖点。

第十四大类型卖点：原创概念。为购房创造概念。卖点构成：居住主题、新都市主义、宣言卖点、度假式概念、现代主义、游戏规则。

第十五大类型卖点：创意促销。如果能吸引买家的眼球，并且进一步将他们带到楼盘现场，可以说已经成功了一半。卖点构成：价格卖点、付款方式、竞卖卖点、节日促销、折扣促销、送礼促销、特价单位促销、巨奖促销、名人效应、各类比赛促销、征集活动促销、开放日促销、业主联谊促销、音乐会促销、表演活动促销、艺术活动促销、新旧房互动、车房互动、送私家花园、另类营销手法。

微 | 案 | 例

房地产商惯用的广告语

偏远地段：远离闹市喧嚣，尽享静谧人生。郊区乡镇：回归自然，享受田园风光。紧邻闹市：坐拥城市繁华。挨着水沟：绝版水岸名邸，上风上水。挖个水池：东方威尼斯，演绎浪漫风情。挖个水沟：亲水豪宅。水能流动：叠水丽景。地势高：视野开阔，俯瞰全城。地势低洼：台地叠景，冬暖夏凉。外立面贴砖：托斯卡纳风格。卖不动打折：回报客户。还卖不动再打折：回报社会。边上有家银行：紧邻中央商务区。

8. 房地产广告文案写作

（1）广告文案。广告文案就是广告画面中的文字，文字不能过长，要与画面的意思一致，而且要显而易见。

（2）广告文案写作。这是一个发展创意、表达创意的过程，是一个运用语言文字与目标受众沟通的过程。诉求方式、诉求内容要体现出一种人文关怀。①诉求方式上，要有充满人情味的感性诉求，宣传内容要以亲切的生活画面为主，以此来增强与客户沟通的亲和力。②在诉求内容上，"物业管理""智能化服务""社区文化氛围""健康空间""人性化设计""数字化技术"等是新近出现的新颖的诉求点。如"为爱找一个温馨家园""为每个梦想设身处地""超越所有期待，让生活充满阳光"等都能体现开发商对消费者的人文关怀。

（3）广告文案写作的原则。①简洁性原则。②真实性原则。③原创性原则。④有效传播原则。

（4）广告文案的结构构成。①广告标题。②广告正文与附文。③广告口号与广告准口号。

微 | 案 | 例

"锦绣香江：居住与世界同步"广告文案

选择生态豪宅，选择健康幸福！

紫荆园、紫荆雅园现正热销，别墅社区珍稀洋房，即买即住，数量有限！

别墅生活圈珍藏版地铁上盖生态洋房，静处国际化生态社区锦绣香江财富山旁，尊享别墅生活圈成熟配套和立体交通网络，天然山景、阳光水景环绕，坡地式电梯洋房，营造宁静、开阔、不与人扰的豪宅气度，选择生态豪宅入住，给家人更多健康和幸福。

资料来源：http://www.sanyuan163.com/。

9. 房地产广告媒介策略

媒介策略是指房地产开发企业与新闻传媒单位建立良好的社会关系以达到企业与项目的辅助性宣传效果。和传媒建立关系就是和记者、编辑们建立关系。媒介关系有着难以估量的作用，它传递信息迅速，传播面广，可信度高，如果几大媒体同时报道某企业项目佳、信誉好，那么无疑就是帮该企业在公众心目中树立了良好的形象，而且其效果要比广告好得多。

最高明的媒介策略是善于"制造新闻"。制造新闻有一个基本原则，那就是决不能弄虚作假，它应该是建立在真实的基础之上，经过策划者的巧妙挖掘，经由记者采访报道并在各大媒体上进一步推广。

10. 房地产广告媒体布局设计（媒体选择）

（1）广告媒体。广告媒体是用于向公众发布广告的传播载体，是指传播商品或劳务信息所运用的物质与技术手段。随着互联网广告的发展，传统的四大广告媒体（电视、电台、报纸、杂志）传播效果呈下降趋势，特别是平面纸质媒体。广告行业把电视媒体和电台媒体称为电波媒体，把报纸和杂志媒体称为平面媒体。在互联网时代，出现了系列新媒体，如手机媒体、交互式网络电视（IPTV）、数字电视、移动电视、博客、播客、微信等，此外还有户外广告。房地产媒体可分为报纸、电视、广播、杂志、户外广告、互联网等大众媒体和宣传画册、售楼书、人际传播、直邮、礼品广告、现场布置、通信等特殊媒体两种，并且每种媒体都有其优缺点。各种广告媒体特点，如表 8-3 所示。

表 8-3　各种广告媒体特点

媒　体	优　点	缺　点
互联网	灵活、及时、覆盖面广，表现手法丰富	观众选择性差
报纸	灵活、及时、覆盖面广，地理选择性好，可信度高	时效短，表现手法单一，不易激起注意力
电视	综合视听，兼具动感，感染力强，覆盖面广，送达率高，表现手法灵活、形象	信息消失快，不易保存，制作复杂，成本高，观众选择性差，干扰多，绝对费用高
广播	覆盖面广，传播速度快，送达率高，方式灵活，制作简单，成本低	有声无形，印象不深，展露时间短，盲目性大，选择性差，听众分散
杂志	针对性强，可信度高，印刷精致，图文并茂，干扰小，阅读时间长	购买版面时间长，费用高，版面位置无法保证
户外	反复诉求，复现率高，效果好，注意度高，费用低，竞争少，灵活性好	观众选择性差，创造性差
直邮	选择性强，灵活性好，竞争少，个性化，制作简单	相对费用高，广告形象差

（2）广告媒体选择要考虑的因素。①产品个性。产品的个性特点会影响广告表现的创作形式，也会影响广告媒体的选择。有些媒体是不适宜宣传若干种产品的，制订媒体计划时必须留意。②目标市场。要根据目标市场的特点对目标消费者分类，以适应各类媒体的传播。③营销渠道。不同的营销渠道会影响媒体选择。④竞争对手。必须充分调查了解竞争对手的广告战略与策略等，以便在选择广告媒体和推出方式时发挥己之所长。⑤广告文本。广告文本创作与媒体选择、确定推出方式是分头进行的，但广告文本与广告媒体必须匹配，即什么样的媒体适合发布什么样的文本。⑥广告预算。广告最大的制约因素就是广告预算，因此，在选择媒体时，要在广告预算的许可范围内，对广告媒体做出最佳的选择与有效的组合。

（3）房地产媒体策略。媒体策略即媒体选择和组合策略，它有非常具体的一系列要求。①策划人员首先应该对众多媒体有相当的认识。媒体是信息的传播工具，凡能在广告主与广告对象之间起媒介作用的物体，都可称之为广告媒体，广告创意不管多么巧妙，它最终必须依靠媒体才能传达到目标观众或听众。不同的媒体具有不同的特点，不同的刊播时间具有不同的效果，因此，选择什么媒体，在什么时间刊播就很有讲究。②要根据目标客户的行为习惯来选择媒体，"钱要用在刀刃上"。不同的客户接触媒体的类型、时间、地点、方式、态度都是不一样的。有效的传播途径必须和目标客户接触媒体的习惯尽量统一，媒体选对了，时间也要对，时间对了，地点也要对，只有不断地精确媒体选择，广告才有效果。

实 | 践 | 经 | 验

房地产媒体选择技巧

报纸、电视存在一个选择的问题，就拿南京来说，哪份报纸效果最好，哪家电视台最棒，这是不能一概而论的，应该根据目标客户的行为习惯来取舍，有些项目并不一定非要通过报纸或电视才能达到好的推广效果。对于面向本地市场的住宅项目，选择发行量大的地方综合性报纸和收视率高的电视台是正确的，但是哪天刊播效果最好，这又要看目标客户的行为习惯，对于打工族来说，周末之前（星期五）下了班买份晚报回去轻轻松松地读，次日早上买份日报边看边喝早茶，这是这群人的行为习惯。星期五的晚报和星期六的日报是住宅广告的黄金刊登时段。

周末晚上的电视节目比较精彩，一家人聚在一起看电视，此时的住宅广告正好可以让一家人一起议论，其效果较报纸更好。

写字楼的广告周末晚上出现就不合时宜了，因为买写字楼是公司的事。写字楼的目标客户一般都是企业，尽管企业也订有综合性报纸，但通常企业人员正常工作时间是不能看的，而经济类报纸和专业报纸则允许甚至鼓励有关人员看，这是工作需要，包括管理者自己也会更加注意经济类和专业性报纸，因为这和他的生意有关。

写字楼的促销广告选择经济类报纸和专业性报纸，其效果往往更好，而且费用要比综合性报纸低得多。

写字楼的推广最好是准备好一套完整详细的资料后，派人直接送上门。对于个体经营者来说，周末生意兴旺，让他去看报纸岂不是影响他的财路，因此，如果广告的目标客户是他们，那么，周一至周五可任意选择。

如果想让人接受广告信息，切记三点：

一是不能使人紧张，否则想让人聚精会神地听，基本不可能；

二是不能费解，让人半天也想不明白的话应该跟哲学家们去说；

三是不能啰唆，喋喋不休的话谁也没耐心听，这就是当今人们的普遍心态。

11. 房地产项目形象包装策划

房地产项目形象包装目标是使项目楼盘概念具体化、专业化，建立良好的楼盘形象，以便给目标消费者留下深刻、明确的印象。

（1）施工场地环境包装设计。①施工场地环境包装设计，就是根据建筑施工的进程和环境特点将整个工地现场包装，强调项目的特色，使人们对项目有一个整体良好的视觉形象。②工地形象诱导很重要，工地作为买家最切身关注的地方，是宣传最经济和有效的场所，工地形象不仅直接与物业和企业形象有关，而且还能够营造销售气氛。如工地路牌标明物业的名称和位置，直接与工程形象相关联；工地围板明确开发商和地产建造的专业性；工地气氛利用彩旗、气球等宣传物品，吸引人们的注意力，营造人气旺、整洁、有序的施工现场环境。③施工场地环境包装手段。一部分内容为工地围墙包装、工地立柱广告牌制作、工地公共标志牌制作、挂旗制作、路灯安装等；另一部分内容为绿化和其他配套工程，优先搞好工地围墙沿线、样板房参观路线以及绿化。重点做好外墙广告——最大的户外看板：一般是将楼盘的外墙用墙柱分隔成多面，每面的内容图案颜色相同，主要是楼盘名、楼盘标识 LOGO、电话等，以达到统一形象、加深买家印象的目的；粉刷上投资商、开发商、代理商、承建单位、设计单位的名称及标志。

（2）售楼部包装。①在售楼处顶部或两侧布置户外广告看板。外墙以及主要入口处的大型看板，内容一般是楼盘透视效果图、楼盘名称、广告语、售租电话、楼盘标识 LOGO、交通图等。②售楼部内部布置设计，包括接待区、展示区、洽谈区等，做好装修、装饰，制作和展示销售模型、售楼书，配置有关设施。③培训售楼人员基本技能与礼仪，使之成为售楼部一道靓丽的风景线。

（3）样板房形象包装。销售房子，光讲不行，买家还要看，才能相信，开发商要借助样板房发挥作用。样板房要能够集中展示开发商对目标客户的承诺兑现，要设计好房屋格调、气氛和家具配置等内容。

（4）看楼通道包装。选择安全线路，从售楼部通向样板房（或事先准备好的现场典型套型），尽量搞好绿化。线路两边要有安全标识，合适的开阔位置悬挂楼盘相关介绍、图片等。

微｜案｜例

万科金色里程的工地包装如图 8-8 所示。

图 8-8 万科金色里程"万科红"的工地围墙包装

12. 房地产广告推广安排

广告推广安排就是根据广告策划、广告心理和媒体选择对产品广告进行投放的系列计划。

（1）广告周期的安排。在规范化的营销行为下，广告周期安排就是广告周期的拟定。一个楼盘的广告周期隶属于它的营销周期，作为一个相对独立的促销过程的营销周期，广告周期的安排便是其不可缺少的一部分。

实｜践｜经｜验

房地产项目营销周期的广告推广安排

一个完整的营销周期由"引导期→公开期→强销期→持续期"组成。在引导期，大量的作业是销售前的一些准备工作，广告仅运用一些新闻报道和户外媒体。进入公开期，楼盘正式推向市场，适量的报纸文稿配合人员推广，卖场渐渐热络起来。强销期，大量的报纸广告结合强有力的业务推广，如人员拜访、电话追踪、派报邮寄等，立体的促销攻击全面展开。为配合销售达到顶峰，或者在相对低落的时候创造又一个销售高潮，各种促销活动层出不穷。在持续期，主要是对前期积累客户的消化吸收和一些事务性的收尾工作，广告量相对平静。若营销周期只是整个销售过程的一部分，则该阶段的工作还应包括对此次销售策略的修正和检讨，努力为下一个营销周期做准备。

区别于其他产品的营销周期，预售商品房的营销周期的确定除了依赖于企业内部自身的因素外，还依赖于楼盘的施工进度，并时常以施工进度的某个时间点，如建筑出地面、结构封顶、楼盘竣工等为营销的切入点。

此外，各类节假日等也是制定营销周期的重要时间考量点。

营销周期的长短并没有严格的限定，短则两三个月，长则一两年。一个房地产项目从开始预售到最后一套房屋卖出，可以规划为一个完整的营销周期。但因为相持时间长、销售状况跌宕起伏，一个楼盘在整个销售过程中往往不止一个营销周期存在。

（2）广告主题的安排。①一个楼盘总有几个主要诉求点，几个次要诉求点，除了说明书外，几乎任何一种媒体每次都是以一个主要诉求点结合几个次要诉求点来加以展示的。实际操作中，归纳总结出来的几个主要诉求点往往轮流作为广告的主题来强打，而且，当其中的一个主要诉求点被选为广告的主题时，其他的几个主要诉求点则与次要诉求点一样，有选择地作为广告主题的专一表现，这样可以最大限度地吸引目标客源；精心安排的广告主题的轮流展示，则可以保持楼盘的常新常亮。②广告主题的轮流安排也不是无序的，它是和广告周期的安排和广告诉求点的内容紧密相连的。在产品引导期和公开期，广告主题多以产品的规划优势、楼盘的地段特征为主，通过对形象的着力介绍，让一个新兴的事物尽快为客户所关注和了解。到了楼盘的强销期和持续期，除非产品有特别的优势，价格攻势往往成为广告的主要内容，在客户对产品了解的基础上，通过价格上的优惠折让和某些服务方面的承诺促使成交量迅速扩大。

（3）广告媒体的安排。各色各样的媒体在广告活动中起着各自的作用。为了更好地发挥媒体的效率，使有限的广告经费收到最大的经济效益，应该对不同类型的媒体在综合比较的基础上加以合理的筛选、组合，以期取长补短，以优补拙。因为房地产的"不动产"特质，它的常用广告媒体一般为：①户外媒体。户外媒体因为位置固定，比较偏重于楼盘周围的区域性客源。②印刷媒体。印刷媒体可以定向派发，针对性和灵活性都较强。③报刊媒体。报刊媒体和广播电视覆盖面广，客源层多。三者相辅相成，是房地产广告的三驾马车。如在广告的筹备期，广告媒体的安排以户外媒体和印刷媒体为主，售楼处的搭建，样板房的建设，看板的制作以及大量的海报、说明书的定制是重点。④互联网广告贯穿始终。

（4）广告经费的安排。广告预算是营销活动总预算的一部分。在总预算的框架下，广告经费主要根据广告周期的安排、广告主题的传播和广告媒体的选择来编排，按引导期→公开期→强销期→持续期各时段销售的特点持续安排广告经费投入。

13. 房地产广告效果测定

广告效果是指企业通过媒体传播广告之后，目标消费群受到的影响。从广告效果的形成过程来看，广告效果可以划分为广告认知效果、广告心理效果和广告销售效果三个层面。广告效果的特征包括：滞后性、积累性、复合性、间接性、层次性。广告效果测定就是运用科学的方法来鉴定广告的效益。广告效果测定的方法有以下 3 种。

（1）实验法。这是事前测定与事中测定必用的主要方法。采用实验法必须选择与目标销售区域或对象具有类似特征的实验范围与对象。对于接受实验者来说，一切都必须是全新的，他们不带任何假想，甚至是一无所知地接受实验，这样才能使结果尽量接近事实。

（2）问卷法。可以通过邮寄、报纸公开征集回函或访员上门访问进行。如果能够许诺消费者某种好处，反馈率是相当可观的。这是一种比较费时、费力的方法，但测定对象覆盖面广，可以比较全面地了解问题。比如消费者的品牌认知度、品牌忠实度等，都能够有所反映。实验法和问卷法都是从消费者角度来进行广告效果的测定。

（3）产品销售效果的分析。这是从广告主内部来测定的，也是最常衡量广告运动效果的指标。①产品销售额与广告费用之比。从中大致可看出广告运动最为直接最为短期的效果。这当中排除了其他影响销售额的因素。所以，销售额增减只是测定广告效果的一个参考因素，并不能完全准确地反映广告效果。②市场占有率变化描述。广告运动前产品在市场中的位置和力量，与广告运动后产品在市场中的位置和力量对比。此法与分析销售额法极为类似，只能作为一个参考因素。③利润与利润率的变化比较。利润率是衡量付出与得到是否相当的天平，对广告实施前后的利润与利润率进行比较，在某种意义上比销售额分析、市场占有率描述都要来得犀利。

8.3　房地产人员促销推广策划

1. 房地产人员促销推广及优缺点

（1）房地产人员促销推广。房地产人员促销推广主要指房地产促销员直接与房地产项目目标客户接触、洽谈，宣传介绍项目产品以实现销售目的的活动过程。人员促销推广是最原始但有时是最有效的产品促销策略，房地产项目与顾客之间的联系主要通过促销员这个桥梁。促销员、产品、顾客三者结合起来，才能成为统一的人员促销这一活动过程。

（2）人员促销的主要特征。①信息沟通的双向性。②促销过程的灵活性。③有利于发展和维持客户关系。④成本高，要求高。

（3）房地产人员促销推广优缺点。①优点：人员促销方式灵活、针对性强、及时成交、发展关系、反馈信息，可以进一步弥补广告与促销信息之间的信息不一致性，提高产品在市场上的竞争力，通过现身说法的方式赢得消费者的信任和好感，促成消费者完成购买行为。②缺点：人员促销推广策略的单位成本比较高，庞大的队伍会使成本上升，人才难觅，管理也比较困难，而且对目标消费者的覆盖面不广。

2. 房地产人员促销目标的确定

（1）确定促销目标的依据：房地产项目情况、市场竞争情况、促销队伍自身情况。

（2）人员促销目标：①促销额，按周、月、季度、年度，或者按项目进度节点。②客户访问签约成功次数，按周、月、季度、年度，或者按项目进度节点。③新客户的访问时间占总时间的比率。④新客户的促销额占总促销额的比率。⑤促销费用占促销额的比率。⑥客户的反应，如满意度、投诉率等。

3. 房地产人员促销的程序和技巧

（1）搜寻促销对象。寻找、发掘潜在的消费者，它们可以是消费集团，也可以是个人。了解消费者对本项目产品信息的接收情况以及市场需求情况，确定可成为产品购买者的顾客类型，了解目标市场和顾客对企业及其产品的反应及态度，准确选择和确定潜在顾客。

（2）准备工作。①拟定促销房地产的内外信息，如区位条件、设施情况、环境质量、建筑设计、结构、材料、装修等。②了解消费者情况，如收入、支付能力、家庭成员组成等，做到"知彼知己"。③掌握同类房地产的竞争情况等，并做心理准备，设想一些可能遇到的情形，构思对策。④道具，如名片、楼书、认购书等。

（3）接近对象。通常需要从重点选择对象的周围了解其基本情况，然后通过电话或互联网预约，以便让对方有心理准备，电话联络时要尽量婉转，表达要清晰，避免唐突地登门造访。

（4）介绍项目情况。约见后，促销人员先介绍自己的情况，出示有关证件，给人以安全和信任感，再详细介绍房地产项目及企业情况，此时应表现出信心和耐心。

（5）应对异议，解答疑问。顾客在听完介绍后，可能会提一些问题，如价格可否优惠，以及质量问题、产权问题，是否办理按揭业务、售后服务问题、物业管理问题等。所有这些均需耐心据实回答，以消除消费者的疑虑，增强其购买决心。

（6）成交。经过耐心细致的动员说服工作，顾客最终采取购买行动。促销工作可算基本完成，促销人员可以事先准备一份意向书或草拟协议，争取对方签章。如果不能成交，也应当礼貌地道谢再见。

（7）追踪服务。交易完成后，促销人员还应主动同顾客联系，监督开发商兑现其所承诺的条件的情况，协助顾客解决可能出现的难题，不要"人走茶凉"，要维持和提高顾客对企业、产品及促销人员的满意程度。

4. 房地产促销人员的条件与素质

在房地产人员促销过程中，促销人员的自身素质至关重要。促销人员的素质和形象其实代表的是企业形象。有些公司不注重人员素质的提高，促销人员素质差，不但销售难以成功，还会损害公司形象。房地产促销人员除具有"房地产营销人员的素质和能力（见本教材第1章）"外，还要具备如下工匠般的精神与素质。

（1）房地产促销人员的基本条件。有事业心、有服务意识、态度和蔼、精力充沛、有专业知识、善于沟通、应变能力强等。

（2）房地产促销人员应具备的素质。①良好的思想素质：有艰苦奋斗的创业精神，百折不挠、永不言败，遵守国家法律、法规和有关政策。②较高的个人修养：仪表端庄，举止大方，态度和蔼，有自信，能正视各种挑战。③较强的业务能力：熟悉房地产业，有相当的专业知识，有较好的语言表达能力，善于与人沟通，有完成销售任务的强烈欲望。

5. 房地产促销队伍的建设与管理

（1）房地产促销队伍人员构成。包括促销人员、促销主管、市场代表、市场督导等。总体上分为直接销售人员（促销人员）和带有部分管理性质的间接销售人员（促销主管、市场代表、市场督导等）。

（2）促销人员的招聘和遴选。主要通过内部选拔和对外招聘。

（3）促销人员的培训。培训的方法有课堂教学培训、模拟培训和实践培训。

（4）促销人员的考核与激励。①考核。促销活动效果的评估是非常重要的阶段，它不是在促销活动结束后才有的，而是贯穿于促销的整个过程，对促销人员的考核主要依据促销目标完成情况的评估结果。②激励。它包括报酬激励和奖励激励两种。报酬激励有三种形式：固定工资制、佣金制和混合制。奖励激励包括物质奖励和精神奖励。

（5）促销队伍的结构安排。①地区结构安排。按地区派遣促销人员，每个促销人员负责企业所有产品在一个地区内的促销工作。②产品结构安排。按产品的类别派遣促销人员，每个促销人员分别促销不同类别的产品，如住宅、商铺由不同人员促销。③顾客结构安排。按顾客类型（如新顾客与老顾客、重要顾客与一般顾客）或行业派遣促销人员，每个促销人员分别负责向不同类型的顾客或不同的行业促销产品。④复合结构安排。按地区、产品和顾客的某种组合派遣促销人员。当企业在一个广阔的市场范围内向不同类型的顾客促销多种类型的产品时，可以采用这种形式。

（6）促销队伍的规模。一般采用工作量法米确定。①按年购买量的大小对顾客进行分类，并确定每类顾客的数目。②确定每类顾客平均一年内需要访问的次数。③计算访问所有顾客所需的总次数，即年访问总工作量。④用总次数除以一个促销人员一年内可以完成的平均访问次数，这样就可计算出促销队伍的总人数。

6. 房地产人员促销技巧

在促销实践中发现，销售业绩最好的促销人员并非那些最能"侃"的促销人员，一些纯朴但敏锐的促销人员的促销业绩反而更好，因为这些促销人员掌握了一定的促销技巧，更能把握消费者内心的真实想法，有同理心，从而促使顾客做出购买决策。主要有以下技巧。

（1）树立双赢理念，做好置业顾问。人员促销非常注重人际关系，促销人员代表企业利益，同时也要重视顾客利益，为顾客着想。满足顾客需要是保证销售成功的关键。促销人员要乐意在许多方面为顾客提供服务，帮助其了解推出的楼盘，帮助其解决问题。

（2）因人而异选取促销方式。促销人员在销售过程中要具有极大的灵活性，因人而异选取促销方式。可随时观察顾客对促销陈述和促销方式的反应，并揣摩其购买心理变化过程。有针对性地改进促销方式，以适应不同顾客的购买行为和需要。

（3）做好双向沟通，收集市场信息。人员促销是一个双向沟通的过程，促销人员在向顾客提供服务的同时，也要做好市场信息收集，为企业收集可靠的市场信息，以便于企业了解市场，提高项目开发水平。

实｜践｜经｜验

房地产销售中人员促销的技巧

与客户接触要有：

● 整洁的仪表；

- 守时；
- 得体的问候、适当的寒暄；
- 礼品的馈赠；
- 双赢精神、不卑不亢。

制订好行动计划。以节省时间、减轻紧张程度、增加工作弹性、提高专业化程度、提高销售业绩。

做好出访前的准备。出访时间是否合适，是否了解对方，拜访目的，辅助工具等。

辅助工具：产品说明书、名片、计算器、笔记本、笔、价格单、宣传品（POP）、样图、纪念品（礼品）。使用辅助工具的好处：容易引起对方的注意和兴趣，使销售说明更直观、简洁和专业，预防介绍时有遗漏、缩短拜访时间、提高成交率、随时更换准客户收存的本公司资料。

消除误会，取得信任。顾客对促销人员一般有戒备心理，或对商品房有一些看法，甚至有些错误成见，因此促销人员应避免满口推销行话，自吹自擂，而应在与顾客热情交谈时，尽量搞清楚他们感兴趣的话题，尽量谈一些顾客认为有价值的东西，鼓励对方自我展示，同时表现出诚实、坦率。

积极提问。通过提问从顾客的回答中获取需要的信息，巧妙地问一些顾客感兴趣的问题，还能取得顾客的好感。有时提问也是一种手段，将顾客从偏离的话题中拉回到正题。

善于提示、说服。提示不是要操纵顾客，而是引导他们认识到促销的商品房正是他们所需要的，可运用以下方法。

- 与竞争对手相对比。促销人员将自己与竞争对手的楼盘相对比，突出自身优势和特色，打动顾客。
- 出示证明。在与顾客交谈时可提供参考资料、相关证书、资质证明、专业鉴定等或举例购买该商品房的有名望的人或讲述另一位消费者如何开始心存疑虑到后来决定购买的例子等。

- 促销人员自身的表现。要表现出自信、权威，具有丰富的专业知识，对楼盘熟悉了解；对顾客表现出礼貌、尊重、对他们的福利的关心；所做的声明、承诺始终如一。

正确面对反对意见。反对意见的提出有许多原因，如顾客暂时无力购买，或有更隐蔽的原因未说出而以反对来搪塞等。面对反对意见，促销人员切忌不耐烦或者做一大通辩解，而要礼貌请求顾客对反对意见做出解释，避开表面托词，探求真实原因，解决顾客的问题，尽量满足其需要。

资料来源：http://www.pmedu.net/.

实 | 践 | 经 | 验

巧判"可能买主"的依据

巧判"可能买主"主要依据以下 10 个要素。

（1）随身携带本楼盘的广告。

（2）反复观看比较各种户型。

（3）对结构及装潢设计建议非常关注。

（4）对付款方式及折扣进行反复探讨。

（5）提出的问题相当广泛琐碎，但没有提出明显的"专业性问题"。

（6）对楼盘和某套型的某种特别性能不断重复。

（7）特别问及邻居是干什么的。

（8）对售楼员的接待非常满意。

（9）不断提到朋友的房子如何如何。

（10）爽快地填写"客户登记表"，主动索要卡片并告知方便接听电话的时间。

如果每个要素算 10 分，给"可能买主"打分，分数最高者即为"最有价值客户"，就要优先对其进行分析并制订下一步跟踪方案；如果分数低于 20 分，则基本可以判定是"不可能买主"。

将准客户分为三级：

- A 级，最近交易的可能性大；
- B 级，有交易可能性，但还要些时间和努力；
- C 级，依现状尚难判断。

8.4　房地产营业推广策划

1. 房地产营业推广及作用

（1）房地产营业推广。营业推广也称销售促进或销售推广，是一种适用于短期推销的促销方法。房地产营业推广是房地产企业为鼓励购买、销售产品而采取的除广告、公关和人员促销之外的所有企业营销活动的总称。

（2）房地产营业推广的特点。①营业推广促销效果显著。只要能选择合理的营业推广方式，就会很快地收到明显的增销效果，而不像广告和公共关系营销那样需要一个较长的时期才能见效。营业推广适合于在一定时期、为达成一定任务的短期性的促销活动中使用。②营业推广是一种辅助性促销方式。人员促销、广告和公关营销都是常规性的促销方式，而多数营业推广方式则是非正规性和非经常性的，是它们的补充方式。使用营业推广方式开展促销活动，虽能在短期内取得明显的效果，但它一般不能单独使用，常常配合其他促销方式使用，这样能使与其配合的促销方式更好地发挥作用。③营业推广有贬低产品之意。采用营业推广方式促销，似乎迫使顾客产生"机会难得、时不再来"之感，进而能打破消费者需求动机的衰变和购买行为的惰性。但是，营业推广的一些做法会使顾客认为卖者有急于抛售商品的意图，若频繁使用或使用不当，往往会引起顾客对产品质量、价格产生怀疑。

（3）营业推广的作用。①可以吸引消费者购买。这是营业推广的首要目的，尤其是在推出新产品或吸引新顾客方面，由于营业推广的刺激比较强，较易吸引顾客的注意力，使顾客在了解产品的基础上采取购买行为，也可能使顾客追求某些方面的优惠而购买产品。②可以奖励品牌忠实者。营业推广的很多手段，如销售奖励、赠券等通常都附带价格上的让步，其直接受惠者大多是经常使用本品牌产品的顾客，从而使他们更乐于购买和使用本企业产品。③可以实现企业营销目标。这是企业的最终目的。营业推广实际上是企业让利于购买者，它可以使广告宣传的效果得到有力的增强，破坏消费者对其他企业产品的品牌忠诚度，从而达到销售本企业产品的目的。

（4）营业推广的不足。①影响面较小。它只是广告和人员促销的一种辅助的促销方式。②刺激强烈，但时效较短。它是企业为创造声势、获取顾客快速反应的一种短暂的促销方式。③顾客容易产生疑虑。过分渲染或长期频繁使用，容易使顾客对促销人员产生疑虑，反而对产品或价格的真实性产生怀疑。

2. 房地产营业推广形式的选择

在开展房地产营业推广活动时，可选用的方式多种多样。

（1）赠送促销。向消费者赠送奖品，赠送奖品是介绍新产品最有效的方法，缺点是费用高。奖品可以选择在售楼部散发，也可以公开广告赠送或入户派送。

（2）折价券。在购买产品时，持券可以免付一定的金额。折价券可以通过广告或直邮的方式发送。

（3）组合促销。以较优惠的价格提供组合产品，如房屋与车库、阁楼、庭院等组合销售。

（4）抽奖促销。顾客购买产品之后可获得抽奖券，凭券进行抽奖获得奖品或奖金，抽奖可以有各种形式。

（5）现场展示。企业派促销人员在项目施工现场向消费者介绍房屋的特点、先进设施的用途和使用方法等。

（6）联合推广。企业与大银行、大商场联合促销，将一些能显示企业优势和特征的楼盘模型在银行、商场大厅集中陈列，边展示边销售。

（7）参与促销。吸引消费者参与各种促销活动，如技能竞赛、知识比赛等活动，消费者能获取企业的奖励。

（8）会议促销。各类展销会、博览会期间的各种现场产品介绍、推广和销售活动。

3. 房地产营业推广方案设计

（1）确定推广目标。就是要明确推广的对象是谁，要达到的目的是什么。只有知道推广的对象是谁，才能有针对性地制订具体的推广方案。

（2）选择推广工具（形式）。营业推广的方式方法很多，但如果使用不当，则适得其反。因此，选择合适的推广工具是取得营业推广效果的关键。企业一般要根据目标对象的接受习惯和产品特点、目标市场状况等来综合分析选择推广工具。

（3）推广的配合安排。营业推广要与其他方式如广告、人员促销等整合起来，相互配合、共同使用，营销推广期间形成更大的声势，取得单项推广活动达不到的效果。

（4）确定推广时机。营业推广的市场时机选择很重要，如项目建设进度节点、各大节日等时机，必须事前做营业推广，否则就会错过时机。

（5）确定推广期限。推广期限即营业推广活动持续时间的长短。推广期限要恰当，过长，消费者新鲜感丧失，产生不信任感；过短，一些消费者还来不及享受营业推广的实惠。

实 | 践 | 经 | 验

从奖励角度设计房地产营业推广活动

奖励规模。营业推广的实质就是对消费者、中间商和推销员予以奖励，所以企业在制订具体的营业推广方案时应首先决定奖励的规模。在确定奖励规模时，要进行成本效益分析。假定奖励规模为 10 万元，如果因销售额扩大而带来的利润大大超过 10 万元，那么奖励规模还可以扩大；如果利润增加额少于 10 万元，则这种奖励是得不偿失的。

奖励对象。企业应决定奖励哪些顾客才能最有效地扩大销售。一般来讲，应奖励那些现实的或可能的潜在顾客。

发奖途径。企业决定通过哪些途径来发奖，既要考虑各种途径的传播范围，又要考虑成本。

奖励期限。过长或过短都不合适。

总预算。一是先确定营业推广的方式，然后再预计其总费用；二是从一定时期的促销总预算中拨出一定比例用于营业推广。后者较为常用。

4. 房地产营业推广方案的实施与评估

（1）房地产营业推广方案的实施。营业推广是一种促销效果比较显著的促销方式，但倘若使用不当，不仅达不到促销的目的，反而会影响产品销售，甚至损害企业的形象。因此，房地产营业推广方案在实施过程中，必须予以控制。①要按照方案中确定的推广方式和期限实施营业推广。②禁止弄虚作假。营业推广的主要对象是企业的潜在顾客，在营业推广全过程中要坚决杜绝徇私舞弊的短视行为发生。本来营业推广这种促销方式就有贬低商品之意，如果再不严格约束企业行为，那将会产生损害企业长期利益的巨大风险。③注重中后期宣传。开展营业推广活动比较注重推广前期的宣传，这非常必要，但不应忽视中后期宣传。因为营业推广活动中后期的宣传内容是营业推广中的企业兑现行为，这是消费者验证企业推广行为是否具有可信性的重要信息源。④注意不要突破营业推广预算。

（2）房地产营业推广方案的评估。①房地产营业推广方案的执行率。判断是否百分百执行方案，如果不能百分百执行，说明方案需要修改完善。②科学测算营业推广活动的投入产出比。如果产大于出，即因销售额扩大而带来的利润大大超过推广成本，那么方案是个好方案；如果利润增加额少于推广成本，那么方案是个差方案，需要总结经验教训。

8.5 房地产公共关系推广策划

1. 公共关系营销

（1）公共关系营销。它是指企业利用公共关系手段提高企业形象和信誉，促进企业产品销售。公共关系营销是极富生命力的市场观念，企业除了继续使用传统的促销手段之外，越来越重视把以提高企业形象和信誉为主要内容的公共关系促销活动作为现代企业市场营销活动的重点手段来采用。

（2）公共关系营销的特征。①公共关系营销是一个信息发布过程。②公共关系营销贵在"攻心"。③公共关系营销立足于长远利益。

2. 房地产公共关系推广

（1）房地产公共关系推广。公共关系指组织机构与公众环境之间的沟通与传播关系。房地产公共关系推广是指房地产企业为了获得人们的信赖，树立企业或房地产项目的形象，用非直接付款的方式通过各种公关工具所进行的宣传活动。

（2）房地产公共关系推广的实质。其实质是房地产企业在市场营销中与各关系方建立长期稳定的相互依存的营销关系，以求彼此协调发展，促进楼盘销售。

（3）房地产公共关系推广遵循的原则。主动沟通原则、承诺信任原则和互惠原则。

（4）公共关系推广的形式。亲缘关系推广、地缘关系推广、业缘关系推广、文化习俗关系推广、偶发性关系推广。偶发性关系推广是指在特定的时间和空间条件下由于突然的机遇形成的一种关系营销，抓住这种偶发性机遇推广产品，会成为企业扩大市场占有率、开发新产品的契机。

（5）公共关系推广的优缺点。优点：覆盖面较广、投入不高、有持续性、销售后劲大。缺点是：针对性不强、见效慢。

3. 公共关系推广的主要工具

公共关系推广工具是指企业在建立良好的公关形象时所采用的各种手段和方法。

（1）新闻。公关人员使用的主要工具是新闻，可以找出或创作一些对公司或其产品有利的新闻，有时新闻故事自然而然地就形成了，有时公关人员做出一些事件行动来制造新闻。

（2）演讲。能提高企业和产品的知名度。演讲的实质是一种现实活动。演讲的形式是以口语为主，势态语为辅。演讲的内容是演讲者的思想、观点的表述和情感的表达。演讲者要有发音技巧，重音、停顿、节奏的运用技巧，语调、语气的控制技巧，眼神的运用技巧，面部表情的运用技巧，手势的运用技巧以及身姿的运用技巧。

（3）特别活动。特别活动包括新闻发布会、大型的开幕式、焰火展示、激光节目、热气球升空、多媒体展示以及各种展览会。公司还可以通过向公益活动捐钱来提高其在公众中的声誉。

（4）谈判。它由"谈"和"判"两个字组成，谈是指双方或多方之间的沟通和交流，判就是决定一件事情。谈判的作用：交往。谈判的原则策略：不要在立场问题上争执不休；把人与问题分开；把重点放在利益而非立场上；构思互有收获的解决方法；坚持客观的标准。谈判的时机性策略：等待最佳时机；适可而止；出其不意；以退为进；设立限制；划分阶段。

（5）书面材料（公共关系写作）。书面材料是指在公共关系活动中，可以通过书面材料进行沟通联系、开展工作，接近并影响目标市场。公共关系写作类型：公共关系新闻稿、公共关系广告文案、公共关系简报、公共关系调查报告、公共关系策划书、公共关系日常文书。书面材料包括：年度报告、小册子、文章以及公司的新闻小报和杂志等。现在，企业越来越多地使用诸如电影、幻灯片、录音光盘等视听材料作为宣传工具。企业形象材料能帮助创立一个公司的形象地位并使其很快被公众接受，如图形拼板、文具、招牌、商业贺卡、建筑、制服、公司的汽车和卡车等，只要它们吸引人、形象鲜明、容易为人熟记，就会成为公关工具。

（6）公共关系广告。公共关系广告是指为扩大组织的知名度、提高信誉度、树立良好的形象，以求社会公众对组织的理解与支持而进行的广告宣传。公共关系广告与商业广告的关系：公共关系广告具有公共关系活动和广告活动的双重性质，它不同于一般的广告。①目的不同。商业广告的直接目的是促进商品的销售；公共关系广告从来不直接劝说人们购买，而是争取社会公众对组织的注意，激发社会公众的兴趣，争取社会公众的信任与好感。②手段不同。商业广告往往是直接列举商品的种种优点；而公共关系广告则是通过间接的手段让社会公众了解组织的情况。③效应不同。商业广告注重的目标是满足社会的一些需求及顾客的需求，且注重的是短期效应；公共关系广告的目标是保证组织在健康发展的基础上实现其战略目标，即传播组织的形象，传播组织对社会的有用性。公共关系广告目标的 AIDMA 法则：A（attention）表示引起注意；I（interest）表示产生兴趣；D（desire）表示培养欲望；M（memory）表示形成记忆；A（action）表示促成行动。

4. 公共关系推广策划的程序

分析问题→收集信息→确定目标和对象→设计公共关系方案→资金预算→预测评估→组织实施。

实 | 践 | 经 | 验

进攻型公共关系

进攻型公共关系是企业与环境发生摩擦冲突时所采用的一种公共关系模式。此模式的最大特点是"主动"，企业以一种进攻的姿态开展公关活动。如南京典雅居项目，主要产品为小高层高档住宅。其采取进攻型公关，首先打出了"物以类聚、人以群分"的广告词，受到社会和媒体的"关注"，社会批评的声音很大；接着，向社会征集广告词；最后确定了"拥庭院楼台、论琴棋书画"的广告词。南京典雅居项目的公共关系活动比较成功，推进了项目营销。

5. 公共关系推广计划的实施与评价

公共关系推广计划实施的特点：实施过程中的动态性；实施过程中的创造性；影响的广泛性。

（1）实施开始时的选择。①选择好具体的实施日期。在实施计划时一定经过周密而全面的考虑，考虑到一切影响行动时机的因素，将无法控制的因素化为可控制因素，将不利因素化为有利因素，抓住一切机会，主动开展多种公共关系活动，努力使公共关系推广计划目标实现。要注意避开或利用重大节日；要注意避开或利用国内外重大事件；注意不宜在同一天或同一段时间里同时开展两项重大的公共关系活动，以免其效果相互抵消；在偶然事件发生时，公共关系人员要有敏锐的洞察力，善于抓住有利时机，开展公共活动，往往会取得意想不到的效果；在企业出现失误或被公众误解时，若能抓住时机，开展积极的公共关系活动，也往往能够取得较好的效果。②选择对象公众所惯用的传播媒介，使发出的信息全部或大部分为目标公众所接受。③选择制作对象公众所接受的公关信息。根据调查了解到的对象公众的文化、社会心理等方面的特点，在设计制作信息时使新闻稿件、广告稿、演讲词、展览说明、小册子等能够适合对象公众的特点，激发他们的兴趣。

（2）实施过程中的检查。①实施过程中的检查可以及时了解公关策划是否真正落实到每个人，并与责任制挂钩；可以深入地考核计划执行的实际情况，及时发现存在的问题、矛盾和薄弱环节，以便采取相应措施使计划全面完成；可以发现计划是否符合实际，便于及时提出修改意见；可以总结计划编制和组织执行中的经验教训，积累资料，以便今后提高公关推广计划的科学性。②实施过程中检查的内容。第一是进度，即检查计划完成的进度。它是指实际完成的绝对数字和完成数占计划的百分比。第二是效益，即检查公共关系活动是否符合预算和财务计划要求，投入与产出比是否恰当。第三是关系，其中包括公关推广计划与企业整体计划及各部门计划的执行情况是否协调，彼此配合是否默契，是否符合党和国家的方针政策。

（3）实施过程中计划的修订和干扰的排除。由于内外环境的不断变化，预定的计划往往跟不上形势的发展，这就需要适度的修改。同时，公关推广计划实施过程中还会遇到各方面的干扰，这就需要不断地排除干扰。

（4）公共关系推广计划的实施效果评估。公关评估是公关工作过程的最后一个阶段。①通过对公关效果的评估，总结成功与失败的经验教训，为进一步开展公关活动提供依据。公共关系实务效果评估有三大要素：一是把实务活动的效果与公关目标相比较，分析有哪些效果和差距；二是分析成功和失败的原因；三是提出相应的对策，为下一轮次的公关活动实施指明方向。②具体评估内容，可以从两方面进行分类：一是公关工作成效的评估，有日常公关效果、专题活动效果、年度公关效果三方面的评估；二是就公关的具体手段、目的进行评估，主要是对传播活动效果、形象活动效果等的评价。

8.6　房地产活动推广策划

房地产活动推广实际上是房地产营业推广的一种特殊形式，因为其销售效果显著，所以一般需要结合房地产项目的营销过程单独进行策划。

1. 房地产活动推广及时机选择

（1）房地产活动推广。活动推广就是以举办各类活动为基础，利用活动的互动性来辅助房地产营销目标实现的一种市场营销方式。简单地说，活动推广就是以活动为主要手段进行的营销。

（2）活动推广时机选择。活动推广时机一般依赖于楼盘的施工进度，并时常以施工进度的某个时间点，如建筑出地面、结构封顶、楼盘竣工等作为营销活动的切入点。此外，各类节假日等也是开展营销活动的重要时间考量点。营销活动的时间长短并没有严格的限定，短则 1～2 天，长则 1～2 周。

2. 房地产活动推广的类型

推广活动多种多样，除营业推广使用的打折、有奖促销活动外，企业常用的推广活动有：借势营销活动、市场预热活动、内部认购活动、入伙答谢活动、召开新闻发布会、公益活动、酒会、座谈会、参观活动和庆典活动等。

（1）召开楼盘新闻发布会。它的效果很直接。一些地区成片的商品房建成后由于销量很大，或一些专门对外商及港台人员销售的住宅，可采取新闻发布会方式，开发布会的同时散发印刷品，可在较短的时间内，利用多种渠道，尽量扩大宣传。这种方法集视听、文字材料及与潜在客户面对面介绍于一身，往往影响较大。

（2）在楼盘现场举办公益活动。这体现了企业的社会责任感。由于房地产经营的社会效应非同小可，一个富有社会责任感的房地产企业会使公众联想到其开发的物业也是值得信赖的。

（3）参观和庆典活动。在特定时期举行，如竣工、周年志庆等，企业可以邀请新闻单位和部分已购房客户、目标客户到公司和工地参观采访，让外界和目标客户及时把握项目进度，增强对项目的信心。与已购房者保持感情联络非常重要，一个已购房客户很可能会再引进一个甚至多个购房客户。有计划地安排企业参加、举办一些社交活动，将有助于提高企业在公众心目中的形象和促进项目的推广进度。

（4）举办酒会、座谈会。在适当的时候，举办一些酒会、座谈会，邀请社会各界人士和部分目标客户出席，有助于企业和社会各界建立良好的关系以及加强与目标客户的沟通，为项目的推广积累社会基础。

3. 房地产活动推广的步骤

房地产活动推广，一般按以下步骤进行：市场调查→分析诊断发现消费者需求→根据需求和销售时机有针对性地进行推广活动设计→配备组织活动人员，明确组织内部的各项活动细节及分工→活动促销→观察消费者反应→信息反馈→进行新推广活动设计。

实 | 践 | 经 | 验

璞玉和山鸡尾酒会活动

璞玉和山2011年9月28日隆重推出了"佳邻有约"鸡尾酒会活动。近200名客户陆续到场，在置业顾问的介绍下，业主们认识自己的佳邻。在融洽的酒会气氛中开发商也从工程进展、物业管理及收费、会所等多个方面向客户传递出社区人文关怀的信息，共同憧憬美好的未来。会后，很多业主自然成为最有力的宣传人员，为第二阶段的顺利推广奠定了有力的基石。

实 | 践 | 经 | 验

活动推广未必有效

我们经常可以看到，楼盘销售活动或者新产品发布活动场面很热烈，活动很热闹，节目也不少，也很聚集人气，但仔细琢磨一下就会发现，活动形式并没有与活动主题有机结合起来，形式并不为内容服务。观看者全然不知道活动的主旨是什么，甚至还会闹出诸如哄抢礼品的笑话。这不但不能达成预先的宣传效果，还降低了活动品位，影响了企业的品牌形象。很多企业只是注重短期行为，而没有关注长期的营销战略规划。企业缺乏整体企业战略，随意性很大，打水漂的例子在所难免。诸如花几十万元赞助一次晚会、花几万元做一次路演等，活动本身和企业以及产品宣传并没有多大关系，自然就不能为企业造势，除了浪费企业的金钱，不会有更多的收获。

4. 房地产借势营销活动

（1）房地产借势营销。借势营销是将销售的目的隐藏于营销活动之中，将产品的推广融入消费者喜闻乐见的环境里，使消费者在这个环境中了解产品并接受产品的营销手段，具体表现为通过媒体争夺消费者眼球、借助消费者自身的传播力、依靠轻松娱乐的方式等潜移默化地引导市场消费。房地产借势营销是通过顺势、造势、借势等方式，提高企业或产品的知名度、美誉度，树立良好的品牌形象，促成产品销售的营销策略。

（2）借势营销方法。①搭乘关联产品的便车。比如旅游景点与旅游地产。②借旺销产品推广。紧靠旺销产品陈列的楼盘，受到消费者关注的程度要远远高于其他楼盘。③优势明显，紧贴竞品陈列。如果相对于竞品，产品在价格、性能、品种等方面有优势，则可以紧贴竞品宣传，把优势简单明了地告诉消费者。④借房地产项目自身特征之势。依据房地产项目不同的特征，如建筑特征、区位特征、人文特征、环境特征、自然特征等，采取不同的营销手段以借势宣传。⑤借消费者自身之势。注意观察、分析消费者的购买行为、购买习惯和心理，从中发现并运用规律借势营销，将会收到出其不意的好效果。

（3）借势营销评价。很多企业在运用借势营销时总是浪费资源、耗费精力而毫无所获。比如，很多企业认为"造势"就是广告和各类促销活动狂轰滥炸。不是大量电视广告、广播广告、报纸广告、杂志广告、户外广告地毯式轰炸，就是宣传画、宣传册以及各种夹页、传单满天飞；不是造成金钱的浪费，就是制造"彩色垃圾"，让马路清洁工苦不堪言。有企业认为"借势"就是在各种类型的商品交易会、展销会、推广会甚至民间庙会上锣鼓喧天。有的企业甚至不惜重金，聘请名人加入促销队伍的行列，现场作秀，几乎把各种"造势"和"借势"的活动推到了"登峰造极"的地步。这种"造势""借势"演绎的不是营销策略的竞争，也不是智慧的竞争，而是成了企业财力的大比拼。一些没有实力或者财力不足的企业，似乎是被"逼上梁山"，举债"造势"，最后从"造势"变成了"豪赌"。结果胜利者遍体鳞伤，失败者片甲无归。其实，借势营销是一项不断投入的工作。作为一种新型营销手段，借势营销集新闻效应、广告效应、公共关系、形象传播、客户关系于一体，已经当之无愧地成为企业新产品推介、品牌展示、品牌识别和品牌定位等营销活动的首选策略。因此，借势营销企业要有所裨益，就不能做"一锤子买卖"，要有战略眼光，从未来着想，从现在着手，围绕一定的主题不断调整营销活动。

5. 项目开盘前的市场预热活动

（1）市场预热。它是指楼盘在正式面市之前，采用广告、系列活动等手段对楼盘进行宣传，引起市场关注的过程。多数楼盘都是开盘前两个月左右开始预热，这样可以集中火力猛轰炸，使有限的宣传投入不至于战线分散得太长造成浪费。也有个别实力雄厚的开发商早就"敲山震虎"或"打草惊蛇"，造成"山雨欲来风满楼"的态势，在持久的期待中"千呼万唤始出来"，加深消费者对楼盘的印象。

（2）楼盘预热的方式。①广告。一种是通过硬广告，例如工地围墙、户外路牌之类；另一种是软广告，利用新闻、系列报道的手法做宣传。在预售证拿到前，是不允许楼盘在报刊上公开发布售楼广告的，因此开发商也越来越多地采用新闻的方式。②开展活动。如广州一个项目在市场预热过程中请出几位专家学者以房地产权威人士的身份出席电视论坛，他们对该项目的销售价格进行预测，最后收效显著。

（3）楼盘预热的话题。①炒作项目的地域板块。如南京的地铁沿线、紫金山板块，都曾成为媒体一时热门的话题。②炒作项目的概念。这几年轮番登场的 E 概念、海景概念、Townhouse 概念、豪宅概念、情景洋房概念、SOHO 概念、小户型概念、水景概念、社区教育概念、郊居概念之类，不一而足，分别构成楼市亮丽的风景线。③炒作开发商的品牌。这一类仅限于真正形成品牌的企业，如万科、中海、金地等。

（4）市场预热的节奏。要注意把握好节奏，千万不能忽冷忽热，有的项目一开始就先声夺人，轰轰烈烈，宣传一阵子后忽然就销声匿迹，等一年半载又卷土重来，其在消费者心目中的印象早已淡漠，又需从零开始，前期的费用就白投了。预热可以是慢慢热起来，从微风细雨到狂风骤雨，效果是叠加的。忽冷忽热就会使效果减弱，因为楼市的竞争激烈，声音很多，没有人能够长时间记住一个楼盘在几个月之前喊出的声音。长久的等待会使潜在的购买客户慢慢流失，"为了一生享受的好房子，值得再等三个月"，这样的广告标题没问题，但是再等一年、两年、三年，则令人心焦，许多人会掉头去寻找别的楼盘，好房子并不是独此一处。因此，市场预热要设法抓住潜在目标客户，寻找和他们沟通的机会，促成其认购。

6. 项目开盘前的内部认购活动

（1）内部认购。房地产开发商在没有获得《商品房预售许可证》等有关证件之前，以在小范围内推出"内部认购"的方式销售商品房。内部认购的关键问题是收不收钱，不收钱认购多少都没有意义，收钱违反国家规定。现在流行的做法是开发商只象征性地收诚意金，避开了法律问题，只开收据，不开发票，而且写明这笔钱可以退还。如果消费者最终决定不买，诚意金分文不少如数奉还。内部认购最重要的前提是具有一定幅度的购房优惠，优惠一般是比照"开盘价"而言的，如果按照"低开高走"，内部认购价是该项目销售过程中的"最低时段价"。同时，房地产营销商为了保证获得尽可能多的盈利，会严格地限制和控制内部认购的销量和时间。这种招数常常会吸引大批潜在客户。

（2）内部认购的作用。内部认购是为正式开盘销售打基础的，是试探市场反应的重要一步，对确定价格、销售策略都有极重要的意义。内部认购优势：前期可以吸引大批客户跟进拿号、蓄水。劣势：开发商的开盘期控制有风险，太短，客源不充分；太长，客户信心动摇，同时公司成本增加。

（3）内部认购的操作流程。一般是卖 VIP 卡，收取若干定金，采取"交 3 000 元抵 10 000 元"等优惠，然后积累人气，根据情况开盘。为了鼓励更多的消费者在内部认购期锁定购买目标，开发商一般开都会制定十足的优惠政策，给内部认购交足诚意金的客户以相当优惠的措施，例如在开盘期可以额外享受 1%～2% 的优惠价之类。还有一些项目采用不定优惠的方法，即从交定金之日起到开盘，一天抵 100 元，先买卡的客户会有比较强烈的优越感和尊贵感。一开始项目人气不是很高的时候，也容易让客户感到紧迫，促使其购买。

（4）内部认购活动有违国家房地产调控政策。①内部认购的存在，部分减轻了房地产开发商的资金压力，也降低了它们的融资成本，但是，这种非公开化的操作模式，使炒楼热不断升温，增加了房价的不稳定因素。②内部认购的存在，也为整个房地产市场的信息公开带来困难，有些楼盘在开盘前就已经被认购，房地产开发商提供的房产信息自然也就失实，供需信息的不准确会误导消费者的消费行为，影响了整个市场的公平性。早在 2006 年 7 月，建设部、国家发改委和国家工商总局⊖联合出台的《关于进一步整顿规范房地产交易秩序的通知》明文规定：未取得《商品房预售许可证》的项目，房地产开发企业不得非法预售商品房，也不得以内部认购、收取预定款等各种形式变相预售商品房，不得发布商品房预售广告。但这项公共制度目前尚未得到有效贯彻，内部认购依然存在。

实 | 践 | 经 | 验

内部认购期的 VIP 卡

内部认购会遇到一个问题，给消费者发放 VIP 卡（俗语是"派筹"）时，都是按其

⊖ 2018 年 3 月撤销，设立国家市场监督管理总局。

交诚意金的先后顺序来排号码的，那么到正式开盘选房（术语是"解筹"）时，是否就按 VIP 卡的号码顺序来选房呢？

根据经验，消费者可以在开盘当天按排队的顺序来选房，VIP 卡只是获得售价优惠的一个凭证。这样做的好处是开盘当天会出现人山人海的热闹场面，甚至消费者提前一天两天彻夜排队，售楼处如同赶庙会一般，但不好的地方是可能会伤害那些早期交诚意金的客户，对他们而言，这似乎有些不太公正。这方面只有尽量做好解释工作了。

7.项目开盘庆典活动与新闻发布会

（1）项目开盘庆典活动。①在销售过程中，项目开盘庆典可以说是最重要的一场戏，开发商极为重视，"养在深闺人未识"的项目在这一天公开亮相，这关系到营销的成败，也直接影响开发商的品牌声誉。所以，营销过程中的宣传推广费用有一大块用在开盘期间的庆典活动。②庆典活动内容：搞老套路，领导讲话、舞狮助兴、军乐齐奏、揭幕剪彩、新闻发布会或是招待酒会等；搞名人秀，请名人到场添彩助威，从影视明星到歌星、笑星等；搞高科技表演，如一些项目在开盘之日用直升机作秀，也都是两三个小时耗巨资的做法；不烧钱吸引眼球，如有个项目开盘时，曾筹划开盘大献血活动，在开盘日，开发商千名员工集体志愿献血，由老总带头，人人为社会做贡献，既吸引了眼球，又不花钱，而且充分体现开发商的社会责任感，使公众对开发商品牌增添了一份尊重，一举多得。

（2）项目开盘新闻发布会。项目开盘新闻发布会又称记者招待会，是房地产企业直接向新闻界发布有关房地产项目开盘信息，解释房地产项目特点而举办的活动。新闻发布会需要详细策划。①准备主题材料。a.发言稿、新闻通稿（发给记者）；b.宣传材料；c.记者提问提纲（答记者问的备忘录）。事先充分讨论，统一认识、口径，专门班子起草，打印，分发给记者。②确定主持人和发言人。a.主持人一般由企业的宣传负责人担任；b.发言人一般由企业的主要负责人担任，级别高，有权威性；c.发言人可配设助理人员。③确定邀请记者的名单，日期定后，提前一周送请柬，会前一两天电话落实。④选择合适的新闻发布会地点。⑤做好新闻发布会预算。

8.房地产活动形象代言人的选择

启用形象代言人是提升楼盘形象、扩大知名度的一种简单快捷的办法。

（1）房地产形象代言人类型。①名人明星作为代言人。如北京潘家园的御景园，请来著名男模程俊作为御景园豪华舒适生活的代言人；深圳东海花园请香港演艺界影星任达华做形象代言人。②房地产楼市业界专家作为代言人。如深圳碧清园楼盘请资深房地产研究员周卫东做楼盘形象代言人，并推出了一系列广告。③普通人物或传统人物作为代言人。如上海永业集团启用了 40 岁左右身体微胖，看上去精明干练、细心周到、朴实可靠，又稍微有点憨态、笑容可掬的"阿福"来作为代言人。

（2）选择明星、专家还是传统形象，各有各的好处。①请影视明星为形象代言人，群众基础较好，明星所特有的亲和力转移到楼盘身上，能引起轰动效应。如任达华一句"在世界各地，我都有房子，在深圳，我选择东海花园"看似平淡无奇的广告语，把东海花园的物业素质完美地体现出来了。②选择房地产业内专家有时比明星更具说服力。房子是种特殊商品，一套房子动辄几十万、上百万，许多人也是倾其所有购置房产，所以买房时慎之又慎。请房地产专家做形象代言人，置业者就容易产生信赖感，最后会下定决心购买。③选择普通人或传统形象做代言人会使置业者倍感亲切。另外，启用普通人或传统形象做代言人还可以节省成本，据"阿福"的开发商介绍，创造出"阿福"这一形象的成本只相当于邀请明星做形象代言人一次的广告播出费用。

（3）选择楼盘形象代言人的依据。①符合当地的特点和消费习惯。②切合物业的市场定位。一旦楼盘形象代言人角色错位，不但没有起到宣传造势、提升物业素质的作用，反而显得不伦不类，甚至适得其反。如在大部分城市，购买住宅的大部分是中年人，是以家庭消费为特征的，那么选择已经成家立业、社会形象好的明星就比选择年轻前卫的明星要好。要找到与之相适应的形象代言人来匹配，才能彰显楼盘的价值。③要有成本和风险意识。据不完全统计，有许多知名楼盘的销售成本已超过10%，又要请形象代言人，成本就更高。如果形象代言人的效果不好，销售风险就更大。

9. 房地产楼盘入伙答谢活动

（1）入伙答谢。入伙指物业管理企业向购房者（业主）移交户内管理责任的过程，是购房者首次接收自己的物业。入伙答谢是开发商在购房者接收物业的时候，通过某种形式对购房者表达谢意。入伙答谢活动通常是一个简单的仪式，大多是在售楼大厅里摆些冷餐、水果、点心之类，邀请入伙的业主一起来聚餐，开发商代表简单致辞之后，通常由物业管理公司唱主角，宣布有关入伙的具体手续。也有保安人员表演队列训练、徒手操，或请来小乐队演奏、少量演员表演歌舞等，气氛不一定要多热闹，但应让业主和未来服务于他们的物业管理人员有一个彼此认识、交流沟通的机会，为以后的和谐关系打下基础。

（2）入伙答谢作用大。一个楼盘到入伙的时候，销售应该已经完成或基本完成，但这时开发商的任务并没有结束，对大盘来说更是如此，大盘运作周期长，都要分期开发，往往一期入伙之时，二期正在热卖，而三期尚未动工，所以入伙应看作销售过程中的重要节点，需要认真处理。很多楼盘不重视入伙，往往只在报纸上发一个入伙公告，通知业主前来办理手续，其实，入伙期间业主的心情是最复杂的，也是可以用来大做文章的。"买不买房看环境，掏不掏钱看户型，满不满意看管理"，前两条都是购买之前就有明确结论的，第三条却要在入伙之后才能看出个究竟，物业管理是售后服务的重要内容，会延续几十年，和销售过程中短暂的服务相比，业主更看重的显然是物业管理的水平。开发商和物业管理公司的责任，就是要做好入伙之后的服务工作，尽量让业主满意，以延长他们的兴奋期，对开展以后的管理工作极其重要。

微│案│例

万科金域蓝湾"五一"家庭派对幸福进行时

2019 年 5 月 1 日，为期 3 天的万科金域蓝湾"爱生活，品蓝湾"家庭派对活动正式拉开帷幕。在样板示范区内，金域蓝湾为业主准备了多种多样的家庭活动。在这里，几百名业主在和煦的阳光中和家人度过了甜蜜而有趣的一天。到上午 10 点，金域蓝湾家庭派对现场已经是水果飘香，人头攒动，孩子们在父母的带领下选择自己喜爱的活动，开始他们一天的愉快之旅。在轮滑区，教练忙着组织小朋友进行轮滑比赛，而获胜的小朋友还可以获得万科赠送的精美礼品一份。手工香皂 DIY 区，业主们在老师的指导下，精心制作各种形状的手工香皂。积木区正上演父子情深，几对父子忙着组装他们的小小城堡。T 恤绘画区、充气城堡区、沙画制作区、风筝制作区……都挤满了体验的家庭。随后的抽奖活动更是将家庭派对推向了一个高潮，迪士尼毛巾组合、野餐包、户外餐桌椅组合、户外帐篷等精美礼品让获奖业主乐开怀（见图 8-9）。

图 8-9　万科金域蓝湾五一家庭派对

如今我们生活在钢筋水泥的城市森林，敞亮的房屋、豪华的家具、齐全的电器，似乎已不再是奢侈。而自然的亲近、人情的温暖反倒成了我们的原始渴望和稀有之物。万科金域蓝湾一直努力为业主创造自然的邻里交流环境，让邻居们在活动中相知、相熟。正如一位刚成为金域蓝湾的业主所说："喜欢万科金域蓝湾，是因为万科能让业主很平和随意地结识其他平时不会认识的人，在这里有不经意间的交流、和谐与温馨；万科的品质服务，人情化的社区氛围，是我和家人所喜欢的。"

资料来源：365 地产家居网，http://news.house365.com/。

10. 房地产尾楼、滞销楼盘的促销活动策划

（1）尾盘、滞销楼盘。通常习惯把销售完成 80% 以后所剩的单元称为尾盘或滞销楼盘。这时开发商的投入成本都已收回，剩下的几乎是纯利润了，但剩下的一定是最难卖的，或者是朝向有问题，或者是户型结构有缺陷，或者是面积太大总价太高，总的来说是顾客挑剩下的，销售难度极高。

（2）尾盘、滞销楼盘促销方法。①如果是大盘分期开发，那么一期到尾盘时，可能二期才开始内部认购或者刚刚开盘，这时最好的促销手段就是二期提价，只要二期价格一上去，一期尾盘就会迅速销售出去。但是，二期整体价格走势也应该是在新的台阶上低开高走，不宜贸然高开高走。②降价打折。这是尾盘促销的惯用套路。但剩下的几十套房子或上百套房子整体降价，可能会使开发商有失体面，所以常常采用特价房的方式来促销，即一次性拿出十套左右的房子，以很低的折扣推出，迅速销售一空，然后考虑推出第二批特价房。到尾盘阶段，房价已是利润极为丰厚的价格，这时让利给消费者开

发商也没有吃什么大亏，特价房优惠一般在九折至九五折之间为宜，所以有些客户喜欢在尾盘里淘金。③人脉营销。因为前面已经卖出 80%～90% 的房子，积累了大量客户，这些客户都是良好的口碑载体，他们对自己的同事同学、亲戚朋友夸赞自己所买的房子，并且邀请亲朋好友去看自己的房子。消费者最信任的通常不是报纸、电视、路牌广告，也不是售楼员的销售说辞，而是亲友。所以，要鼓励老客户带新客户。已购房客户介绍他的亲友来购买，对他给予奖励，从现金到赠送物业管理费直到特殊大奖，分成几个等级，鼓励老客户多推荐新客户。为了免除新客户感到心理不平衡，通常也同时对新客户给予一个点到两个点的价格优惠，这样就皆大欢喜了。

8.7　房地产网络与自媒体营销推广

房地产网络营销推广首先要选择最合适的信息载体、信息形式及最有效的推广平台，建立最有效的网络营销广告系统。

1. 房地产网络营销推广

（1）信息载体选择。信息载体主要有：自营网站、自营网店；电商平台网站、电商平台网店；中文网站、中文网店；英文网站、英文网店；互联网 PC 端网站、PC 端网店；移动网站、移动网店。

（2）信息形式选择。信息形式主要有：文字、图片、3D 图、3D 动画、语音、视频、软文（将广告内容和文章内容完美结合在一起）以及多种信息形式的选择、组合、优化。

（3）推广平台选择。①搜索引擎：百度、360、谷歌等。②自媒体：微信、微博、博客、QQ 空间、百度贴吧、论坛 /BBS 等。③新媒体：电商平台、综合门户、行业垂直门户、数字杂志、数字报纸、数字广播、数字电视、数字电影、触摸媒体、手机短信、网络电视等。④电子邮件平台：腾讯、网易、新浪、搜狐。⑤即时通信平台：QQ、微信、手机短信等。⑥数据库：各平台的用户、会员、"粉丝"等数据库。

（4）推广方式选择。①关键词搜索排名：竞价排名、快照排名。②网络广告：搜索引擎、电商平台、其他媒体广告。③信息发布：信息的广播、定制、抽取、推送等。④体验式微推广：感官、情感、思考、行动、关联五个方面以移动互联网为主要沟通平台。⑤ O2O 立体推广：线上结合线下的全媒体深度整合的推广方式。⑥网络事件：通过制造网络新闻事件，或利用网络新闻制造有利于产品销售的事件，达到推广目的。⑦个性化服务：根据用户的设定来实现，向用户提供和推荐相关信息，达到推广目的。⑧邮件的订阅、群发等；即时通信的交互。⑨病毒式推广：会员、用户、"粉丝"的自发口碑相传。

（5）推广策略选择。一是互联网、移动互联网的选择，包括价值、主次、比例；二是广告与内容、品牌、产品的有机融合；三是与老客户、新客户、准客户、潜在客户的互动性；四是传统广告的被动接受优势嫁接到网络营销广告；五是效应传播，注重各推广平台、推广方式的聚变效应。

（6）网络营销广告。①广告监控系统：创建监测域名、访问量分析等，独立的电话识别、二维码识别、客服系统识别。②广告价值分析：每日访问量、访客人群分布、广告投放位置、按点击付费、按月季年付费、营销业绩。③根据广告价值分析的要求，确定测试时间、测试金额、投放方法与策略。④根据测试结果，做出广告投放与广告策略的决策。⑤制订广告计划：按月对网络媒体的投入带来的客户数量、金额、周期进行对比分析，再制订计划。

2. 房地产营销网站和网店设计

营销网站和网店设计要与客户的需求一致，符合市场实际，提高客户满意程度，提升客户体验，符合网络品牌营销战略实施的要求，为全面实施网络营销打下坚实基础。在设计网站时除了要清晰地显示企业图像外，还应完善网站营销服务功能，注重产品和客户服务、用户交流、信息检索、客户体验等功能的显示，使网站更实用，能够满足用户的需求。

（1）网站内容设计。网站内容设计主要有：楼盘展示、户型展示、房地产产品知识、开发商介绍、客服系统、销售系统、跟单系统。

（2）网站结构设计。网站结构要简单明了，网页元素分类科学，目标层次清楚，突出主题。目录逐层分类，采用树形结构，根目录下有多个分类，匹配相应的内容。功能强大，有良好的可扩展性能，前台设计面向访客的浏览体验，后台设计支持前台的功能实现。

（3）网站导航设计。网站导航设计符合用户浏览习惯，导航分类科学合理，链接的路径设置、导航线路层次清晰。注重特色设计，方便用户使用，网站导航与用户体验完美结合，与搜索引擎优化（SEO）完美结合。

（4）网站美化设计。网站美化设计符合商业需要，有优秀的视觉效果。

（5）访客体验设计。访客体验设计有楼盘户型内容体验、企业品牌体验以及各种体验的完美融合。

（6）衡量成功网站的标准。访客总数逐步提高，回头访客总数、占比逐步提高，人均浏览网页数量逐步提高，成交客户总数逐步提高。

3. 房地产搜索引擎优化

房地产搜索引擎一般选择百度、360、搜狗、谷歌等，搜索引擎优化的目的是大量关键词获得靠前的排名，超越同行竞争性网站，保持搜索引擎优化竞争的领先地位。

（1）站内优化。为有利于竞价推广、快照推广，需要经常进行网页标签优化、内容优化、主题优化以及全站整体优化。

（2）站外优化。为超越同行网站的站内优化和站外优化，需要经常进行同行网站对比、行业关注对比、适当单向链接、适当友情链接。

（3）解除封杀。纠正过度优化（堆砌关键词，垃圾链接，内容抄袭、重复、无原创、与主题无关），提升访客体验，不断增加原创内容，永不使用过度优化，确保网站系统稳定运行，技术领先。

（4）系统长期维护。及时解决技术故障，实施技术升级，完成网站更新，定期优化访客体验，快照推广以及竞价推广。

4. 房地产搜索引擎竞价推广

房地产搜索引擎竞价推广的目的是实现以更低价格获得更靠前的排名，不断提高同行靠前的成本和难度，实现竞价推广的低成本、高产出，不断强化品牌、提升竞争优势。

（1）竞价推广方案。①进行客户需求和同行竞争分析，制定品牌推广策略、市场竞争策略。②选择、组合、配置关键词，做好地区选择、时段选择、广告预算、资金分配。③注册、开通搜索引擎竞价推广账户，创建推广计划、推广单元，选择关键词，设置匹配方法和出价。④撰写创意、动态创意，上线展现，推广排名。⑤价格计费，点击过滤，高级过滤。⑥推广样式的选择、组合、优化。

（2）搜索引擎广告投放。要制定品牌推广策略、市场竞争策略，确定搜索引擎广告形式，如右侧广告、网站联盟广告，并做好广告定位、优势、创意等设计。

（3）推广效果优化。监控文件夹，查询历史操作和推广实况，评估分析效果，不断调整、优化推广效果。

5. 房地产微信营销推广

制定企业微信推广策略、微信"加粉"实施方案和个人微信推广方案，建立企业微信"粉丝"系统，进行房地产推广。

（1）企业微信推广。①分析微信公众平台的客户需求、同行竞争。②制定微信公众平台品牌推广策略、市场推广策略。③推广对象有微信号（服务号、订阅号）、二维码。④"粉丝"系统的分组、管理。⑤广告定位、优势、创意设计。⑥在微信平台上即时互动。

（2）微信"粉丝"系统。①内容定位与产品相关，高效带动房地产销售，实现用户关注→忠实"粉丝"→购买产品。②"吸粉"策略是有趣有用、平易近人、谨慎表达。③确定微信群发的内容、频率、策略，采用图文、软文等多样化的信息形式，实现"粉丝"自发传播品牌、分享并推荐楼盘产品。

（3）微信搜索排名。选择、组合、配置关键词，设计的关键词与微信公众号内容相匹配，实现主要关键词排名靠前，超越同行关键词排名，增加"粉丝"，推广品牌，销售楼盘产品。

（4）微信"加粉"推广。线上平台采用搜索引擎、自媒体、新媒体、邮件等，线下平台采用实体店、户外广告、传统媒体平台等，在网站、网店以及所有推广方式中植入企业微信号和二维码推广。采用微信合作互推、微信大号推广、小号带动大号推广，采用微信裂变推广，包括"粉丝"、营销渠道、草根达人、意见领袖、文化名人、人气明星等转发和分享。

（5）微信"加粉"技巧。微信取个好名，URL地址简洁明了，设置热点标签，发帖时间优选，连载热门信息，有规律地更新内容、适当转播热点。通过互动，让别人分享内容，吸引更多的客户，兴奋点植入广告。采用折扣、抢红包、转发送流量等形式进行促销活动推广。

（6）个人微信推广。主要采用微信朋友推广、微信群聊推广、微信朋友圈推广、微信附近的人推广（个性签名是关键）、微信群发助手推广以及微信裂变推广。

6. 房地产微博营销推广

房地产微博营销推广要了解客户需求，收集产品问题，在线答疑解惑，解决实际问题，聚焦房地产行业焦点并科学引导客户，进而引导"粉丝"传播品牌、销售楼盘产品。

（1）企业微博推广。分析企业微博平台的客户需求、同行竞争，制定企业微博平台品牌推广策略、市场推广策略，推广对象是微博号、二维码，进行"粉丝"系统的分组管理和广告创意设计，建立通过关注机制分享简短实时信息的广播式的微博社交网络平台。

（2）微博"粉丝"系统。①内容定位与产品相关，高效带动销售，实现用户关注→忠实"粉丝"→购买产品。②"吸粉"策略是，有趣有用、平易近人、谨慎表达。③确定私信群发的内容、频率、策略，采用图文、软文等多样化的信息形式，实现"粉丝"自发传播品牌、分享并推荐楼盘产品。

（3）微博搜索排名、微博"加粉"推广、微博"加粉"技巧以及个人微博推广与微信推广类似。

思考题

1. 房地产项目的促销推广有哪些方法？
2. 如何开展房地产项目的促销组合设计？
3. 不同类型的房地产项目，其促销推广策划有何不同？
4. 如何开展房地产网络与自媒体营销推广？

实训题

对本地区某房地产地块项目进行促销组合设计，编写产品促销推广策划方案。

实训指导

1. 5～8 人一组，以组为单位完成实训题。
2. 实地考察与网上调查相结合，主要参考网址见本书第 1 章实训指导。
3. 报告要求独立撰写，不允许抄袭，要求报告字数为 2 000～3 000 字。

第四篇

房地产项目营销计划组织
执行与销售管理策划实施

本篇是房地产项目营销计划组织执行与销售管理策划实施模块，主要内容如下。

1. 房地产项目营销计划组织与执行控制策划，主要介绍了房地产营销计划、房地产营销组织设计、房地产营销执行控制的基本程序、方法。

2. 房地产项目销售管理策划与实施，主要介绍了房地产销售预备工作内容、销售实施工作程序、销售准备、销售策略、进度控制、广告管理、售楼部管理以及房地产买卖合同、贷款等相关业务。

第 9 章

房地产项目营销计划组织与执行控制策划

⊘ 学习目标

1. 了解房地产市场营销组织的演化过程与组织模式。
2. 熟悉影响房地产营销组织决策的因素、房地产营销部门同其他部门的关系。
3. 掌握房地产营销计划编写、营销组织设计、房地产营销执行控制方法。

📖 技能要求

1. 能够遵循房地产营销类职业标准相关内容。
2. 能够在房地产营销业务中体现工匠精神。
3. 能够进行简单的房地产营销组织设计。
4. 能够制订房地产营销计划。
5. 能够具有一般的房地产营销控制能力。
6. 能够设计本地区某地块项目的营销计划组织与控制策划方案。

📖 案例 9-1

恒大华府项目的营销计划组织与执行

一、项目概况与营销环境分析

项目概况与营销环境分析见案例 3-2。

二、项目的市场分析

项目的市场分析见案例 4-1。

三、项目的市场定位

项目的市场定位见案例 4-1。

四、项目的主题概念与整体形象设计

项目的主题概念与整体形象设计见案例 5-1。

五、项目的产品组合

项目的产品组合见案例 5-1。

六、项目的产品价格策略

项目的产品价格策略见案例 6-1。

七、项目的营销渠道选择

项目的营销渠道选择见案例 7-1。

八、项目的促销推广

项目的促销推广见案例 8-1。

九、项目的营销计划组织与执行控制

1. 恒大华府项目市场营销战略

采用差异化战略，锁定为区域最高端豪宅产品的精极之作。

项目战略优势：恒大华府 = 主城 + 地铁 + 山湖 +9A 精装 + 大平层 + 恒大品牌。

2. 恒大华府项目市场营销策略

开发周期：多期规划，2014 年开工，2017 年竣工。

产品策略：多元化。每一座私家院落都有一个专属的装修方案，私家院落与大气园林景观遥相呼应，内外皆风景。

销售方式：全精装销售。

定价策略：全营销过程采用低开高走定价策略，均价控制在 23 500 元 / 平方米左右。

3. 恒大华府项目营销组织架构

恒大华府项目的营销组织架构如图 9-1 所示。

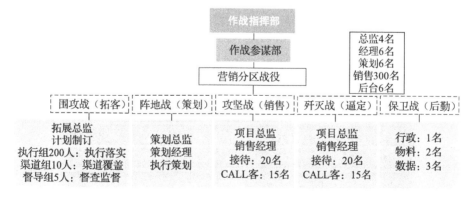

图 9-1 恒大华府项目营销组织结构

4. 恒大华府营销计划

（1）恒大华府项目的营销计划如图 9-2 所示。可以看出，恒大华府项目的营销重心在

线下营销。

图 9-2 恒大华府项目的营销计划

（2）线下营销作战总目标。4 500 组来访；初步筛选 773 家拓展资源明细。时间：10 月 4 日~11 月 30 日，共 58 天。

（3）线下拓展作战总方针。

1）1 个核心：项目展示售楼中心（小行地铁站东 200m）。

2）3 线主力：线下拓展作战网，分 3 组，每组目标邀约到访 1 500 组。

3）6 大片区：南京 6 个主城全覆盖，雨花区、秦淮区、鼓楼区、玄武区、江宁区、建邺区。南京另外 5 个区，栖霞、浦口、六合、溧水、高淳等区域阶段覆盖。外加周边 7 个城市。

4）3 大板块 18 条渠道。

大客户：企事业单位、学校、银行金融机构、医院。

渠道：高档酒店、高档社区、汽车 4S 店、培训机构、专业市场。

外拓：外展点、大型展会、地铁站、汽车站、核心商业中心、加油站、高档餐饮、高端养生美容会所、高档娱乐会所。

（4）拓客物料若干。拓客物料以单页、手举牌、挪车牌、苹果、纸巾盒、背胶海报、扑克牌、小礼品等为主。

5. 恒大华府的线上销售执行

恒大华府项目的网络销售广告投放如图 9-3 所示。同步配合恒大华府项目的网络软文、新闻通告投放，如图 9-4 所示。

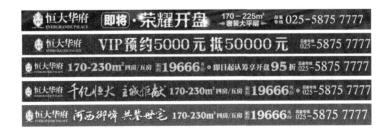

图 9-3 恒大华府项目的网络销售广告投放

【恒大华府】临水而筑，诗意地栖居.doc
10.17一恒大华府活动.doc
10.18-19城堡嘉年华主题活动方案1014改1.doc
10.18一恒大华府：区位篇.doc
10.30一南京恒大华府红酒活动预告篇(1).doc
11.9新闻通稿.doc
20141003-南京恒大华府软文（一）.doc
20141005-南京恒大华府软文-活动篇2.doc
20141005-南京恒大华府软文-活动篇.doc
20141006-南京恒大华府软文活动篇.doc
20141006-南京恒大华府软文园林篇.doc
20141007一南京恒大华府软文一一美女活动篇.doc
20141007一南京恒大华府软文一售楼处篇.doc
20141008南京恒大华府软文精装篇.doc
20141008南京恒大华府软文行情篇.doc
20141009一南京恒大华府新闻通稿.doc
20141010一南京恒大华府新闻通稿.doc
20141011一电视台需要资料.doc
20141011一南京恒大华府软文精装篇.doc.doc
20141014一南京恒大华府软文一七问热盘恒大华府篇.doc
20141014一南京恒大华府软文一最美售楼处篇.doc
20141016-南京恒大华府6篇电视台专题.doc
20141017一南京恒大华府网络软文.doc
20141019一南京恒大华府软文精装豪宅篇.doc
20141019一南京恒大华府软文薰衣草篇.doc
20141020一南京恒大华府软文红酒屋篇.doc
20141020一南京恒大华府软文尊贵篇.doc
20141021一南京恒大华府软文仿真园林篇.doc
20141021一南京恒大华府软文圈层典范篇.doc
20141022一南京恒大华府新闻通稿区位篇.doc
20141023一南京恒大华府新闻通稿活动预告篇.doc
20141027一南京恒大华府新闻通稿商铺篇.doc
20141028一南京恒大华府新闻通稿奢侈品邀约篇.doc
20141028一南京恒大华府总括篇.doc
20141101一南京恒大华府红酒赌石活动篇.doc
20141102一南京恒大华府奢侈品邀约篇.doc
20141103一南京恒大华府配套篇.doc
20141104一南京恒大华府阳光房篇2.0.doc
20141105一南京恒大华府-选择恒大华府的六大理由篇.doc
20141105一南京恒大华府中超篇.doc
20141106一南京恒大华府音乐会邀约篇.doc
20141107一南京恒大华府全卖点篇.doc
20141107一南京恒大华府文案碎.doc
20141109一南京恒大华府文案碎.doc
20141109一南京恒大华府周末活动结束篇.doc
20141116一南京恒大华府活动结束篇.doc
20141117一南京恒大华府园林湖景篇.doc
20141125一南京恒大华府新闻通稿02.doc
201411114一南京恒大华府文案碎.doc
城南稿子.doc
恒大华府板块文字.doc
恒大华府圈层篇.doc
恒大华府售楼处公开主持人稿件.doc
南京恒大华府常规软文9.28.doc
南京恒大华府常规软文活动稿9.27.doc
南京恒大华府软文9.30(1).doc
南京恒大华府软文9.30(2).doc
南京恒大华府软文10.1doc.doc
南京恒大华府软文二10.1.doc
南京恒大华府新闻通稿9.28.doc
南京恒大华府新闻通稿9.30.doc
南京恒大华府新闻通稿10.1.doc

图 9-4　恒大华府项目配合销售执行的软文、新闻通告投放

6. 恒大华府的线下销售执行

客户拓展第一阶段：苹果派送。在缺少线上广告投放的情况下，针对高端社区的私家车主，在早晨他们出发上班之际，在车库出口进行苹果和宣传资料的派发；后期在项目周边的大型企业——华为、中兴、三胞等进行苹果和宣传资料的发放。不仅对本案的客群进行有效宣传，更造成“恒大华府全城派苹果”的社会效应。

客户拓展第二阶段：线下渠道拓客方式全面开展。针对本案周边的老小区，采用背胶海报进行广告植入，要求每个单元楼栋必须有本案的海报。商超巡展。商超展点 10 月 1 日全面开展，共计 14 个巡展点，其中 10 个苏果展点、4 个大型商超展点。水游城、虹悦城、德基展点。

客户拓展第三阶段：拓客冲刺。在项目进入认筹关键时刻，苹果已基本用完的情况下，针对认筹量较高的社区进行报纸夹单页的方式，销售人员在早晨上班时间在目标小区门口进行报纸派发，垂直打击。在周边客户稀少、项目导视缺乏的情况下，手举牌是作为项目导示的大利器，销售人员不惧严寒，分布于软件大道整条路，气势恢宏，为客户的导入起到关键作用。恒大华府的举牌客户拓展如图 9-5 所示。

图 9-5　恒大华府的举牌客户拓展

资料来源：易居营销集团吴小丽、黄晓波、朱登飞等，编者稍加整理。

📖 **案例 9-2**

翡翠天域项目的营销计划组织与执行

一、项目概况

项目概况见案例 3-2。

二、项目营销环境与市场分析（略）

三、项目的市场定位

项目的市场定位见案例 4-2。

四、项目的主题概念与整体形象设计

项目的主题概念与整体形象设计见案例 5-2。

五、项目的产品组合

项目的产品组合见案例 5-2。

六、项目的产品价格策略

项目的产品定价见案例 6-2。

七、项目的营销渠道

项目的营销渠道选择见案例 7-2。

八、项目的促销推广（略）

九、项目的营销计划组织与执行控制

1. 翡翠天域项目市场营销战略

翡翠天域项目市场营销战略采用差异化战略，锁定为区域滨江生态文化旅游社区的产品引领者。

项目战略优势：翡翠天域＝生态住宅＋主题乐园＋健康休闲＋人文教育＋主题商业＋华侨城品牌。

2. 翡翠天域项目市场营销策略

开发周期：多期规划，2019 年开工，2022 年竣工。

产品策略：个性化。创意多功能房，内外皆风景，灵动空间，幸福生活更多可能。

销售方式：全精装销售。

定价策略：全营销过程采用低开高走定价策略，均价控制在 25 000 元 /m² 左右。

3. 翡翠天域项目营销组织

翡翠天域项目采用组合营销渠道，即开发商直接销售 +1 家房地产营销公司代理销售 + 多个房地产经纪公司联动销售，并辅以网络销售工具。所以，翡翠天域项目营销组织有三个内容。

（1）翡翠天域项目开发商的营销组织。营销组织采用职能型架构，由分管营销的副总经理和营销总监负责翡翠天域项目的全程营销，下设多个营销职能单元。主要有四个必不可少的职能单元。

1）协调部。界定翡翠天域项目营销各参与主体的任务和销售佣金分配，协调各参与主体各司其职，按计划进度销售，共同合作完成项目整体销售任务。

2）策划部。负责翡翠天域项目整体营销方案策划和阶段活动方案策划。

3）销售部。负责营销方案和销售计划执行。

4）后勤部。负责业务支持与售楼部管理。

（2）房地产营销代理公司的营销组织。房地产营销代理公司在开发商营销部门的统一协调下，按要求代理销售翡翠天域项目。营销组织采用执行型架构，由营销总监和销售部经理负责翡翠天域项目的销售，下设多个执行单元。

1）拓客组。执行、渠道、督导。

2）策划组。执行策划。

3）销售（逼定）组。接待、CALL 客、落单。

4）后勤组。行政、物料、数据。

（3）房地产经纪公司的营销组织。其在开发商营销部门的统一协调下，负责按要求利用公司已有的经纪业务渠道与二手房业务联动销售翡翠天域项目。由于楼盘销售由经纪人执行，无须另外配置专门的销售人员，因此也无须另外构建专门的营销组织，利用现有的经纪组织即可。

4. 翡翠天域项目营销计划

（1）2019 年 7 月～2019 年 9 月，预售期，计划销售量完成 10%（约 280 套）。活动：华侨城品牌新街口互动活动开展、自媒体广告上线、项目软文推送。

（2）2019 年 10 月～2020 年 4 月，开盘期，计划销售量完成 20%（约 560 套）。活动：盛大开盘、售楼处开放、客户体验活动、优惠活动。

（3）2020 年 5 月～2020 年 7 月，强销期，计划销售量完成 40%（约 1120 套）。活动：示范区、样板间开放、客户体验活动、优惠活动。

（4）2020 年 7 月～2020 年 12 月，持续销售期，计划销售量完成 25%（约 700 套）。活动：广告投放、组织活动与客户交流、优惠活动。

（5）2021 年 1 月～2022 年 10 月，尾盘期，计划销售量完成 5%（约 140 套）。活动：答谢活动，奖励活动。

5. 翡翠天域的营销计划执行

（1）翡翠天域项目营销计划的线上推广执行。翡翠天域项目在线上采用新颖独特的营销攻势，通过互联网和大数据技术支撑展开"线上购房模式"，通过互联网平台（含楼盘网站、App、VR看房、网上购房系统等）全力推进，迅速锁定大批目标客户，既起到提高知名度的作用，同时又收割了一大批目标客群。

（2）翡翠天域项目营销计划的线下销售执行。全面开展线下多渠道拓客。一是利用项目楼盘外展点、大型展会、地铁站、汽车站、核心商业中心、加油站、高档餐饮、高端养生美容会所、高档娱乐会所等场所开展楼盘巡展，持续吸引客户。二是利用已有的经纪业务渠道与二手房业务联动推广翡翠天域项目，释放共享经纪公司的客户资源。

（3）翡翠天域的营销计划执行控制。翡翠天域在执行市场营销计划的过程中可能会出现许多意外情况，开发商的营销组织必须行使控制职能以确保营销目标的实现。翡翠天域营销过程控制方式：一是全程跟踪型控制，发现问题及时纠正；二是指标控制，对销售结果与计划标准进行比较，检查其是否符合预期目标，比较偏差大小，找出偏差产生的原因，总结经验和教训，以便下一步行动和有利于将来的行动，控制指标有销售率控制、房源控制、回款控制等。

资料来源：南京工业职业技术大学学生马凡的实训作业，编者整理。

案例讨论

1. 你认为恒大华府和翡翠天域项目营销计划还有什么不足？

2. 普通住宅项目可以从恒大华府和翡翠天域项目的营销计划中吸取什么经验？

学习任务

制订本市某地块项目营销计划组织与执行控制方案。

9.1 房地产营销计划与组织设计

房地产企业的营销管理过程，就是市场营销的计划、执行和控制过程，是企业结合自身资源特点，根据外部环境变化，不断地制定、调整和修正营销战略，以实现营销目标的管理活动（见图9-6）。

1. 房地产营销计划的制订过程

制订房地产营销计划是房地产企业根据自身所处的营销环境，整合营销资源，制定营销战略和营销策略的过程。

（1）营销战略的制定。这一战略包括：①企业市场营销目标的确立。②企业的营销战略重点。通常根据企业已确定的市场营销战略目标，并结合企业的优势如品牌优势、成本优势、销售网络优势、技术优势、形象优势确定企业的营销战略重点。③企业的营销战略实施步骤。短期

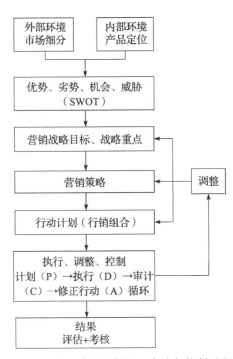

图9-6 营销计划的制订、实施与控制过程

战略要点包括保持传统市场不被挤出及增强新市场潜入能力。中期营销战略要点包括：a.增强新市场潜入能力和开辟未来的市场；b.开发新产品的可行性；c.克服竞争威胁。长期市场开发战略要点包括：a.调整企业的产品结构和改变市场组成；b.预测潜在的竞争对手。

（2）营销策略的制定。营销策略必须为市场营销战略服务，即全力支持市场营销战略目标的实现。市场营销计划的制订过程包括 5 个组成部分。①发现、分析及评价市场机会。市场机会是市场上存在的尚未满足的需求，或未能很好地满足的需求。寻求市场机会一般有以下几种方法：a.通过市场细分寻求市场机会；b.通过产品–市场发展矩阵（见图 1-3）来寻找市场机会；c.通过大范围搜集意见和建议的方式寻求市场机会。对市场机会的评价，一般包括以下工作：a.评审市场机会能否成为一个拥有足够顾客的市场；b.当市场机会能够成为一个拥有足够顾客的现实市场时，要评审企业是否拥有相应的生产经营能力。②细分市场和选择目标市场。同一细分市场的消费者，他们的需要与欲望极为相似。细分市场不仅是一个分解的过程，也是一个聚集的过程，把对某种产品特点最易做出反应的消费者集合成群。这种聚集过程可以依据多种标准连续进行，直到识别出规模足以实现企业利润目标的某一个消费者群。在市场细分的基础上，企业可以从中选定目标市场，同时制定相应的目标市场范围战略。由于不同的细分市场在顾客偏好、对企业市场营销活动的反应，盈利能力及企业能够或愿意满足需求的程度等方面各有特点，营销管理部门要在精心选择的目标市场上慎重分配力量，以确定企业及其产品准备投入哪些市场，以及如何投入这些市场。③市场定位。目标市场范围确定后，企业就要在目标市场上进行定位了。市场定位强调的是企业在满足市场需要方面与竞争者相比应处于什么位置；产品定位是指就产品属性而言，企业与竞争者的现有产品应在目标市场上各处于什么位置；竞争性定位是指在目标市场上，和竞争者的产品相比，企业应提供什么有特色的产品。④市场营销组合。选择一个目标市场，并试图为目标市场提供一个有吸引力的市场营销组合。市场营销组合是制定企业市场营销战略的基础，它能保证企业从整体上满足消费者的需求，是企业对付竞争者的强有力的武器。市场营销组合中产品策略、价格策略、渠道策略、促销策略是相互依存、相互影响的。在开展市场营销活动时，不能孤立地考虑某一因素，因为任何一个因素的特殊优越性并不能保证营销目标的实现；只有四个变数优化组合，才能创造最佳的市场营销效果。⑤市场营销预算。企业总营销费用预算一般是基于销售额的传统比例确定的。

2. 房地产营销计划

房地产市场营销计划是对房地产市场营销活动方案的具体描述，规定了企业各项营销活动的任务、策略、目标、具体指标和措施，使企业的市场营销工作按照既定的计划有条不紊地循序渐进，从而最大限度地避免营销活动的混乱和盲目性。房地产项目的营销计划要依据前面的项目营销组合策划编制，一个房地产项目的营销计划通常由以下 8 个部分组成。

（1）计划概要。计划书的开头要对本计划的主要目标和建议做扼要的概述，计划概要可让上级主管很快掌握计划的核心内容。

（2）营销现状分析。①应阐明影响未来房地产市场的重要的宏观环境趋势，如人口、经济、技术、政治、法律、社会文化等趋向。②应提供关于目标市场的资料，说明市场规模与近年来的增长率，同时预测未来年份的增长率，分析目标客群的特征和购买行为，并按一定的因素进行市场细分。③应分析过去几年各种商品房的销量、价格和利润等资料。④还应分析主要竞争对手的规模、目标、市场占有率、商品房质量、营销策略等方面的资料，做到知彼知己。

（3）机会与威胁分析。机会是指营销环境中对企业有利的因素，威胁是指对企业营销不利的因素。评估环境机会可从两方面进行：①看吸引力，即潜在获利能力的大小。②看成功的可能性。

（4）制定营销战略与目标。市场营销战略是营销机构借以实现其市场营销目标的营销逻辑，要围绕营销目标制定营销战略与目标。营销目标包括：销售总额、销售收入、销售收入增长率、销售收入利税率、目标销售额、目标成本、目标利润、目标市场开拓数。

（5）制定营销策略。主要内容是确定项目的营销组合。

（6）行动方案。有了营销策略，还要将其转化为具体的行动方案，如何时开始、何时完成、由谁做、花费多少，这些都要按照时间顺序列成一个详细且可实施的行动方案。如营销人员数如表 9-1 所示。

表 9-1 营销人员数

全体营销人员	总人数	区域 A（或项目 A）	区域 B（或项目 B）	区域 C（或项目 C）
专职经理				
专职销售人员				
拿佣金的销售人员				
管理人员（含秘书）				
其他人员				
营销总人数				

（7）预算开支。根据行动方案编制预算方案，收入方列出预计销量及单价，支出方列出人员、广告及其他营销费用，收支差即为预计的利润。营销费用预算计划，如表 9-2 所示。

表 9-2 营销费用

营销费用	一季度		二季度		三季度		四季度	
项目	%	元	%	元	%	元	%	元
人力资源招聘、培训								
市场研究费用								
宣传广告费								
促销活动费								
销售人员费用								
管理费								

（续）

营销费用	一季度		二季度		三季度		四季度	
项目	%	元	%	元	%	元	%	元
其他								
合计								

（8）营销控制手段。规定如何对计划执行过程进行控制，基本的做法是对计划规定的目标和预算按季度、月份或更小的时间单位进行分解，以便主管部门能对计划执行情况进行监督检查。在执行计划过程中，要按照一定的评价和反馈制度，了解和检查计划的执行情况，评价计划的效率，分析计划是否在正常执行。有时，市场会出现意想不到的变化，甚至会出现意外事件，销售部门要及时修正计划，或改变战略策略，以适应新的情况。

实｜践｜经｜验

房地产促销计划制订方法

按销售促进涉及的内容，房地产促销计划一般包括以下内容。

（1）人员推销计划。它包括推销人员选拔、培训计划；推销人员分派计划；推销人员考核、奖惩计划；推销人员营业促进配合计划等。

（2）宣传广告计划。它包括宣传计划、广告计划、广告预算、产品模型以及目录等的设计、制作、分发、反馈计划，还有不同广告媒体选择及计划等。

（3）营业推广计划。它包括营业推广总体设计及其单项计划，促成交易的营业推广计划，直接对顾客的营业推广计划及上述鼓励、配合推销人员的营业推广计划等。

（4）公共关系推广计划。它包括公共关系目标、对象、活动方式及发展方面的计划等。

（5）促销策略组合计划。

（6）指标：

- 发展新业主数；
- 巩固老业主数；
- 广告收益率、宣传广告费控制数；
- 展销、展览收益率；
- 楼盘知名度及产品形象；
- 企业知名度及企业声誉等。

3. 影响房地产营销组织决策的因素

房地产市场营销组织是指为了实现企业的市场营销目标，而对企业的全部市场营销活动从整体上进行平衡协调的有机结合体，涉及企业内部市场营销活动的各个职位及其结构。市场营销组织既是保证市场营销计划执行的一种手段，也是企业实现其营销目标的核心职能部门。它是以市场营销观念为理念建立的组织，以消费者的需求为中心。影响房地产市场营销组织决策的因素主要有 3 个方面。

（1）企业规模。一般情况下，企业规模越大，市场营销组织越复杂，组织决策的速度越慢，需要经过层层上报审批。

（2）市场状况。一般情况下，决定市场营销人员分工和负责区域的依据是房地产项目的市场地理位置。

（3）产品特点。它包括企业的产品种类、产品特色、产品项目的关联性以及产品的技术服务方面的要求等。此外商品房有直接销售方式和间接销售方式，方式不同也会影响组织营销决策。

4. 房地产营销组织模式

房地产市场营销组织必须与营销活动的 4 个方面，即职能、地域、产品和市场相适应，房地产市场营销组织有以下 5 种模式。

（1）职能型组织。这是最常见的市场营销组织的形式，它强调的是市场营销各种职能的重要性。

（2）地区型组织。一个销售范围遍及全国的企业，通常都会按照地理区域来安排其营销机构（见图 9-7）。

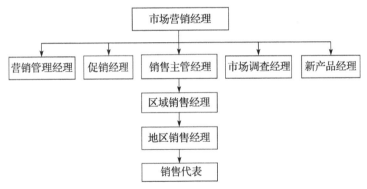

图 9-7　地区型营销组织机构

（3）项目型组织。它也叫产品型组织，拥有多种房地产项目（多种产品或多个品牌）的企业，往往按照项目（产品或品牌）建立管理组织。

（4）市场型组织。它是由一个总市场营销经理管辖若干细分市场经理，各细分市场经理负责自己所管市场发展的年度计划和长期计划（见图 9-8）。

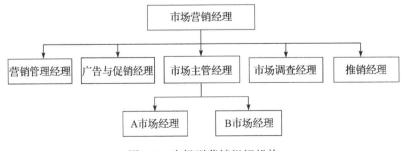

图 9-8　市场型营销组织机构

（5）项目 – 市场型组织。这是一种既有项目（产品）经理，又有市场经理的二维矩阵组织。

5. 房地产营销部门同其他部门的关系

（1）市场营销部门在企业中的地位和作用。它具体可分为 5 种情况：①营销部门与财务、人事、生产等部门处于同等地位。在企业的战略规划中，各种职能的地位平等，没有主次之分。②营销职能是企业最重要的职能。③市场营销是企业的主要职能。因为没有客户就没有公司，因此市场营销应是公司的中心，其他职能作为支持职能为中心职能服务。④客户是企业经营管理的中心。在客户导向思想指导下，所有职能部门共同努力、彼此平等地了解客户、服务客户和满足客户。⑤为了正确解释和有效满足客户的需求，市场营销部门仍处于公司的中心支配地位。这是因为企业的主要任务是吸引和保持顾客，而这正是营销部门的职能，但同时客户实际得到的满足程度受到其他部门工作的影响，所以，营销部门必须影响或控制其他部门，这些部门要贯彻以客户为中心的经营管理，才能使客户的期望得到满足。

（2）市场营销部门与其他部门之间观点不同。市场营销部门的基本职能主要有市场调研、市场策划、广告宣传与公关促销等，它与其他部门之间主要的不同观点如表 9-3 所示。

表 9-3　市场营销部门与其他部门之间主要的不同观点

部门	强调重点	市场营销部门的强调重点
研究与开发部门	产品内在价值 产品功能形象	产品外在价值 产品销售形象
工程部门	注重长期设计 很少的规格数量 标准化结构	注重短期设计 许多规格品种 根据客户要求设计
采购部门	很少的产品种类 材料价格 经济采购批量	广泛的产品系列 材料质地 根据客户需要采购
建设部门	长期生产单一品种 不改变产品式样 标准订单 产品结构简单 一般的质量控制	短期内生产许多产品品种 经常改变产品式样 由客户决定订单 符合审美观的产品形象 严格的质量控制
财务部门	按标准严格控制支出 硬预算 定价补偿成本	根据判断讨论决定支出 预算灵活以适应变化的需求 定价要促进市场开发
信贷部门	很低的投资风险 严格的借贷条款和手续 对客户进行全面的财务审查	中等的投资风险 灵活的借贷条款和手续 对客户做中等的信用审查

（3）市场营销部门必须处理好与各个部门的相互关系。房地产企业除了市场营销部门以外，还有其他诸如研究与开发、工程、采购、人力资源、财务以及相关的职能部门。因此，在企业运行过程中，市场营销部门必须处理好与各个部门的相互关系，与其

密切配合、共同协作来完成企业的总目标。但是在实际工作过程中，由于各个部门所处的角度不同，扮演的角色不同，难免会存在一些分歧与矛盾，营销部门应本着协调一致的原则处理好与相关部门的关系，取得最大的整合营销价值。

6. 房地产营销组织设计

（1）分析营销组织环境。分析营销组织环境首先要分析市场，市场状况对企业营销组织的影响主要来源于 3 个方面：①市场产品结构。②产品生命周期。③购买行为类型。除了市场状况外，竞争者的状况也是企业在设计其营销组织形式时必须考虑的一个环境因素。

（2）确定营销组织内部的各项活动。市场营销组织内部的活动主要有两种类型。①职能性活动，它涉及市场营销组织的各个部门，范围相当宽泛，企业在制定战略时要确立各个职能在市场营销组织中的地位，以便开展有效的竞争。②管理性活动，涉及管理任务中的计划、协调和控制等方面。

（3）建立组织职位。企业在建立组织职位时应考虑三个要素：职位类型、职位层次和职位数量，从而明晰各个职位的权力、责任及其在组织中的相互关系。①职位类型。通常对职位类型的划分有三种方法：a. 把职位划分为直线型和参谋型及项目矩阵型；b. 把职位划分为专业型和协调型；c. 把职位划分成临时型和永久型。②职位层次。职位层次是指每个职位在组织中地位的高低，如普通营销员、营销主管、营销经理等。③职位数量。它是指企业建立组织职位的合理数量，企业可以把市场营销活动分为核心活动、重要活动和附属性活动三种，分别配以适当职位数量。

（4）设计组织结构。营销组织一般有直线型、参谋型和项目矩阵型等结构。企业在设计组织结构时必须注意两个问题：①把握好分权化程度，即权力分散到什么程度才能使上下级之间更好地沟通。②确定合理的管理宽度，即确定每一个上级所能控制的合理的下级人数。

（5）配备组织人员。企业主要根据组织环境、组织内部活动、组织职位、组织结构来配备组织人员。此外，在分析市场营销组织人员配备时，必须考虑两种组织情况，即新组织和再造组织（在原组织基础上加以革新和调整）。

（6）检查和评价营销组织。当营销组织初步设计好后，要对组织进行评价，当发现不够完善时，则需要及时进行调整。市场营销组织需要调整的原因主要有以下几点：①外部环境的变化。②组织主管人员的变动。③改组是为了证明现存组织结构的缺陷。④组织内部主管人员之间的矛盾，也可以通过改组来解决。

9.2 房地产营销的 OTO 执行与控制

有了市场营销计划后，就要积极执行，合理控制，努力实现计划目标。执行和控制市场营销计划是市场营销管理过程的最后一个步骤，也是市场营销管理过程中关键性的、极其重要的步骤。

1. OTO 执行房地产营销计划

（1）OTO（online to offline），即"线上到线下"，OTO 商业模式的核心很简单，就是把线上的消费者带到现实的售楼部去，消费者在线支付购买线下的房屋和服务，再到线下去享受服务。

（2）OTO 执行营销计划是指采用线上、线下相结合的手段将营销计划转变为具体营销行动的过程，即把企业的经济资源有效地投入到企业营销活动中，完成计划规定的任务，实现既定目标的过程。

（3）企业要有效地执行市场营销计划，必须建立起专门的市场营销组织。企业的市场营销组织通常由一位营销副总经理负责，他有两项任务：一是合理安排营销力量，协调企业营销人员的工作，提高营销工作的有效性；二是积极与财务、研究与开发、人事等部门的管理人员配合，促使公司的全部职能部门和所有员工同心协力、千方百计地满足目标顾客的需要，保质保量地完成市场营销计划。

（4）营销部门在开展营销工作时的有效性，不仅依赖于营销组织结构的合理性，同时还取决于营销部门对营销人员的选择、培训、指挥、激励和评价等活动。只有配备合格的营销管理人员，充分调动他们的工作积极性和创造性，增强其责任感和奉献精神，把计划任务落实到具体部门、具体人员，才能保证在规定的时间内完成计划任务。可见，高效合理的营销组织和德才兼备的营销人员是执行计划的必备条件。

2. 房地产市场营销计划控制方式

在执行房地产市场营销计划的过程中可能会出现许多意外情况，企业必须行使控制职能以确保营销目标的实现。即使没有意外情况，为了防患于未然，或为了改进现有的营销计划，企业也要在计划执行过程中加强控制。房地产市场营销过程控制方式有以下几种。

（1）跟踪型控制。对系统运行全过程实施不间断的控制，在市场营销中，对战略规划决策、外部市场环境变化、新产品开发等的控制就属于此类。

（2）开关型控制。确定某一标准作为控制的基准器，决定该项目工作是否可行。例如，确定合理的公司投资报酬率，以此来评价市场机会或产品项目，如达到规定标准，则将其列入考虑范围，产品质量控制、财务控制均属此类。

（3）事后控制。将结果与期望标准进行比较，检查其是否符合预期目标，比较偏差大小，找出偏差产生的原因，总结决策经验和教训，以便下一步行动和有利于将来的行动。如市场占有率控制、销售率控制等，一般可归于此类。

（4）集中控制和分散控制。集中控制是指最后决策的制定和调整，均由最高一级系统决定。分散控制是控制权限分别由各子系统（各级主管部门和职能部门）分担，这些子系统有一定的独立行使控制权的自由，最高级系统往往只起协调平衡的作用。

（5）全面控制和分类控制。全面控制是对某一活动的各个方面实施控制。分类控制则是对活动按其类别不同分别控制。例如，按市场类型、销售地区、产品种类、销售渠道、销售部门等进行区分并实施控制，就属于分类控制。

3. 房地产营销控制的基本程序

房地产营销控制就是企业用于跟踪营销活动过程的每一个环节，确保能够按照计划目标运行而实施的一套完整的工作程序。房地产营销控制的基本程序如图 9-9 所示。

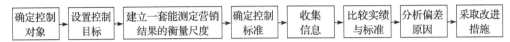

图 9-9　房地产营销控制的基本程序

（1）确定控制对象。确定控制对象即确定控制的内容和范围，确定应对哪些市场营销活动进行控制。具体包括：①销售收入、销售成本、销售利润等盈利性控制。②项目开发、项目定价、分销渠道、广告宣传、消费者服务等专项营销组合因素的控制。③营销目标、方针、政策等战略性控制。

（2）设置控制目标。设置控制目标即对控制对象设立各种控制活动的目标。目标市场营销系统的核心一方面是只有明确了目标才能进行营销控制，另一方面目标又是市场营销控制的归宿。市场营销控制的目的是更好地实现目标，只有达到目标才能说明营销控制是有效的。

（3）建立一套能测定营销结果的衡量尺度。为使房地产项目营销控制具有可操作性，必须设定具体的衡量尺度。衡量市场营销活动优劣的尺度可分为"量"的尺度和"质"的尺度两类：①"量"，如销量、费用率、利润率等，对于这些指标要数量化。②"质"，如销售人员的工作能力、组织能力等，这些很难用数量来表示。企业可以考虑将多种尺度配合使用。

（4）确定控制标准。控制标准是指以某种衡量尺度表示的控制对象的预期活动范围。在具体确定控制标准时，还要结合产品、地区、竞争等情况，区别对待，尽量保持控制标准的稳定性和适应性。

（5）收集信息。为了控制，必须收集各种信息，了解计划的完成情况。信息在房地产企业内部的传递是一项非常重要的工作，信息沟通是市场营销控制的中枢。

（6）比较实绩与标准。运用已建立的衡量尺度和控制标准对计划完成结果（实绩）进行检查与比较。检查的方法可根据实际需要而定，比较时有三种方法：①频率的比较，指规定一定时间内应做的比较。②数量的比较，指计划期执行实绩与计划规定的数量的比较。③质的比较，指计划期执行实绩与计划规定的质量的比较。

（7）分析偏差原因。实绩与计划目标产生偏差的原因大致有三种情况：①房地产企业对自身资源及外部环境与目标市场等因素的估计不足，导致企业营销计划不符合客观实际。②市场营销系统的外部环境发生重大恶劣的变化。③市场营销系统的内部发生了重大变化。

（8）采取改进措施。当实绩与计划不符时，就要采取纠正措施。如果在制订计划时，同时也制订恶劣应急计划，改进就能更快；但多数情况下并没有这类预定措施，企业就必须根据实际情况，迅速制订补救方案，或适当调整某些营销计划目标。

4. 房地产营销控制的类型

房地产营销控制按其内容的不同可分为四类（见表 9-4）。

表 9-4　房地产营销控制类型及手段

控制类型	控制人员	控制目的	控制手段
年度计划控制	中高层经理	检查计划目标是否达到	·销量分析 ·市场占有率分析 ·营销费用率分析 ·财务分析 ·客户态度跟踪
盈利能力控制	营销负责人	检查是否在盈利	按以下划分分别计算盈利率 ·产品 ·地区 ·客群 ·渠道 ·销售金额
效率控制	业务和职能部门经理、营销负责人	提高营销费用的使用效率	分析效率状况 ·销售队伍 ·广告 ·促销
战略控制	高层经理	检查企业是否在市场、产品和渠道方面抓住了最佳机会	·营销效益等级评定 ·营销审计

（1）年度计划控制。年度计划控制主要是由企业中高层管理人员负责的，检查营销活动的结果是否达到年度计划的要求，并在必要时采取调整和修正措施，其方法有如下 5 种：①销售分析。就是分析对比实际销售额与预定目标值之间的差距，并找出产生缺口的原因。销售分析可以通过销售差异分析和微观销售分析两个层次来完成。②市场占有率分析。销售分析只能说明企业本身的销售成绩，但不能反映企业与竞争对手相比的市场地位如何。只有企业的市场占有率上升，才说明其竞争地位在上升。市场占有率分析还要确定运用各种市场占有率，通常有三种主要的市场占有率指标：a. 全部市场占有率；b. 有限地区市场占有率；c. 相对市场占有率。③营销费用率分析。年度计划控制不但要保证销售和市场占有率达到计划目标，而且还要确保销售费用不超支。市场营销人员应该对各项费用率加以分析，并将其控制在一定限度内。例如，假定某楼盘的费用 / 销售额为 3%，即每销售 10 000 元房屋，支出费用 300 元。④财务分析。主要是通过一年来的销售利润率、资产收益率、资本报酬率和资产周转率等指标了解企业的财务情况。⑤客户态度跟踪。为了尽早察觉市场销售可能发生的变化，具有远见和高度警惕性的企业还建立了跟踪客户、中间商与市场营销有关人员态度的系统。这个系统包括：a. 客户投诉和建议制度；b. 典型的客户调查；c. 定期的客户随机调查。

（2）盈利能力控制。盈利能力控制是企业分析年度计划，控制各产品在各地区运用各种营销渠道的实际获利能力，从而指导企业扩大、缩小或者取消某些产品和营销活动。盈利性控制能帮助营销主管人员决定哪些产品或哪些市场予以扩大，哪些应缩减，甚至放弃。盈利率分析是对盈利率进行控制的重要手段。盈利率分析的目的在于找出妨碍获利的因素，并采取相应的措施排除或削弱这些不利因素的影响。

（3）效率控制。效率控制是当企业在特定产品、销售市场活力不高时，就采取更有效的方法提高广告、人员推销、促销和分销等的工作效率，以达到预期的营销目标。主要包括：①销售队伍效率，主要指标是推销员平均每天推销访问的次数、每次推销访问的平均销售额、每次推销访问的平均成本、每100次推销访问的成交百分比等。②广告效率，包括每一次覆盖1 000人的广告成本，消费者对于广告内容和有效性的意见，对于产品态度的事前事后变化的衡量等。③促销效率，包括各种激发买主购买兴趣的方法所产生的效果。

（4）战略控制。战略控制则是更高层次的市场营销控制，审计企业的战略、计划是否有效地抓住了市场机会，是否与市场营销环境相适应。战略控制是对整体营销效果进行全面评价，以确保房地产企业目标、政策、战略和计划与动态变化的市场营销环境相适应，促进房地产企业协调稳定发展。战略控制有两种工具：①营销效益等级评定。营销效益等级评定可从顾客宗旨、整体营销组织、足够的营销信息、营销战略导向和营销效率5个方面进行衡量，并以这5种属性为基础编制营销效益等级评定表，由各营销经理或其他经理填写，最后综合评定。②营销审计。它是指对房地产企业的营销环境、线路、组织、控制、生产率和功能所做的全面的、系统的、独立的和定期的检查，其目的是发现问题和机会，提出行动建议和计划，以提高公司的营销业绩。a.营销环境审计，包括市场、顾客、竞争者和其他影响因素的检查分析；b.营销策略审计，包括企业营销目标、战略以及当前与预期的营销环境相似程度的分析审查；c.营销组织审计，包括营销组织在预期环境中实施组织战略能力的审查；d.营销系统审计，包括企业收集信息、制订计划、控制营销活动的过程审查；e.营销效率审计，包括各营销单位的获利能力和各项营销活动成本效率的审查；f.营销职能审计，包括营销组织的每个因素，如产品、价格、渠道和促销等策略的审查。

微｜案｜例

销售额计划分析

假定年度计划要求，第一季度按10 000元/m²的价格销售某种住宅40 000m²，目标销售额为4亿元；但到季度末仅按8 000元/m²的价格出售了30 000m²，总销售额2.4亿元，比目标销售额少1.6亿元，那么这1.6亿元的减少额有多少是由于销量下降造成的？有多少是由于价格降低造成的？

分析计算方法如下。

（1）由于价格下降造成的影响 =（10 000–8 000）×30 000=0.6（亿元），占1.6亿元的37.5%。

（2）由于销量下降造成的影响 =10 000×（40 000–30 000）=1.0（亿元），占1.6亿元的62.5%。

因此，销售额下降的近2/3是销量未达目标所造成的，故该企业应密切注意未达预期销量目标的原因。

思考题

　　1. 如何开展房地产项目的营销组织设计？

　　2. 不同类型的房地产项目，其营销计划组织与控制策划有何不同？

实训题

　　对本地区某房地产地块项目进行营销组织设计，编写营销计划与执行控制策划方案。

实训指导

　　1. 5～8 人一组，以组为单位完成实训题。

　　2. 实地考察与网上调查相结合，主要参考网址见本书第 1 章实训指导。

　　3. 报告要求独立撰写，不允许抄袭，要求报告字数为 2 000～3 000 字。

第 10 章

房地产项目销售管理策划与实施

⊘ 学习目标

1. 了解房地产销售相关业务概念。
2. 熟悉房地产销售管理基本特点、售楼部的管理制度和管理表格。
3. 掌握房地产销售预备工作内容、销售工作程序、售楼部工作流程。
4. 掌握商品房买卖合同、房地产贷款程序以及房地产产权登记等业务。

📖 技能要求

1. 能够遵循房地产营销类职业标准相关内容。
2. 能够在房地产营销业务中体现工匠精神。
3. 能够组织一般房地产项目的销售预备工作。
4. 能够具有一般房地产项目的销售能力。
5. 能够设计本地区某地块项目的房地产销售管理策划方案。

📖 案例 10-1

恒大华府项目的销售管理与实施

一、项目概况与营销环境分析

项目概况与营销环境分析见案例 3-2。

二、项目的市场分析

项目的市场分析见案例 4-1。

三、项目的市场定位

项目的市场定位见案例 4-1。

四、项目的主题概念与整体形象设计

项目的主题概念与整体形象设计见案例 5-1。

五、项目的产品组合

项目的产品组合见案例 5-1。

六、项目的产品价格策略

项目的产品定价见案例 6-1。

七、项目的营销渠道选择

项目的营销渠道选择见案例 7-1。

八、项目的促销推广

项目的促销推广见案例 8-1。

九、项目的营销计划组织与执行控制

项目的营销计划组织与执行控制见案例 9-1。

十、项目的销售管理与实施

1. 恒大华府项目的销售准备

（1）恒大华府项目的营销人员准备，总监 4 名、经理 6 名、策划 6 名、销售 300 名、后台 6 名。其中人员具体分布，如图 9-1 所示。易居营销集团这支创新营销联盟大军为恒大华府营销组建，全力同恒大集团打一场轰轰烈烈的营销战。

（2）恒大华府项目的广告准备，主要包括广告牌、场地包装和广告资料。

广告牌：部分广告牌如图 10-1 所示。户外大牌广告一共有 4 块，一块位于广州路、一块位于凤台南路、一块位于中山南路、一块位于河西万达，户外大牌自 2016 年 9 月底陆续出街。

图 10-1　恒大华府项目广告牌

恒大华府项目的工地包装与现场包装如图 10-2、图 10-3 所示。

图 10-2 恒大华府项目工地包装

图 10-3 恒大华府项目现场包装

（3）恒大华府项目的售楼处布置，售楼处位于雨花区软件大道西首（小行地铁站东200m）恒大客户体验中心内。售楼处外形酷似蒙古包，内部准备了户型等销售资料、3个样板房（见图 10-4）。

图 10-4 恒大华府项目售楼部

2. 恒大华府项目的销售实施

（1）销售压力下谋攻。从团队进场到开盘仅仅两个月时间。时间紧，任务重，如此年轻的作战团队，两个月熟悉项目，熟悉竞品，熟悉区域，何以制胜？接近年末，开发商争相跑量，各大楼盘优惠政策频出，如何在楼市不温不火，周边竞品众多的情况下突围？

恒大华府项目市场遇低位，竞品项目多，产品面积大，蓄客周期短，指标压力重……种种压力之下，必须策动全盘营销，确保完成首开销售目标！

恒大华府销售谋攻——三军齐动，一战倾城！发挥恒大华府超级营销之道——超强执行力。恒大华府销售阵容强大，如图 10-5 所示。

图 10-5　恒大华府阵容强大的销售迎宾与来宾签到

（2）推出系列销售广告。恒大华府在公开期、认筹期、开盘期分别推出系列报纸广告，如图 10-6、图 10-7 和图 10-8 所示。

图 10-6　恒大华府公开期线上推广报纸广告

（3）抓住难得的时机开展系列销售活动。10 月楼市进入缓慢回暖期，政策利好频现，此时通过系列节点销售活动引爆方式，与高端汽车、理财公司互换资源，导入意向客户，制造现场火爆氛围，增加项目关注度，促进成交。活动贯穿全月，节点引爆市场（见图 10-9）。

图 10-7　恒大华府认筹期线上推广报纸广告

图 10-8　恒大华府开盘期线上推广报纸广告

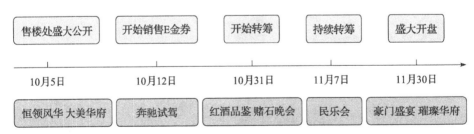

图 10-9　恒大华府开展系列销售活动

1）售楼处开放活动：恒领风华 大美名府。

活动时间：10 月 5 日 10:00～18:00。活动到访 1 115 人，大型真人舞台剧引爆现场。优惠促销活动如图 10-10 所示。

图 10-10 恒大华府项目售楼处开放促销活动

2）新车发布会、奔驰试乘试驾。

活动主题：走进恒大华府感受生活之美。

活动形式："奔驰 C 级"最新车型展览；"尊享体验"最新车型试驾；小提琴演奏、冷餐供应。

活动时间：10 月 12 日 13:00～18:00。

活动对象：意向客户、50 组奔驰车主车队看房团。

推广渠道：拓客邀约、短信邀约、奔驰 4S 店车主邀约等。

现场配合：项目推介会，新车发布会（见图 10-11）。

图 10-11 恒大华府新车发布会、奔驰试乘试驾

3）宜信高级理财客户、酒庄高级客户。

活动主题：红酒品鉴 赌石晚会。

活动形式：

- 萨克斯表演、红酒文化讲解、嘉宾品酒；
- 赌石环节，现场抽石；
- 财经讲座。

活动时间：10 月 31 日 18:00～21:00。

活动对象：认筹客户、意向客户、30 组宜信财富高级理财客户、20 组品牌红酒酒庄高级会员。

推广渠道：网络、电话、短信、微信、宜信财富电话邀约等。

现场配合：项目推介会、理财讲座、赌石、红酒品鉴（见图 10-12）。

图 10-12 恒大华府宜信高级理财客户、酒庄高级客户与南京民乐会员"粉丝"活动

4）南京民乐会员、"粉丝"。

活动主题：恒大华府中华民乐晚会。

活动形式：

- 民俗音乐欣赏；
- 茶歇、糕点品尝。

活动时间：11 月 7 日 19:00～21:00。

活动对象：已认筹客户、意向客户、20 组乐团会员。

推广渠道：广播、软文、短信、微信等。

现场配合：现场推介会（见图 10-12）。

5）认购答谢活动。

活动主题：豪门盛宴 璀璨华府。

活动形式：

- 冰雕祝酒；
- 水晶芭蕾舞表演；
- 现场抽奖活动。

活动时间：11 月 30 日 9:30～11:00。

活动对象：已认购客户。

推广渠道：广播、软文、短信、微信等。

现场配合：现场推介会（见图 10-13）。

图 10-13 恒大华府认购答谢活动

线上再多人的点赞，不如这里的一次不期而遇。

线上再诱人的美食，也不如刚出炉的小吃。

线上再绚丽的风景，也不如一次徒步的远行。

线上再动听的音乐，也不如一场"我在现场"的热血。

生命中有很多东西值得你亲自体验，被冰冷的屏幕占领指尖，不如在真实的世界感受经典。

恒大华府，倾城而至，线下专享，经典不"上限"。

3. 恒大华府项目的销售效果

恒大华府项目的销售效果很出色，开盘 1 小时，认购 102 套，热销超过 4 亿元。当别人说豪宅只能线上销售时，恒大华府的线下拓客却取得了成功！这是反趋势营销的成功！

资料来源：易居营销集团吴小丽、黄晓波、朱登飞、夏鹏、丁露、笪浩、张子楚、王卉等，编者稍加整理。

📖 案例 10-2

翡翠天域项目的销售管理与实施

一、项目概况

项目概况见案例 3-2。

二、项目营销环境与市场分析（略）

三、项目的市场定位

项目的市场定位见案例 4-2。

四、项目的主题概念与整体形象设计

项目的主题概念与整体形象设计见案例 5-2。

五、项目的产品组合

项目的产品组合见案例 5-2。

六、项目的产品价格策略

项目的产品定价见案例 6-2。

七、项目的营销渠道

项目的营销渠道选择见案例 7-2。

八、项目的促销推广（略）

九、项目的营销计划组织与执行控制

项目的营销计划组织与执行控制见案例 9-2。

十、项目的销售管理与实施

1. 翡翠天域项目的销售准备

（1）翡翠天域项目的营销人员准备。

1）翡翠天域项目开发商的营销组织人员准备：副总经理 1 名、总监 4 名、经理 8 名、策划 10 名、销售 80 名、后台 10 名。

2）房地产营销代理公司的营销组织人员准备：总监 2 名、经理 5 名、策划 6 名、销售

60 名、后台 6 名。

3）房地产经纪公司的营销组织人员准备：由于楼盘销售由经纪人执行，无须另外配置专门的销售人员，只需兼职总监 1 名、经理 2 名、策划 2 名、后台 2 名、经纪人若干名。

所有参与翡翠天域项目的营销人员，都经过了 2 周的系统培训，包括楼盘产品、公关礼仪、业务技能、心理素质等方面的培训和演练。

（2）翡翠天域项目的广告准备。翡翠天域项目的广告准备由开发商的营销组织和房地产营销代理公司的营销组织按合同约定共同配合完成，主要包括广告牌、场地包装和广告资料。户外大牌广告一共有 6 块，分别布置在新街口、鼓楼等区域商业中心。

（3）翡翠天域项目的售楼处布置。开通线上线下两个售楼处。华侨城翡翠天域线下售楼处位置在南京栖霞区工农路和疏港大道交会处，建有翡翠天域客户体验中心。售楼处外形高大气派，内部金碧辉煌，设有接待区、沙盘业务区、建材展示区、休息区、户型参观区（3 个经典户型样板房）等，简约舒适。售楼处在接待区准备了户型楼书海报等销售资料，同时也有咖啡、茶以及一些小礼品，打好了留给客户的第一印象。

（4）翡翠天域拓客物料若干。拓客物料主要有单页、手举牌、挪车牌、苹果、纸巾盒、背胶海报、扑克牌、小礼品等，丰富多彩且吸引人。

2. 翡翠天域项目的销售实施

（1）销售阵容强大。翡翠天域项目开发商的营销人员、房地产营销代理公司的营销人员、房地产经纪公司的营销人员三方齐动，仅仅开盘就联合投入了 400 多人，彰显了超级营销的大盘霸气。

（2）推出系列销售广告。翡翠天域项目在公开期、认筹期、开盘期分别推出系列报纸广告，并投放网络销售广告，同步配合项目的网络软文、新闻通告投放；自建了项目网站，并利用南京房地产信息网、58 同城等专业网站发布线上楼盘广告，让网友在不经意间了解项目信息，潜移默化地记住项目名称，产生购买欲望。

（3）推出"线上购房模式"，提供云卖房服务。利用翡翠天域项目 App、微信公众号等，定时向目标客户推送相关项目资料和信息，并且对潜在客户有针对性地发送电子邮件。线上购房模式使得消费者足不出户便能了解到自己想要购买的产品的信息，直接在网上下单购买。

（4）多处设立线下销售网点。除售楼处现场销售、经纪公司门店展销外，翡翠天域在南京各个人流密集的地方，如地铁口、商业中心设立销售网点，开展销售活动，通过实景沙盘、播放本项目的宣传片、口头宣传和发放宣传资料等让更多的人了解本项目。此外，翡翠天域还采用联销方法，与银行、大企业、事业单位等走公积金按揭联销道路。

（5）抓住各种时机开展系列销售活动。翡翠天域开展系列活动导入意向客户，制造现场火爆氛围，增加项目关注度，促进成交，节点引爆市场。主要活动有：

- 售楼处开放活动，客户可体验沉浸式看房；
- 金牌置业顾问变身网红主播，客户可宅家看直播；
- 推出购房 85 折优惠，无理由退房；

- 线上才艺秀、晒娃；
- 认购答谢活动，红包雨。

3. 翡翠天域项目的售后物业服务

好马配好鞍，翡翠天域项目定位为中高档住宅，物业服务的水平也要体现出中高档水准，华侨城翡翠天域的物业服务选择华侨城集团的子公司华侨城物业服务有限公司提供金牌物业服务。物业服务内容除提供卫生保洁、设施维护、保安守护等公共服务外，特别提供亲情服务：代收代缴服务如快递代收、水电费代收代缴、代购物品等，家政服务如代寻佣工服务、叫车服务、失物招领、留言等多种服务，让住户刚回到小区门口就如同已经进了家里一般。

资料来源：南京工业职业技术大学学生马凡的实训作业，编者整理。

案例讨论

1. 你认为恒大华府和翡翠天域项目的销售管理有什么不足？
2. 普通房地产公司可以从恒大华府和翡翠天域的销售管理中吸取什么经验？

学习任务

制订本地区某房地产项目的销售管理策划方案。

10.1　房地产销售管理策略

房地产销售主要根据房地产项目营销组合策划和营销计划展开，一般分为销售准备阶段和销售实施阶段，房地产销售管理策略围绕房地产销售过程进行设计。

1. 房地产销售预备工作内容

（1）房地产项目合法的审批资料预备。房地产项目应准备《建设工程规划许可证》《土地使用证》。预售商品房要准备《商品房预售许可证》，现房销售应准备《商品房现售许可证》等资料。假如委托中介机构代理销售，还应准备正式的《代理销售委托书》。

（2）销售资料准备。①宣传资料的准备。包括楼书、折页、宣传单等房地产销售的宣传资料。②客户置业计划准备。楼盘在推向市场时，不同的面积单位、楼层、朝向总价都不会相同。因此，应事先制订出完善的客户置业计划，这样客户可以了解自己的选择范围。③认购合同准备。置业者选中了自己喜欢的房子，但还没有签订正式房地产买卖合同前，需交纳一定数目的预定款性质的金额来确定其对该房号的认购权，因而企业应事先准备好认购合同等资料。④购房须知准备。房地产属于大宗消费品，购买过程复杂，为明晰置业者的购买程序，方便销售，事前应制定书面购房须知。购房须知内容包括物业介绍、可购买对象、认购程序等内容。⑤价目表与付款方式一览表准备。价格策略制定完成后要制作价目表，使每套房子的单价、总价一目了然。同时，准备付款方式一览表，如一次性付款、按揭付款、建筑分期付款等。⑥其他相关文件。可根据项目自身来确定，如办理按揭指引、需交税费一览表、办理进住指引等相关文件或资料。

（3）销售人员准备。为保证销售工作能顺利完成，必须保证销售人员的数目与素质。对招聘的销售人员，要进行系统的售前培训工作，以提高其素质和能力。

（4）销售现场准备。房地产现场准备是销售前准备工作非常重要的一环。有意向购买的客户自接到楼盘销售的信息后，会来到现场参观，现场状况将直接影响其购买行为。一般情况下，售楼现场应做好以下几个方面：①售楼处设计布置。售楼处应设在目标客群常常出入的区域，同时又较易到达工地，便于客户看房。售楼处的设计、门面装修也很重要。内部的布局最好有展示区、接待区及销控区，不要混杂；内部的色彩基调宜用暖色，使人产生暖洋洋的感觉。②销售道具设计制作。包括模型——规划沙盘、立面模型、剖面模型；效果图——立面透视效果、鸟瞰效果、中庭景观效果、单体透视效果；墨线图——小区规划墨线、楼层平面墨线、家具配置墨线等；灯箱片——把效果图、家具配置等翻拍成灯箱片，会形成良好的视觉刺激效果；裱板——把楼盘最重要的优点用文字、图表的方式制成裱板，挂在销售中心的墙上，便于销售员解说。③样板房精装修，看楼通道的安全畅通与包装、施工环境美化。④一些户外广告牌、灯箱、导示牌、彩旗等，以营造现场喜庆的氛围。

从以上可以看出，销售成功是由多种综合因素配合实现的，每一个环节均不可疏忽。一般而言，销售前的准备时间应在40～60天。

2. 房地产项目销售实施工作程序

为确保销售工作有序、快捷、准确地进行，通常销售工作依如下程序开展。

（1）客户接待与谈判。该项工作由销售人员负责，此项工作销售人员必须按照有关规定进行。其他财务、工程及物业管理方面的专业人员，可在销售经理指示下及销售人员的请求下协同工作。

（2）定金收取及认购合同签订。该项工作由销售人员与财务人员配合完成，认购合同由财务人员统一保管，在使用前由销售人员按顺序号领用，然后才能通知客户收取定金。定金必须由财务人员直接收取并开具收据。财务人员在收取定金时，必须做好房号的再次核实，以及认购合同的核查工作，然后即刻做好账目记录，这些记录包括房号、收取金额、合同编号、业主姓名、联系地址及电话等。

（3）交纳首期房款、签订正式楼宇买卖合同。认购合同中一般都约定首期房款交纳的具体时间。约定时间到达前2日，销售人员负责提醒客户预备首期款，并将反馈情况向财务人员通报，在到期日配合财务人员做好房款收取工作。首期款直接由财务人员收取，同时向客户开具收据及《付清首期证实》。若客户选择首期分期付款，同时还要签订《首期分期付款协议》，完成后必须做好账目记录。凭《付清首期证实》，工作人员原则上应立即与客户签订正式楼宇买卖合同，并向客户说明余款交纳期限及银行按揭事宜。在整个过程中销售人员应做好客户接待、指引工作，并协助做好有关事宜的解释工作。

（4）交纳余款或办理按揭。该项工作由财务人员及专职人员负责完成，销售人员做好客户接待、指引工作，在销售经理的指示及有关专职人员的要求下配合完成有关工作。

（5）其他售后服务。包括已购房客户回访，客户提出有关申请的跟进与落实，项目进停止续的协助办理等。

此外，还有售楼处的人员排班、考勤、卫生、销售档案等日常办公管理。

3. 房地产销售人员准备

（1）确定销售人员数量。根据项目销量、销售目标、广告投放等因素确定人数，然后根据销售情况进行动态调整。

（2）确定销售人员素质。招聘要求销售人员具有良好的个人形象、基本的专业素质和沟通能力。①销售人员应具备的理论知识体系：营销基础知识、广告基础知识、房地产基本知识、当前当地房地产走势、企业管理基础知识、服务基础知识、企业文化基础知识、推销基础知识、装修装饰基本知识、物业管理基本知识。②销售人员所应具备的技巧：观察技巧、洽谈技巧、倾听客户。观察技巧——表情，根据顾客的表情来判断顾客特征，比如顾客满面春风、笑容可掬，说明顾客自信、成功、亲切；姿态，能反映一个人的精神风貌，比如顾客头是上扬的，可能这人比较傲慢自负；步态，从顾客的步态看顾客的性格，如顾客走路脚下生风，通常快人快语、豪爽，如走路沉稳缓慢，通常有城府；着装，从着装可以看出顾客的喜好和个性，喜欢穿休闲装的人，一般性格开放，不喜欢受到约束，西装革履则表示此人很注重形象，从服装的品牌可以看出顾客的身份和地位；手势，通常是用来表达意愿的，也是第二语言，假如顾客习惯性地经常摆手，说明这位顾客对什么事情都保持一份戒备心态，持怀疑态度；目光，是心灵的窗户，从目光中可以看出顾客的心灵动机；语态，从顾客谈话的态度来判断，假如顾客说话时东张西望，这个顾客目前可能是没有购买意向的，也许仅仅是了解一下而已；笑容，是心境的写照，如果顾客笑时声音很大，笑得旁若无人，则说明顾客不拘小节；佩饰，根据顾客身上所佩戴的饰物来判断顾客的地位，如果顾客戴有昂贵的项链、手链、头饰等，基本可以说明顾客的身价不低；用具，从顾客所使用的东西可以判断其身份，比如豪华轿车的车主往往身价不菲。③洽谈技巧：注意语速、制造谈话氛围、拉拉家常、将我方优点比他方缺点、学会打补丁、制造饥饿感、集中精神、适时恭维。

（3）确定培训内容。培训主要包括通用性培训和专业性培训。①通用性培训包括：公司制度、口头表达方法、组织方法、坚韧性、影响力、灵活度、敏感度、积极性、学习方法、判断方法、分析方法、洽谈技巧、服务态度、员工礼仪等。②专业性培训包括：公司楼盘特色——规划、户型、建筑、配套、教育、景观、功能等，区域楼市概况、竞争对手概况，营销基本知识，推销策略与技巧，投诉处理方法，刁蛮顾客应对措施，合同签订程序，专业术语，销售部工作流程及行为规范，营销策略思路理解，市场状况及竞争对手分析，产品理解，开发商介绍及经营理念，项目优劣势分析，客户信息资料的获取技巧，买家分析，各种销售表格的填写规范，工程知识，入住须知及物业管理，计价及按揭知识，投资分析，合同及法律知识，国家政策法规等。第一，熟悉楼盘周边环境，附近有什么交通线路、交通规划，有何重大的市政工程，何时动工、何时完成。附近有何小学、中学和幼儿园，生活配套是否齐全等。第二，与本案产品竞争的有哪些楼盘，它们在哪里？与我们相比有何优点与缺点，它们的价格如何？房型如何？卖得如何？为什么卖得好？为什么卖得差？只有做到知彼知己，才能百战百胜。第三，对本楼盘的彻底透彻的了解，比如不仅仅要知道一套房子的房间、厅、厨、卫的面积，还要知道公共走道的宽度、电梯厅的面积、管道井的位置、房间内部管线的排布方式等；不仅要知道厨房、卫生间、室内装修标准，还要知道公共部分，外墙的建材及特性，电梯、中央空调、水泵的品牌及功能、特点，甚至每户的电量多少，有线电视的插孔有几个、在什么位置等都要去了解。

（4）确定培训方式。销售人员采用统一模拟训练，一个充当客户，一个做业务员进行针对性的强化训练。有统一的销售说词。设想客户可能会问的所有问题，全部列出来，进行统一解答，以免同一个问题会有不同的答案。尽量把自己设想成一个客户，从客户的立场和角度去研究楼盘，才能做到疏而不漏，心中有底，对答如流。

实 | 践 | 经 | 验

房地产销售人员着装与语言行为

男销售人员着装建议：

- 西装——深色，如蓝、藏青；
- 衬衣——浅色，袖口清洁，熨烫平整；
- 领带——中性色彩，勿太花或太暗；
- 长裤——与上衣相衬，搭配；
- 便装——中性色彩，清洁；
- 鞋——无论质地如何，一定要亮；
- 袜——一般不要穿白袜；
- 手——洁净，指甲要经常修剪；
- 头发——整洁，发型适中。

女销售人员着装建议：

- 在从事业务活动的场合应着西服套裙；
- 应穿中上档次的服装；
- 应穿朴素的浅口无带皮鞋；
- 在衬衣或裙装外套一件外套；
- 一般不要穿长裙；
- 不要佩戴过于时尚夸张的小饰物；
- 戴一副考究的眼镜（戴眼镜者）；
- 适当的装饰（如胸针等）。

房地产销售人员的语言、行为：

- 声音洪亮；
- 避免口头禅；
- 避免语速过慢或过快；
- 避免发音出错；
- 避免议论对他人（公司）的不满；
- 多倾听；
- 轻松、从容；
- 手势中性、开放式。

4. 房地产销售审批资料和销售资料准备

（1）房地产销售审批资料准备。未竣工房地产项目销售，需要符合预售条件。商品房预售条件及预售许可证的办理程序，按照《城市房地产开发经营管理条例》和《城市商品房预售管理办法》的有关规定执行。一般需要准备以下资料：①房地产开发企业资质证书和企业法人营业执照。②取得土地使用权证书或使用土地的批准文件。③《建设用地规划许可证》。④《建设工程规划许可证》和《建筑工程施工许可证》。⑤属于房屋开发项目的，已投入资金占项目总投资达到 25% 的证明。竣工房地产项目销售，办理竣工房地产项目销售许可证需要准备以下资料：①房地产开发企业资质证书和企业法人营业执照。②取得土地使用权证书或使用土地的批准文件。③持有《建设工程规划许可证》和《建筑工程施工许可证》。④已通过竣工验收。⑤供水、供电、供热、燃气、通信等配套基础设施具备交付使用条件，其他配套基础设施和公共设施具备交付使用条件或已确定施工进度和交付日期。⑥物业管理方案已经落实。

（2）房地产销售资料准备。制定、印刷：①销售价格表。②房屋销售合同。③楼书、平面图、小册子、海报等楼盘宣传资料。宣传资料内容：a. 楼盘概况——占地面积、建筑面积、公共建筑面积、建筑覆盖率、容积率、绿化率、物业座数、层数、层高、车位数；b. 开发商、投资商、建筑商、物业管理人、代理机构、按揭银行、律师事务所的名称、地址、电话及联系人姓名；c. 销售许可证及编号；d. 位置交通——楼盘所处具体位置图、交通路线图及位置、交通情况文字详细介绍；e. 周边环境——自然环境介绍、人文环境介绍、景观介绍；f. 生活配套设施——介绍周边学校、幼儿园、医院、菜市场、商场、超市、餐饮服务业、娱乐业、邮政电信；g. 建设项目的装修标准和所具备的主要设备——电梯、空调、煤气供热、电力、通信、有线电视、对讲系统等；h. 规划设计——包括楼盘规划人、规划理念、规划特点，楼盘建筑设计者、设计理念、建筑特色、环境艺术绿化风格特色等，随着近年来人们对生活品位日渐高层次的追求，消费者日益重视建筑内外部空间的处理、建筑风格、建筑外立面特点，因此规划设计应是售楼书介绍的重点；i. 户型介绍——由于生活方便与否、舒适与否与户型有着绝大的关系，因此户型是影响消费者购买决策的重大因素，应以灵活多样的方式将户型特色、户型优点尽情展示；j. 会所介绍——作为全新生活方式下的产物，以及能提升楼盘整体品位的重要组成，会所在近年的市场中受到越来越高的重视，会所功能、会所设计概念、会所服务细则也应有所介绍；k.每平方米或总的销售价格——按揭比例、年限及首期交款额、每年交款额、一次交款优惠比例、优惠条件等；l.物业管理介绍——物业管理即楼盘的售后服务，随着市场的发展，人们对其日益重视，物业管理人背景、物业管理内容、物业管理特色应有所交代；m.建筑装饰材料——新材料新科技成果运用。

5.房地产销售进度控制

按照房地产营销控制计划制定房地产销售进度控制措施。销售进度控制是销售过程中的一项重要工作内容，好的销售控制能确保房屋均衡销售、资金均衡回笼，从而能保证开发建设均衡施工，避免房地产开发忽高忽低难控制的局面。

（1）楼盘销售控制的含义。整个楼盘在营销过程中，应该始终保持有好的房源，要分时间段根据市场变化情况，按一定比例面市，这样可以有效地控制房源，而且后期的好房源面市时正处于价格的上升期，还可以取得比较好的经济效益，这就是销售控制。

（2）销售控制的作用。销售控制是实现项目利润最大化的捷径，一个项目开盘即一抢而空不是一件好事，只能说明定价偏低，开发商没有得到最大的销售收入，所以要控制好销售节拍，在导入期、开盘期、强销期、收盘期每个期间供应的销量在面积、朝向各方面安排合理的供给比例，楼层中保持一定大小、好坏、高低的比例，以实现均衡销售。

（3）房地产销售控制的基本原则。主要有4个：销售进度要符合建设及市场的规律；销售进度要体现销售策略；销售进度要考虑项目的综合成本；销售进度要规避引发法律赔偿。

（4）房地产销售控制的方法。主要有6个：时间控制法、价格控制法、房源控制法、促销控制法、客源控制法、广告控制法等。①时间控制法。房地产销售阶段控制，如表10-1所示。②价格与房源控制法。要设置价格阶梯，均衡推出房源。但是，销售不可能一帆风顺，难免会有卡壳现象，所以需要卖点储备与挖掘，及时推出新卖点，缓解销售卡壳现象，确保销售过程均衡化。③禁止虚假的不合规的销售控制做法。虚假的、不合规的销售控制做法有假销售控制表、雇托炒房、人为惜售、虚假合同、拖延审批、延后预售许可等，人为制造房价上涨假象。不合规的做法会人为导致房地产价格非理性上涨，加剧普通百姓购房负担，甚至使普通百姓买不起房，政府主管部门应该严令禁止。

表 10-1 房地产销售阶段控制

阶　段	时　间	累计销量
预售期	开盘前 1～3 个月	5%～10%
强销期	开盘后 1～2 个月	40%～60%
持续销售期	开盘后 3～6 个月	70%～90%
尾盘期	开盘后 7～12 个月	90%～100%

6.房地产销售过程广告管理

（1）广告内容管理。房地产预售、销售广告，必须载明以下事项：①开发企业名称。②中介服务机构代理销售的，载明该机构名称。③预售或者销售许可证书号。广告中仅介绍房地产项目名称的，可以不必载明上述事项。

（2）房地产广告发布要求。见本书 8.2 节 "2. 发布房地产广告的必备条件和规定"。

7. 商品房预售操作管理

（1）商品房预售的概念。商品房预售是指房地产开发企业将正在建设中的房屋预先出售给承购人，由承购人预付定金或房价款的行为。但《城市房地产管理法》规定商品房预售实行预售许可。

（2）商品房预售的条件。①已交付全部土地使用权出让金，取得土地使用权证书。②持有《建设工程规划许可证》和《建筑工程施工许可证》。③按提供预售的商品房计算，投入开发建设的资金达到工程建设总投资的 25% 以上，并已经确定施工进度和竣工交付日期。④开发企业向城市、县人民政府房地产管理部门办理预售登记，取得《商品房预售许可证》。

（3）商品房预售许可。①含义。房地产开发企业进行商品房预售，应当向房地产管理部门申请预售许可，取得《商品房预售许可证》。未取得《商品房预售许可证》的，不得进行商品房预售。开发企业进行商品房预售时，应当向求购人出示《商品房预售许可证》。②申请商品房预售许可。房地产开发企业应当向城市、县人民政府房地产管理部门提交下列证件及资料：a. 商品房预售许可申请表；b. 开发企业的营业执照和资质证书；c. 土地使用权证、《建设工程规划许可证》和《建筑工程施工许可证》；d. 投入开发建设的资金占工程建设总投资的比例符合规定条件的证明；e. 工程施工合同及关于施工进度的说明；f. 商品房预售方案，包括商品房的位置、面积、竣工交付日期等内容，并应当附商品房预售分层平面图。③房地产管理部门做出的准予商品房预售许可的决定，应当予以公开，公众有权查询。

（4）商品房预售合同登记备案。房地产开发企业取得《商品房预售许可证》，可以向社会预售其商品房。商品房预售人应当在签约之日起 30 日内持商品房预售合同到县级以上人民政府房地产管理部门和土地管理部门办理登记备案手续。但禁止商品房预购人将购买的未竣工的预售商品房再转让。

8. 商品房现售操作管理

（1）商品房现售。商品房现售指房地产开发企业将竣工验收合格的商品房出售给买受人，并由买受人支付房价款的行为。

（2）商品房现售的条件。①出售商品房的房地产开发企业应当具有企业法人营业执照和房地产开发企业资质证书。②取得土地使用权证书或使用土地的批准文件。③持有《建设工程规划许可证》和《建筑工程施工许可证》。④已通过竣工验收。⑤拆迁安置已经落实。⑥供水、供电、供热、燃气、通信等配套设施设备具备交付使用条件，其他配套基础设施和公共设备具备交付使用条件或已确定施工进度和交付日期。⑦物业管理方案已经落实。

实 | 践 | 经 | 验

售楼成交三部曲

售楼人员向客户详尽地讲解完楼盘的概况并回答完顾客疑问后，就要主动提出成交的要求。"您看，8 号楼 508 室各方面都符合您的要求，要不就定这套吧？"这是一种假设成交的技巧。如果客户没提出不同意见，就意味着要成交了。但往往售楼人员刚提出成交要求时，出于对自我利益的保护，客户在没有完全明白其能从购买行为中得到什么利益点时，他会用最简单的方法——拒绝购买来保护自己。因此，不要在客户提出拒绝后就与此顾客"拜拜"。面对客户的拒绝，可以装作没听见，继续向客户介绍楼盘新的"利益"点，在客户明白这一利益点后，再一次提出成交的要求。这就是"成交三部曲"在楼盘销售中的运用。

第一步：向客户介绍楼盘最大的一个利益点。

第二步：征求客户对这一利益点的认同。

第三步：当客户同意楼盘这一利益点的存在时，向客户提出成交要求。

这时会出现两种结果：成交成功或失败。如果失败，售楼人员可以忽略客户的拒绝，继续向客户介绍一个新的利益点，再次征得客户的认同和提出成交的要求。有时，售楼人员甚至提出四五次成交要求后，客户才最终肯落订签约。经验表明，韧性在售楼的成交阶段是很重要的。售楼人员在向客户几次提出成交要求遭到客户的拒绝，眼看成交无望后，仍不气馁。成交的关键是六个字：主动、自信、坚持。第一，售楼人员应假设成交已有希望（毕竟他是抱着希望向客户推荐的），主动请求客户成交；第二，要有自信与积极的态度；第三，要坚持多次向客户提出成交的要求。事实上，一次成交的可能性会很低，但事实证明，一次成交失败并不意味着整个成交工作的失败，客户的"不"字并没有结束售楼工作，客户的"不"字只是一个挑战书，而不是售楼员前进的障碍。

9. 顾客购房心理与销售对策

顾客的消费行为是其心理活动的外在表现，顾客的偏好、性格不同，则其购买行为也不同，其心理活动也具有不同的特点。销售人员只要对症下药，就可以节省许多交易时间和成本。

（1）理智稳健型顾客。心理活动特征：考虑问题冷静稳健，不轻易被销售人员的言辞所打动，对于项目的疑点，他们一定会详细了解，不会有半点含糊。销售对策：在销售过程中加强对房屋本质、开发商信誉及房屋独特优点的介绍，而且说辞必须有理有据，从而获得顾客的理解和信任。

（2）小心谨慎型顾客。心理活动特征：这类人由于做事过分小心，无论大事小事，哪怕是一块玻璃、一个开关都在其顾虑范围之内，常常由于一个无关大局的小事而影响最终决定。销售对策：销售人员应该在销售过程中通过对几个细节的介绍尽快取得对方的初步信任，加强其对产品的信心。当顾客考虑的问题远离主题时，应该随时创造机会将其导进正题。在顾客交纳定金后，更应该"快刀斩乱麻"让顾客签约，以坚定顾客选择。

（3）沉默寡言型顾客。心理活动特征：这种人往往做事谨慎，考虑问题常常有自己的一套，并不轻易相信别人的话，外表严肃，反应冷漠。销售对策：除介绍产品的特点以外，应通过亲切的态度缩短双方的距离。通过多种话题，以求尽快发现顾客感兴趣的话题，从而了解其真正需求。如当顾客表现厌烦时，可以考虑让其独自参观，并不时留意，在需要时进行介绍。

（4）感情冲动型顾客。心理活动特征：这种人易激动，容易受外界怂恿与刺激，一旦激动起来，则很快就能做出决定。销售对策：从一开始就不断强调产品的特色和实惠，促使其快速决定。当顾客不想购买时，更应该应对得体，以免其过激的言辞影响其他顾客。

（5）优柔寡断型顾客。心理活动特征：内心犹豫不定，不敢做决定，可能是第一次购房，经验不足，害怕上当受骗。销售对策：销售人员必须态度坚决而自信，通过信而有征的公司业绩、产品品质、服务保证等赢取顾客信赖，并在适当的时机帮助其做决定。

（6）盛气凌人型顾客。心理活动特征：由于具有一定的背景或经济实力，习惯说话趾高气扬，更喜欢以下马威来吓唬销售人员，并拒人于千里之外，以此显示自己和别人不一样。销售对策：应及时稳住立场，态度不卑不亢，在尊敬对方的同时也应该适当恭维对方，从而寻找其弱点，创造销售机会。

（7）求神问卜型顾客。心理活动特征：由于迷信，常常会将决定权交由"神意"或随行的"风水大师"。销售对策：尽量通过现代的观点配合顾客的观点，强调人的价值，并引导其选择科学的居住方式。

（8）敏感型顾客。心理活动特征：这种人比较敏感，听风便是雨，事事容易往坏处想，任何小事都容易刺激到他，表现出心里没底，需要帮助。销售对策：开始时必须言行谨慎，多听少说，仪态庄重严肃，在取得顾客的信任后以有力的事实说服对方，不要做过多的描述。

（9）借故拖延型顾客。心理活动特征：这种人可能是随意看看，不能立即决定，或者根本就没有购买的打算，但是也有可能有购房意向，不过生性迟疑，习惯借故拖延，推三阻四，企盼更大的优惠出现。销售对策：在介绍过程中不断摸索顾客不能决定的原因，并设法解决，但要掌握分寸，可以让一些小利，并让其产生我方一再让步的感觉，不好意思再推脱。

10. 商品房销售中禁止的行为

（1）不得在未解除商品房买卖合同前，将作为合同标的物的商品房再销售给他人。

（2）不得采取返本销售或变相返本销售的方式销售商品房。

（3）不符合商品房销售条件的，房地产开发企业不得销售商品房，不得向买受人收取任何预定款性质费用。

（4）商品住宅必须按套销售，不得分割拆零销售。

（5）禁止商品房预购人将购买的未竣工的预售商品房再行转让。

此外，房屋所有权申请人与登记备案的预售合同载明的预购人必须一致。实行实名制购房，推行商品房预售合同网上即时备案，防范私下交易行为。对虚构买卖合同，囤积房源；发布不实价格和销售进度信息，恶意哄抬房价，诱骗消费者争购；以及不履行开工时间、竣工时间、销售价格和套型面积控制性项目要求的，当地房地产主管部门要将以上行为记入房地产企业信用档案，公开予以曝光。

实｜践｜经｜验

购房签约需要注意的关键地方

客户购房进入实质性阶段时就要与房地产开发商签订商品房销售合同。现在的正式合约书都是统一制式的标准文本，里面已标明了应该签署的各项主要条款，客户只需在空格内填上文字和数据即可。但作为购房客户，花巨款买一套房子毕竟是一件大事，在签字时有些关键地方还应多加注意。

第一，在合约书中，应注明与开发商谈定的付款方式与中位价，是按揭付款还是工程期分期付款。如是分期付款，每期款的缴款时间应明确注明。

第二，开发商交付房屋的日期一定要写明确，应明确到某年某月某日交屋，而不应用模棱两可的措辞来表达，因为这里涉及逾期交房的违约问题。

第三，对于购置房屋的面积要明确注明销售面积（含分摊的公用面积）是多少、实际使用面积是多少。现在政府规定面积误差（即当初购买时的面积与最终交屋时的实测面积误差）在 ±3% 以内均属正常，开发商多退少补。如面积误差超过 ±3%，客户有权要求退房并追加利息损失。现在在南方城市如上海，甚至规定当开发商实测面积大于客户购置面积时客户将不必追补面积款，而如果实测面积小于购置面积，开发商还要退款。

第四，应提出天然气或煤气的准确通气时间。因煤气公司有规定，必须等到楼宅入住率达70%时才通气源。因此，虽然煤气管道已通，但客户尚有可能用不上煤气，给生活带来诸多不便。所以，合约上应注明气源通气的准确时间或注明如因入住率不够不能按时通气时开发商采取的应急办法。

第五，应在合同中明确提出产权证发放到客户手中的准确时间。目前由于各方面的因素，产权证发放比较慢，但也应注明一个合适的日期，开发商不能无限期地拖发产权证。

第六，开发商在与客户签约时，除签署正式合同外，为了更清晰地阐述协议内容，往往还会让客户再签署一份补充合同，主要目的在于表明出于某些特定原因不能按期交房的免赔责任，以及面积丈量误差如差异过大在某些情况下的免赔责任。一般情况下，开发商签此合同，主要是为了在一些非人力能控制的情况下造成违约时规避风险。但客户也应多加注意，仔细研读补充条款，以免落入某些不法商人的文字陷阱。

一般而言，签约时最重要的就是上述几个问题，但客户对其他条款也不应忽视，能提前在开发商处拿到影印件的，更应回家仔细研究，一定要做一个明明白白的购房人。

11. 商品房交付使用管理

房地产开发企业应当按照合同约定，将符合交付使用条件的商品房按期交付给买受人。未能按期交付的，房地产开发企业应当承担违约责任。因不可抗力或者当事人在合同中约定的其他原因，须延期交付的，房地产开发企业应当及时告知买受人。商品房建成后的测绘结果与合同中约定的面积数据有差异，商品房交付时，开发商与购房人应根据合同约定对面积差异进行结算。

房地产开发企业应协助购买人办理土地使用权变更和房屋所有权登记手续。房地产开发企业应当在商品房交付使用之日起 60 日内，将需要由其提供的办理房屋权属登记的资料报送房屋所在地房地产行政主管部门。同时房地产开发企业还应当协助商品房买受人办理土地使用权变更和房屋所有权登记手续，并提供必要的证明文件。

12. 房地产销售危机管理（危机营销）

（1）危机营销。它是指企业在面对危机、灾难时采取拨乱反正的措施，以期最大限度地减少危机给企业造成的不良影响。由于房地产开发周期长，资金投入大，回收期限长，房地产开发商时时刻刻面临着危机。不少开发商都被危机套住过，但靠危机营销急中生智，也上演了一幕幕从悲剧到喜剧的好戏。

（2）面对危机的管理技巧。①指定一个独家发言人。在危机发生后，企业指定一个发言人，让企业只有一种声音对外，可避免因多种因素而对外说法不一。最好由公关人员担当企业的独家代言人。公关人员长期与媒体、公众打交道，了解他们的需要，对事件的报道可以做到既公正全面，又能最大限度地维护公司利益。②率先公开、坦率地承认问题。发言人只需陈述事件的过程，不应过多加入分析、结论性意见和处理办法，这样既为代言人以后的发言留下空间，又不至于引来公众、媒体的追问、调查。③告诉公众事情的进展。社会各界包括媒体、公司股东、主管部门都在等待来自公司的最新消息。所以，应经常透露一些对他们有价值的信息。如公司正在和当局合作，调查正在进行中或正在做出某种选择等。④让员工享有知情权。如果员工处于对公司现状了解不够全面的尴尬状态，公司就不太可能从员工那里得到太多的支持，弄不好还会祸起萧墙，内部产生不稳定因素。还应要求员工不要对外泄露情报，因为只有独家代言人才是唯一对外宣传的窗口。⑤与媒体建立良好的关系。公司经理、公关人员可以通过真实、客观、及时地向媒体提供其所需的信息，力所能及地配合媒体的工作，与媒体建立良好的关系。这样，媒体才可能在公司处于危机时公正报道事件，尽量保护公司。⑥接受"外脑"的意见。在危机发生后，公司应综合考虑各种因素，考虑可能出现的各种情况，而公司内部人员此时往往不能客观地预料可能出现的最坏情况，需要外部专家站在不同的角度客观地判断事态发展，并制定有效措施。⑦保持与顾客的联系。为了在顾客心目中树立良好的公司形象，公司应经常给顾客打电话、写信，与顾客沟通、交流。在危机发生后，为了重新塑造公司值得信赖的形象，还应继续这些工作。

微｜案｜例

绿地集团坦然面对危机

绿地集团有一批住房，由于占用绿化和建筑质量有部分问题，被购房者揭发至电台，被媒体披露，很快很多居民要求退房。绿地集团马上派专人与居民接触，协商解决措施，又与媒体保持密切联系，让媒体给予一段时间解决问题。绿地集团迅即派出工程技术人员到现场，为居民维修和架设临时管线，保证居民生活。绿地集团占用绿化知错就改，最终取得了居民的谅解和媒体与政府的好评。

实｜践｜经｜验

四步推销法

一推激情。推销人员如果没有成功心态，即使掌握了良好的推销技巧也无法成功。一个没有激情的人，他的言谈举止怎么能感染一个陌生人呢？如果推销人员没有夺取成功的激情，请赶快放弃每天都和"失败"打交道的推销工作吧！因为他注定不堪忍受而"折腰"。①坚持 100 天。推销大师戈德曼说："推销是从被拒绝开始的。"千万不要为挫折而苦恼。②坚持"4 不退让"原则。推销人员切忌听到客户说一次"不"就放弃推销，最起码也要听到 4 次"不"的时候，再做退让。③坚持 1/30 原则。推销人员的灵魂只有两个字："勤奋"！推销界认为：推销人员每拜访 30 个客户，才会有 1 个可以成交。

二推感情。美国推销大王乔·坎多尔福说："推销工作 98% 是感情工作，2% 是对产品的了解。"推销人员与顾客见面后"10 分钟内不应谈业务"。那谈什么呢？谈感情。这才是实现推销的第一步。推销新手常犯两个毛病：一是起先他们不会"谈感情"，一见面就是冷冰冰地问"买不买""要不要"；二是后来他们学会了这一步，然而却总是"跳崖"，即谈得正热乎的时候，转不到正题上来。于是只好"哈哈，王经理，现在咱们来谈点业务吧？"——这几乎是在"自杀"。顾客会马上警觉"噢，该让我买房子了！"

三推产品。推销人员应该永远记住，顾客买你的产品，是买这个产品会给他带来的利益和好处，而不是买价格、买新奇、买产品。推销产品即推销因产品功能而产生的利益。除了利益推销以外，在实际推销中，"演示＋暗示"又是推销制胜的一大法宝。"演示"让人眼见为实。在演示过程中，推销人员一定要暗示，引导顾客顺着他的思路走。

四推价格。价格永远是产品的敏感问题，高明的推销人员应该通过暗示产品"不贵"的语言对客户巧妙报价。

10.2　售楼部管理策略

1. 售楼部的组织设计

售楼部功能分区：辐射区、迎宾区、楼盘展示区、洽谈签约区、展板区、音像区、办公区；现场包装：休闲地带、展示区、自助式资料取阅、现场宣传工具；售楼部硬件准备。

（1）售楼部的组织结构。它包括：①售楼部的基本组织架构，一般采用职能型结构。②售楼部的部门职能。

（2）售楼部的岗位职责。它包括：①项目总监的工作职责。②策划相关岗位的工作职责。③销售相关岗位的工作职责。④客户服务相关岗位的工作职责。

（3）销售人员的职责。①认真贯彻公司销售政策，为客户提供一流的接待服务。②熟悉房地产基本常识和关于所销售产品的详尽的知识。③在规定的时间内完成销售指标任务。④宣传房地产项目，提升品牌形象。⑤执行销售业务流程所规定的全部工作。⑥建立良好的人际关系，积极收集反馈意见。⑦开展市场调研工作，为公司收集第一手市场资料。⑧负责按揭资料的预备与按揭工作。⑨积极挖掘潜伏客户。⑩ 努力向上，坚持学习。

2. 售楼部的工作流程

（1）销售管理流程。它包括：①销售政策制订流程、销售价格制定流程、销控方案制订流程、销售面积确定流程。②内部认购流程、集中开盘流程、认购管理流程。③签约管理流程、延迟签约申请流程。④按揭贷款办理流程。⑤特殊优惠申请流程。⑥认购阶段换房流程、认购阶段退房流程、签约阶段退房流程。⑦加名减名更名流程。⑧收据遗失补办流程。

（2）销售业务流程。它包括：①售楼部基本工作流程。②案场销售业务基本流程。③电话接待流程。④新客户接待流程、老客户接待流程。⑤带看工地现场流程、带看样板房流程。⑥客户跟踪回访流程、客户投诉处理流程、客户满意度调查流程。⑦沙盘区讲解流程、样板区讲解流程、户型解读流程。

3. 售楼部的管理制度

（1）售楼部行政管理制度。它包括：①售楼部员工守则。②售楼部考勤制度。③售楼部值班制度。④售楼部例会制度。⑤售楼部卫生管理制度。⑥售楼部安全管理制度。⑦销售用品管理制度。⑧售楼部考核制度、售楼部处罚条例。⑨售楼部奖金分配管理制度。

（2）售楼部工作规范制度。它包括：①案场工作纪律。②销售礼仪规范。③服务用语规范；④客户接待行为规范。

（3）售楼部业务管理制度。它包括：①员工培训制度。②客户接待制度。③销售控制管理制度。④样板房管理制度。⑤销售报表管理制度。⑥成交签约管理制度。⑦销售奖励办法。⑧业绩分配制度。⑨销售提成制度。

4. 售楼部的管理表格

（1）员工管理表格。它包括：①员工花名册、案场考勤表、案场轮休表。②外出登记表。③客户轮值表。④员工年度考勤统计表。⑤个人周工作总结。⑥工作违纪处理单。⑦办公用品领用登记表。⑧部门活动基金使用申报表、部门活动基金使用登记表。

（2）客户关系管理表格。它包括：①电话接听记录表。②来访客户登记表、认购客户登记表、成交客户登记表、拜访客户记录表。③售后服务跟踪维护表。④成交客户档案表（单客户）、成交客户档案表（多客户）。⑤未成交客户追踪分析表。⑥客户意见反馈单。⑦客户问题汇总表。⑧客户交款情况登记表。⑨退订客户登记表。⑩月度客户满意度分析表。

（3）销售管理表格。它包括：①到访征询单、来访客户需求调查问卷。②保留房型通知单、保留楼盘控制表。③营业日报表。④购房须知、购房意向书、付款承诺书、购房税费一览表、装修标准一览表、商品房认购书、房屋缴款单、客户按揭资料接收表。⑤特殊优惠申请单、额外折扣登记表、赠送礼品登记表。⑥认购书领用登记表、合同领用登记表。⑦换房申请书、更名申请书、退房申请书、交房通知书。⑧挞定清单、终止合同通知书。⑨房屋销售一览表、销售人员业绩统计表、个人销售提成结算表、售楼部奖金分配明细表。⑩代理公司业绩确认表。

（4）销售分析表格。它包括：①楼盘调查表、区位调查记录表、住宅户型调查统计表、竞争楼盘供应量调查统计表、街区或商场客流量统计表、购物中心业态及租金调查表。②项目 SWOT 分析。③销售情况日报表、销售情况周报表、销售情况月报表。④案场月工作总结。⑤售楼部每周工作问题汇总。⑥月份楼盘销售分析表。⑦购买因素分析表、未购买因素分析表、退房客户分析表。⑧广告效果统计表（周）。⑨周到访客户情况分析表、客户情况细分表。⑩成交客户购房因素分析表、成交客户看房频次统计表。

10.3 房地产售后服务与销售相关业务技巧

1. 房地产售后服务及内容

（1）房地产售后服务。它又称房地产后营销，是指在销售环节结束后，为购房者提供的相关客户服务和物业管理。售后服务是房地产营销系统中不可缺少的部分，对房地产开发企业的后期产品推广有着关键的影响。在这些服务过程中，销售人员必须树立"一次生意、终生客户"的宗旨，将顾客发展成为忠实顾客，为以后创造新的销售机会，同时还可以树立良好的企业形象。

（2）房地产售后服务内容。它包括：解答顾客咨询的问题、协助办理个人住房贷款、协助办理楼宇交付、协助办理房地产产权登记、处理客户投诉以及搭建客户会服务平台。

（3）客户会。客户会的作用：它是购房者与开发商的沟通渠道，是开发企业拓展营销的渠道，是业主间相互沟通的平台。客户会的活动方式：晚会和派对、内刊、积分回报、商家联盟、慈善和公益、社团活动。

2. 商品房买卖合同

房地产开发企业应与购房者签订商品房买卖合同，并采用"商品房买卖合同示范文本"。

（1）合同主要内容：当事人名称和姓名、住所；商品房基本情况；商品房的销售方式；商品房价款的确定方式及总价款、付款方式、付款时间；交付使用条件及日期；装饰、装修标准承诺；供水、供电、供热、燃气、通信、道路、绿化等配套基础设施及公共设施的交付承诺和有关权益、责任；公共配套建筑的产权归属；面积差异的处理方式；办理产权登记有关事宜；解决争议的办法；违约责任；双方约定的其他事项。房地产开发企业、房地产中介服务机构发布的商品房销售广告和宣传资料所明示的事项，当事人应当在商品房买卖合同中约定。

（2）计价方式。商品房销售可以按套（单元）、套内建筑面积、建筑面积等 3 种计价方式，房屋权属登记中对房屋的面积按建筑面积进行登记，但按套、套内建筑面积计价并不影响用建筑面积进行产权登记。

（3）误差的处理方式。面积误差比是产权登记面积和合同约定面积之差与合同约定面积之比，公式为

面积误差比 =（产权登记面积 – 合同约定面积）/ 合同约定面积 ×100%

合同未约定的，按以下原则处理：①面积误差比绝对值在 3% 以内（含 3%）的，据实结算房价款。②面积误差比绝对值超过 3% 时，买受人有权退房。买受人提出退房的，房地产开发企业应当在买受人提出退房日期 30 日内办理退房退款。

（4）中途变更规划、设计。出现合同当事人约定的其他影响商品房质量或使用功能情形的，房地产开发企业应当在变更确立之日起 10 日内，书面通知买受人。买受人有权在通知到达之日起 15 日内做出是否退房的书面答复，15 日内未做出书面答复的，视同接受规划、设计变更以及由此引起的房价款的变更。房地产开发企业未在规定时限内通知买受人的，买受人有权退房；买受人退房，由房地产开发企业承担违约责任。

（5）保修责任。当事人应当在合同中就保修范围、保修期限、保修责任等内容做出约定。保修期从交付之日起计算。

3. 成套房屋建筑面积测算

（1）成套房屋建筑面积 = 套内建筑面积 + 分摊共有建筑面积。

（2）套内建筑面积 = 套内房屋使用面积 + 套内墙体面积 + 套内阳台建筑面积。①套内房屋使用面积的计算。它指房屋内全部可供使用的空间面积，按房屋的内墙面水平投影计算，不包括墙、柱等结构构造和保温层的面积，也未包括阳台面积。②套内墙体面积的计算。套内墙体面积是指套内使用空间周围的维护或承重墙体或其他承重支撑体所占的面积。其中，各套之间的分隔墙和套与公共建筑空间的分隔墙以及外墙（包括山墙）等共有墙，均按水平投影面积的一半计入套内墙体面积，套内自有墙体按水平投影面积全部计入套内墙体面积。③套内阳台建筑面积的计算。按阳台外围与房屋外墙之间的水平投影面积计算。其中，封闭的阳台按水平投影的全部计算建筑面积，未封闭的阳台按水平投影的一半计算建筑面积。

（3）分摊共有建筑面积的计算。①公用建筑面积。现行公用建筑面积由两部分组

成：一是电梯井、楼梯间、垃圾道、变电室、设备间、公共门厅和过道、地下室、值班室、警卫室以及其他功能上为整幢建筑物服务的公共用房和管理用房建筑面积；二是套（单元）与公共建筑空间之间的分隔墙（包括山墙），墙体按建筑平面图纸轴线以外的水平投影面积计算。此外，以下公用建筑不得分摊到本幢建筑物内：非本幢建筑物（如锅炉房、变电所、泵房等）；已作为独立使用空间的地下室、车库等；作为人防工程的地下室。②分摊公用建筑面积：公摊的公用建筑面积 = 公用建筑面积公摊系数 × 套内建筑面积；公用建筑面积分摊系数 = 公用建筑面积 / 套内建筑面积之和。

4. 房地产贷款程序

借款申请→受理申请→签订合同（贷款人审查同意贷款后，借款人与贷款人签订《借款合同》，并根据担保方式的不同，借款人与贷款人签订《抵押合同》或《质押合同》，或第三方保证人、抵押人、质押人与贷款人签订《保证合同》《抵押合同》或《质押合同》，如果采取抵押担保，还应依法办理抵押登记）→发放贷款（贷款人按借款合同约定按时发放贷款）→归还贷款（借款人按借款合同约定按时偿还贷款本息）→合同变更→结清贷款。

5. 个人住房贷款

（1）个人住房贷款的种类。①按资金来源，个人住房贷款可分为商业性贷款、公积金贷款和组合贷款。②按贷款偿还方式，可以分为到期一次还本付息的贷款和分期还款的贷款。分期还款方式有等额本息还款方式（简称等额还款方式）、等额本金还款方式、等比累进还款方式、等额累进还款方式等多种。借款人虽然可根据需要选择还款方式，但一笔借款通常只能选择一种还款方式，借款合同签订后一般不得更改。③按住房交易形态，可分为首次住房贷款和再交易住房贷款。④按贷款用途，可分为个人购房贷款、个人自建住房贷款、个人大修住房贷款等。个人购房贷款按购房类型又可分为个人购买经济适用住房贷款、个人购买商品住房贷款等。⑤按借款人类型，可分为本地人士贷款、外地人士贷款、港澳台和外籍人士贷款。⑥按贷款方式的不同，房地产贷款可分为保证贷款、抵押贷款、质押贷款、信用贷款。

（2）个人住房贷款的特点。①长期性。个人住房贷款期限多为十几年或二十几年，最长期限可达 30 年。②零售性。③分期偿还。

（3）个人住房贷款中的几个主要术语。

1）首期付款与首付款比率。首期付款简称首付款，是指购买住房时的首次付款金额。首付款比率指首期付款占所购住房总价的比率。一般有最低首付款比率的规定，如最低首付款比率为 20%。

2）贷款金额，简称贷款额，是指借款人向贷款人借款的数额，一般为所购住房总价减去首期付款后的余额。贷款成数（指贷款金额占抵押房地产价值的比率）最高不得超过抵押房地产价值的 80%。

3）贷款期限，是指借款人应还清全部贷款本息的期限。

4）贷款利率，是指借款合同中所规定的贷款利率，有固定利率和浮动利率。

5）分期偿还额，是指在分期还款的贷款中借款人每期应偿还贷款的数额。

6）偿还比率，又称收入还贷比，是指借款人分期偿还额占其同期收入的比率。在发放贷款时，通常将偿还比率作为衡量贷款申请人偿债能力的一个指标，并规定一个最高比率，如将这一比率控制在 30% 以内，即给予借款人的最高贷款金额不使其月偿还额超过其家庭月收入的 30%。

7）月所有债务支出与收入比。中国银行保险监督管理委员会要求应将借款人住房贷款的月房地产支出与收入比控制在 50% 以下（含 50%），月所有债务支出与收入比控制在 55% 以下（含 55%）。

8）贷款额度，又称贷款限额。贷款人一般会用不同的指标对借款人的贷款金额做出限制性规定，如贷款金额不得超过最高金额，贷款金额不得超过按照最高贷款成数计算出的金额，贷款金额不得超过按照最高偿还比率计算出的金额。借款人的申请金额不超过以上所有限额的，以申请金额作为贷款金额；当申请金额超过以上任一限额时，以其中的最低限额作为贷款金额。

9）贷款余额，是指分期付款的贷款，在经过一段时期的偿还之后，尚未偿还的贷款本金数额。

6. 房地产权登记

（1）房地产权登记。它是国家为健全法制，加强城镇房地产管理，依法确认房地产产权的法定手续。它要求凡在规定范围内的房地产权，不论归谁所有，都必须按照登记办法的规定，向房地产所在地的房地产管理机关申请登记。经审查确认产权后，由房地产管理机关发给《房地产权证》。产权登记是房地产权管理的主要行政手段，只有通过产权登记，才能对各类房地产权实施有效的管理。采取房地产权登记制度，一经登记，就确定了房地产权利。

（2）房屋权属登记的类型。它包括总登记、初始登记、转移登记、变更登记、他项权利登记、注销登记。

（3）产权登记内容。房地产登记时要对权利人、权利性质、权属来源、取得时间、变化情况和房地产面积、结构、用途、价值、等级、坐落、坐标、形状等进行记载，登记机关设置房地产登记册，按编号对房地产登记事项进行全面记载。

（4）我国房地产登记原则。①产权登记与产权审查确认同步。②登记产权现状。③产权人亲自办理。④权利人会同办理。⑤严格按照程序办理。

（5）房地产交易与房屋权属登记程序流程。①受理。具体工作包括：a. 收验证件齐全；b. 初审证件真伪；c. 进行录入登记；d. 填写收件受理单。②初审。包括：核验证件；现场勘察（必要时）；查档审核；提出初审意见。③复审。包括：复核初审意见；对疑难问题提出处理意见；提出复审意见。④审批。包括：全程审核；疑难问题终结处理；签署审批意见。⑤缮证。⑥收费发证。⑦归档。以上只是一般的登记程序，在一些特定的交易或者权属登记中，有些手续则可以进一步简化。

（6）办理房地产交易与房屋权属登记办事时限及必收要件。①初始登记。办事时限：5个工作日。必收要件包括：a.土地使用权证书复印件或土地来源证明；b.《建设工程规划许可证》；c.建设单位关于房屋竣工验收合格的证明；d.房产测绘机构出具的房屋建筑面积测绘成果报告（购买商品房的，由房地产开发企业统一提供）。②转移登记。办事时限：10个工作日。必收要件：a.房屋权属证书；b.房地产转让证明材料（房地产转让合同或协议，法院司法文书，房地产赠与、房地产继承公证书等）。③变更登记。办事时限：5个工作日。必收要件：a.房屋权属证书；b.房屋翻建的批件，名称、房屋面积等发生变化的有关证明。④房地产抵押登记。办事时限：5个工作日。必收要件：a.房地产抵押合同；b.房屋权属证书（以预售商品房贷款抵押或者以在建工程抵押的，则应提供已生效的预售合同以及其他有权设定抵押权的文件与证明材料等）；c.土地使用权证书或用地证明。典权登记提交设典协议，其他收件及办事时限同房地产抵押登记。⑤注销登记。办事时限：2个工作日。必收要件：a.原房屋权属证书；b.其他有关证明材料。⑥商品房预售合同登记备案。办事时限：1个工作日。必收要件：商品房预售合同。⑦房屋租赁登记备案。办事时限：3个工作日。必收要件：a.房屋权属证书复印件；b.房屋租赁合同。对于以上登记所要求的必需文件，首先是要求文件资料的真实性，其次是文件的有效性，不能是失效的文件资料。如果遇到特殊情况，当事人不能及时提交这些必要文件时，可以区别对待，如产权来源缺乏必要原始证明的，应增加公告程序并延长办事时限；委托代办的，应加收授权委托书及身份证明等。

📖 思考题

1. 如何开展房地产项目的销售准备？
2. 预售阶段楼盘包装应如何进行？
3. 售楼人员应该具备什么样的知识和技能？
4. 楼盘销售实施过程中应该如何管理？

📚 实训题

对本地区某房地产地块项目进行销售准备设计，编写销售管理策划方案。

📁 实训指导

1. 5～8人一组，以组为单位完成实训题。
2. 实地考察与网上调查相结合，主要参考网址见本书第1章实训指导。
3. 报告要求独立撰写，不允许抄袭，要求报告字数为2 000～3 000字。

第五篇

房地产项目全程营销策划

本篇是房地产项目全程营销策划模块，主要内容如下。

1. 住宅项目全程营销策划，主要介绍住宅项目全程营销策划流程和住宅项目全程营销策划书的内容。

2. 商业项目全程营销策划，主要介绍商业项目全程营销策划流程和商业项目全程营销策划书的内容。

第 11 章

住宅项目全程营销策划

⊘ 学习目标

1. 了解我国住宅项目的发展环境。
2. 熟悉住宅项目的分类、住宅项目全程营销策划特点。
3. 掌握住宅项目全程营销策划内容、流程与住宅项目全程营销策划书的编写。

⊞ 技能要求

1. 能够遵循房地产营销类职业标准相关内容。
2. 能够在房地产营销业务中体现工匠精神。
3. 能够具有一般房地产住宅项目全程营销策划能力。
4. 能够设计本地区某住宅项目的全程营销策划方案。

📖 案例 11-1

恒大华府项目的全程营销策划

一、项目概况与营销环境分析

项目概况与营销环境分析见案例 3-2。

二、项目的市场分析

项目的市场分析见案例 4-1。

三、项目的市场定位

项目的市场定位见案例 4-1。

四、项目的主题概念与整体形象设计

项目的主题概念与整体形象设计见案例 5-1。

五、项目的产品组合

项目的产品组合见案例 5-1。

六、项目的产品价格策略

项目的产品定价见案例 6-1。

七、项目的营销渠道选择

项目的营销渠道选择见案例 7-1。

八、项目的促销推广

项目的促销推广见案例 8-1。

九、项目的营销计划组织与执行控制

项目的营销计划组织与执行控制见案例 9-1。

十、项目的销售管理与实施

项目的销售管理与实施见案例 10-1。

📖 **案例 11-2**

金域蓝湾项目全程营销策划

一、金域蓝湾项目概况

土地坐落：南京市江宁开发区内环路以北、牛首山河以南地块。

用地总面积为 272 298.4m^2（约 408 亩），实际出让面积为 272 298.4m^2。

规划用地性质：二类居住用地。

建筑容积率：≤2.0。

建筑密度：≤20%。

绿地率：40%。

建筑高度：≤60m。

集中绿地：≥0.4hm^2。

二、金域蓝湾项目市场分析

（1）宏观分析。整体市场住宅呈现供不应求状态。地块所在江宁区住宅成交量持续攀升，价格走势稳健，涨幅高于全市平均水平。总之，江宁房地产市场前景看好。

（2）板块分析。南京多核心发展的城市总体规划奠定了江宁的新城路径。一城三区房价梯度效应促使江宁吸纳主城区购房者的能力逐渐增强，江宁将成为继河西之后的下一个潜力区域（见图 11-1）。竞争来源：全市层面和江宁区内房地产住宅项目，但无直接竞争板块，更多竞争来自区域内部，项目周边竞争楼盘如图 11-2 所示。关键点：高性价比是板块优势，距离主城较远是主要劣势。

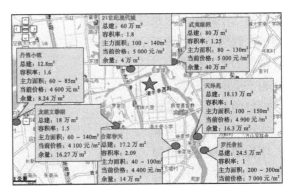

图 11-1　一城三区与江宁区位　　　　图 11-2　项目竞争地图

（3）项目优势分析。金域蓝湾项目位于江宁百家湖以南、双龙大道以东、清水亭东路以北，是江宁百家湖、东山、科学园、九龙湖四大板块的几何中心。区位交通状况：区域内路网四通八达，纵横交错，通衢未来。将军大道、双龙大道快速通道、机场高速、宁杭高速四条快速通道，最快 5 分钟直达主城区。公交区内 21 路、地铁一号线南延线、三号线南延线双龙大道站毗邻金域蓝湾，加快与主城融合。商业配套：项目处于江宁百家湖商圈的中心，繁华的胜太路商业街、成熟的东山老城区商业配套、开发区医院、同仁医院环伺四周。毗邻凤凰港商贸城、同曦·假日百货商城、21 世纪商业等大型"旗舰"型商业项目，共同带来了繁华不息的便捷生活。购物休闲、餐饮娱乐、商务办公、文化教育等设施一应俱全。项目周边的南师大附中江宁分校是江宁最好的小学、中学，更有百年名校东南大学的缕缕书香，为金域蓝湾平添了浓郁的文化气息。

三、金域蓝湾项目定位

（1）消费者分析。针对江宁区域中高端项目客户做消费者调查，主要有本区域中高端改善型客户和城区改善型客户。城区改善型客户关注的焦点基本集中在外围居住环境、占有景观资源等，产品倾向于类别墅，对区域较认可。本区域中高端改善型客户关注的焦点基本集中在社区景观、配套设施、物业服务等方面，对区域较认可，对项目有信心。

（2）目标客户。建议项目前期客户应该锁定为江宁本区域中高端改善型客户。

（3）客户特征。工作在江宁，年龄 35 岁左右，受教育程度本科以上，普遍为小太阳家庭（小孩 5 岁左右），经济条件富裕，普遍拥有私家车，工作单位是本地有稳定高收入来源的企事业单位。

（4）客户需求。他们在选择房产的时候非常慎重，需要足够的理由，既要满足物质需求，又要满足精神需求。他们对房产的认可来自自身舒适度和身边人群的关注两个方面。

（5）项目市场定位。江宁最好的公寓，公寓类终极住宅。按照人的生命周期，住宅分为功能型住宅、改善型住宅、终极型住宅和养老型住宅。从中产阶层成长的生命周期看，本项目属于中产阶级公寓类改善型住宅。

（6）产品定位。核心领地的绝对景观。

四、金域蓝湾项目产品规划建议

（1）总体规划（见图 11-3）。总建筑面积约 68 万 m²，其中地上部分约 54 万 m²，地下部分约 14 万 m²。

图 11-3　项目总体规划

（2）项目配套。小区总体配套约 2 万 m²（见图 11-4），主要有：社区商业街 10 000m²、运动主题会所 3 000m²、21 班幼儿园 5 000m²、社区中心和净菜市场等，能满足居民的日常生活需求。社区超大会所主要提供游泳、健身、休闲、娱乐等功能，让业主可以在家门口享受健康品质生活。商业街主题以西方文化为背景，体现艺术、开放、休闲等核心元素，具有西班牙风格，是精心打造的西班牙风情街区。

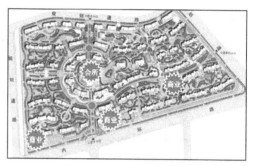

图 11-4　项目配套规划

（3）建筑风格。项目建筑采用西班牙风格外立面，色彩绚丽，线条简洁、利落，呈现浪漫与高贵的气质。

（4）项目景观。最高达 100m 超大景观间距，山水城林美景尽收眼底。金域蓝湾项目根据季节精心挑选了四季植被，缀以西班牙特色小品，打造出布局自然、错落有致的西班牙自然庭院。小区一期特别设计有阳光运动带，用卵石铺设出一条极富韵味的漫步长廊，长廊两侧配有芳香植物，演绎灵动空间。漫步长廊将篮球场、网球场、活动场有机串联起来，阳光是这里的主色调，运动是这里的格调。活动场地旁边还设置了独具风格的休息亭，弥漫出浓浓的地中海情调。

（5）停车位：车位住户比为 1∶0.9。

（6）产品类型：多层、小高层，精装修高档公寓，以小高层为主，约 3 800 住户。项目一期为高层住宅；二期为 6 层多层＋高层＋联排（三联排）别墅的产品组合。

（7）金牌户型。金域蓝湾一期高层公寓提供 5 款经典户型，每一款房型的反复设计与验证，每一户业主的满意度与舒适度研读，万科以最专业的经验与最前沿的研究，全线服务成长家庭筑巢计划。主要户型有：2 室 2 厅 1 卫 78m²；3 室 2 厅 1 卫 90m²；3 室 2 厅 1 卫 88m²（见图 11-5）；3 室 2 厅 1 卫 113m²；3 室 2 厅 2 卫 128m²。花园洋房 2 室 3 厅 3 卫 156m²；3 室 2 厅 2 卫 158m²（见图 11-6）；3 室 3 厅 2 卫 168m²；3 室 2 厅 2 卫 262m²。

图 11-5 3 室 2 厅 1 卫 88m²　　　　　图 11-6 3 室 2 厅 2 卫 158m²

五、金域蓝湾项目优势与客户价值

（1）金域蓝湾项目优势。金域蓝湾项目的核心优势是占据城市未来核心区域的领地，享有绝对的自然景观。社区内拥有近 3 000m² 运动主题会馆，住户于工作 8 小时之外，可以缓解身躯疲惫，释放压力，引领健康生活时尚。室内外双泳池，带来国际化奢华滨湖运动体验。健身活动漫步长廊、能量篮球场、露天健身区……尽显大社区风貌，营造健康绿色生活。

（2）客户价值：土地价值高；开发商好；定位高端；品质好；外部景观环境及配套好；内配套好；高端的心理暗示；物业好。

（3）品质保证：对于装修部品选择，万科坚持与各领域内权威的专业化商家合作。从方太一体厨房到摩恩水龙头，每一个选择，都坚守专业品质准则，使客户省心省力。

（4）细节见证：电梯轿厢儿童按钮设计，信报箱密码锁，入户门密码锁，新风系统，玄关分类收纳系统，客厅电视线路"穿墙"系统，微波炉隐蔽放置，卫生间硬币紧急旋转门锁……于无声处见细节，居住智慧大有不同。

六、品牌策略

（1）金域蓝湾品牌的 DNA 如图 11-7 所示。金域蓝湾是万科在城市未来核心区为中产偏上阶层打造的高档社区，是能实现中产阶层对公寓所有梦想的完美公寓。

（2）金域蓝湾自身的品牌。金域蓝湾是万科的金色系列，是万科的城市滨海高端物业品牌，坐拥城市核心区位与稀缺景观资源。金域——核心领地；蓝湾——优美景观。金域蓝湾与消费者的所有需求都能建立一一对应的关系，如图 11-8 所示。品牌诉求体系如图 11-9 所示。

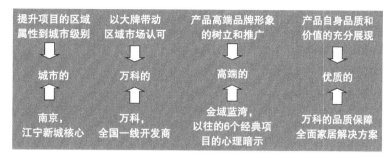

图 11-7　金域蓝湾品牌的 DNA

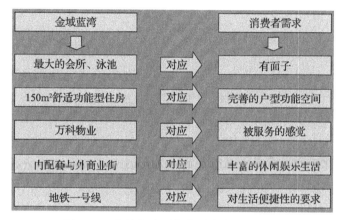

图 11-8　金域蓝湾用优势对应消费者需求

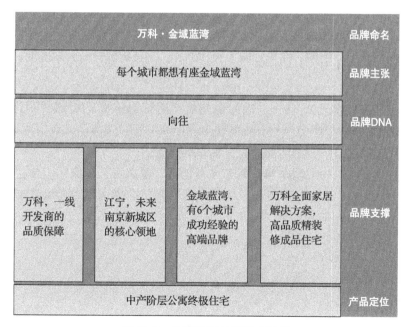

图 11-9　金域蓝湾品牌诉求体系

七、项目产品价格（略）

八、项目营销渠道

营销渠道采用代理商：南京新景祥房地产投资顾问有限公司。

九、项目促销推广策略

（1）万科金域蓝湾项目 LOGO 设计如图 11-10 所示。

（2）万科金域蓝湾项目媒体策略。

图 11-10 万科金域蓝湾项目 LOGO

- 户外；
- 电视；
- 万客会；
- 媒体新闻通稿；
- 杂志；
- 专业网站；
- 集团外网。

（3）金域蓝湾总体传播思路：分为三个阶段推广。

1）第一阶段推广。主题：每个城市都想有座金域蓝湾。追本溯源——选择万科，从了解开始。

公关活动：健康丰盛的人生——万科运动会。

- 秦淮河上赛龙舟；
- 江宁健康长跑；
- 环城自行车接力。

此阶段为造势期，目的是让更多的人了解万科，知道万科在江宁的动作和进驻。所以在气势上要强一些，引起受众关注，并以此扩大万科品牌在江宁的知名度与公益性的良好印象。

2）第二阶段推广。主题：完美之城，天作之合。完美绽放——全面展现，实景感动。

公关活动：

- 社区夏日首次露天 Party——因为金域蓝湾拥有 1km 长的自然景观带和西班牙自主商业区；
- 大型社区文化节——古运河文化，时尚现代城；
- 金域蓝湾之夜——大型季候音乐节（春之颂、夏之音、秋之乐、冬之韵）。

媒体投放：

- 户外——必选；
- 万客会——必选；
- 高端客户直投——必选；
- 公司外网——必选。

3）第三阶段推广。主题：从容，来自丰盛人生。名扬天下——耳闻目睹，社区繁荣。

公关活动：

- 社区业主联谊——组织业主开展各种联谊活动，如社区球类、棋类的竞技比赛；
- 口碑传递——社区文章投稿，刊登万客会。

媒体投放：

- 户外——必选；
- 万客会——必选；
- 公司外网——必选。

十、项目营销计划与组织（略）

十一、销售执行管理（略）

资料来源：根据万科公司网站（http://sh.vanke.com/）资料整理。

案例讨论

1. 你认为恒大华府和金域蓝湾项目的全程营销策划还有什么不足？

2. 比较恒大华府和金域蓝湾的营销策划。

学习任务

制订本地区某住宅项目的全程营销策划方案。

11.1　住宅项目全程营销策划流程

住宅由于需求量巨大，其开发量和供应量也巨大，是一种最常见的房地产开发类型。同时，住宅房地产市场的竞争也比较激烈。如何在当时当地众多的住宅项目中脱颖而出，开发出适销对路的产品，成为精品住宅，并以高价快速售罄，是所有住宅开发企业最关心的问题。因此，住宅项目开发全程策划至关重要。

1. 住宅与住宅项目

（1）住宅是指专供居住的房屋，包括别墅、公寓、职工宿舍和集体宿舍等，但不包括住宅楼中作为人防用、不住人的地下室等，也不包括托儿所、病房、疗养院、旅馆等具有专门用途的房屋。住宅在法律上指供一家人日常起居的、外人不得随意进入的封闭空间。《中华人民共和国宪法》第三十九条规定，中华人民共和国公民的住宅不受侵犯。

（2）住宅项目是指在居住用地上进行住宅开发的房地产项目。

2. 住宅项目的分类

（1）按产品层数分类：单层住宅项目、多层住宅项目、高层住宅项目。高层住宅分为：a. 单元式高层住宅，是由多个住宅单元组合而成，每单元均设有楼梯、电梯的高层住宅；b. 塔式高层住宅，是以共用楼梯、电梯为核心布置多套住房的高层住宅；c. 通廊式高层住宅，是以共用楼梯、电梯通过内外廊进入各套住房的高层住宅。

（2）按产品性质分类：普通住宅项目、别墅项目、公寓项目、花园洋房项目。

（3）按交易性质分类：商品住宅、非商品住宅。

3. 住宅项目全程营销策划内容

（1）住宅项目全程营销策划，就是对住宅项目进行"全过程"的策划，即对从项目前期的市场调研到项目后期的物业服务等各个方面都进行全方位策划，为投资者提供标本兼治的全过程策划服务，每个环节都以提升项目的价值为重点，使项目以最佳的状态走向市场。全程营销策划的原则就是以消费者为起点，开展市场需求调研、购买行为调研等，同时还要以消费者为终点，为消费者提供售后跟踪配套服务。策划的目的就是促进住宅项目成交，优化项目品牌。营销策划不仅关注前期阶段，而且全程参与，以确保延伸产品附加值。住宅营销策划具有3个特点：①"以人为本"。必须围绕消费者的愿望、需求和价值观念来展开。②复合多种理念。包括人性理念、生态理念、智能理念和投资理念等。③注重策略和手段。通过各种营销策略，如产品策略、价格策略、促销策略、渠道策略等的组合，再依靠营销手段使其具体化，那么最终会产生令人满意的营销结果。

（2）全程营销策划内容。①市场研究。对项目所处的经济环境、市场状况、同类楼盘进行调研分析。②土地研制。对土地的优势、劣势、机会和威胁进行分析研究，挖掘土地的潜在价值。③项目分析。分析项目自身条件及市场竞争情况，确定项目定位策略。④项目规划。提出建议性项目经济指标、市场要求、规划设计、建筑风格、户型设计及综合设施配套等。⑤概念设计。包括规划概念设计、建筑概念设计、环境概念设计和艺术概念设计。⑥形象设计。开发商与项目的形象整合，项目形象、概念及品牌的前期推广。⑦营销策略。找准项目市场营销机会点及障碍点，整合项目外在资源，挖掘并向公众告知楼盘自身所具有的特色卖点。⑧物业服务。⑨品牌培植。

4. 住宅项目全程营销策划流程重点

住宅项目营销策划流程与房地产营销策划流程基本相同，如图2-2（见第2章2.3节）所示。住宅项目营销策划要重点把握以下内容。

（1）住宅项目市场调查研究，包括住宅项目的投资环境分析、整体市场发展态势研究、区域市场走势分析、细分市场专题研究、项目自身情况SWOT分析、竞争对手分析和目标客群消费心态分析、需求趋向分析、支付能力评估等内容。

（2）住宅项目定位，包括住宅项目定位前分析和客户定位、产品定位、形象定位的确定等内容。

（3）住宅项目产品规划建议与投资分析，包括住宅项目的总平面规划建议、建筑风格建议、道路交通规划建议、景观设计建议、户型设计建议、装修标准建议、配套建议、物业管理建议、投资分析和开发建议等内容。

（4）住宅项目整合推广策划，包括住宅项目的营销总策划、品牌策划、广告策划、媒体策划、包装策划、活动策划和推广策划等内容。

（5）住宅项目销售执行策划，整合资源，完善销售所需手续，蓄势待发，预备销售，主要工作包括：完成销售的人员配备，制定销售人员的考核奖励制度，组织销售培训；制定销售模式，设计销售组织的架构；售楼处的布置，样板房，国土部门户型的测绘报告书，房屋认购书样本，房地产买卖合同样本、售楼书和广告宣传彩页；销售价格与优惠措施的确定和销售执行控制等内容。

11.2　住宅项目全程营销策划书

一般情况下，住宅项目全程营销策划书分为 10 个部分。

1. 封面与目录

（1）方案名称与方案制作者，如：×× 项目全程营销方案；×× 制作。

（2）方案目录，将方案中的主要项目列出。

2. 项目背景

介绍项目的地理位置、面积、规划参数等概况。

3. 项目市场分析

（1）分析方法见第 4 章 4.1～4.4 节。

（2）住宅投资环境分析，包括经济环境分析、政策环境分析、房地产市场分析、城市环境分析。

（3）项目自身情况分析，包括地块基本情况分析、项目建设条件分析、项目区域市场分析、项目周边配套分析；项目 SWOT 分析等。

（4）项目竞争楼盘和竞争对手分析，包括竞争楼盘扫描；潜在竞争对手进入可能分析；供应量分析；竞争对手的产品分析，包括房型、规划、土地、综合配套；竞争对手的市场定位及趋向；竞争对手的价格基准分析；竞争对手的背景和实力等。

（5）项目客群分析，进行消费者调查，明确项目的目标客群：职业特征、消费关注、消费心理、产品选择等。

4. 项目定位

（1）项目定位方法见第 4 章 4.5 节。

（2）根据前期的市场分析，确定项目的整体市场定位，并确定目标客群定位、产品定位和项目形象定位，具体包括项目综合定位、项目档次定位、项目目标客群定位、项目主题定位、项目案名定位、项目形象定位、项目功能定位、项目价格定位等。

5. 项目产品规划建议

（1）项目产品规划方法见第 5 章。

（2）在市场定位和营销策划总体思路下，提出产品规划设计基本要求，协助确定符合市场需求和投资回报的产品规划、设计理念、设计方案。具体内容包括项目开发总体规划建议、项目总平面规划建议、组团规划建议、项目整体建筑风格建议、项目交通道路规划建议、项目园林景观设计建议、项目户型设计建议、项目外立面设计建议、项目社区配套设施或会所建议、项目装修标准建议、装饰材料建议以及项目物业管理建议等。

6. 项目产品价格

项目产品价格策划方法见第 6 章。

7. 项目营销渠道

（1）项目营销渠道策划方法见第 7 章。如选择专业的营销代理，则住宅项目全程营销策划书中"7. 项目营销渠道"可省略，项目的全程营销策划及销售执行均由代理公司完成，贯穿项目的开发全过程。

（2）确定销售渠道。①自售。②代理：通过邀请招标或公开招标等方式确定入围的专业营销代理公司。对项目进行交底，要求各投标代理公司各自提交营销策划报告。组织相关人员对营销策划报告进行评审，选取最优方案，确定营销代理公司，签订项目顾问服务合同或销售代理合同，明确合作双方、合作方式、合作内容、时间、权利、义务、付费标准与付款方式等。

8. 项目促销推广策略

（1）项目促销推广策划方法见第 8 章。

（2）项目促销推广目标的制定、项目营销推广思路确定、项目营销推广策略的制定。

（3）不同市场生命周期阶段的促销推广策略。商品住宅同其他商品一样，具有一定的市场生命周期，一般分为 4 个阶段，每个阶段有不同的推广策略。①进入期。它是指一种新形式的住宅产品，包括新的规划构思、新的设计形式、应用新型材料、新的室内布局等，经过规划设计、施工，以试点形式进入市场。由于住宅新产品尚未被广泛接受，因此在价格上要适当考虑薄利；在推销方法上，可通过广告来扩大影响；同时还应加强对市场的调查和预测。②成长期。经过试点，用户对新式住宅产品反应较好，于是扩大与推广这种产品，同时不断加以改进。在这一时期，可大幅度提高销售价格，同时开辟新的市场，扩大市场渗透，加强销售前、中、后服务。③成熟期。某种商品住宅的设计被正式确定为标准设计，并得到用户的认可。此阶段，采用同一形式住宅设计、新型材料等的开发公司建房面积将成倍增长。在这一阶段最重要的是要保持适当的价格，维持市场占有率，根据用户的需要对住宅做某些改进，并为开发建设新式住宅做准备。④衰退期。由于人们对住宅有了新的、更高的要求，包括房间布局、设备条件、价格等，对老形式住宅的兴趣减退，于是标准的住宅渐渐滞销，最后被市场淘汰。在这一阶段，在住宅出售价格上要灵活机动，在推销方法上要使用各种竞争手段，并加强售后服务，同时加紧开发新的商品住宅。

9. 项目营销计划与组织

（1）项目营销计划与组织策划方法见第 9 章。

（2）帮助开发商制订销售计划、确定项目各营销阶段工作内容，主要内容包括项目总计划、各阶段销售计划的制订，项目入市开盘时机选择，销售团队搭建与组织管理。

10. 销售执行管理实施与总结

（1）项目销售执行管理与实施总结见第 10 章。

（2）项目销售预备与实施，包括项目销售人员的安排、培训，项目销售价格与优惠措施的确定，销售节奏安排与控制，销售流程执行，现场活动策略制定及执行实施，业绩目标制定与执行，回款计划、回款方式，月度销售分析，竞争对手跟踪，深度卖点挖掘，价格策略调整、促销推广策略调整，项目销售费用的估算，月度资金分配，客户资料管理，客户服务跟踪等。

实｜践｜经｜验

住宅全程营销策划工作内容

住宅项目全程营销策划工作流程如图 11-11 所示。

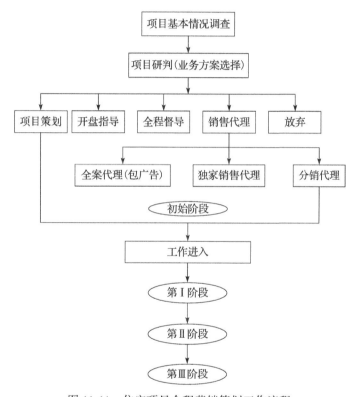

图 11-11　住宅项目全程营销策划工作流程

初始阶段

一、项目情报

1. 项目所在地

2. 开发商背景

①公司性质。②公司实力。③发展潜力。④决策人评价。⑤组织结构。⑥管理水平。⑦合作信誉。

3. 项目自身情况

①城市布局及发展。②项目区位特征。③项目产品情况。④目前工作阶段。

⑤其他。

4.当地市场概况

①市场供需状况。②市场产品结构。③市场竞争评估。④市场发育程度。⑤市场潜力评估。⑥其他。

5.项目 SWOT 分析

优势、劣势、机会与威胁。

二、项目研判

1.对项目 SWOT 分析的讨论

2.项目价值分析

3.人力资源调配

4.项目集体研判

5.总裁决策

第 I 阶段

一、销售策略设计

1.市场竞争楼盘调查

除完成普查项目外，应着重调查以下项目。

（1）分布状况。

（2）产品方面：主力户型、交房标准（附送设备、采暖方式、智能化系统等）、社区配套。

（3）价格方面：起价、均价、最高价、付款方式、价格系数（楼位、楼层、朝向、景观、户型等）、汽车车库、车位（含自行车）、物管收费。

（4）推广机构：销售推广机构（销售代理公司、广告公司）、广告形式、广告力度。

（5）销售阶段、存量。

（6）竞争程度分析。

（7）新"入市"楼盘调查。

（8）房地产市场热点调查。

2.产品构成

（1）产品核心功能：居住用房、商住配套用房、其他。

（2）产品形式特点：单体、户型、交房标准。

（3）延伸产品：公建配套、付款方式、物管服务、其他。

3.入市姿态

①市场领导者。②市场跟随者。③市场利基者。

4.入市时机

①现房销售。②期房预售。③市场时机。

5.销售渠道策略

①开发商自销。②委托代理销售。③售楼部销售。④人员直销。

6. 价格策略

（1）均价目标。

（2）均价走势：低开高走、高开平走、高开低走、其他；"价格－走势"模拟进度表。

（3）叫价方式：一口价方式、高叫低卖方式等。

（4）价格优惠策略。

7. 销售方式

①多种付款方式组合式销售。②售后返租。③升值销售。④回报销售等。

8. 销售创新模式设定

二、市场推广策略设计

1. 竞争项目推广模式调查

2. 本项目主要优势、劣势对比表

3. 项目市场定位、市场形象及目标客户层

4. 项目推广主题概念

5. 项目推广目标

6. 项目推广模式及思路

7. 项目分阶段推广进度表

①时间。②规模。③资金回笼。④广告投入。

8. 项目阶段推广方案

①进入期策略。②成长期策略。③成熟期策略。④衰退期策略。⑤特殊时期策略：蓄势期、封盘期、间隔期，竞争淡期、旺销期等。

三、首期项目销售及推广计划

1. 首期推广模式及推广目标

①推广模式。②推广目标。

2. 媒体分析

种类、名称、到达率、性价比等。

3. 媒体计划

4. 月（季度）销售计划

（1）销售数量（套数、面积）。

（2）资金回笼。

（3）广告投入分配。

5. 广告设计

四、销售包装

1. 项目视觉识别系统核心部分

（1）名称：项目名、道路名、建筑名、组团名。

（2）标志：项目标志。

（3）标准色。

（4）标准字体。

2. 售楼部包装

（1）售楼部选址：现场售楼部、非现场售楼部。

（2）售楼部规模设定。

（3）建筑装修设定。①售楼部建筑设计提示。a.售楼部外立面设计要求：根据项目整体建筑风格特征；根据周边住宅建筑风格；差别性、独特性设计。b.售楼部室内空间设计：突出项目核心功能及主题概念；人性化空间设计；创造物管氛围。c.建筑色彩设定建议。d.建筑室内装修原则设定。②售楼部内部功能区分设定。a.展示区。产品材料展示：智能化材料展示、建筑材料展示。沙盘展示：不同比例模型展示。推广资料展示：名片、业主通信、楼书、报纸广告等。挂板展示：建筑单体挂板、户型挂板、价格体系系数说明挂板、景观设计挂板、公司形象挂板、物业管理挂板（智能化演示、服务说明）、销售动态挂板、流程进度挂板、公司文化特色挂板、策划设计与施工单位挂板、艺术油画挂板、日照时间挂板、机动挂板。电视直播。b.洽谈区：介绍洽谈区（流动性）；大众洽谈区（稳定性）；意向签约区（稳定性）；合同签约区（稳定性）。c.活动区：儿童活动区。d.参观区。样板房区。户外景观区：围墙与大门、最邻近建筑单体户外景观包括过渡景观区（小桥流水部分）。e.家庭气氛示意区：艺术小品；器材；适当的现代艺术家具；奢侈品，如钢琴。

（4）动线设计。①全局动线功能设计。②局部功能区距离设计。售楼部功能区设计是根据购楼者心理及行为特征而设定的。如购楼者进大门一般习惯往右转，待参观沙盘绕一周后，走向大众洽谈区，该部分气氛越嘈杂越好。所以设计为敞开式，设定有交谈桌，大众洽谈区周边墙面挂板主要介绍：建筑单体、社区景观、户型、价格体系等。购楼者看完挂板介绍后，可继续往前走，参观建材展示、智能化产品展示，同时领略未来小区的特色景点设计；然后参观样板房，从样板房出来后，在意向签约区签署购楼意向书；然后将意向书交给销售调度人员存档，接着由销售调度人员通知各业务员××套已落定；最后由售楼人员将购楼者带入合同室，交付定金及签署合同同时完成。如果购楼者当时较多，意向书也可在大众洽谈区签署。

3. 样板间设计要求

（1）样板间设计目标要求：大众化而非个性化；简约化而非烦琐化。

（2）样板间设计本质：真实体验；憧憬未来；去"斑"除"陋"。

4. 工地现场包装

①建筑物主体。②工地围墙。③主路网及参观路线。④环境绿化。

5. 主要道具制作

（1）楼书。

（2）模型：单体模型、小区实体沙盘、小区景观沙盘等。

（3）销售资料：①销售前期准备资料。a.批文：公司营业执照、商品房销售许可证。b.楼宇说明书：统一说辞、户型图与会所平面图、会所内容、交楼标准、选用的建筑材料、物管内容。c.价格收费体系及流程：价目表、付款方式、按揭办理办法、利率表、办理产权证有关程序及费用、入住流程、入住收费明细表、物业管理收费标准（学校收费规定）。d.合同文本：预定书（内部认购书）、销售合同标准文本、个人住房抵押合同、个人住房公积金借款合同、个人住房商业性借款合同、保险合同、公证书。②销售中期销售控制表格：房位确认表、换房申请表、价格系数表、房位控制表、销售现场财务日/周/月报表、销售现场日/周/月动态表。③销售状况分析表格：楼层销售统计表、面积段销售统计表、房型销售统计表、来人来电统计分析表。④客户档案表、客户档案分析表。

五、广告公司及分销机构选择

1.选择标准

2.合作方式

3.合同管理

六、销售组织建立

1.组织架构

（1）销售组织架构如图11-12所示。营销中心设营销总监、销售主管、销售控制管理、广告制作各1名，市场主管、调研员、文案可由一人担任，销售代表5～6名（可兼做市场调研）。

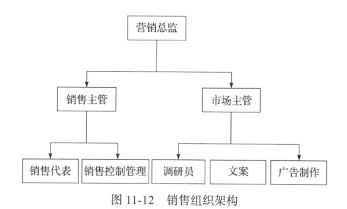

图11-12　销售组织架构

（2）具体职位说明。①营销总监：a.负责项目销售及推广的总体指挥和调度，推动营销中心的整体运作；b.负责与甲方及其他合作方的对接与沟通；c.负责营销中心的人事管理及财务控制。②销售主管：a.负责销售现场的组织与管理工作（包括现场气氛调控、处理现场突发事件、与客户沟通等）；b.销售控制；c.定期提交销售分析与销售控制报告；d.客户管理与客户沟通；e.提出销售推广建议方案；f.负责销售代表的培训及考核工作。③销售控制管理：a.负责统计、分析现场销售动态，及时向销售主管及甲方财务提交动态报告；b.定期提供来人、来电及意向客户分析；c.定期向销售主管提交销售控制分析报告及建议；d.协助主管处理营销中心内部事务。④市场主管：a.负责协调市场推广综合事务；b.负责制订推广计划并安排执行。⑤调研员：a.负责调查并提供本市及周边地区同期竞争楼盘的动态资料；b.定期提交市场动态分析报告；c.协助完成市场推广设计。⑥文案：a.负责销售推广中的各类文案作业；b.负责向广告公司设计人员讲解楼盘广告的核心理念，并协助其最终完成广告的创作与制作；c.编辑小区刊物与企业刊物；d.负责与媒体建立良好稳定的关系。⑦销售代表：a.负责现场客户的接待、介绍和成交事宜；b.负责整体楼盘销售业务计划的执行；c.负责促销活动的执行；d.负责销售现场的例行报表作业；e.负责其他销售工作的贯彻实施。⑧广告制作：负责落实营销推广过程中所有的平面设计及相关制作。

2. 销售人员招聘程序

（1）填写应聘表格。兼查文字表达能力及书法水平。

（2）面试。重点考查工作经验、交流能力、应变能力、性格特征等。

（3）特别考核项目。公众演讲能力、心理承受能力、仪表仪态、客户记忆考查、电话语音识别能力等。

3. 销售培训

（1）销售部人员培训。①详细介绍公司情况：a.公司背景、公众形象、公司目标（项目推广目标和公司发展目标）。b.销售行为准则、内部分工、工作流程、个人收入目标。②物业详情：a.项目规模、定位、设施、买卖条件。b.物业周边环境、公共设施、交通条件。c.该区域的城市发展计划，宏观及微观经济因素对物业的影响情况。d.项目特点：项目规划设计内容及特点，包括景观、立面、建筑组团、容积率等；平面设计内容及特点，包括总户数、总建筑面积、总单元数、单套面积、户内面积组合、户型优缺点、进深、面宽、层高等；项目的优劣分析。e.项目营销策略，包括价格、付款方式、策略定位、销售目标、推广手段；竞争对手优劣分析及对策。③业务基础培训课程。a.国家及地区相关房地产业的政策法规、税费规定。b.房地产基础术语、建筑常识：房地产、建筑业基础术语的理解，建筑识图，计算户型面积。c.心理学基础。d.银行的按揭知识，涉及房地产交易的费用。e.国家及地区的宏观经济政策、当地的房地产走势。f.公司制度、架构和财务制度。④销售技巧。a.售楼过程中的洽谈技巧：如何以问题套答案，询问客户的需求、经济状况、期望等，掌握买家心理；恰当使用电话的方法。b.展销会场气氛把握技巧：客户心理分析，销售人员接待客户技巧。c.推销技巧：语言技巧、身体语言技巧。⑤签订买卖合同的程序。a.售楼部签约程序：办理按揭及计算，入住程序及费用，合同说明，其他法律文件，所需填写的各类表格。b.展销会签订售楼合同的技巧与方法：定金的灵活处理，客户跟踪。⑥物业管理课程。a.物业管理服务内容、收费标准。b.管理规则。c.公共契约。⑦销售模拟。a.以一个实际楼盘为例进行实习，运用全部所学方法技巧完成一个交易。b.利用项目营销接待中心、样板房模拟销售过程。c.及时讲评、总结，必要时再次实习模拟。实地参观他人的展销现场等（进行市场调查，以了解市场和竞争对手情况，并撰写调查提纲）。

（2）销售手册。①批文。a.公司营业执照；b.商品房销售许可证。②楼宇说明书。a.项目统一说辞；b.户型图与会所平面图；c.会所内容；d.交楼标准；e.选用建筑材料；f.物管内容。③价格体系。a.价目表；b.付款方式；c.按揭办理办法；d.利率表；e.办理产证有关程序、税费；f.入住流程；g.入住收费明细表；h.物业管理收费标准。④合同文本。a.认购书；b.预售合同标准文本；c.销售合同；d.个人住房抵押合同；e.个人住房商业性借款合同。⑤客户资料表。

（3）客户管理系统。电话接听记录表，客户表，客户谈访记录表，销售统计表，已成交客户档案表。

（4）销售作业指导书。①职业素养准则。a.职业精神；b.职业信条；c.职业特征。②销售基本知识与技巧。a.业务的阶段性；b.业务的特殊性；c.业务技巧。③项目概况。a.项目基本情况；b.优势点诉求；c.阻力点剖析；d.升值潜力空间。④销售部管理架构。a.职能；b.人员设置与分工；c.待遇。

第Ⅱ阶段

七、开盘工作组织及验收

1.开盘工作组织计划及工作分配

2.销售手续验收

3.销售物料验收

4.广告设计样稿验收（文字、图片、名址、电话等）

5.广告媒体验收

①媒体。②时间。③版面。④版面内容情况及要求。⑤其他重大影响事件预测：天气、重要社会活动、人物来访等。

6.岗位人员工作准备验收

7.重要环节演练

八、广告执行

1.广告制作及媒体验收

2.广告效果记录

（1）时间、天气。

（2）来人来电登记：姓名、电话、区域、职业、年龄等。

（3）销售反应。

3.广告效果分析

第Ⅲ阶段

九、销售管理

1.人员与工作程序管理

（1）组织与激励。①销售队伍的组织调度。②销售人员基本要求。a.基本要求：基本素质要求，职业道德要求，礼仪仪表要求。b.专业知识要求。c.知识面要求。d.心理素质要求。e.服务规范要求：语言规范，来电接待要求，客户来函要求，来访接待要求，客户回访要求，促销环节基本要求，销售现场接待方式及必备要素。③考核、激励措施。a.销售人员业绩考核办法。b.奖罚制度。c.销售业绩管理系统：销售记录表，客户到访记录表，连续接待记录，客户档案。

（2）工作流程。①销售工作的三个阶段：a.预备阶段；b.开盘组织；c.实施操作阶段。②销售部工作职责（工作流程）。a.市场调查：目标市场、价格依据。b.批件申办：面积计算、预售许可。c.资料制作：楼盘价格、合约文件。d.宣传推广：广告策划、促销实施。e.销售操作：签约履行、楼款回收。f.成交汇总：回款复审、纠纷处理。g.客户入住：入住通知、管理移交。h.产权转移：分户汇总、转移完成。i.项目总结：业务总结、客户亲情。③销售业务流程（个案）。a.公司宣传推广，挖掘潜在客户。b.销售代表多次接待，销售主管支持。c.客户签订认购书付定金。d.客户正式签约。e.客户付款（一次性、分期或按揭）。f.办理入住手续。g.资料汇总并追踪服务，以客户带客户。

2.销售控制

①销售气氛控制。②客户识别。③房源控制。④销售目标控制。⑤均价目标控制。⑥升价节奏控制。⑦资金回笼目标控制。⑧销售提成目标控制。⑨现场突发事件控制：停水、停电、上级领导参观、资料短缺、客户纠纷、客户无理取闹、客户现场意外。

3.客户管理

①来访来电客户登记（记录）。②客户接待笔记。③客户档案管理。④客户结构分析：年龄、区域、职业等。⑤客户回访记录。⑥客户个案分析。⑦客户交款通知。⑧客户特别联络：节日、生日、快讯等。

4.销售资料分析

①销售进度分析。②广告效应分析。③销售房位、房型、面积、总价、楼层分析。

5.销售管理执行监督

①监督岗位设置。②销售管理评估。

十、销售调整

1.销售策略调查

2.推广策略调查

3.销售组织结构及人员调整

①营销中心架构调整。②广告制作单位调整。③其他配合机构调整。④营销中心人员调整。

4.销售进度差异调整

①销售进度过速调整。②销售进度过缓调整。

十一、公共关系

1.客户方面

2.甲方、乙方

3.媒体方面

4.相关配合单位

十二、危机处理

1.危机预测及防备

2.危机处理原则

（1）上报原则：本公司、甲方、其他。

（2）危机处理及答复。

（3）利益原则：客户利益、本公司利益、其他利益等。

（4）危机策划。

十三、销售总结

1. 封面：方案名称 / 方案制作者

×× 全程营销方案

×× 制作

2. 方案目录

将方案中的主要项目列出。

3. 方案内容

（1）企划客体环境。①企划客体宏观环境（政治环境、法律环境、经济环境）。②当地企划客体环境（社会文化环境、技术环境、自然环境、人口环境）。③上述环境现状及趋势带来的机会与威胁。

（2）竞争对手基本情况。①竞争对手概况：过往销售情况、市场占有率、销售额、利润等经济指标。②销售理念及文化：公司哲学、共同价值观、经营方针、经营风格、企业使命、目标。③策划项目概况。

（3）市场分析。①市场调查。市场研究：研究题目、研究方法、研究结果（数据、图表）。②市场规划。市场特性。③竞争对手排队——上位、同位、下位竞争对手（以市场占有率或销售额为依据）。④竞争格局辨认——是否形成市场领导者、挑战者、追随者、利基者。主要竞争对手的市场表现、营销方案、竞争策略、竞争优势。⑤本项目的营销机会。⑥周边同类项目市场分析（特定区域行业市场规模及其趋势、特定区域行业市场结构、特定区域行业市场环境形势）。⑦周边同类企划客体分布图。⑧项目综合市场分析（该行业市场占有率、销售额等行业市场统计数据）。⑨项目优劣势分析：总体优势与劣势；在市场营销方面的优势与劣势。在市场营销上做得最好的与做得最不好的方面，在市场营销上最擅长、最成功的方面或领域。⑩市场机会点与障碍点。

（4）项目定位。①项目定位点及理论支持。②项目诉求及理论支持。

（5）市场定位。①主市场（目标市场）定位及理论支持点。②副市场（辅助市场）定位及理论支持点。

（6）业主情况。①业主分类或分布。②业主特点：这些业主是什么样子的，他们怎样生活、怎样接受该服务及相关服务。③有多少业主。④业主消费行为或心理：为什么装修，在装修过程中寻求何种特性，装修过程中、装修前的影响因素。⑤装修诱因的设置。

（7）营销活动的开展。①营销活动的目标。②目标市场。③面临的问题。④竞争策略、竞争优势、核心能力。⑤营销定位（区别性竞争差异点的确定）。

（8）营销策略。①企划策略：企划概念，品牌与包装规划。②价格策略：定价思路与价格确定方法，价格政策，价格体系的管理。③渠道策略：渠道的选择，渠道体系建设或管理，渠道支持与合作，渠道冲突管理。④促销策略：促销总体思路，促销手段或方法选择，促销概念与主题，促销对象，促销方案或计划原件，广告计划，广告策略，广告脚本，促销活动过程，促销活动效果，促销费用。⑤企划活动开展策略：活动时机，应对措施，效果预测。

（9）营销或销售管理。①营销或销售计划管理。②营销或销售组织管理：组织职能、职务职责、工作程序，人员招聘、培训、考核、报酬，销售区域管理，营销或销售人员的激励、督导、领导。③营销或销售活动的控制：财务控制，商品控制，人员控制，营销或业务活动控制，营销或业务活动控制指标、方法以及使用表格。

（10）销售服务。①服务理念、口号、方针、目标。②服务承诺、措施。③服务体系：组织结构、职责、程序、过程、资源。④服务质量标准及控制方法。

（11）总体费用预算。

（12）效果评估。

📖 案例 11-3

都市华苑营销建议书

一、项目背景（略）

二、项目市场分析（略）

三、项目市场定位建议

面对房地产商激烈竞争的局势，项目市场定位应充分尊重市场、贴近市场。针对目前重庆市场环境、消费者现状，应将本土文化与海外文化有机融合在项目定位中，使高档住宅具有更多的"时尚"和"文化"含量，同时，应注重人性化、个性化，从而实施产品差异化战略。

1. 目标客户设定

依据重庆市房地产市场环境分析，以及项目 SWOT 分析结论，可初步判断出目标客户是公司白领、外资企业及港澳台人士、专业投资者以及影响群体（品质崇尚族）。

（1）公司白领。

1）静态描述。

年龄：28～35 岁。

职业：私营企业高级职员、外资企业中高级员工。

家庭结构：2～3 人。

家庭收入主源：薪金、股票、其他。

家庭收入数额：5 000～15 000 元/月。

资产量：10 万～30 万元为主。

交通工具：以出租车为主，私有汽车占少数。

户籍：本市占 70%。

2）行为描述。

工作：准点上下班，晚间工作应酬多。

起居：有规律，居家时间少但重视家庭生活。

购物：品牌商场和专卖店，喜爱名牌但不一定全是名牌。

运动：保龄球、网球等中档运动，运动量无保证。

嗜好：旅游、泡酒吧、健身。

旅行：高频度外地旅行。

交通：长期乘坐出租车。

金融消费：信用卡（一定有，但消费规模有限）。

3）心理描述。

自信：充满自信，敢于提前消费。

消费忠诚：不忠诚。

解放碑附近是重庆的商业、金融中心，云集大量中高档商务写字楼，越来越多的外资企业入驻解放碑。据调查，邹容广场入住客户近 50% 为境外企业，但附近相对配套的商务住宅有限，不能满足这些公司高级行政管理人员的居住需要。

（2）外资企业及港澳台人士。

1）静态描述。

年龄：28～50 岁。

职业：外资企业驻渝首席代表、高级职员，在渝经商、长住之港澳台人士。

家庭结构：1～3 人。

收入主源：薪金、公司补助金、经营利润。

收入数额：10 000～50 000 元 / 月。

资产量：100 万元以上为主。

交通工具：以出租车为主，私有汽车占少数。

2）行为描述。

工作：准点上下班，晚间工作应酬少。

习惯：按照原住地生活方式进行。

购物：大型外来超市（家乐福）和专卖店，以居家生活物品为主。

运动：网球、高尔夫等中高档运动，运动适量，但规律。

嗜好：旅游、泡酒吧。

旅行：国内名胜地点。

交通：长期乘坐出租车。

金融消费：信用卡、现金。

3）心理描述。

恐惧：身处异地，安全、健康等方面得不到保障。

自信：充满自信，敢于提前消费。

消费忠诚：忠诚。

随着西部大开发的深入以及国家对直辖市优惠政策力度的加大，重庆市已成为西部重点发展城市之一，加之重庆在国外的影响力远大于西部其他城市，所以近年来国外及港澳台企业大量来渝拓展市场，开设办事处。本项目的知名度、地理位置以及设施配套都符合外资管理人员要求，将是他们的置业首选。

（3）专业投资者。

1）静态描述。

年龄：35～45 岁。

职业：私营企业主、专业投资者。

家庭结构：3～5 人。

收入主源：经营利润、股票、期货及房地产投资。

家庭收入数额：（不确定）。

资产量：200 万元以上。

交通工具：以私有汽车为主，出租车占少数。

2）行为描述。

工作：无准确上下班时间，晚间工作应酬多，每天无明确工作目的。

起居：生活规律性不强。

购物：品牌百货公司和专卖店。

运动：几乎无运动时间和此习惯。

嗜好：泡酒吧、夜总会、桑拿。

旅行：新加坡、中国香港、中国澳门等区域，较喜欢韩国及欧洲。

交通：以私有汽车为主。

金融消费：信用卡、现金。

3）心理描述。

恐惧：对人身安全的恐惧，（家庭资产较多者）对资产保值的恐惧，对投资项目风险的恐惧。

自信：充满自信，敢于进行风险投资。

重庆市有相当一部分私人业主在生意上取得成功，手中有一定量的游资。他们一般已拥有住房，但由于住房档次相对偏低，区位和环境较差，按现时的身份和工作需要，住房不能满足其高品位的需求，因而存在再次购置住房的可能，同时投资也将是其目的之一。本项目所处地理位置投资潜力相对较大，专业投资者可从中获取较大收益，因此，专业投资者必将成为目标客户的一部分。

（4）品质崇尚族。

1）静态描述。

年龄：30～45 岁。

职业：私营企业主、政府公务员、自由职业者。

家庭结构：不确定。

收入主源：经营利润、薪金、股票投资。

收入数额：8 000～20 000 元 / 月。

资产量：50 万元以上。

交通工具：以中低档私有汽车为主，出租车占少数。

2）行为描述。

工作：无准确工作地点、时间。

起居：生活规律性不强。

购物：品牌百货公司和专卖店。

运动：所有流行的运动内容。

嗜好：泡酒吧、夜总会、桑拿。

旅行：新加坡、中国香港、中国澳门等区域。

金融消费：现金、信用卡（有，但较少使用）。

3）心理描述。

爱虚荣：喜欢炫耀衣食住行，常在语言中有所表现。

不自信：缺乏自信。

模仿：有一定的攀比心理。

消费忠诚：不忠诚。

他们缺少主见，很多流行的都是他们需要的，只需稍加引导便可激发他们的购买欲望。该类客群的存在对于项目推广起着巨大的推动作用，将成为重要的宣传群体。

2. 市场定位

（1）形象定位：纯粹品位。

说明：巴渝文化与海外文化有机结合，"纯粹、品位"的市场定位区别于其他城市类似项目，将赋予该项目一个全新的概念，以吸引更多的消费群体。

（2）主题定位：个性化、人性化、智能化。

说明：个性化、人性化、智能化是未来高档住宅的发展方向。个性化是对人最高层次追求的一种满足，人性化是 4C 原则的充分体现；智能化是后信息时代生活的必备"武器"。在项目推出中凸显"个性、人性、智能"的概念，把建筑与生命有机地结合在一起，借此提升物业的品质。在定位中引入智能的概念。把人性融入建筑，以建筑体现个性，在这里让消费者体会更多的是产品本身品质的提升。

四、具体规划设计建议

1. 整体规划设计以智能化为主题

突出不同于其他项目的品质，让消费者切身感受后信息时代所带来的生活品质（见表 11-1）。

表 11-1　项目规划设计建议

项目	分项指针	具体内容
设备配置	电梯	配备 3 部国际品牌高速电梯；在一处集中安装
	强电、弱电、供水及布线系统	强电：按 70～80 瓦 /m² 配置电源，每套配 4～5 千瓦的电源。三个独立回路（照明、空调、插座）；按每 30m² 使用面积配备一个空调插座，每 15m² 使用面积配备一个普通电源插座。配备发电机组，保障电梯运行 24 小时不间断 弱电：配卫星电视、IDD 电话、宽带网络线路。按每 30m² 使用面积配备一个光纤插座，每 15m² 使用面积配备一个电话（含宽带网）插座 供水：配备 24 小时供热水系统、直饮水系统 布线：综合布线系统
	智能化系统	消防：每间写字间设烟感探头，公共信道设烟感探头、喷淋系统和自动消防报警系统 安全：公共信道设自动监控系统、可视对讲及室内安防系统 停车：停车场管理系统 信息：配备楼宇管理系统、VOD 视频点播系统 网络：社区模拟服务器系统

（续）

项目	分项指针	具体内容
装修标准	公共信道装修	地面：花岗石或大理石（高档标准） 墙面：高档乳胶漆 顶部：采用弧型透光玻璃作为顶部装饰 装饰：摆放植物、花卉；灯光以较柔和的乳色调为主 布置：废物箱
	电梯厅	地面：花岗石或大理石（高档标准） 墙面：花岗石、大理石或高档面砖（高档标准）
装修标准	公寓大厅	地面：花岗石或大理石（高档标准） 墙面：花岗石或大理石（高档标准），间以名贵木制装饰材料 顶部：采用白色高档乳胶漆 装饰：摆放植物、花卉，访客用沙发 灯饰：简约、时尚灯具 布置：废物箱、业主信箱

2. 室内装修的几点建议

体现个性化的市场定位，提出项目"E 计划"个性化家居顾问服务。

说明："E 计划"——高尚而完美（Elegance Par Excellence），主要从以下几个方面考虑。

（1）高档公寓告别清水房。随着人们生活节奏加快，时间越发宝贵，由于购房者对家居装修、建筑材料不甚了解，购买清水房自行装修，又要花费大量的时间和精力，费用又高。许多楼盘交付后一两年内装修不断，业主不能安静入住。清水房实际上是一个不完整的半成品。从国外经验看，提倡和推行带精装修的商品房，使建设同装修有机结合势在必行。

（2）"精装修"的误区。开发商统一精装修的物业，交房后住户即可入住，为卖房者提供了极大的方便。但由于开发商对成本及工期的考虑，装修千篇一律、缺乏个性以及用料不精的弊端在所难免，因此一般由开发商提供的统一标准化的装修很难满足客户个性化的需求。

（3）菜单式精装修。近年来一些开发商为客户提供 2～3 种装修方案让客户去选择，这是一种菜单式的精装修服务。客户只能在开发商提供的几种既定方案中选择，虽有一定的改进但仍不能满足客户个性化的需要。

（4）个性化家居顾问服务体系。建议开发商与专业设计公司强强联合，在专业室内设计师的指导下，根据客户的需求提供完整的个性化居室装修服务。

1）专业设计师咨询服务。业主可与开发商聘请的专业室内（建筑）设计师、家居美化专家、艺术家共同探讨家居设计方案，设计师根据业主的需求，在装修风格、材质、家居饰品配件、家具等各方面提供专业指导和咨询服务，以提升业主生活品质，从而体现项目品质。

2）全新的品牌组合。开发商将组合优秀的材料、家装品牌以及家具、饰品，给客户提供充分的选择空间，由客户自行决定家中的品牌组合。

3）减轻装修预算负担。将装修费用纳入房款中，客户能够享受到银行按揭服务，将一次性的巨额家装支出分摊到未来的二三十年中。

五、价格策略建议

结合市场基本情况，并且结合"加减法"原则，以购买者导向作为本项目定价方法。具体价格为：

- 无风险下限：4 998 元 /m² (清水房)；
- 市场冲击上限：7 188 元 /m² (精装修)；
- 平均价：6 000 元 /m² (精装修)。

过程价格策略：采用低开高走。

六、销售渠道及方式建议

目标客群的设定决定了应利用多渠道销售，建议从 3 个方面销售。

1. 现场销售

这是主要的销售方式，客户向来注重眼见为实，一般都会到现场考察多次才会购买，因此做好现场包装，是争取客户在第一时间成交的重要手段。

2. 定向直销

对潜在客户特别是外资企业进行针对性销售，包括信函销售，以多渠道获得客户资源，积累客户数量。

3. 网络销售

在目标客群访问量较大的网站开设网上展示销售，以扩大产品知晓度。

七、营销推广策略建议

制订整体营销推广计划，以便概念传播的统一性和完整性，在项目执行过程中将严格按照计划进行，但可根据市场变化而调整。营销推广策略以形象定位的理念为宗旨，进行一系列宣传，即遵循 AIDAS，原理：Attention——引起注意；Interesting——产生兴趣；Desire——引发欲望；Action——促使购买行为；Satisfaction——满意。通过宣传，保持整个促销活动的战略性、连续性、系统性，逐步把销售活动推向高潮，并在宣传的同时树立起自己的品牌。

1. 营销推广方式

可通过广告、活动行销、新闻报道、发布消息等手段树立品牌，树立形象，专业销售人员与客户进行最全面、最深入、最密切的沟通，为其提供良好的服务，与之达成共识，促成销售。

2. 营销重点分析

- 强调个性化家居顾问服务体系；
- 强调区域内的相对价格优势；
- 突出智能化的居家环境；
- 突出人性化的物业管理。

3. 营销推广执行重点

1）促销前准备。此阶段既是为以后销售工作做准备，也是统一整体营销过程视觉识别阶段，是建立和形成品牌的初级阶段，必须完成以下工作：营销队伍建立，形象宣传。

2）引导期（开盘前3个月）。

形象导入：通过"白领沙龙"俱乐部正式导入项目和核心理念，并通过媒体报道引起社会关注，吸引目标消费群，聚集人气，使其对项目的形象定位产生认同，以便顺利过渡到下阶段推广。

注释：

适合群体：外资公司驻渝机构高级管理人员、私人企业主等目标客群，以及外延群体。

活动内容：以商务活动、服饰文化展示等体现文化色彩的主题活动为主，从而展现项目的品位。

3）公开期（略）。

4）强销期（略）。

5）延缓期（略）。

4．媒体选择

- 工地包装和看板；
- 报刊（本地报刊、内地知名商业周刊、香港知名商业周刊）；
- 直投和商业信函；
- 道路看板；
- 电视；
- 电台；
- 网络。

八、相关建议事项

1．银行选择

鉴于目标客群的特殊性，建议选择多家商业银行作为客户按揭贷款服务机构，最好引进外资银行，以利于突破国内银行对非中国籍购房者办理按揭手续的限制。同时应与银行沟通，以减少为投资客户办理按揭申请的烦琐手续。

2．物业管理公司的甄选

鉴于重庆消费者对已有港资物业管理公司的认同，同时引进香港物管公司可提升项目自身品质形象，因此建议引进香港怡高物业管理公司等知名企业加盟本项目。

3．香港装饰公司的引进

为体现和提升自身品质，建议引进多家知名装饰公司供消费者选择。

资料来源：编者根据有关资料整理。

思考题

1．如何理解住宅项目全程营销策划的特点？

2．住宅项目全程营销策划的内容与流程有哪些？

3.如何编写住宅项目全程营销策划书？

实训题

制订本地区某住宅项目的全程营销策划方案，编写策划书。

实训指导

1.5～8 人一组，以组为单位完成实训题。

2.实地考察与网上调查相结合，主要参考网址见本书第 1 章实训指导。

3.报告要求独立撰写，主要依据 11.2 节，要求报告字数为 5 000～10 000 字。

第 12 章

商业项目全程营销策划

⊘ 学习目标

1. 了解我国商业地产与商业项目的发展过程。

2. 熟悉商业项目的分类、商业项目全程营销策划特点。

3. 熟悉中国新兴商业地产运作策略。

4. 掌握商业项目全程营销策划内容、策划流程与全程营销策划书的编写。

▥ 技能要求

1. 能够遵循房地产营销类职业标准相关内容。

2. 能够在房地产营销业务中体现工匠精神。

3. 能够具有一般房地产商业项目全程营销策划能力。

4. 能够设计本地区某商业项目的全程营销策划方案。

▥ 案例 12-1

万达广场营销推广策划

一、项目背景

南京万达广场占地达 39 万 m^2,总投资 100 亿元,建筑面积达 120 万 m^2,是南京市最大的商业地产项目,项目包括一站式购物中心、白金五星级酒店、旅游商业街,以及写字楼和高端城市公寓(见图 12-1)。规模巨大的南京万达广场不仅能满足建邺区人民的消费需求,更能辐射全市,引发南京商业格局重心的转移。南京万达广场是大连万达集团继新街口万达广场之后在南京开发的第二个商业地产项目，位于建邺区河西新城核心地段，周边有近 20 条公交线路，也是南京市地铁二号线西延线的起点，交通十分便利。南京万达广场分为商业区、商务区、公寓区、旅游商业街等板块，其中包括建筑面积达 27 万 m² 的一站式购物中心、建筑面积为 5 万 m² 的白金五星级酒店、一条建筑面积 7 万 m² 的旅游商业街，以及 31 万 m² 的写字楼和近 26 万 m² 的高端城市公寓。南京万达广场中的购物中心将引入多达 15 个主力店，将百货、超市、商业步行街、健身、餐饮、影院等多种商业业态融为一体，可以满足百姓的购物、休闲、娱乐、交际四大需求，其商业业态之全、主力店数量之多都将创造南京商业的新纪录。购物中心内设有一条长达 450m 的 3 层室内步行商业街，面积达 4 万 m²，是目前南京最长的室内步行街。南京万达广场内配置了 3 个总面积近 5 万 m² 的大型城市广场，广场拥有 7 000 个机动车停车位和 30 000 个非机动车停车位，车位规模创下南京之最。南京万达广场也是南京第一座全面进行节能设计的商业建筑，所有建筑和机电设备都将采用最先进的节能技术，最大限度降低建筑能耗，保护城市生态环境。

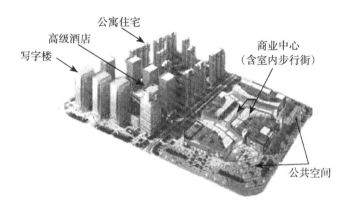

图 12-1　南京万达广场效果图

二、项目特点分析

一座万达广场，一个城市中心。核心产品是以"万达广场"命名的城市综合体。万达城市综合体是万达集团在多年经营商业地产的基础上，持续发展并逐步完善的核心产品，主要指汇集大型商业中心、高级酒店、写字楼、公寓、住宅和公共空间等多种建筑功能、业态的大型综合性建筑群。万达城市综合体通过将不同的业态融为一体，有机地整合了商业、商务及居住等多种城市商业功能，在业态间形成了良好的互动。在规划设计中，万达集团通过建筑功能分区实现综合体中不同业态的划分与互动。其中，以全新理念打造的商业室内步行街使商业中心内的各主力店和中小店铺有机联结，引导商业中心客户合理流动，满足消费者休闲、购物、娱乐的"一站式消费"需求，成为商业中心的灵魂与纽带。万达城市综合体逐渐摸索出一套独特的商业模式，在国内外树立了良好的品牌形象，赢得了行业内外的高度认可，成为我国城市综合体投资和运营管理的先行者与领导者。

三、营销推广策略

策略一：对万达产品策略营销——品牌提升。

策略二：让万达品牌更有文化——形象焕妆。

提升与焕妆最终目的：让新形象带领新万达。①获得市场客群对品牌的重新审视和关注。②获得新客群对万达品牌和形象的赞同。③让写字楼产品和住宅产品获得新的生命力。④对项目销售起关键的促进作用。

四、项目客户分析

万达广场与普通物业不同，它是通过建立一个大型综合体，形成商业氛围，从而带动住宅、办公物业发展。万达广场客群分类：创业者、经营者、投资者、企业管理者、首套刚性需求者、分巢者等。最终选择万达物业的客户，大多数是通过朋友介绍和户外广告大牌而认知并选择，选择的原因是万达物业具有优势的地段和价格。

五、项目品牌提升的手段

通过客户维系活动，充分培养和挖掘老客户的潜力，产生老带新；加大有效的媒介渠道推广，主要有两种手段。

（1）"活动"载体——以品牌活动和客户活动为主，将万达品牌影响力延伸续强，并对万达客群进行培养和引导，以确保客群不流失。①品牌活动一。主题：万人助威，欲赢则达——《爱拼才会赢》走进万达广场。形式：江苏电视台城市频道《爱拼才会赢》节目走进万达广场。操作：邀请万达物业老业主参加，与其他市民各占一半人数，每个参加节目的老业主都要在自报姓名的环节说出自己是万达哪个物业的业主。活动目的：通过电视媒介平台，传递万达的品牌文化。②品牌活动二。主题：十万梦想新达人——万达十万梦想俱乐部。操作：由万达建立一个客户资料库，所有人免费加入，并可对俱乐部会员卡充值，万达根据充值情况进行增长性补贴，充值越多增值越多，最高限额 10 万元。所有补贴金额将在客户购置万达物业时冲抵房款。活动目的：让客群关注万达品牌，万达有效锁定目标客户。客户主要来源于易居、新浪、银行等企业高端客户资料。客户维系活动要点：通过客户活动，增强客户对品牌的忠诚度，向朋友圈传播万达品牌，新客群导入，衍生新客户。③品牌活动三。主题：万家灯火——万达业主健康养生课堂。形式：邀请在江苏电视台城市频道《万家灯火》栏目做过养生讲座的专家走进万达，与万达业主分享养生之道。操作：现场预留 40% 的座位给业主，其他给网友，网友可通过 HOUSE 365 网站活动关于万达品牌及物业的相关问题调查而获得入场券。参加讲座的客户，可获得万达小礼品。活动目的：通过火爆的"养生类"节目为万达吸引更多客群关注。

（2）"情感"媒质——广告表现为主。万达推广是其与客群之间的信息传达与价值沟通。推广手段：推广线与品牌线并举，最终达成项目营销的目的。推广线：以不同产品的不同形象包装，配合广告手段，做好项目推广，产品有住宅物业、SOHO、写字楼。品牌线：主要以广告展示万达广场品牌价值，向各类目标受众传播万达的品牌价值。① SOHO 产品广告。SOHO 客群分布：创业型企业首次成立、孵化型小企业、外地企业办事处、自由职业者如自由撰稿人、艺术创作室、年轻一族体验式居住者等。SOHO 客群的媒介到达：调查资料显示，各类媒介对此类客群的到达率，网络 48%、五大报纸 34%、户外广告 40%、广播媒体 25%、其他 20%。SOHO 推广媒介选择：a. 以 HOUSE 365、新浪乐居为平台，投放网络条等硬性广告及软文；b. 在各高端写字楼的电梯轿厢及主城区公交站台进行广告投放，项目围墙进行包装；c. 利用《扬子晚报》《金陵晚报》等五大报纸进行硬广告及软文投放；

d. 在江苏交通广播等广播电台进行上下班时段的广告投放；e. 在地铁投放广告。②住宅产品广告。（略）③写字楼产品广告。写字楼客群分布：创业型企业首次成立、对现有办公环境不满意的企业、因发展而需要换办公场所的企业、想到河西办公的企业、外地搬到南京的企业等。写字楼客群的媒介到达：调查资料显示，各类媒介对此类客户群的到达率，网络 48%、五大报纸 35%、广播媒体 30%、户外广告 25%、其他 20%。推广媒介选择：a. 以 HOUSE 365、新浪乐居为平台，投放网络条等硬性广告及软文；b. 利用 163 邮箱等，在邮箱首页置放广告；c. 利用《扬子晚报》《金陵晚报》等五大报纸进行硬广告投放；d. 在江苏交通广播等广播电台进行上下班时段的广告投放；e. 在地铁投放广告。

（3）推广原则与节奏。①推广原则：全面覆盖原则，对以上 5 种媒体通路进行全面覆盖，集中式地毯式推广，以保障推广的协调与统一、时间上的一致；重点密集原则，对重要的媒介，如网络媒介等，进行密集式投放，密集撒网、疏而不漏；长期占领原则，新的产品，需要经历市场认知、接受等过程，要根据不同时间段进行长期的媒介推广。②产品推广节奏：早期主打住宅物业及 SOHO，写字楼产品延后推出，三管齐下（见图 12-2）。

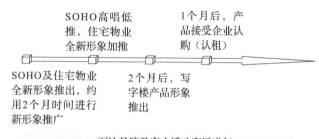

图 12-2 万达广场项目推广节奏

六、项目形象焕妆的手段（略）

资料来源：根据万达网站（http://www.wanda.com.cn/）和道客巴巴（http://www.doc88.com/）资料整理。

案例讨论

1. 你认为万达广场的营销策划还有什么不足？

2. 普通商业项目可以从万达广场的营销策划中吸取什么经验？

学习任务

制订本地区某商业项目的全程营销策划方案。

12.1 商业项目营销策划特点

1. 商业地产项目

（1）商业地产是指作为商业用途或者具备商业功能的地产，常被简单理解为商场、商铺、MALL、步行街之类的购物中心（区），以区别于以居住功能为主的住宅房地产、以工业生产功能为主的工业地产等。商业地产有广义和狭义之分。广义的商业地产依托的是一个泛商业的概念，包含商业街、商场、MALL、写字楼、酒店、公园、零售业等；狭义的商业地产是专用于商业服务即经营用途的物业，主要经营内容有零售、餐饮、娱乐、健身、休闲等，它们在开发模式、融资模式、经营模式以及功能用途等方面都有别于住宅、公寓、写字楼等物业类型。以办公为主要用途的地产属商业地产范畴，也可以单列。

（2）商业地产项目的分类。①按使用功能分类。泛指用途为商业、服务业的物业项目，国内常见的有：步行街、MALL、购物中心、底商、专业性市场。②按地域性分类。根据不同的城市发展规模，城市中存在单个或多个商业中心、商圈的情况。如北京有燕莎、朝外、CBD、建国门、王府井、亚奥、北三环、西单、阜成门等多个分散的商业中心，商业分布呈现多极化；武汉、南京等国内诸多大中城市虽有不同的商业中心，但均有商业密集度极大的首屈一指的核心商业区，如南京新街口。③按服务对象和辐射范围分类。有区域商业中心、城市核心商业中心、次中心、邻里中心、小区配套商业等。实际上很多地产形式是融合了住宅地产、商业地产、工业地产、旅游地产等的复合地产，界限不一定划分得那么明确，比如酒店，可以划分为商业地产，也可以划分为旅游地产。

（3）商业地产项目规模。规模大的商业房地产项目，如 shopping mall 规模可以达到几十万甚至上百万平方米；规模小的商业房地产项目，仅几百平方米，甚至更小。对于规模庞大的商业房地产，其经营多采用开发商整体开发，主要以收取租金为投资回报形式的模式。商业地产项目可以打包上市，形成商业房地产金融。对于规模较小的商业房地产而言，大多数项目依然采取租金回收的方式，但国内目前很多商业房地产中住宅、公寓、写字楼等项目的底层和各类商业街、商品市场则采用商铺出售、零散经营的模式，这个模式后期经营管理存在很大问题，需要谨慎。

2. 商业地产项目运营模式

（1）只租不售。通常把商业物业建成以后形成独立的产权，通过招商合作，以租金作为主要的收入来源。此外，产权形成之后的商业物业通过商业运营包装进入资本市场，获取良好的融资。这个金融市场一般来说有多次融资，第一次通常是银行的抵押融资；第二次可能经基金会、信用凭证等融资，以后每次经过价值包装以后，融资间隔不断缩短。

（2）全部出售。这种模式是商业地产最原始的模式，但随着商业地产逐渐火爆，单纯的出售开始不再适应商业地产的发展。由于商业地产具有"总价高、利润率及开发风险较高、投资回收期长"等特点，有能力全额购买商业地产的投资者很少；即使有能力购买，理性的投资者也不愿将大笔资金投入投资回收期如此漫长的项目上。于是大部分高档写字楼都采用只租不售或租售并举的方式入市。

（3）租售结合。通常是投资商和开发商把其中的部分物业出租，部分销售。销售有两种方式，一种是底层销售，最典型的就是大连万达，把一楼留下来，二楼三楼租给沃尔玛。大连万达尝到很多的甜头，因为一楼销售价格通常是市场价的 2～3 倍，最高的卖到 19 万元 /m²，沃尔玛主力店起了很重要的作用。另一种是租一楼，卖其余的楼层。租售结合的好处：通过卖掉一部分后套现解决了资金的压力；租的部分也为后期的资本融资留下后路。

实 | 践 | 经 | 验

三种常见的商业地产模式

- "沃尔玛"模式。这种模式比较典型的是业内所谓大腕"万达"模式，这种模式在不同的城市郊区进行大规模的拷贝，项目产品极其单一化，目标客户极其准确，基本上是为围着城市的白领阶层和一些中青年购物打造的，体制上也采取一种强制控制，并且有计划地在郊区进行开发。沃尔玛是全球最大的连锁商店，万科作为住宅代表性企业，走的也是这个模式。
- 百货公司模式。目前在国内有代表性的就是华润置地，即在同一个地域各种项目产品同时做，产品也多样化，就像一个百货公司的高中低档产品，什么都有，包括商户、写字楼、住宅、酒店、公寓都在整个盘子里体现出来。这种百货公司的模式比较多，过去一般每个城市都有城建系统，城建系统转制过来成为开发公司，包括很多大型的开发公司都在走这种模式。万达广场也开始尝试了这种模式。
- 精品店模式。万通一直在拼命推行这个"美国模式"，主要在少数高端的市场进行精品店的经营，走高端路线。

3. 商业地产项目运作过程

（1）确定运营模式。一般选择只租不售。商业地产是长期投资，不是做住宅销售。这种性质决定需要较长的市场培育期，以获得长期稳定的现金流，不能搞短平快，不能简单以实现短期现金流平衡为目的。

（2）准确定位。①定地址。选址非常重要，成熟的商业区域为首选，也可以选址在有升值潜力的新区或郊区。如万达在宁波的项目，综合面积 45 万 m²，商业面积 25 万 m²，这个项目在新区。万达选址的理由是旁边有行政中心，工商、税务、保险、银行都搬过去；附近规划有大的居住区，大约 10km²，现在这个地块正在大规模建设，而且地价、房价比较贵，平均房价 6 000 元左右，将来消费层次高。在这建购物中心开始可能人流量不大，但将来升值潜力大。商场上有两句名言"一步差三成""隔街死"。所以商业选址绝非拍脑袋心血来潮，一定要反复研讨，一定要看政府长期规划多方面综合评估。②定客户。目标客户要选好。③定规模。商业地产有两个最核心的指标，一是业主的平方米租金收入，二是经营者的平方米销售收入。根据经验，在中国建购物中心，无论多大的城市，一个购物中心面积最好是 10 万 m² 左右，最大面积也不要超过 20 万 m²，否则增加的都是无效益或低效益面积。

（3）招商在前。一定要招商在前，开工建设在后，招商主要解决的两个问题是确定主力店和选择次主力店。①确定主力店。主力店的确定是有学问的，不是多多益善，一个MALL里面有3～5个主力店就足够了。不会因为增加一两个主力店，人流就会增加，而且主力店一定要跟MALL的地点结合起来选定。在城里商业区做，最好就是百货、电影城、数码城，如果地点差一点，可以做超市，再远一点到了郊区，才可以做家居、建材等。至于主力店，最好是不同业态的主力店配合，百货、超市、数码城、电影城每样一个，搭配在一起，吸引不同层次的消费者，增加主力店的比较效益。②选择次主力店。中国目前最缺的不是主力店，也不是小店铺，而是有经营特色的500～1 000m²的次主力店。③补偿小店铺。主力店、次主力店招商成功后，小店铺招商就顺理成章了。

（4）规划设计。主力店招商问题解决以后，购物中心规划设计注意三点。①交通体系。第一是平面交通体系，人车要分流，人流出入的大门口不要紧挨着车出入口；第二，垂直交通体系要合理，方便人流上下；第三，卸货区要合理安排，一般做法是设置在地下室，保证地面整洁，消费者看不到货车，尤其是建材、超市等，这样比较方便客户。②高度、荷载。不同的业态对高度、荷载的要求是截然不同的。荷载方面超市每平方米最少要1吨、图书要2吨、建材要4吨；做餐饮楼板要降板，要排油、排水。所以招商在前面，设计就更合理一些。③留有余地。如高度5m多，就不能做数字影院，影院层高的下限要求是9m。所以购物中心设计的时候，最好留有余地。

（5）成本控制。①集权控制。选择施工队伍、招投标、集中采购，都以集权控制为主，各公司、各部门各自为政是控制不好成本的。②准决算管理。所有项目全部施工图出齐，预算做好，与施工单位签订准决算合同，凡是没有图纸变更，就不再决算，这样可以堵塞内部管理的漏洞。③从设计上控制成本。成本控制的关键是设计成本控制，要采用带造价控制的图纸设计，真正把好成本关。

（6）物业管理。物业管理是购物中心能否保值升值的关键。购物中心的物业管理不同于住宅的物业管理，它需要补充招商。任何一个店的招商工作结束后，并不意味着招商就结束了。所有的商店在开业一年内，租户置换率达到20%～40%，只有等到开业三年稳定后，租户置换率才可能降至2%～3%。

4. 商业地产项目运作技巧

商业地产的操作模式分为两派：一派是杀鸡取蛋型；另一派是养鸡生蛋型。不管是哪种形式，都应该以"招商"作为商业地产的核心。招商先行或租售并举，这种情况下商业物业一般会升值；另外一种情况是只售不租或先售后招商，往往导致商业物业贬值，招商难度加大，开发商失去招商主导权，业主和入住商家无法得到期望的投资回报。只要商铺能出租、在运营，它就具备升值的可能，从而做到"进可攻，退可守"。"进"就是可以"带租约销售"；"退"就是先持有，后寻机再售，或REIT（房地产信托投资基金）、信托。因此，商业地产项目运作技巧在于招商与销售。

（1）招商难度远大于销售，佣金上要有侧重。在实际操作中，很多一线的"置业代表"往往青睐销售，因为销售后回款，他便可以领取很高的佣金，而且这个过程很简单，大多适用于投资客，这类业主的特点是大多不太懂商业运营，只追求投资回报。在实际操作中，只要销售人员明确告之单价、面积、商铺位置以及区域大概租金，合同就可以签订了。某种程度上，开发商的销售人员比投资业主更专业。相比之下，招商会难得多。一般来讲，选址人员都很熟悉区域租金和租赁的商业条款，租赁合同中对租金、物业费、空调费、取暖费、停车费、消防手续、装修手续、广告位、免租期、付款方式等都会有明确约定，而且大一些的商铺不是选址员能确定的，要报给地区经理、地区总经理甚至商业总部总经理，其要亲自察看区位、房型以及合同条件，然后才会确定，甚至这些高级职位的人，可能会亲自参与谈判。这时，开发商的招商专员相对商家选址人员来说，不如对方专业。这个谈判过程很长，难度也很高，有时十几个条件中，只要一个条件谈不拢，如电力供应、结构形式或物业服务内容有争议，交易就谈不成。所以在市场上，招商人员很难招，而销售人员很好找，就是这个道理。因此，应该对招商人员在工资和佣金上给予侧重。

（2）招商人员在数量上要多于销售人员，并保持相对稳定。对销售人员，很多项目实行"末位淘汰制"；但对于招商人员，由于谈判周期长、难度高、专业性强，所以要求人员相对稳定，讲究"跟踪"，而不是"一蹴而就"的急于求成。项目招商人员一般按业态分工，人员数量应该是销售人员的2～3倍，考核周期要加长。

（3）项目要善于借助专业招商机构。在招商过程中，开发商手中掌握的商家资源是有限的，而一些专业招商机构则掌握着大量的商家资源，并对商家的选址要求很熟悉，对谈判会起到重要的推进作用。通过实际经验，对品牌商家或大面积的商铺招商，往往中介能起到决定性作用。实际工作中，可以在招商部门专门设置代理商（中介）管理组，负责与代理商（中介）签订合作合同，并与代理商（中介）所带领的客户进行谈判对接，这样会起到"借船出海"的重要作用。

（4）带租约销售。商业地产运营的核心是招商，开发商要求营销部门回款，这就需要用"带租约销售"模式来解决问题。"带租约销售"就是招商在前，销售在后，又要将二者巧妙结合在一起，让它们成功对接，在操作中这对招商部门和营销部门要求都很高，尤其是对营销总监的要求比较全面，其要妥善处理好租房与业主的关系。

5. 社区商铺项目

（1）社区商铺类型及作用。社区商铺指位于住宅社区内的商用铺位，其经营对象主要是住宅社区的居民。①社区商铺的表现形式主要是1～3层商业楼或建筑底层，或者商业用途裙房。现在的社区商铺已经打破原来以铺位形式为主要形式的特点，铺面形式逐渐成为社区商铺的主流。②按照消费者的消费行为，将商业房地产分为物品业态、服务业态和体验业态，结合社区商铺的特点，社区商铺可以按照商铺的投资形式分类，分为零售型社区商铺和服务型社区商铺两类，几乎没有体验业态。③社区商铺主要用作与人们生活密切相关的生活用品销售和生活服务设施等。零售型社区商铺的商业形态为：便利店、中小型超市、药店、小卖部、书报厅及少量服装店等。服务型社区商铺的商业形态主要为：餐厅、健身房、美容美发店、银行、干洗店、彩扩店、花店、咖啡店、酒吧、房屋中介公司、装饰公司、幼儿园等。可以看出，社区商铺具有广泛的功能特点，而且商铺大多数投资小，容易出租、转让，属于商铺投资中的"小盘活跃股"。

（2）零售型社区商铺特点。①规模特点。有大有小，其中便利店、中小型超市的社区商铺规模较大，面积大的约 $1\,000m^2$，小的约 $100m^2$，药店一般面积在 $100m^2$ 左右，小卖部面积甚至仅 $7\sim8m^2$，书报厅面积可能更小，一般的社区很少有服装店，即使有面积也通常为 $20\sim30m^2$。②规划设计特点。没有特殊的要求，一般 $3.5m$ 的层高，如果是做中型超市，规划设计时应考虑合理的柱距，避免柱网太密，影响使用效率。③经营特点。a. 社区商铺的主要形式为铺面形式。b. 投资回收方式包括出租和出售两种，从市场发展趋势来看，出售方式越来越吸引市场的关注，而且社区商铺的买家将从散户逐渐向商业投资机构转化。

（3）服务型社区商铺特点。①规模特点。随着人们生活水平的提高，规模有逐渐增大的趋势。如餐厅的规模越来越大，大型专业美容美发院成为大型社区的重要配套，健身设施从无到有，并不断有知名品牌健身机构进入市场，包括幼儿园在内的其他服务设施机构都对商铺的规模有较高要求，$1\,000m^2$ 左右的商铺具有良好的市场空间。②规划设计特点。层高不能低于 $3.5m$，柱网设计最大限度地实现柱子数量最少，餐厅、美容美发、健身等对水、电、天然气、排污、消防等设施有相关要求，规划设计时要加以考虑。③经营特点。a. 商铺的形式是铺面商铺和铺位商铺。b. 投资回收形式。已经逐渐在改变租用商铺的方式，原因一方面是过去的财力不足，只能租用商铺，但现在具备了投资购买商铺的实力；另一方面，这些经营商不得不面对商铺房东一再涨租金的现实，所以会转而选择购买商铺。可以看出，服务型社区商铺会逐渐成为商铺销售市场的重要品种。

6. 住宅底层商铺项目

（1）住宅底层商铺指位于住宅建筑物底层，可能包括地下一二层及地上一二层或其中部分楼层的商用铺位，是目前市场极为关注、投资者热衷的商铺投资形式。很多房地产开发商充分认可建筑底层商铺的巨大价值，不仅避免了过去住宅底层不好卖的尴尬局面，而且获得了更大的投资收益。住宅底层商铺上面的建筑将会带来稳定的客户流，投资者的投资风险相对较小。住宅底商与社区商业配套是不同的，严格意义上讲二者是有区别的。标准住宅底商和写字楼等都属于"公共建筑"，而商业配套设施属于"配套公共建筑"，二者的税费、经营运作模式完全不同。散户能够直接进行投资的只有标准住宅底商。

（2）类型。①按照服务区间划分。住宅底商分为服务于内部和服务于外部两种。对于大型住宅社区，底商主要以社区内部居民为服务对象，在功能设定上要结合小区业主的消费档次、消费需求、消费心理、生活习惯。这样的店铺投资少，风险不大，资金回笼也较快。对于服务于小区外部的商铺，则应考虑周边商业业态、街区功能来确定商铺功能，店铺面积不宜过小，最好在 $1\,000m^2$ 以上，主要有大型超市、各种专卖店、大型百货商场等。②按照市场理念划分。a. 概念型住宅底商，指开发商在开发过程中，注重突出项目的概念和主题包装，如"欧式商业步行街""现代城""欧陆经典""老番街"，住宅底商一改过去纯粹的配套服务功能。b. 潜力型住宅底商，指具有巨大市场潜力的住宅底商项目，如位于亚运村的"风林绿洲"，由于与奥运村及奥运会场馆预留地毗邻，人气凝聚力强大，市场潜力不容忽视，是难得的投资宝地。但风险是"时间"问题，即"养店铺的时间"。c. 商圈型住宅底商，指已经形成一定的商业氛围，拥有大量的、稳定的消费群体的住宅底商项目。但商圈型住宅底商的价值升值收益空间往往不大。

（3）住宅底商建筑形式。表现为基于住宅楼的特点，整个楼的一层、二层和地下层的用途为商业，楼上建筑的用途为居住。为了确保居住、商业运营两种功能的有效性，开发商会通过合理规划设计对居民和底商的消费者和经营者进行独立引导，出入口独立开来，以保证楼上居民的生活尽可能少地受到底商的影响。需要指出的是，如果规划设计不够合理，住宅底商会一定程度地影响住宅的销售。另外，住宅底商的规模要恰当控制，当规模超过 2 万 m^2 以后，开发商必须对该商业房地产项目的市场环境做必要的调查和研究，不能一概用底商的简单概念去确定项目定位、规模、市场策略等，否则项目会面临开发困境。

（4）铺面、铺位类型。住宅底商的主要类型是铺面形式，少数是铺位形式。铺位住宅底商良好的"可视性"使其价值最大化有了可能性，这也是住宅底商引起市场关注的原因，或者说是住宅底商得到商铺投资者青睐的原因。有些开发商在进行住宅底商设计时，为了标新立异，在住宅底商有限的空间里进行了超越通常意义的底商开发，可能将此住宅底商项目开发成为规模较大的步行街或别的形式，这些市场意义的创新使住宅底商的概念复杂化了，无论是规模还是形式都要求开发商从更加专业的角度进行规划设计、定位等，否则，用普通底商的思维去开发步行街、百货商场或其他商业房地产形式，会加大项目的风险。

（5）经营形态特点。住宅底商作为社区商铺的一大类，也主要用作与人们生活密切相关的生活用品销售和生活服务设施，其中零售型住宅底商的商业形态为：便利店、中小型超市、药店、小卖部、书报厅及少量服装店等。服务型住宅底商的商业形态主要为：餐厅、健身房、美容美发店、银行、干洗店、彩扩店、花店、咖啡店、酒吧、房屋中介公司、装饰公司、幼儿园等。

（6）投资回收形态。目前，越来越多的住宅底商的主要投资回收形态为底商出售，主要的投资者包括散户投资者和机构投资者。长期来看，机构商铺投资者会逐渐成为商铺购买的主力，这会影响国内商铺开发模式及投资模式。

7. 商业项目全程营销策划的核心内容

（1）商业用地的价值判别与发展定位。策划人员必须回答"开发什么样的物业才能实现价值最大化"的问题。为此，策划人员必须研究地段、街区、商圈、商业功能演变、不同类型物业与地段的经济效果，甚至要研究物业建成后物业与街区发展的互动关系。价值判别结论决定项目的客户定位、建筑定位、形象定位和价格定位。

（2）商业地产融资策划。商业地产开发和运营的突出特征是需要巨资投入（初始投资和总投资），筹措足够的资金是项目成功的关键。为筹措资金，赢得投资人（银行、基金、信托机构、独立投资人、投资公司、开发商等）的青睐和认可，必须制定系统、科学、完善、可实施的可行性研究报告，描绘完整、可信的投资收益"路线图"。根据融资方案，企业应通过招商寻找潜在投资人，建立融资渠道，并评价融资方案的成本与收益，选择最合适的方案。例如，在银行贷款和投资人出资入股两种方案中，银行虽不分配利润、不干涉经营管理，但要贷款利息；后者不要利息但要参与分配利润，介入公司经营管理，究竟如何选择，应具体问题具体分析。

（3）商业地产价值链构造和策划。商业物业的开发和运营是价值创造与分配过程，发现价值和创造价值同等重要，价值受多种因素和规律的影响，没有深厚的价值理论功底就不可能制定开展完善的价值链策划活动。价值链构造包括产品纵向价值链和企业内部价值链。针对一个商业地产项目，首要的是构造产品纵向价值链，把参与商业物业开发和运营的各方利益有机地联结起来。着眼于长期发展的企业为适应商业地产的开发和经营，也采取组织措施构建企业内部价值链。

（4）商业地产建筑策划。商业建筑一般由主要营业空间、附属营业空间、配套空间和共享空间构成。建筑策划意在优化建筑空间与经营业绩之间的关系，优化建筑空间的功能组合，以降低成本，提高使用率，实现效益最大化。为此必须采取科学的建筑设计和评价方法，遵循整体化设计和全过程监理理念。

（5）商业地产技术策划。建筑和管理技术发展迅速，例如节能技术、智能化技术、无线通信技术、钢结构技术、自动化车库管理系统等不断推陈出新，策划人员应在准确把握发展趋势的前提下，准确评价技术的经济技术合理性和营销价值，坚持经济与技术联系原则，提出价值最大化技术方案。

（6）商业地产营销推广策划。商业地产营销推广策划即销售促进，实质是把商品和服务的信息有效传播给目标客户，促使客户购买。传播的最佳模式是整合营销传播，它超越传统的 4P 理论，用 4C 理论指导传播实践，整合生产、管理和营销活动。

（7）商业地产招商策划。招商是商业地产永恒的主题，也是难点。在商业地产开发的不同阶段，招商内容不同。例如，项目前期招商重点是寻找合作伙伴、出资人，与大商家签订合作合同；建设过程中的重点是物业销售；建设后期招商内容转变为寻找中小经营者进场经营；投入使用若干年后根据形势发展，招商的目的是不断优化客户组合。

📖 案例 12-2

商业公园整合行销传播策划

本企划方案结合商业公园的项目特点，旨在更加突出广告传播的目标客户区隔性与实效性，以配合销售工作的顺利展开。

一、行销传播目标

- 短期内树立"商业公园"在同类市场的领导品牌形象；
- 在传播周期内使"商业公园"达到 80% 的销售目标；
- 为"商业公园"确立全新的经营策略，快速打开市场，获取项目销售的全面成功；

- 让"商业公园"的项目概念和独特卖点为目标客户所认同；
- 通过广告传播激发目标客户的购买欲望与动机。

二、项目市场背景分析

项目位于成都市城南，所处地理位置属于成都市高尚住宅区中心，居住人口超过了 40 万人。项目主要技术经济指标及相关资料：

- 规划红线面积：54 198m²。
- 总建筑面积：86 485m²，其中步行商业街面积 35 576m²、商务公寓面积 8 550m²、中心商厦面积 42 360m²。
- 地下停车位：500 个。
- 容积率：1.60。

三、项目市场环境分析（略）
四、项目的 SWOT 分析
1. 优势

- 位于成都市第二中心的城南高尚社区，区域消费层次较高；
- 项目本身所具备的综合消费能力突出，规模宏大；
- 如此大规模的消费场所在周边区域乃至全成都都尚属空白；
- 综合消费场所齐备，完全可以满足消费者的多方面需求；
- 充足的停车位；
- 铺面面积选择面较大，可以满足不同层次的目标客户要求；
- 升值前景巨大；
- 开发商具有一定知名度，能加强消费者信赖度。

2. 劣势

- 周边区域知名餐饮、娱乐场所及各种专卖店较多，且已经拥有自己的一批固定的客源；
- 交通网络不够完善，公交车线路较少，较难汇聚人气；
- 前期广告投入缺乏整体统筹，造成消费者接受倦怠，不利于后期广告的推出；
- 功能区划分显得有些一厢情愿，增加了销售难度。

3. 机会

- 西部大开发给成都带来前所未有的商业机会；
- 家乐福已经有较大的进驻可能，项目核心店确定局势已渐趋明朗；
- 政府的有力支持；
- 专业的广告策划和物业顾问与开发商紧密配合，为项目的成功开发提供了有效保障。

4. 威胁

- 目前成都市铺面炒作集中于市中心及一些已形成良好口碑的市场，客源竞争激烈；

- 成都市铺面总量反映为库存较大，市场日趋饱和。

五、项目市场定位

（1）目标市场定位分析。选择该项目的经营者比例将很小，应将主要注意力集中在争取投资者上面，一切宣传也将围绕他们进行。

（2）项目目标客户细分。按投资行为可分为炒住房、铺面，炒股票、证券，炒黄金、外币，以前没有投资行为现在正准备投资的；按投资等次可分为专业房产炒家，周转资金较充足但不知如何使用的投资者，周转资金不多但希望通过自身眼光和知识来赚钱的投资者。

（3）项目目标客户特征。

- 投资需求（关注点）：区位地段、人气，项目本身的特点、优势、发展前景，政策背景。
- 购买力：a.理智型的投资者一旦考察后发现有利，就会果断出手或者选择与自身资金实力相匹配的面积进行投资；b.冲动型的投资者资金无虞，易犹豫，但受煽动后将会比较冲动。
- 信息来源：a.报纸媒体；b.电视媒体；c.朋友口碑相传。

（4）目标客户锁定。

- 一级目标：专业房产炒家。
- 二级目标：周转资金较充足，但不知如何使用的投资者。
- 三级目标：周转资金不多，希望通过自身眼光和知识来赚钱的投资者。

（5）项目定位。
立足城南，辐射成都市的集购物、娱乐、休闲于一体的超大型消费场所。

六、开发构想

（1）"一站式消费"（one stop shopping）商业广场。
（2）真正意义的 shopping mall。
（3）商业公园。

七、项目功能划分建议

1.店铺的配置

（1）核心店的配置。核心店面积是很大的，具有较大的客户吸引力（聚集人气）。同时核心店最理想的位置是在商场的最里侧或是整个卖场的最里侧，希望所有前往核心店的客户都能够先经过其他商店。若有两家核心店，最理想的做法就是将它们分开设置在商场的两端，使所有客户能在两家核心店间的街道上川流不息地往来。根据商业公园的实际情况，在确定商业中心大厦引入大型超市（家乐福）作为核心店外，建议在步行街最里面（可以是步行街的三层或四层）设立饮食类的核心店，如麦当劳、肯德基等，以保证整个商场的便利性和流畅性，更能够为步行街创造出更大的价值空间。

（2）商品区域划分。依据经营理念划分不同的商品区域范围，需要按品位、主题或心理及性别、年龄等因素，考虑不同的商品区域的表现。

（3）搭配、组合原则。搭配原则：不同个性、不同商品构成，但相同业种的店，要相邻配置或是配置在客户视线内，以便客户比较购买。组合原则：同一主题与同一对象层的不同业种店，配置在同一区域，以增加客户逛街的乐趣。

（4）店铺空间。店铺空间的大小，影响到日后商业公园可能销售的店数。基本上，商业公园的店数必须越多越好，除了面积的考虑外，重要的是能给客户提供更多的商品选择。根据现在商业公园店铺面积的划分方法，其销售面积介于 $20\sim200m^2$，基本上能够满足各类商家的需要。建议将首层部分店铺再划得小一些，以增强首层的营业气氛，更有利于营造"旺场"局面。

2. 街道与广场的规划

街道的主要功能是使客户能够更加舒适地游逛所有的店铺与核心店，广场就有如 MALL 的面孔。

3. 后勤空间规划

主要有装卸货场和垃圾处理场，应设置在隐蔽位置。

4. 服务设施规划

主要规划有美食广场、旱地溜冰场、社区活动广场以及其他的生活服务设施机构，如银行、邮局、诊所等。

八、商业公园市场行销战略

1. 投资组合计划

（1）如何投资。首先，确定一个向市场推出的整体价位，例如均价 8 000 元 /m^2；其次，不以每个摊位为具体购买单位，而直接以每平方米作为购买单位，即购买者最低可以购买一平方米，多购不限；再次，一旦购买，则购买者当然享有已购面积的产权；最后，如果需要将投资变现，购买者可以转让已购面积，转让价随行就市，受让人不受限制。优势：化整为零，增强价格的市场接受度，投资者更易计算自己认购后可能面临的风险以及对风险的承受能力，扩大了原有的目标消费群，工薪阶层也成为投资的主体。

（2）如何组合。由于以平方米为销售单位，摊位的划分和产权证的办理都会面临非单一业主，即组合的问题。以 $20m^2$ 为最低面积结成组合体；组合以自愿为前提；自愿组合达不到摊位或产权证要求的，由开发商代为组合；组合成员共有产权；组合体可以自行经营，也可以托管经营。

（3）如何托管。由开发商组建托管公司；托管公司应就被托管事宜接受业主监督；业主与托管公司之间的具体委托经营授权由合同约定。托管公司承诺一旦受托面积租出，则保证业主每年有不低于 7% 的投资回报率。如果托管公司在一年内未租出受托面积，开发商承诺购买者可以退还其已购面积。托管是可选择的，如果购买者购买面积达到一个摊位，且有足够的经验和能力自行经营，不必选择托管。

（4）会员式。这是对加入托管的购买者的一种身份确认。一旦购买者购买且加入托管，则成为商业广场会员，在受托管的经营范围内享受特别优惠。

（5）投资、组合和托管。实质上是产权与经营权相分离的一种经营方式，它以商业广场的营业面积为载体，对投资者的要求更为单纯；而由于托管经营，实际上降低了投资者的经营风险。

2. 整合传播策略

（1）商业公园品牌的建立及认同如表 12-1 所示。

表 12-1 商业公园品牌建立及认同

建立过程	内 容	表 现
品牌形象	品牌定位	新业态：融生活与购物为一体的超大型综合消费场所
	品牌地位	领导性地位
	品牌个性	独特、创新、现代、高品质且有无限发展潜力
基本认同	配套设施	功能全面，集购物、休闲、娱乐、餐饮、居家、办公为一体
	物业管理	周到，没有后顾之忧
	区位	城市副中心，高尚生活社区
	规模	超大型
延伸认同	项目属性	全新的消费场所
	方便感	全面的配套设施和集中消费方式带来的吸引力
	客户心理	有钱人和普通人都有满意的选择
	人气	人气旺，客流量大
优点诉求	实用功能方面	配套齐全的购物、休闲乃至居家办公的场所
	品牌感觉方面	对消费者来说：令人愉快的购物和休闲的感觉
		对投资者来说：可以不断赚钱的感觉

（2）阶段性传播策略。

1）形象重塑期策略：

● 重新确立商业公园的形象概念；

● 完成项目品牌形象设计；

● 完成项目品牌个性的设定，挖掘并延伸商业公园的品牌内涵；

● 完成项目传播推广企划。

2）开盘试销期策略：

● 售楼现场的氛围营造，以感染到场目标客户，引发其购楼欲望；

● 利用报纸、DM（direct mail advertising，直接邮寄广告）、路牌等媒介，对外倾诉项目卖点，塑造项目形象；

● 运用公关活动结合新闻炒作与目标客户进行有效接触，有针对性地刺激其潜在的购买敏感区，使其对商业公园之品牌形象产生认同及偏好，从而快速产生购买行为。

3）强势销售期策略：

● 深入营造现场氛围，包括售楼处和工地，运用公关、促销等手段；

● 利用媒介的创意表现，树立商业公园的品牌高度，同时强化项目独特卖点的传播力度；

● 推销人员继续对目标客户进行跟踪；

● 组建联合促销体，一方面让项目品牌形象有更强的外围支撑，另一方面增强项目的销售力；

- 进行公关活动，通过新闻报道再次掀起销售高潮。

4）后续销售期策略：强势销售期所创造的强烈冲击波是本阶段项目再销售的良好延伸，借助其惯性，乘胜追击，势必收到满意效果。针对项目中销售难度较大的单位，展开实效性的销售促进，同时配合媒介广告，以全面完成商业公园的成功销售。

（3）广告阶段运作（略）。

（4）项目预算。按项目总成本投入 10 亿元 3% 的广告投入比例与销售周期来看，广告经费预算为 3 000 万元，根据广告分期运作投放比例：20%、30%、40%、10%，各阶段广告经费分配如下。

- 第一阶段：形象重塑期——600 万元；
- 第二阶段：开盘试销期——900 万元；
- 第三阶段：强势销售期——1 200 万元；
- 第四阶段：后续销售期——300 万元。

资料来源：根据道客巴巴（http://www.doc88.com/）资料整理。

12.2　中国新兴商业地产运作策略

全世界的房地产公司，只有 2%～3% 的企业在做商业地产，中国的这一比例就更少，不到 1%。

1. 新兴商业地产与传统商业地产的区别

（1）开发目标不同。传统商业地产以"物业销售"为中心，实现开发利润最大化；新兴商业地产则以"提升品质、物业运营"为中心，实现良好的开发利润，并努力实现持久的运营效益。

（2）营销模式不同。传统商业地产营销模式：营销中心＋媒体广告轰炸＋会议营销＋营销人员。新兴商业地产营销模式：客户体验区＋互联网营销＋广告传播＋置业顾问＋活动营销。

（3）目前国内较有代表性的新兴商业地产项目是万达城市综合体。万达第一代商业广场：纯商业——盒子式（单店）。万达第二代商业广场：纯商业——组合式。万达第三代商业广场：多产品——商业综合体。万达第四代商业广场：大型室内商旅文化综合体——万达茂。

（4）新兴商业地产需要在传统项目上做"新"文章。在企业团队素质、开发理念、开发运营模式、开发项目品质等方面找准突破点，打造项目亮点。新兴商业地产需要高起点策划、高要求设计、高质量施工、高技术运用、高标准管理、高水平运营。

2. 商业定位与规划设计策略

（1）商业定位聚焦三定：一是定地址。二是定规模。商业地产需要足量的人群来支撑，所以规模要恰当。比如购物中心在国际上有个理论，10 万 m² 以内叫最佳规模，当然这是国外的理论，英美、澳大利亚的人口比较少，10 万 m² 是它们的上限。按照中国的国情和快速发展的态势，购物中心 15 万 m² 是最佳的上限。规模与效益连在一起，不是规模越大越好，规模变大，比较效益就下降了。规模越大，租金越高。15 万 m² 的商业地产，至少要 5 家不同业态的主力店，超过 20 家次主力店来组合。在中国，零售业态没有这么丰富，在发达国家有 50 万种商品，中国目前只有 20 万种商品。目前在中国，大主力店的发展可以，1 万 m² 以上的超市、建材店好找，但次主力店的发展与发达国家相差太远，1 000m²、2 000m² 的次主力店极其难找。所以，规模上不宜过大。三是定主力店。地址、规模确定好以后，就是主力店、次主力店的确定问题。目前世界上有一个趋势，就是更多的向文化、休闲、健身的新业态方向发展。"购物中心是吃出来的"，国际上叫"四大功能"：第一个功能是购物；第二是休闲；第三是运动；第四是交际。随着现代生活节奏的加快，邻里疏于来往，那么购物中心不仅可以休闲、健身，还可以交友，这种大型综合性的购物中心可以让人一待一天，起码可以玩几个小时。购物中心要更多发展文化、娱乐方面的内容，就是为了增加人们的滞留时间，需要拿出来近一半的面积做休闲、娱乐、文化、健身。哪个购物中心的娱乐、休闲做得好，哪个购物中心就火。

（2）商业规划设计聚焦四个关键点。新兴商业地产规划设计绝不单是设计师的责任，第一位是租赁人员的责任。设计师讲个性、讲创新，不考虑投资成本，也不考虑商业上是否合理，完全凭设计师规划风险很大。搞好新兴商业地产设计要聚焦以下 4 个关键点。

1）人流动线。商业项目的客户像河水一样流动，要有序流动，不能杂乱无章。根据万达的经验，人流动线设计成单一通道是最好的，最多一个环路。人在这种路线中方向感好，在庞大的商业综合体里容易找到要去的位置。

2）视觉通透。庞大的商业综合体，视觉要通透，不能像地道迷宫。在国外做购物中心有个设计要求，一眼至少能看到 10 个店招。能看到越多的店铺越好，能刺激人的购买欲。不能搞花里胡哨不实用的东西。

3）交通体系。人车分流，不和地面争位置。车辆，包括私家车、送货车，都不要和人在同一层面交叉。根据万达的经验，卸货区要尽量安排在地下。如果觉得地下室做卸货区要把高度提高有点浪费，那么可以局部把卸货区做高一点，其他地方做低一点。如果钱多一点，可以都做高。这样设计的好处是将来停车位不够了，可以加一层低停车场，停车位就加了一倍。另外，厕所最好设在离电梯与扶梯近的位置，这是很小的细节问题。人有内急，一层厕所满了，可以坐电梯上二层，不能让人排队等候如厕，增加卫生清洁的难度。

4）主力店的技术标准。荷载标准，不同业态的主力店有不同的要求，建材超市要求 4 吨，普通的超市和书店 1 吨，普通的百货四五百千克就够了。高度标准，建材超市至少要 8m 层高；生活超市 5m 层高就可以了；仓储要 9m；电影院至少要 10m 层高，要考虑将来使用大银幕。不同的主力店有不同的荷载、高度、卸货的要求，只有招商在前，与主力店进行技术对接，才能掌握好这些东西。如果不注意主力店的技术要求，就会造成浪费。

3. 商业运营模式与程序

（1）采用"只租不售"的运营模式。做商业地产如果从单一销售的角度来看，短期是很成功的，但是商铺在销售之后再进行商业规划、整合，有两个方面保证不了：一是经营的整体性，二是经营的有效性。销售商铺的时候，虽然合同写得很清楚，商铺出售后不承担经营上的责任，在法律上是没有责任的，但经营不好，业主商户就要闹事，开发商在道义上的责任无法推脱。如果开发商要保住品牌，就一定要解决好业主的问题。所以商业地产即使有个别成功销售之后仍然红火经营的先例，但那是个案，不能成为规律。万达在全国卖了 10 个项目的商铺，一半以上都有问题。所以，商业地产要采用"只租不售"的运营模式。商业地产只租不售，小开发企业有资金压力，但可以创新该模式：①在购物中心旁边规划开发一些住宅。假如总投资 5 亿元，住宅卖了 2 亿元，取得 7% 的回报率，剩下 3 亿元作为租金回收，取得 5% 的回报率，加起来，回报率 12%。②如果在一个核心区，旁边没有地做住宅，那么办？可以在购物中心上面规划写字楼或公寓，把上面的部分卖出去，也不要卖商铺。③如果不能做写字楼或公寓，用地性质就是商业，那么就把租金回报率低的大店卖掉，以卖大店的现金流来平衡回报率，但不要卖小店铺，小店铺的租金是随着商业的升值不断增长的，大店的租金则是非常稳定的，几乎很少增长。

（2）采用"招商在前，建设在后"的运作程序。做购物中心的开发商，一般先做规划设计，建一半甚至建成了再招商，有些主力店来人，在谈判中开发商处于弱势，只能被迫接受他们提出的价格。所以做购物中心，非常重要的是走对程序。招商绝非招一个主力店的问题，做一个购物中心，一般有七八家主力店；主力店一定要是不同业态的组合在一起，这样才能满足一站式购物的需求，同时提高大家的比较效益；而且很多大的主力店签约时都要求排他性，不能出现同业态的竞争对手。所以，开发商一定要把程序走对了，招商在前。招商在前还有个明显的好处，能节省巨大的投资。万达现在做购物中心，建安包括税费、管理费等，不算精装，平均每平方米 3 000 元左右。为什么这么便宜？就是设计阶段与进驻的各店对接好，没有无效面积，大堂、电梯、卸货区的位置都是反复计算好的，所有面积都能产生租金。程序走对了之后，开发商与主力店、次主力店签好合同，约定拿到质检验收证书免租 3 个月，第 91 天开始计租，不管它们开不开业。走对程序的好处就是带来效益，避免麻烦。

4. 商业培育与物管策略

（1）承受压力：至少要 2 年培育期。一般来讲，商业项目要有 3 年的培育期，最少也要 2 年培育期。开业是一个分水岭，开业之后麻烦事很多，主力店、业主、商户的投诉，机电的维护，环保的要求等，尤其是市场培育问题，前 3 年不稳定，很麻烦。所以，一定要有承受压力的心理准备，否则为什么全国只有 1% 的房地产企业，全世界只有平均不到 3% 的房地产企业做购物中心呢？打一个不恰当的比喻，做住宅开发是小学，做写字楼、酒店等是中学，那么做购物中心就是大学，它是一系列业态的集合，而且开业后要迎来一大堆问题，要渡过市场培育期，才能迎来阳光坦途。广州的天河城现在成了购物中心的典范，开业八年半，租金比最初翻了 6 倍，看起来很成功。大多数人却不知道，天河城也曾差点倒闭。天河城建设时，贷款 7 亿元，前 3 年连续亏损，租金收不上来，还不了贷款，困难重重。后由广东省政府出面组织六大公司分担出钱还贷，才渡过了难关。过了几年，培育期过了，大家认可它了，买东西的人也走顺腿了。人都是有惯性思维的，去什么地方走顺腿了自然就去了，不一定是有目的性的。调查发现，购买行为中只有百分之十几是目的性购买，80% 多是随机购买。轻轻松松做不了商业地产，没有承受压力的准备也做不了商业地产。即使有资金、有人才，但是怕麻烦、想潇洒就不能做商业地产。

（2）商业物管：后期管理是最大难点。购物中心的物业管理是一个特殊形态的物业管理，绝非简单的保安、保洁。目前万达最缺的就是既懂商业又懂机电又懂物管的人才。商业物业管理第一重要的是商业开业之后的补充招商调整，还有机电、保安、保洁等职责。商业地产中最大的难点不是商业定位，也不是规划设计，而是后期管理。一个商业项目，招好商开了业，才是挑战的开始，为什么？第一年很可能有部分商家经营不下去，选择退出，俗称"掉铺"。商户都有自己的利益，经营好时，它们可以与开发商共存共荣；一旦经营不好，它们根本不与开发商共同承担风险，不是关门停业，就是一走了之，其风险最终还是转嫁给开发商。如果此时开发商放任自流，再好的商业项目也难逃一劫。所以"掉铺"后选择什么业态的商家重新入驻、选择哪个品牌、收取多少租金才是整个商业地产的重中之重。同一个商铺，不同的业态、不同的商家来经营，结果是不同的。所以，招商是一个持续性工作，并不是开业前招好商就行了，开业招商的火爆不一定保证后期运营的成功。

5. 商业运作资金与人才保障策略

（1）以低成本、能长期使用的资金为主。在这个行业里，最需要的就是资金，而且是低成本的、能长期使用的资金。解决不了长期资金的问题，商业地产是很难做的，即使能做，也走不远。所以做商业地产最重要的，首先要有资金实力，或者有长期能使用的资金平台。尽量找到一个战略投资者，拿到几十亿元投资，解决问题。如果没有预见性，等到银行催债的时候再想办法，那就可能出问题了。所以，做商业地产，找到资金而且是可长期使用的低成本资金最重要。

（2）人才以自我培养为主。商业地产更需要人才，因为这个行业是一个复合型的行业。单纯做零售、做百货的人不一定就是商业地产的行家里手，单纯做房地产的人也不一定是，这里需要复合型的知识。万达在上海的五角场做了一个三十几万平方米的购物中心，请了号称世界第一的商业设计公司做设计，开始动工后，一个偶然的机会，又请另外一家公司看看项目，它是专门做高端购物中心的，提出了一些修改意见，修改之后，规划和人流动线比原来更加合理。计算一下，仅一项设计上的修改，每年可以增加 2 000 万元的租金。这说明懂行的人才对商业地产多么重要。所以做商业地产，没有这种既懂商业又懂地产再懂一点金融投资的综合型人才，是非常难的。正因为如此，万达干脆自己建一个专门的培训学校，慢慢培养商业地产人才。

12.3　商业项目全程营销策划书

1. 商业项目全程营销策划书模板

除"封面与目录""项目背景"外，商业项目全程营销策划书一般包括 8 个部分：

- 项目市场分析；
- 项目市场定位；
- 项目产品规划建议；
- 项目投资分析；
- 项目营销推广策略；
- 项目租售执行策划；
- 项目经营管理策划；
- 相关建议事项。

2. 商业街项目全程营销策划书

（1）商业街项目市场分析。①项目投资环境分析：经济环境分析、商业环境分析、房地产市场分析、商业地产市场分析、城市条件分析。②项目区域商业地产分析：区域商圈分析、区域商场分析、区域商业街分析、区域物业供应状况分析、区域调查总结。③项目自身情况分析：项目基本情况分析、所在社区分析、周边商业氛围分析、周边配套分析、周边人流车流分析、项目自身价值评估。④项目客群分析：项目客群调查、项目投资者分析、项目经营者分析、项目消费者分析、项目客群分析总结。⑤项目竞争者分析：项目竞争小区商业分析、项目竞争商业道路分析、项目竞争商场广场分析。⑥项目 SWOT 分析：项目优势分析、项目劣势分析、项目机会分析、项目威胁分析、项目 SWOT 整合分析、项目 SWOT 分析总结、项目市场调查总结。

（2）商业街项目定位分析，包括项目定位前准备、项目类型定位、项目档次定位、项目客群定位、项目主题定位、项目案名定位、项目形象定位、项目产品功能定位、项目业态定位、项目价格定位。

（3）商业街项目产品规划建议，包括项目业态分区规划建议、项目产品规划设计建议。

（4）商业街项目投资分析，包括项目开发进度安排、项目投入估算、项目收入估算、项目经济效益分析、项目社会效益分析、项目开发策略建议。

（5）商业街项目整合推广策划，包括项目营销总策略、项目广告策划、项目媒体策划、项目包装策划、项目活动策划、项目推广策划。

（6）商业街项目租售执行策划，包括项目租售执行策划、项目招商执行策划、项目销售执行策划。

（7）商业街项目经营管理策划，包括项目经营管理策略制定、项目经营管理公司人员组织、项目经营管理内容制定、项目物业管理服务内容制定。

3. 写字楼项目全程营销策划书

（1）市场调查分析。①写字楼项目投资环境分析：城市条件分析、经济环境分析、政治环境分析。②写字楼市场环境分析：写字楼市场分析的内容、写字楼市场分析的思路。③写字楼项目自身情况分析：项目基本情况分析、项目周边环境分析。④写字楼项目客群分析：对广大潜在客户进行分析，对典型写字楼客户进行分析，对各类型的客群进行分析，对各行业的企业进行分析，对客户的需求特征进行分析，根据分析的结果提出建议。⑤写字楼项目竞争对手分析：项目竞争对手的分析内容、分析思路。⑥写字楼项目 SWOT 分析：项目优势分析、劣势分析、机会分析、威胁分析。

（2）写字楼项目定位，包括项目开发类型定位、项目档次定位、项目客群定位、项目案名定位、项目形象定位、项目功能定位、项目产品定位、项目价格定位。

（3）写字楼项目产品规划建议，包括项目总体规划建议、功能分区建议、建筑风格建议、装饰装修建议、环境景观建议、配套建议、物业管理建议、日常经营管理建议。

（4）写字楼项目整合推广策划，包括项目广告策划、媒介策划、包装策划、活动策划、推广策划。

（5）写字楼项目租售执行策划，包括项目经营模式与租售比例确定、租售人员组织、价格制定与付款方式确定、销售目标与销售渠道确定、入市时机与销售控制策划、各阶段工作内容与执行时间计划、租售物料准备与租售费用估算。

4. 商住综合项目全程营销策划书

（1）商住综合项目开发市场分析。①投资环境分析：经济环境分析、政策环境分析、人口环境分析、城市条件分析。②房地产行业分析：房地产行业市场分析、住宅物业分析、商业物业分析、写字楼物业分析、别墅物业分析、酒店式公寓物业分析、产权式酒店物业分析、专业市场物业分析。③项目自身情况分析：项目基本情况分析、项目周边环境分析、项目周边配套分析。④客群分析：住宅物业客群分析、商业物业客群分析、写字楼物业客群分析、公寓物业客群分析。⑤竞争对手分析：商住综合项目总体竞争对手分析、居住物业竞争对手分析、商业物业竞争对手分析、写字楼物业竞争对手分析、公寓物业竞争对手分析。⑥项目 SWOT 分析：优势分析、劣势分析、机会分析、威胁分析、SWOT 总结分析、市场分析总结。

（2）商住综合项目定位，包括商住综合项目开发类型定位、档次定位、客群定位、开发主题定位、案名定位、形象定位、功能定位、产品定位、业态定位、价格定位。

（3）商住综合项目产品规划建议，包括商住综合项目总体规划建议、规划指标建议、总平面规划建议、建筑风格设计建议、业态规划建议、商铺间隔建议、户型规划建议、交通规划建议、绿化景观设计建议、装修建议、配套建议、物业经营管理建议。

（4）商住综合项目投资分析，包括商住综合项目开发周期估算、投资估算、资金筹措计划、收入估算、效益分析、敏感性分析、风险分析、投资分析总结。

（5）商住综合项目整合推广策划，包括总体营销策划、品牌策划、广告策划、媒体策划、包装策划、公关活动策划、推广策划。

（6）商住综合项目租售执行策划，包括租售模式确定、租售人员培训、租售价格制定、销售执行策划、招商执行策划。

5. 酒店式公寓全程营销策划书

（1）酒店式公寓项目市场分析。①项目投资环境分析：宏观环境分析、区域市场分析。②项目自身情况分析：项目概况介绍、地理位置分析、土地性质分析、周边环境分析、周边配套分析。③项目客群分析：调研方案、客群分析。④项目竞争与可类比物业项目分析：项目区域竞争与可类比物业项目整体分析、酒店式公寓类竞争与可类比物业项目分析、酒店类竞争与可类比物业项目分析、住宅类竞争与可类比物业项目分析、写字楼类竞争与可类比物业项目分析、商业类竞争与可类比物业项目分析、综合类竞争与可类比物业项目分析。⑤项目 SWOT 分析：优势分析、劣势分析、机会分析、威胁分析、SWOT 应对策略分析。

（2）酒店式公寓项目定位，包括项目类型定位、功能定位、档次定位、开发主题定位、客群定位、名称定位、形象定位、推广主题定位、价格定位。

（3）酒店式公寓项目产品规划建议，包括酒店式公寓总体设计建议、项目产品规划设计前的调查分析、建筑风格设计建议、内部空间设计建议、公共配套设施规划建议、智能化设施规划建议、装饰装修建议、园林景观设计建议。

（4）酒店式公寓项目整合推广策划，包括项目营销总策略策划、广告策划、媒介策划、公关活动策划、包装策划、推广策划、整合推广费用估算。

（5）酒店式公寓项目销售执行策划，包括销售计划制订、销售策略策划。

（6）酒店式公寓项目经营管理策划。

案例 12-3

某商贸城营销策划案

第一部分　市场调研

1. 项目营销环境调查分析

（1）区域环境。项目位于一个镇上，该镇为扬州主城区的卫星城，交通发达、运输便利。

（2）政策环境。政府加强基础建设，吸引外资。长远规划为房地产业的发展提供了更多的机会，房地产业的发展前景乐观。

（3）企业环境。整个镇工业较为发达且发展速度较快。大型企业的入驻必然带动经济的发展，提高居民收入，从而刺激房地产消费。

2. 收入与消费的调查

（1）人均年收入情况。行政管理范围内的乡、村、屯等人均年收入为 8 650 元左右，而城区内的人均年收入为 30 000 元左右。政府收益的主要来源 90% 来自镇工业的收入，剩余

10% 主要来自运输业及农业。

（2）企业职工收入情况。①现有的工业园区内民营企业的人均月收入水平都在
1 600～3 000 元，园内工人以周边的居民为主，约 3 000 人。②林业造纸厂人均月收入在
2 000 元左右。随着工业园区扩建，作为卫星城，引进大型企业入驻，带动工业以及其他产
业的发展，人均收入将再上一个台阶。

（3）消费情况。消费水平与主城区消费水平持平，生活用品及市场肉、菜类价格与主
城区同类物品在一个标准线上。旅馆住宿业不发达，客源不足。随着经济的发展，收入的
提高将会带动消费水平的提高。

3. 住宅开发总量调查分析

（1）现有住宅状况调查。老城区多数是外来租住人员，周边人数共有 3 000 多人，居
住以平房为主，环境、卫生较差。新城区内，在较为热闹的街区及主干道，居民买地建
房后一楼主要用作商铺，或自己居住及出租，面积 50～80m² 不等，租金每月 1 500 元
左右。

（2）现行开发的商住小区调查分析（略）。

4. 贸易市场调查分析

（1）A 农贸市场。市场地处两主干道之间，占地八九亩（5 000 多平方米），是最热闹
及货物最为齐全的集散地，其中包括肉类行、成衣行、杂货行、饮食行、布匹行、五金门面
等，镇工商局直接管理。市场内 20m² 左右的铺面总共有 90 间，租金 1 350～1 400 元 / 月，
有 30 间左右是一楼和二楼一起出租的，租金为 1 500～1 530 元 / 月。

（2）B 贸易市场。市场处于新城区的住宅密集地方，周边全是居民住宅，这一点也制约
了市场的交通，一些大型货车无法进入市场内，限制了市场的发展。市场每个摊位每天收 2
元的市场管理费用，而市场内原有的 14 个水泥固定摊位主要用于饮食材料，每月约 1 300
元的管理及租金费用，晚上以夜宵经营为主。

（3）马路市场。沿马路一路摆摊，主要以水果、农副产品批发为主，每个摊位每天收
5～15 元的占路费及管理费。马路市场影响了整个镇的形象以及卫生环境，镇政府针对这个
问题对马路市场做出了一定的规划，将再建设一个市场来解决这一问题，在地址上要求交
通便利，宜于车辆的进出。

通过调查可以看出，该镇缺少较具规模的农贸市场，不能满足广大消费者的消费需求，
并且市场的不规范性很大程度上阻碍了贸易的发展，因此，项目规划建设一个最具规模的
大型农贸市场，正好填补了这一空缺。

5. 项目优劣势分析

（1）优势。

1）地段优良。项目所处地段与镇中心地段仅百米之遥，位于十字路口旁，是进入高速
公路的必经之处。更为重要的是，新建的工业区与项目隔江相望，庞大的人流对于项目日
后的经营、运作将是一有力支撑。

2）项目整体规模大。总占地面积 100 多亩，整体规模相对较大，对于整体商业氛围及
旺人气的营造均具有较大的优势。同时，因为规模大，内部设施配套会更为全面。

3）内部设置优势。项目内部中心位置是一座 2 层综合楼，一层为农贸市场，二层为市工贸大厦强力进驻，以农贸市场及工贸大厦的鼎盛人气，带旺区域内商业。

4）市场竞争小。镇上目前仅有一个地产项目——B 小区，相对当地消费者来说，选择面相对较小。该项目正面临着一个全新的发展机遇，众多企业、单位迁入，大量人流涌入。

（2）劣势。

1）商业地产氛围不成熟。本项目在推广、展开及诉求上会产生一定的阻碍。

2）目标客户较为分散。目标客户主要集中于镇、市郊区，分散的客户不利于传播。

3）消费者观望心理。因当地商业地产发展刚刚起步，消费者未形成购买习惯，所以项目运作初期预计会出现相应的消费者观望状况。

6. 调查结论

（1）政府加快经济发展建设步伐，鼓励投资，房地产发展潜力巨大。

（2）项目具有地段优势。项目所处地段车流量巨大，由高速公路进入镇上必经此路，并且项目定在大桥旁，靠近码头，码头是连接下游民众的重要脉络，也是镇经济对外交流的渠道。

（3）镇上缺少一个具有规模的商贸中心。

（4）消费群体增加，但消费能力有限。

第二部分　营销策划

通过对市场的调查分析和研究，整合各方面因素，对商贸城进行营销策划。

1. 营销目标

（1）通过周密的市场分析并结合项目情况及经济走势，制定营销目标（见表 12-2）。

表 12-2　商贸城项目营销目标

时　　段	推出计划	单价（均价）
2009 年 1 月	10%	2 500.00 元 /m²
2009 年 3 月	30%	2 800.00 元 /m²
2009 年 4 月	20%	3 000.00 元 /m²
2009 年 5 月	40%	3 300.00 元 /m²
合计	100%	3 000.00 元 /m²

（2）在保证房地产公司最大利益和满足市场消费者的消费要求的前提下，适时提高销售单价，争取最大的利润空间。

（3）项目前期销售规划，努力使项目销售开门红，从而树立项目名牌、企业品牌，提高企业知名度、美誉度。

2. 对项目规划的建议

（1）主题商业街区打造。项目定位为商贸城，共分两期打造，对区域内 6 条主干道依不同的建筑风格进行专业打造，将之规划为 6 条主题商业街：①伦敦商业街。②纽约商业街。③香港商业街。④巴黎商业街。⑤东京商业街。⑥曼哈顿商业街。

同时，依地形特征，分为 5 个主题商业区：①五金家电区。②服装区。③饰品区。④休闲娱乐区。⑤日用百货区。

以上 6 条商业街及 5 个主题商业区分别以五金家电、服装、饰品、精品、休闲、娱乐、餐饮、日用百货等为主营项目，以专业化的经营打造项目商业氛围。

（2）内部配套设施营建。商贸城内部依规划建造一栋 2 层的综合楼，一二层分别为农贸市场及工贸商场，同时建议开发商在区域内注重停车场所及路灯等公共设施的建设，以一个更为优良的经营环境来吸引商业业主及购物人群。

（3）内部环境营建。因项目定位为商业性质，总体绿化率不高，所以在建造时应尽量利用好每一处绿地，做出特色，并可适当地考虑假山、喷泉等景观，给选择在此消费的人一个选择此处的理由。

3. 营销策略

（1）项目市场定位。

1）项目市场定位总体思路。①站在镇子的高度策划运作本项目。以较高的出发点打造此项目，可获取消费者心理上的追崇，同时建立起项目及开发商的品牌。②倡导投资新模式。通过积极的造势及项目本身的特性营造出蓬勃的商业气息，激发消费者投资、发展的热情，引导消费者重新理解投资定义。

2）市场定位。根据市场调查结论分析，并针对当地消费者及产品自身特性，本项目定位为以开发商业地产为主，多层住宅为辅，在客户心目中建立"商贸城"极具商业价值且富含升值、投资潜力的鲜明形象，是一个有坚实开发商做保障、价位合理且潜力巨大的地产项目。

（2）目标消费群体定位。

基于本项目的市场定位，并结合当地消费群体的特性，本项目的目标消费群体定位于当地中老年人。这类人群具有以下特点。

- 购买力强；
- 有投资欲望；
- 有给子女留一份产业的传统思想。

（3）项目价格策略。

通过对市场的深入调查、分析，并结合商贸城自身的各种情况，为规避市场风险，同时争取最大利润，并获得整个项目的成功，项目采用低开高走的价格策略，开盘时经积极造势，以均价 2 500 元 /m² 推出，在销售行情看涨之后，可争取将均价提到 3 000 元 /m²。

（4）营销通路。

1）现场售楼部销售。销售现场：①渲染现场氛围。②销售人员传播。③楼书单张、手提袋等资料。④其他。

2）外设展点。本项目在推出阶段，将在多处设立展点，以面对面的方式将本项目的信息向受众传播。

4. 营销战术

（1）前期造势战术。项目开盘前期通过系列广告主题鲜明、一致的诉求，加之有轰动效应的主题策划活动，将商贸城的影像深刻地印在消费者心中。实施要点：①把握广告投放的力度。②诉求主题鲜明、一致。③宣传活动新颖、到位。

（2）全方位攻击战术。在前期成功造势的基础上，以多渠道的传播将本项目的多个诉求主题灌输给消费者，形成一股强大的攻势。

（3）心理战术。从准确把握消费者心理出发，从消费者的各方面需求展开诉求，有效针对消费者以下心理：随大流、攀比、渴望致富、信心缺失。有了对消费者心理的准确把握，在推广中可做到有的放矢，精确而迅速地打动消费者。

（4）重点突破战术。进入强销期，通过前期市场调查分析及开盘期间客户积累分析，可得到准确的目标消费群体定位，在此期间，有强针对性地重点突破该类消费者，集中兵力收获最为丰盛的果实。

（5）正面出击战术。采用外设展点的方式，置业顾问现场宣传，并分发资料，以主动积极的方式赢取更大的市场。

（6）短兵相接战术。利用有时代感、商业氛围浓厚的销售现场，以及气派的展板等来吸引旁观的目标消费者，并使其受到极深的感染。销售人员能力强，经验丰富，并熟悉市场，同时加强客户追踪、回访，形成高度的营销网。

（7）口碑战术。从各个方面来营造项目的良好口碑，例如广告、销售现场、展点等，以良好的口碑赢取更多的客户，同时增强客户的购买信心。

5. 销售前的准备

（1）售楼现场布置，通过展板、沙盘、吊旗及简洁明快的灯光等，营造出一种商业氛围浓郁、人气鼎盛的环境，使售房现场的整体氛围与商贸城的定位相一致。

（2）户外广告牌、路灯，主要设立于镇中心繁华地带、主要路段及现场周围，以极强的视觉冲击力予消费者以震撼。

（3）销售资料：①公司营业执照。②土地使用证件。③销售证。④统一说辞。⑤价目表。⑥付款方式。⑦交房标准。⑧客户资料表。⑨办理产权证有关程序、税费。⑩建房流程。⑪建房收费项目明细。⑫附近学校收费明细。⑬预订书。⑭销售合同标准文本。⑮个人土地抵押合同。⑯个人置业商业性贷款合同。⑰按揭办理办法。⑱利率表。

（4）销售人员配备与培训。

1）销售人员配备。商贸城项目销售组织与人员配备如图12-3所示。

人员配备以专案模式进行，销售经理向业主负责，主持日常销售工作，统辖销售主管和2个业务小组。

2）销售人员培训。使销售人员了解并掌握以下知识：①国家相关政策。②房地产基本知识。③按揭知识。④项目产品特点。⑤自身优劣势。⑥竞争对手状况。⑦相应的销售技巧。

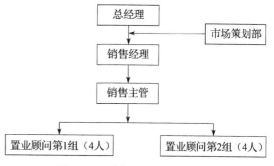

图12-3　销售组织与人员配备

（5）客户管理系统。包括：①电话接听记录表。②新客户登记表。③老客户登记表。④销售日统计表。⑤销售周统计表。⑥月报表。⑦已成交客户档案。⑧应收账款控制。⑨保留楼盘控制表。

6. 销售执行造势

（1）奠基造势。以售楼部揭牌、工程奠基及大型歌舞表演三场活动为主体，舞狮、前期宣传为穿插、铺垫，形成当地一轰动性事件，通过项目奠基活动打响整个项目动作的头炮。

（2）开盘前期造势。项目的开盘是承接奠基的又一重要环节，一个良好的开盘在很大程度上决定了项目销售的成败，因而开盘前期的造势至关重要，本项目针对区域经济、文化特征，将采取以下活动方案。

- 广告，以电视广告、户外广告为主；
- 关于宣传主题的歌舞、模特表演；
- 免费电影放映活动，地点选择在工地现场或电影院。

（3）开盘造势。开盘当日邀请嘉宾，以热烈、喜庆活动营造气氛。

- 歌舞、模特表演；
- 娱乐、互动性活动，如家庭趣味竞技等；
- 游园活动。

（4）商业管理造势。从本项目未来商业走势切入，以商业主题街区为宣传点，结合商业管理、经营内容，烘托出区域内的商业价值，具体采用以下方式。

- 现场布置；
- 置业顾问口头传播；
- 宣传资料；
- 系列图片展；
- 个案解析；
- 商业性质活动。

第三部分 广告策划与执行

1. 广告目标

在保持商贸城明确定位的基础上，塑造出项目在当地第一品牌、第一旺地的形象，达到消费者从认知到接受再到购买的过程。

（1）导入期。强势推出，先声夺人，确立项目定位，给消费者明确的印象。

（2）强销期。从各个诉求点展开，依积累状况及市场情况，针对项目主要目标消费群体，有侧重地进行推广。

（3）持续期。加深项目形象，提高项目知名度、美誉度，并造就良好口碑，以社会舆论引发消费者认同感。

2. 广告推广的总体思想

（1）适合大众的利益点。集中项目众多的优势并进行整合，深层挖掘项目的价值所在，同时从消费者的角度出发，理解消费者最直接的感受，从而以消费者的角度看待一个产品，看待一则广告，从中提炼出与目标消费者利益紧密联系的独特价值点，使消费者看到项目的价值所在。

- 得天独厚的地段；
- 最具规模的商贸中心；
- 无可限量的升值潜力；
- 绝佳的商业投资机遇；
- 平实的价格；
- 实力雄厚的开发商；
- 区域浓厚的商业氛围；
- 完善的商业管理。

（2）强大的震撼力。广告的设计表现，使消费者感觉到项目不凡的气势，犹如一股商业龙卷风袭来，带来了无限的发展商机，给消费者带来一种强大的震撼力，使其被项目的气势所吸引、折服。

（3）统一风格。在广告推广中，注重保持风格的统一，同时尽量采用与本项目风格与档次相适应的媒体方式，避免盲目曝光。

（4）打造项目、开发商品牌。通过广告推广，提高消费者对本项目的认知度，打造项目品牌，提升品牌形象，以品牌效应保证销售、带动销售。

3. 广告定位

在商贸城的推广中，以突出该项目"商业价值"为主诉求点，结合项目各方面优势及公司、项目实力等多方面衬托出该主诉求。

广告主标题：

- 商贸城——城市财富新坐标；
- 商贸城——财富滋生地；
- 商贸城——摇钱树生长的地方；
- 商贸城——首席财富家园；
- 商贸城——地段决定财富。

4. 立体化市场推广策略

（1）广告目标市场策略。

针对项目的目标消费群，依据其不同的生活习惯及个性特点等，制定不同的广告诉求点和广告表现形式，力求在目标市场上更全面地传递广告信息。

1）导入期——无差别市场广告策略：在一定的时间内向一个大的目标市场运用多种媒体组合做同一主题的广告。这样很容易在开盘初期迅速提高知名度，树立品牌形象。

2）强销期——差别市场广告策略：步步为营，逐个击破，即在一定的时间内，针对目标消费群的细分，运用接近该细分市场的媒体，做不同主题内容的广告。这样很容易在强销期抓住每一个细分市场。

3）持续期——集中市场广告策略：为避免广告战线拉得太长，力量分散，在这一段时期把广告宣传的重点集中于已细分的一个或者几个目标市场上，以求在较小的细分市场中占有较大的份额。

（2）广告促销策略。

在广告发布过程中，结合营销情况和市场情况，允诺给予消费者更多的附加利益，以吸引消费者的注意，起到立竿见影的广告效果，如活动广告、文娱广告、中奖广告等。

（3）广告心理策略。

针对消费者的购买心理，采取广告运动。抓住消费者的心理变化过程：感知→了解→信赖→产生购买行为。

消费者的需求：需求是消费者购买商贸城的原动力，因此，广告诉求必须建立在这一需求之上。

引人注意：引人注意是广告成功的基础，有的是消费者无意中注意的，有的是有意注意的。另外，深刻性又是引起消费者注意的主要因素，如果广告不能给消费者留下深刻的印象，那么，它就不算一个成功的广告。

想象空间：广告要引导消费者对本项目产生想象，要能使消费者看到广告后有冲动，使之产生买商贸城后有什么样的情景的联想。

记忆：每次广告曝光以后，要便于记忆，一般消费者看到广告后，不是立即去购买，而是对众多的信息进行分析、比较，会有一定的时间和空间差，因此，每次的广告主题要简单顺口，易记忆。

5. 广告执行策略

（1）诉求重点。

重点诉求本项目提炼的特有的卖点：

- 地段；
- 规模；
- 升值潜力；
- 商机；
- 价格；
- 开发商实力。

（2）广告系列。

在广告发布的过程中，针对诉求重点，不断加深消费者的印象，因此，广告要统一风格，要分时间进行系列化发布。

6. 广告预算

费用包括：沙盘模型、效果图、销售人员统一服装、单张广告、彩旗、布幅、充气拱门、广告牌、路灯广告、电视广告、促销活动、外设展点等。

资料来源：编者根据有关资料整理。

思考题

1. 如何理解商业项目全程营销策划的特点？

2. 商业项目全程营销策划的内容与流程有哪些?

3. 如何编写商业项目全程营销策划书?

实训题

制订本地区某商业项目的全程营销策划方案,编写策划书。

实训指导

1. 5~8 人一组,以组为单位完成实训题。

2. 实地考察与网上调查相结合,主要参考网址见本书第 1 章实训指导。

3. 报告要求独立撰写,主要依据本章"商业项目全程营销策划书模板",要求报告字数为 5 000~10 000 字。

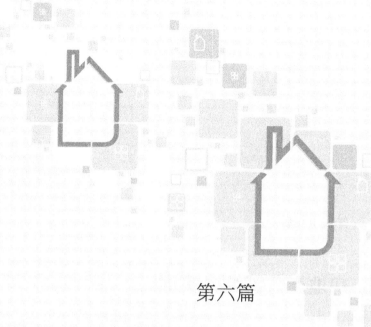

第六篇

房地产营销综合实训与技能竞赛

本篇是房地产营销综合实训与技能竞赛模块,主要内容如下。

1. 房地产营销综合实训,主要介绍房地产营销综合实训课程的专业定位与教学理念、实训目标、实训内容及流程、实训教学方式与教学组织、实训教学进度计划与教学控制、实训教学文件以及房地产营销综合实训软件功能简介。

2. 房地产营销业务技能竞赛,主要介绍房地产营销业务竞赛目的、意义和原则,竞赛依据标准与竞赛内容,竞赛规则,竞赛组织以及房地产营销业务竞赛平台功能简介。

第 13 章

房地产营销综合实训

⊘ **学习目标**

1. 掌握房地产项目营销思路与流程。
2. 掌握房地产项目营销环境分析、市场分析方法。
3. 掌握房地产项目市场定位、4P 策划方法。
4. 掌握房地产项目销售执行与效果分析。

▥ **技能要求**

1. 能够遵循房地产营销类职业标准相关内容。
2. 能够在房地产营销业务中体现工匠精神。
3. 能够具有房地产项目营销策划思路。
4. 能够做一个房地产楼盘项目的营销策划方案。
5. 能够做一个房地产楼盘项目的销售。
6. 具有房地产具体营销活动的策划与执行能力。

13.1 房地产营销综合实训课程的专业定位与教学理念

1. 房地产营销综合实训课程的专业定位

房地产营销综合实训是房地产专业的一门重要的综合性实训课程。通过本课程的学习，学生可以融会贯通专业知识与能力，培养房地产职业素养和工匠精神。

（1）融会贯通专业知识与能力。将本专业已学习过的专业课程中已掌握的知识、技能与所形成的单项、单元能力通过本综合性实训课程进行融合，使学生了解这些已掌握的知识、技能与所形成的单项、单元能力在完成一个房地产营销典型工作任务时所起的作用，并掌握如何运用这些知识、技能与单项、单元能力来完成一个综合性的房地产营销业务，达到职业标准要求，激发与培养其从事房地产职业领域工作的兴趣与爱好。

（2）培养职业素养。通过本综合性实训课程，学生在前期学过房地产课程实验的基础上，学习并培养完成房地产营销典型工作任务完整工作过程所需要的专业能力、方法能力与社会能力，养成优秀的职业习惯与素养，特别是促进工匠精神的养成。

2. 房地产营销综合实训课程的基本教学理念

（1）以学生为主体、学做合一。教学中通过激发学生的学习兴趣，引导其自主地、全面地理解本综合实训教学要求，提高思维能力和实际工作技能，增强理论联系实际的能力，培养创新精神，逐步养成善于观察、独立分析和解决问题的习惯。本课程在目标设定、教学过程、课程评价和教学方式等方面都突出以学生为主体的思想，注重学生实际工作能力与技术应用能力的培养，教师起到引导、指导、咨询的作用，使课程实施成为学生在教师指导下构建知识、提高技能、活跃思维、展现个性、拓宽视野的过程。

（2）多元化的实训教学手段。本课程以实战演练、模拟企业房地产营销活动为主要教学方式，在教学过程中，引导学生通过房地产市场调研与资料的查询、整理和分析，发现企业营销活动中存在的问题，并在团队合作的基础上，完成一个个具体的房地产营销业务任务，从而提高分析问题、解决问题的能力和业务技能，真正实现课程实训企业化。

（3）重视学生个体差异，注重提高整体水平。本课程在教学过程中，以激发兴趣、展现个性、发展心智和提高素质为基本理念，倡导以团队为单位自主学习，注重促进学生的知识与技术应用能力和健康人格的发展，以过程培养促进个体发展，以学生可持续发展能力和创新能力评价教学过程。

13.2　房地产营销综合实训目标

1. 总目标

学生在进行房地产营销综合实训时，已经学习了"房地产开发与经营""房地产营销与策划""房屋建筑学"等课程，具备了房地产开发、房屋建筑、营销策划等基本理论知识，接受了相应的企业认知实训。房地产营销综合实训课程的教学总目标是：在房地产开发与经营、房屋建筑、项目管理等能力基础上，进一步将房地产营销相关课程的单项、单元能力（技能）融合在一起，通过典型房地产营销项目的调研、市场定位、营销策略组合、营销计划与实施、营销方案的设计与操作，培养学生具备实施房地产营销具体项目的综合职业能力。

2.具体能力目标

（1）专业能力目标。

通过实训课程的学习与训练，学生在前期课程与综合项目训练中已掌握房地产营销的研究对象和特点、基本理论、原则与方法，掌握市场开发调研、开发设计的流程、相关报告或方案撰写的要求、格式等的基础上，通过对房地产营销企业具体业务对象进行分析诊断，着重培养其拥有完成一个以典型业务为载体的房地产营销活动所需的专业能力：

- 房地产市场环境的分析能力：调研能力、信息处理能力、调研报告撰写能力；
- 房地产市场细分、目标市场选择与营销项目市场定位的能力；
- 房地产项目营销组合策略的制定能力；
- 房地产项目全程营销策划方案的制订与实施能力；
- 房地产具体营销活动的策划与执行能力；
- 沟通协调能力；
- 团队合作能力。

（2）方法能力目标。

1）信息的收集方法。引导学生围绕本实训项目进行的信息收集、整理、加工与处理，使学生能够针对项目所涉及的房地产行业领域的各种环境因素、市场因素，利用科学的方法进行清晰的分析和准确的判断，在此基础上提出自己的独立见解与分析评价。

2）调研与方案制订方法。在完成以上信息收集阶段工作的基础上，学生能根据自己对本实训项目提出的独立见解与分析评价，提出几种初步的项目实施方案，并能对多种方案从经济、实用等各方面进行可行性的比较分析，通过团队的集体研讨、决策，选定本团队最终的项目实施方案。

3）方案实施方法。在实施方案的基础上，学生能在教师引导下讨论制订方案实施的具体计划，如调研的对象、区域、房地产楼盘的类型等，并完成活动实施的计划，在此基础上进行团队内的分工。实施过程中，要填写相关的作业文件。

4）过程检查方法。在完成市场调研、营销组合设计、营销计划、实施等营销活动方案的过程中，各组成员定期开展总结交流活动，发现问题并及时解决，并在教师的指导下不断完善方案内容，填写进度表及其他作业文件。

5）总结评估方法。最后阶段学生能很好地总结自己的工作，与团队成员一道通过研讨交流，评估本项目完成过程中的经验与得失，就本实训项目学习提出技术与方法等各方面改进的思路与具体方案，并分工合作完成项目最终方案报告，以班级为单位进行交流与评价，按照评价标准给予实训成绩。

（3）社会能力目标。

1）情感态度与价值观。在实训的过程中，培养学生严谨认真的科学态度与职业习惯，改变其不良的学习行为方式；培养引导其对房地产营销活动的兴趣与爱好，激发他们的学习热情及学习积极性，培养学生的主体意识、问题意识、开放意识、互动意识、交流意识，树立自信的态度与正确的价值观。具体表现在：

- 通过学习养成积极思考问题、主动学习的习惯；
- 通过学习培养较强的自主学习能力；
- 通过学习培养良好的团队合作精神，乐于助人；
- 通过学习养成勇于克服困难的精神，具有较强的忍耐力；
- 通过学习养成及时完成阶段性工作任务的习惯，达到"日清日毕"的要求。

2）职业道德与"工匠精神"素质养成。在实训的过程中，通过开展真实营销业务活动，注重养成工匠精神素质，即精益求精，追求完美和极致；严谨，一丝不苟；耐心，专注，坚持；专业，敬业。实现与企业的真正对接，让学生认识并领悟敬业耐劳、恪守信用、讲究效率、尊重规则、团队协作、崇尚卓越等职业道德与素质在个人职业发展和事业成功中的重要性，使学生能树立起自我培养良好的职业道德与注重日常职业素质养成的意识，为以后顺利融入社会及开展企业的房地产营销活动打下坚实的基础。

13.3 房地产营销综合实训内容及流程

1. 综合实训内容

（1）选题范围。

房地产营销与策划"做"的项目的选题来源于真实的企业，一般选择学校的合作企业在当地的营销项目作为"做"的项目，如南京工业职业技术学院选择合作企业的"南京仙林大学城保利紫晶山住宅楼盘"项目。

（2）内容要求。

- 具有房地产项目营销活动典型工作任务特征，并具有完整的任务方案设计与教学要求；
- 能使学生通过本综合项目训练，得到各项能力的提高；
- 项目教学中所形成的各环节教学模式、作业文件与成绩评价明确规范；
- 项目教学中所形成的作业过程与作业文件符合房地产项目营销活动的相关要求；
- 为学生提供的指导和条件能确保学生完成项目所规定的全部工作；
- 融入房地产营销师、房地产经纪人职业资格考证应有的知识与技能点。

（3）典型的工作任务、完整的工作过程特征描述。

广州保利地产代理有限公司南京分公司是江苏知名的房地产营销企业之一，营销项目技术含量高、执行规范，其营销项目"南京仙林大学城保利紫晶山住宅楼盘"具有"典型的工作任务和完整的工作过程"的特点，可以培养学生的房地产营销与策划职业素养和综合职业能力。

（4）功能操作指标

- 房地产营销项目背景与市场营销环境分析操作训练；
- 房地产项目市场分析与营销战略策划训练；
- 房地产项目营销策略组合策划操作训练；
- 房地产项目楼盘营销计划与组织操作训练；
- 房地产项目楼盘营销计划执行与销售控制管理操作训练；
- 房地产项目楼盘销售业绩分析与售后服务操作训练。

2. 综合实训流程

房地产营销综合实训的流程如图 13-1 所示。

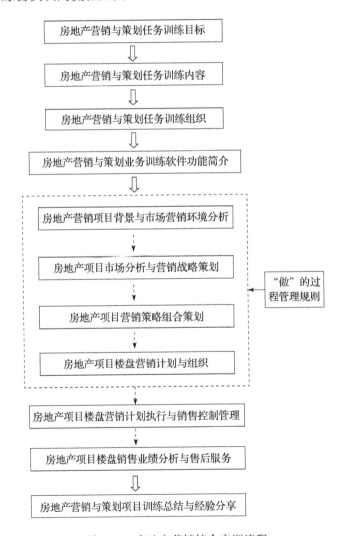

图 13-1　房地产营销综合实训流程

13.4　房地产营销综合实训教学方式与教学组织

1. 实训教学方式

房地产营销综合实训教学采用市场调研与企业现场实训、辅助案例与工作经验分享以及软件操作相结合的方式。

（1）房地产市场调研与企业现场实训。组织学生围绕实训项目多次开展房地产市场调研，多次参观学校的合作企业，现场考察该企业的房地产营销项目，向企业员工学习并讨论、操作、训练，熟悉房地产项目营销业务操作流程。市场调研与现场考察目的：使学生熟悉房地产市场与项目营销过程，便于顺利完成实训项目的学习任务。

（2）辅助案例与工作经验分享。从学校合作企业的房地产营销项目里挑选多个典型的房地产营销项目案例以及房地产营销从业人员的工作经验，进行分析教学。辅助案例与工作经验分享目的：使学生寻找灵感，为他们提供借鉴，便于顺利完成房地产营销项目实训操作学习任务。

（3）软件操作。根据市场调研、企业现场实训和辅助案例分析，把房地产营销项目实训内容录入房地产营销软件的综合实训系统中，按房地产营销业务流程和设计方案进行业务操作，得出项目营销业绩，完成实训任务。

2. 实训教学组织

（1）模拟房地产营销公司成立实训教学组织。房地产项目营销综合实训采用在学校合作企业的公司背景下，模拟房地产营销公司做实际业务项目的运作方式，成立学生房地产营销有限公司（作为营销商），下设 6 个项目公司，即仙林一公司、仙林二公司、仙林三公司、仙林四公司、仙林五公司、仙林六公司，每个公司有 6～8 人，每个公司学生推荐 1 名经理（组长），每天的任务分配均由经理组织进行。

（2）实训过程组织。进行实训前，教师要根据"房地产营销综合实训课程教学标准"编写"房地产营销综合实训教学任务书"和"房地产营销综合实训教师指导手册"，向学生说明实训的目的、意义及要求，特别强调实训结束需提交的作业文件，阐明实训纪律，并发放"房地产营销综合实训学生作业文件"，学生在经理的带领下开展实训活动。综合实训的过程要按照企业房地产营销活动的实际情况进行，参加实训的学生等同于是在为企业进行项目营销活动，要服从分组安排，在分工的基础上注重团队的合作，遇到问题团队集体讨论、解决。指导教师关心每个小组（公司）的进展，注意业务操作过程，引导学生按业务环节和任务要求进行，督促学生完成作业文件，组织组内、组与组之间的项目研讨。项目工作过程完成后，进行考核评比选出优秀公司，并进行作品评比，选出最佳作品展示。

（3）实训组织纪律。严格考勤制度，学生要按照实训计划安排从事实训，请假、旷课要记录在案。缺课三分之一以上不能取得实训成绩，旷课一天以上，就可以认定缺乏职业道德，一票否决。

3. 实训教学场地

（1）房地产市场。它主要用于市场楼盘调研，包括住宅市场、写字楼市场、商铺市场等。

（2）营销企业。它主要用于现场参观考察和业务实训，要充分利用学校的合作企业资源。

（3）房地产营销实训软件机房。它主要用于房地产营销业务流程操作，包括营销项目选择、市场分析、产品定位、营销组合策划、营销组合与计划、产品销售、营销分析与销售业绩分析等。

（4）非固定场所。它主要用于团队研讨和编写实训项目操作方案，非固定场所包括教室、会议室、实训室等。

13.5 房地产营销综合实训教学进度计划与教学控制

1. 实训教学进度计划

房地产营销综合实训教学进度计划如表 13-1 所示。

2. 实训教学控制

（1）实训指导。学生按班级分组（项目组）实训，每个班级 1～2 名指导教师。

（2）实训要求：①每个学生完成实训手册《房地产营销实训报告（作业文件）》。②每个项目组团结协助，提供 1～2 篇房地产项目营销策划方案（电子稿），即电子稿《房地产营销实训报告（作业文件）》。③每个学生利用实训软件完成规定的项目营销任务，取得项目销售额，项目销售额排行榜作为评定实训成绩的重要依据。

（3）实训时间：2～4 周。

3. 实训控制指标

房地产营销综合实训控制指标内容如表 13-2 所示。

表 13-1　房地产营销综合实训教学进度计划

项目名称	完成需要时间	开始	结束	工序	项目验收和作业文件	实训场地
1.房地产营销项目背景与市场营销环境分析	1~2天				房地产营销项目背景与市场营销环境分析报告	
（1）营销项目实训任务研讨与计划				1		
（2）房地产市场宏观环境分析				2	题目1：营销项目背景与地理位置	房地产市场
（3）房地产市场微观环境分析（竞争态势分析）				3	题目2：当地城市房地产营销环境分析	营销企业
（4）计算机实训软件录入营销项目基本资料				4	题目3：计算机实训软件录入营销项目基本资料	非固定场所
2.房地产项目市场分析与营销战略策划	1~2天			5	房地产项目市场分析与营销战略策划方案	
（1）房地产项目市场调研与预测				6	题目4：房地产项目市场调研与预测	房地产市场
（2）房地产项目市场细分				7	题目5：房地产项目市场细分与目标市场选择	营销企业
（3）房地产项目目标市场选择				8	题目6：房地产项目市场定位策划	软件机房
（4）房地产项目市场定位策划				9	题目7：实训软件录入营销项目战略策划内容	非固定场所
（5）计算机实训软件录入营销项目战略策划内容						
3.房地产项目营销策略组合策划	4~9天				房地产项目营销策略组合策划方案	
（1）房地产项目产品组合策划				10	题目8：房地产项目产品组合策划方案	房地产市场
（2）房地产项目价格策划				11	题目9：房地产项目楼盘产品价格策划方案	营销企业
（3）房地产项目营销渠道策划				12	题目10：房地产项目营销渠道策划方案	软件机房
（4）房地产项目促销推广策划				13	题目11：房地产项目促销推广策划方案	非固定场所
（5）计算机实训软件录入营销项目营销组合策划内容				14	题目12：计算机实训软件录入营销项目营销组合策划内容	
4.房地产项目楼盘营销计划与组织	1~2天				房地产项目楼盘营销计划与组织方案	

（续）

项目名称	完成需要时间	开始	结束	工序	项目验收和作业文件	实训场地
（1）房地产项目楼盘营销计划				15	题目13：房地产项目楼盘营销计划	房地产市场、营销企业、软件机房、非固定场所
（2）房地产项目楼盘营销组织				16	题目14：房地产项目楼盘营销组织方案	
（3）计算机实训软件录入营销项目营销计划与组织内容				17	题目15：计算机实训软件录入营销项目营销计划与组织内容	
5. 房地产项目楼盘营销计划执行与销售控制管理	1～2天					
（1）房地产项目楼盘营销计划执行与控制				18	题目16：房地产项目楼盘营销计划执行与控制方案	房地产市场、营销企业、软件机房、非固定场所
（2）房地产项目楼盘营销管理				19	题目17：房地产项目楼盘营销管理方案	
（3）售楼处管理				20	题目18：售楼处管理方案	
（4）计算机实训软件录入营销计划执行与销售控制管理内容				21	题目19：计算机实训软件录入营销计划执行与销售控制管理内容	
6. 房地产项目楼盘销售业绩分析与售后服务	1～1天					
（1）房地产项目楼盘销售业绩分析				22	题目20：计算机实训软件进行项目楼盘销售额计算与营销业绩分析	房地产市场、营销企业、软件机房、非固定场所
（2）计算机实训软件进行项目楼盘销售业绩分析				23	题目21：项目楼盘售后服务方案	
（3）项目楼盘售后服务				24		
7. 房地产营销与策划项目训练总结与经验分享	1天				实训总结与经验分享	
（1）实训总结				25	题目22：实训总结	教室
（2）实训交流分享				26	题目23：实训交流分享	教室
7. 实训收尾结束					《房地产营销实训报告（作业文件）》实训成绩，实训教学文件归档	

表 13-2　房地产营销综合实训控制指标

实训学习任务（项）	控制指标（个）	实训作业文件（项）	学时
1. 房地产营销项目背景与市场营销环境分析	（1）营销项目实训任务研讨与计划 （2）房地产市场宏观环境分析 （3）房地产市场微观环境分析（竞争态势分析） （4）计算机实训软件录入营销项目基本资料	（1）房地产营销项目背景与市场营销环境分析报告	4～8 （1～2 天）
2. 房地产项目市场分析与营销战略策划	（1）房地产项目市场调研与预测 （2）房地产项目市场细分 （3）房地产项目目标市场选择 （4）房地产项目市场定位策划 （5）计算机实训软件录入营销项目战略策划内容	（2）房地产项目市场分析与营销战略策划方案	4～8 （1～2 天）
3. 房地产项目营销策略组合策划	（1）房地产项目产品组合策划 （2）房地产项目价格策划 （3）房地产项目营销渠道策划 （4）房地产项目促销推广策划 （5）计算机实训软件录入营销项目营销组合策划内容	（3）房地产项目营销策略组合策划方案	16～36 （4～9 天）
4. 房地产项目楼盘营销计划与组织	（1）房地产项目楼盘营销计划 （2）房地产项目楼盘营销组织 （3）计算机实训软件录入营销项目营销计划与组织内容	（4）房地产项目楼盘营销计划与组织方案	4～8 （1～2 天）
5. 房地产项目楼盘营销计划执行与销售控制管理	（1）房地产项目楼盘营销计划执行与控制 （2）房地产项目楼盘销售管理 （3）售楼处管理 （4）计算机实训软件录入营销计划执行与销售控制管理内容	（5）房地产项目楼盘营销计划执行与销售控制管理方案	4～8 （1～2 天）
6. 房地产项目楼盘营销业绩分析与售后服务	（1）计算机实训软件进行项目楼盘销售额计算 （2）房地产项目楼盘营销业绩分析 （3）项目楼盘售后服务	（6）房地产项目楼盘营销业绩分析与售后服务方案	4～8 （1～2 天）
7. 房地产营销与策划项目训练总结与分享	（1）实训总结 （2）实训交流分享	（7）实训总结与经验分享	4 （1 天）
	合计	40～80（10～20 天）	
实训结束	将 7 项作业文件组合成为《房地产营销实训报告（作业文件）》		

13.6　房地产营销综合实训教学文件

房地产营销综合实训教学文件是开展综合实训的指导性文件，是评价综合实训质量的重要依据。综合实训教学文件主要有"房地产营销综合实训课程教学标准""房地产营销综合实训教学任务书""房地产营销综合实训教师指导手册"和"房地产营销综合实训学生作业文件"，由学校专职教师会同企业兼职教师联合编写。参与综合实训的教师和学生分别携带各自对应的文件，随时记录，以供考核和备查。

1. 房地产营销综合实训课程教学标准

房地产营销综合实训课程教学标准是规定房地产营销综合实训的课程性质、课程目标、内容目标、实施建议的教学指导性文件。房地产营销综合实训课程教学标准内容目录如图 13-2 所示。

2. 房地产营销综合实训教学任务书

房地产营销综合实训课程教学任务书是规范教学管理、保证教学质量、确保教学任务顺利落实和完成的教学指导性文件。实训教学任务书内容，见陈林杰教授主编的《房地产营销综合实训》教材。

3. 房地产营销综合实训教师指导手册

房地产营销综合实训教师指导手册是规定实训过程中教师应当遵守内容的教学指导性文件。实训教师指导手册内容，见陈林杰教授主编的《房地产营销综合实训》教材。

4. 房地产营销综合实训学生作业文件

房地产营销综合实训学生作业文件是规定实训过程中学生应当执行任务的学习指导性文件。学生实训作业文件内容，见陈林杰教授主编的《房地产营销综合实训》教材。

目　录

1. 前言
   1.1 本课程在相关专业中的定位
   1.2 本课程的基本教学理念
2. 课程目标
   2.1 课程总目标
   2.2 具体目标（课程预设能力目标的阐述）
       2.2.1 专业能力目标
       2.2.2 方法能力目标
       2.2.3 社会能力目标
3. 内容描述
   3.1 项目选题范围
   3.2 项目内容要求
4. 实施要求
   4.1 教学实施要领与规范
   4.2 教学方式与考核方法
       4.2.1 教学方式
       4.2.2 考核方法
   4.3 教学文件与使用
5. 其他说明

图 13-2　房地产营销综合实训课程教学标准内容目录

第 14 章

房地产营销业务技能竞赛

⏱ **学习目标**

1. 熟练掌握房地产项目营销思路与流程。

2. 熟练掌握房地产项目营销环境分析、市场分析方法。

3. 熟练掌握房地产项目市场定位、4P 策划方法。

4. 熟练掌握房地产项目销售执行与效果分析。

📖 **技能要求**

1. 能够遵循房地产营销类职业标准相关内容。

2. 能够在房地产营销业务中体现工匠精神。

3. 具有熟练的房地产楼盘项目营销思路，熟悉项目分析。

4. 能够熟练地做房地产楼盘项目的营销策划方案。

5. 能够熟练地做房地产楼盘项目的销售。

6. 能够养成积极思考、主动竞争的习惯。

7. 能够培养良好的团队合作精神。

14.1 房地产营销业务竞赛目的、意义和原则

1. 赛项目的

（1）对接房地产行业企业需求，提高房地产经营与估价专业学生的核心技能。

（2）推进房地产经营与估价专业"教、学、考、做、赛"五位一体的教育教学改革，实现房地产职业教育"工学结合、学做合一"。

（3）推进沟通交流，为参赛院校搭建取长补短的平台，推动高职院校房地产经营与估价专业教学能力水平的整体提升。

（4）推进参赛院校房地产实训基地建设，打造高职院校为房地产行业、企业培训员工的平台，提高房地产经营与估价专业服务社会的能力。

（5）展示参赛选手在房地产业务竞赛中的专业技能、工作效率、组织管理与团队协作等方面的职业素养和才华。

（6）吸引房地产行业企业参与，促进校企深度融合，提高房地产经营与估价专业教育教学的社会认可度。

（7）服务参赛学生，提供参赛学生与企业现场沟通的机会。

2. 赛项意义

（1）发挥大赛引领和评价作用，推进高职院校房地产经营与估价专业建设和教学改革。

（2）提升房地产业务技能大赛的社会影响，开创人人皆可成才、人人尽展其才的生动局面。

（3）提升高职院校房地产经营与估价专业服务经济发展方式转变和产业结构调整的能力。

（4）提升高职院校房地产经营与估价专业服务房地产企业的能力。

（5）通过房地产业务技能大赛展示教学成果、转化教学资源。

3. 赛项设计原则

（1）以房地产营销核心业务技能设计竞赛内容，以目标业务要求的技术技能综合运用水平、比赛任务完成质量以及选手素质水平作为评判依据，设计比赛的形式、内容。

（2）对接房地产产业需求。大赛与房地产产业发展相同步，竞赛内容和标准对接房地产行业标准和房地产企业技术发展水平。

（3）坚持行业指导、企业参与。以赛项专家组为核心、以房地产行业企业深度参与为支撑组织赛事，以理实一体的方式体现房地产职业岗位对选手理论素养和操作技能的要求。

（4）采用团体赛。每个参赛队3人，比赛包含了对团队合作水平的考察内容。只设置团体奖，不设置个人奖。

（5）现场比赛与体验环节统一设计。赛前30天公开发布与竞赛相关的理论素养内容，促进选手学习理论知识。不单独组织封闭的理论考试，将理论素养水平测试融入比赛内容，充分体验房地产经营环境与市场竞争。

（6）大赛项目与房地产营销综合实训项目融合。不以单一技能作为比赛内容。

（7）公平、公正、公开，保持客观性。比赛邀请行业企业专家观摩，除技能表演外，主要通过计算机软件开展竞赛，排除人为因素干扰。

14.2　房地产营销业务竞赛依据标准与竞赛内容

1. 竞赛依据标准

房地产营销业务竞赛遵循的标准主要是房地产行业、职业技术标准，有 6 个方面。

（1）住房和城乡建设部、人力资源和社会保障部发布的《全国房地产经纪人职业资格考试大纲（2020）》。

（2）住房和城乡建设部、人力资源和社会保障部联合发布的《全国房地产经纪人协理职业资格考试大纲（2020）》。

（3）住房和城乡建设部、国家发展和改革委员会、人力资源和社会保障部联合发布的《房地产经纪管理办法》（2016）。

（4）人事部、建设部联合发布的《房地产经纪人执业资格考试实施办法（2015）》。

（5）房地产估价师与房地产经纪人学会制定的《房地产经纪执业规则（2013）》。

（6）相关法律。

- 《中华人民共和国城市房地产管理法》；
- 《中华人民共和国土地管理法》；
- 《中华人民共和国城乡规划法》；
- 《中华人民共和国住宅法》；
- 《中华人民共和国建筑法》；
- 《中华人民共和国环境保护法》。

2. 竞赛内容

竞赛主要着眼于房地产职业素质测评，主要包括房地产营销基础知识的掌握，房地产营销业务流程的设计与操作，房地产从业人员的职业道德等，全面评价一个团队对房地产职业能力的理解、认识和掌握。同时，竞赛还注重对房地产专业核心技能及相关拓展技能的考核，在考核专业能力的同时，兼顾方法能力、社会能力的考核。房地产营销业务技能竞赛内容主要包括住宅项目、商业项目营销业务的综合技能，具体竞赛知识面与技能点如表 14-1 所示。房地产营销业务竞赛是在计算机上完成的，业务竞赛时间是 2 小时。

表 14-1　竞赛知识面与技能点

竞赛类别与所需时间	竞赛知识面	竞赛技能点
房地产营销业务竞赛（2 小时）	（1）房地产营销基础知识	・房地产住宅项目市场分析与定位策划 ・住宅项目营销方案策划（产品策划、价格策划、推广策划等） ・住宅项目营销策划方案实施 ・促销手段应用 ・营销成本控制 ・营销业绩分析
	（2）房地产营销策划基础知识	
	（3）房地产市场营销环境分析	
	（4）房地产项目市场分析与定位策划	
	（5）房地产项目产品策划	
	（6）房地产项目价格策划	
	（7）房地产项目营销渠道策划	
	（8）房地产项目促销推广策划	
	（9）房地产营销计划组织与控制策划	
	（10）房地产销售管理策划	
	（11）住宅项目全程营销策划	
	（12）商业项目全程营销策划	

14.3　房地产营销业务竞赛规则

1. 竞赛时间安排

竞赛分为两段。

（1）上半段为楼盘推行技能表演，技能表演内容围绕房地产营销业务，表现形式由参赛队任意选取，时间8分钟，表演人员仅限于参赛学生和指导教师。

（2）下半段为技能对抗赛，时间为2小时，在网络竞赛平台上完成。

2. 竞赛流程

房地产营销业务技能竞赛流程如图3-1所示。

3. 评分标准制定原则、评分方法、评分细则

（1）评分标准制定原则。计分对象只计团体竞赛成绩，不计参赛选手个人成绩。房地产营销业务综合技能竞赛成绩总分是110分，其中技能表演10分，技能对抗赛100分。

（2）评分办法。

1）技能表演得分，由评委综合打分，加权平均得出。

2）技能对抗赛得分，由计算机根据竞赛流程和竞赛规则自动评判。

（3）评分细则。

1）技能表演评分细则。按表演主题、语言、动作、感染力、难度各占20%打分。

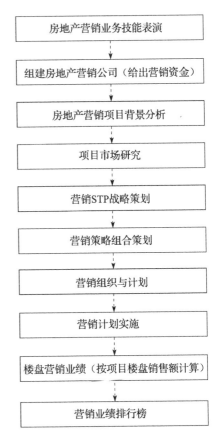

图14-1　房地产营销业务技能竞赛流程

2）技能对抗赛评分细则。房地产营销业务技能竞赛得分按营销业务取得的净利润金额折算。评分公式：得分＝［（本组净利润－最低净利润）×100］／（最高净利润－最低净利润），排行最后（最低净利润）的参赛队得分为0。

4. 参赛选手

（1）参赛选手应认真学习领会竞赛相关文件，自觉遵守大赛纪律，服从指挥，听从安排，文明参赛。

（2）参赛选手请勿携带与竞赛无关的电子设备、通信设备及其他相关资料与用品。

（3）参赛选手应提前15分钟到达赛场，凭参赛证、身份证检录，按要求入场，在指定位置就座，不得迟到早退。竞赛位抽签决定。

（4）参赛选手应增强团队意识，严格执行房地产业务竞赛流程，科学合理分工与合作，预测可能出现的问题并采取相应对策。

（5）在竞赛过程中，如有疑问，参赛选手举手示意，裁判长应按照有关要求及时予以答疑。如遇设备或软件等故障，裁判长、技术人员等应及时予以解决。确因计算机软件或硬件故障，致使操作无法继续的，经裁判长确认，予以启用备用计算机。

（6）参赛队若在规定的竞赛时间内未完成比赛，按实际完成情况计算成绩。

（7）竞赛时间终了，选手应全体起立，结束操作，经工作人员许可后方可离开赛场，离开赛场时不得带走任何资料。

（8）参赛代表队若对赛事有异议，可由领队向大赛组委会提出书面申诉。

5. 申诉与仲裁

（1）申诉。

1）参赛队对不符合竞赛规定的设备、工具、软件，有失公正的评判、奖励，以及对工作人员的违规行为等，均可提出申诉。

2）申诉应在竞赛结束后 2 小时内提出，超过时效将不予受理。申诉时，应由参赛队领队向大赛仲裁委员会递交书面申诉报告。报告应对申诉事件的现象、发生的时间、涉及的人员、申诉依据与理由等进行充分、实事求是的叙述。事实依据不充分、仅凭主观臆断的申诉将不予受理。申诉报告必须有申诉的参赛选手、领队签名。

3）申诉人不得无故拒不接受处理结果，不允许采取过激行为刁难、攻击工作人员，否则视为放弃申诉。

（2）仲裁。

1）大赛采用仲裁委员会仲裁机制，仲裁委员会的仲裁结果为最终结果。

2）大赛仲裁委员会收到申诉报告后，应根据申诉事由进行审查，3 小时内书面通知申诉人，告知申诉处理结果。

14.4 房地产营销业务竞赛组织

1. 竞赛方式

竞赛以团队方式进行，每支参赛队由 3 名选手组成，其中队长 1 名。

2. 参赛对象

仅为国内高职院校参加，不邀请境外代表队参赛。参赛选手应为高等学校在籍高职高专类学生，参赛选手年龄限制在 25 周岁（当年）以下。

3. 组队要求

参加房地产业务技能大赛的院校应按竞赛内容组队，每个院校只允许报一个队，参赛队应通过选拔产生。参赛队由指导教师和参赛选手组成。每个参赛队可配 1 名指导教师（专兼职教师均可）和 1 名领队。每个参赛队选手 3 人（不设备选队员），必须为同校在籍学生，其中队长 1 名，性别和年级不限。

4. 奖项设置

只设竞赛团体奖，分为团体一等奖、团体二等奖、团体三等奖。

（1）奖项设置比例。按参赛队比例设置奖项。其中一等奖占参赛队数的10%、二等奖占20%、三等奖占30%（小数点后四舍五入）。奖项评定根据各参赛队竞赛成绩，以得分高低排序，分数相同时可以并列排名。

（2）获奖证书。

1）获奖参赛队颁发获奖证书。

2）获奖参赛队的指导教师颁发优秀指导教师证书。

5. 大赛筹备工作人员及裁判（评委）、仲裁人员组成

（1）大赛筹备工作人员组成。

1）策划协调1～2人。

2）专业技术组：10人左右，由行业、企业专家和学校教师组成，负责竞赛流程研讨、赛项设计、题目设计。

3）赛务组：6人以上，负责参赛队联络、媒体联络、大赛宣传、竞赛运行环境构建和后勤保障。

（2）成立大赛裁判（评委）委员会，裁判人员由行业、企业专家和学校教师组成，5人左右。

（3）成立大赛仲裁委员会，仲裁人员由行业、企业专家和学校教师组成，3人左右。

14.5 房地产营销业务竞赛与综合实训的关系及竞赛过程管理

1. 业务竞赛与综合实训的关系

房地产营销业务竞赛是从房地产营销综合实训中提取出来的，比实训特别的地方有以下6个方面。

（1）进入业务竞赛之前先进行技能表演。

（2）业务涉及的知识更全面。

（3）时间更紧，完成整个竞赛的时间有严格限制。

（4）资金使用更加紧张。

（5）市场竞争更加激烈，对学生技能要求更高。

（6）要求学生团队配合更和谐、默契。

2. 竞赛过程管理

竞赛过程管理包括对参赛学生、竞赛资源库等进行管理。

（1）参赛学生登录账号管理。

（2）学生分组。

（3）竞赛资源录入。

（4）营销项目及房地产市场信息管理。

（5）竞赛成绩统计。

参考文献

［ 1 ］ 陈林杰，张家颖，王园园．房地产营销与策划实务 [M].2 版．北京：机械工业出版社，2017.

［ 2 ］ 陈林杰，樊群，蒋丽．房地产开发与经营实务 [M].4 版．北京：机械工业出版社，2017.

［ 3 ］ 陈林杰，梁慷，张雪梅．房地产经纪实务 [M].3 版．北京：机械工业出版社，2017.

［ 4 ］ 陈林杰，周正辉，吕正辉，等．房地产营销综合实训 [M].2 版．北京：中国建筑工业出版社，2017.

［ 5 ］ 陈林杰，贾忠革，朱其伟，等．房地产开发综合实训 [M].2 版．北京：中国建筑工业出版社，2017.

［ 6 ］ 陈林杰，汪燕，吴涛，等．房地产经纪综合实训 [M].2 版．北京：中国建筑工业出版社，2017.

［ 7 ］ 住房和城乡建设部．全国房地产经纪人资格考试大纲 [M].5 版．北京：中国建筑工业出版社，2010.

［ 8 ］ 栾淑梅．房地产市场营销实务 [M]．北京：机械工业出版社，2010.

［ 9 ］ 陈港．房地产营销概论 [M]．北京：北京理工大学出版社，2010.

［10 ］ 汤鸿，纪昌品．房地产策划技术与案例分析 [M]．南京：东南大学出版社，2008.

扫二维码阅读
更多参考文献

参 考 资 料

［1］ 中国房地产业协会 [OL]. http://www.fangchan.com/.

［2］ 中国建筑经济网 [OL]. http://www.coneco.com.cn/.

［3］ 中国房地产门户网站——搜房地产网 [OL]. http://www.soufun.com/.

［4］ 搜狐焦点网 [OL]. http://house.focus.cn/.

［5］ 365淘房网 [OL]. http://www.house365.com/.

［6］ 南京网上房地产 [OL]. http://www.njhouse.com.cn/.

［7］ 房产新华网 [OL]. http://www.xinhuanet.com/house/.

［8］ 安居客 [OL]. http:// www.anjuke.com/.

［9］ 网易房产 [OL]. http://house.163.com/.

［10］ 腾讯房产 [OL]. http://house.qq.com/.

［11］ 恒大集团网站 [OL]. http://www.evergrande.com/.

［12］ 万科公司网站 [OL]. https://www.vanke.com/.

［13］ 中国保利集团有限公司 [OL]. http://www.poly.com.cn/.

［14］ 栖霞建设网站 [OL]. http://www.chixia.com/.

［15］ 贝壳网 [OL]. https://nj.ke.com/.

［16］ 房地产经营与管理专业国家教学资源库：https://www.icve.com.cn/njfdcjy.

［17］ 房地产营销与策划网上课程：https://www.icve.com.cn/portal/courseinfo?courseid=626haemqm5vaz1lzibbw.

［18］ 房地产营销综合实训网上课程：https://www.icve.com.cn/portal/courseinfo?courseid=v8tau2qrrblqhhg9zktoa.